Der express trust im internationalen Privatrecht

Studien zum vergleichenden und internationalen Recht –
Comparative and International Law Studies

Herausgeber: Bernd von Hoffmann und Erik Jayme

Band 2

Verlag Peter Lang
Frankfurt am Main · Bern · New York

Peter Czermak

Der express trust im internationalen Privatrecht

Verlag Peter Lang
Frankfurt am Main · Bern · New York

CIP-Kurztitelaufnahme der Deutschen Bibliothek

Czermak, Peter:

Der express trust im internationalen Privatrecht / Peter Czermak. – Frankfurt am Main ; Bern ; New York : Lang, 1986.
(Studien zum vergleichenden und internationalen Recht ; Bd. 2)
ISBN 3-8204-0006-0
NE: GT

ISSN 0930-4746
ISBN 3-8204-0006-0

Druck und Bindung: Weihert-Druck GmbH, Darmstadt

Meinen Eltern

VORWORT

Die vorliegende Arbeit wurde im November 1985 abgeschlossen und im Sommer 1986 von der Juristischen Fakultät der Ludwig-Maximilians-Universität in München als Dissertation angenommen. Bis Juli 1986 erschienene Literatur ist stellenweise nachgetragen worden.

Mein ganz besonderer Dank gilt meinem verehrten Lehrer, Herrn Professor Dr. Erik Jayme, der meine Freude am internationalen Privatrecht nicht nur geweckt, sondern durch anregende Gespräche und zahlreiche Unternehmungen seines Lehrstuhls immer wieder erneuert hat.

München, im Juli 1986 Peter Czermak

INHALTSÜBERSICHT

INHALTSVERZEICHNIS

Seite

ABKÜRZUNGSVERZEICHNIS

Abkürzungen der angloamerikanischen Rechtssprache folgen dem von der Harvard Law Review Association herausgegebenen Uniform System of Citation, 13.Auflage 1982. Abkürzungen der deutschen Rechtssprache entsprechen dem Gesamtverzeichnis in Kirchner, Abkürzungsverzeichnis der Rechtssprache, 3.Auflage 1983. Sonstige Abkürzungen sind im folgenden aufgeführt.

Banca borsa tit.cred.	Banca, borsa e titoli di credito
BGE	Entscheidungen des Schweizer Bundesgerichts
Cal. Civ. Code	California Civil Code (Stand Juli 1985)
Cal. Code Civ. Proc.	California Code of Civil Procedure (Stand Juli 1985)
Cal. Fin. Code	California Financial Code (Stand Juli 1985)
Cal. Prob. Code	California Probate Code (Stand Juli 1985)
Can. Bar Rev.	Canadian Bar Review
Clunet	Journal du droit international
For.it.	Il Foro italiano
Int.Enc.Comp.L.	International Encylopedia of Comparative Law
Inter-Am.L.Rev.	Inter-American Law Review
Int.Lawyer	The International Lawyer
LJZ	Liechtensteinische Juristen-Zeitung
Ned.T.Int.R.	Nederlands Tijdschrift voor Internationaal Recht
N.Y. Banking L.	New York Banking Law (Stand November 1985)
N.Y. CPLR	New York Civil Practice Law and Rules (Stand November 1985)
N.Y. EPTL	New York Estates, Powers and Trusts Law (Stand November 1985)

N.Y. Gen.Oblig.L.	New York General Obligations Law (Stand Februar 1986)
N.Y. RPAPL	New York Real Property Actions and Proceedings Law (Stand Februar 1986)
N.Y. SCPA	New York Surrogate's Court Procedure Act (Stand November 1985)
Pas.belg.	Pasicrisie belge
Rev.crit.	Revue critique de droit international privé
Rev.d.i.p.	Revue de droit international privé et de droit pénal international
Riv.dir.civ.	Rivista di diritto civile
Riv.dir.com.	Rivista del diritto commerciale e del diritto generale delle obbligazioni
Riv.it.dir.priv.proc.	Rivista italiana di diritto privato e processuale
SchweizBG	Schweizer Bundesgericht
Schw.Jb.Int.R.	Schweizerisches Jahrbuch für internationales Recht
SJZ	Schweizerische Juristen-Zeitung
Trib.	Tribunale
UPC	Uniform Probate Code
ZSR	Zeitschrift für schweizerisches Recht

LITERATURVERZEICHNIS

Soweit nicht anders vermerkt, werden Aufsätze mit Namen des Verfassers und Fundstelle, Bücher nur mit dem Namen des Verfassers zitiert.

Alfaro, Ricardo — The Trust and the Civil Law with Special Reference to Panama, 33 J.Comp.Leg.(1951) III, IV 25-31

Allen, Archie J. — Notwendigkeit und Einführungsmöglichkeiten des trust in continentalen Rechtssystemen, Diss. München 1961

Ames, James Barr — The Origin of Uses and Trusts, 21 Harv.L.Rev.(1908) 261-274

Amos, Maurice Sheldon — Common and Civil Law in British Nations, 50 Harv.L.Rev.(1937) 1249-1274

Assfalg, Dieter — Die Behandlung von Treugut im Konkurs des Treuhänders (Band 28 der Beiträge zum ausländischen und internationalen Privatrecht), Berlin/Tübingen 1960
(zit. als Assfalg, Treugut)

Der Schutz des Treuhandbegünstigten gegen abredewidrige Verfügungen des Treuhänders in rechtsvergleichender Sicht, NJW 1970, 1902-1906

Atkinson, Thomas E. — Handbook of the Law of Wills, 2.Auflage St.Paul 1953

Averill, Lawrence H. — Uniform Probate Code in a Nutshell, St.Paul 1978

Baeck, Paul L. — Die Lehre vom Trust in den Rechten der USA, ZfRV 1963, 68-81

Bates, Lindell T. — Common Law Express Trusts in French Law, 40 Yale L.J.(1930/31) 34-52

Batiffol, Henri — The Trust Problem as Seen by a French Lawyer, 33 J.Comp.Leg.(1951) III, IV 18-25

Battifol, Henri / Lagarde, Paul — Droit international privé, 7.Auflage, Band II Paris 1983

Beale, Joseph H.	Living Trusts of Movables in the Conflict of Laws, 45 Harv.L.Rev.(1932) 969-973
Bernardi, Paolo	Il trust nel diritto internazionale privato (Auszug aus Band 35 der Studi nelle scienze giuridiche e sociali der Juristischen Fakultät der Universität Pavia), Pavia 1957
Biedermann, Klaus	Der Trust des Common Law und dessen Rezeption in Liechtenstein durch Art. 897 ff des Personen- und Gesellschaftsrechts (PGR), LJZ 1981, 9-18
Bisconti, Giuseppe	Deposito in nome di terzo e disposizione di ultima volontà (il "Totten trust" in Italia ?), Anm. zu Trib.di Catania 5.3.1958, Banca borsa tit.cred. 22 (1959) II 100-111
Bloch, Konrad	Der anglo-amerikanische Trust und seine Behandlung im internationalen Privatrecht, SJZ 1950, 65-71
Blumenwitz, Dieter	Einführung in das Anglo-Amerikanische Recht, 2.Auflage München 1976
Böhmer, Christof Siehr, Kurt	Das gesamte Familienrecht, Band 2: Das internationale Recht, Loseblattsammlung (Stand August 1984) Frankfurt am Main
Bogert, George Gleason Bogert, George Taylor	Handbook of the Law of Trusts (Hornbook Series), 5.Auflage St.Paul 1973
Bolgár, Vera	Why No Trusts in the Civil Law ? , 2 Am.J.Comp.L.(1953) 204-219
Bresch, M.H.	Anm. zu Trib. di Oristano 15.3.1956, 6 Int.Comp.L.Q.(1957) 172-175
Breslauer, Walter	The Private International Law of Succession in England, America and Germany, London 1937
Brunner, Max	Wesen und Bedeutung der englisch-amerikanischen Treuhand (Trust) (Heft 62 der Abhandlungen zum schweizerischen Recht), Bern 1931
Buonincontro, Maurizio	Trust e civil law - Appunti di diritto comparato, Riv.dir.civ.1959 I 680-688

Caemmerer, Ernst von — Zum Internationalen Sachenrecht, Festschrift für Pan.J.Zepos, Band II, Athen/Freiburg/Köln 1973, 25-34

Casner, James — Estate Planning - Powers of Appointment, 64 Harv.L.Rev.(1950/51)185-210

Cavers, David F. — Trusts Inter Vivos and the Conflict of Laws, 44 Harv.L.Rev.(1930) 161-202

Chloros, A.G. — Principle, Reason and Policy in the Development of European Law, 17 Int. Comp.L.Q.(1968) 849-877

Clark, George L. — Equity, Columbia 1919 (reprinted 1924)

Coester, Michael — Probleme des internationalen Erbrechts, JA 1979, 351-356

Coing, Helmut — Die Treuhand kraft privaten Rechtsgeschäfts, München 1973 (zit. als Coing, Treuhand)

Die rechtsgeschäftliche Treuhand im deutschen internationalen Privatrecht, ZfRV 1974, 81-92

Rechtsformen der privaten Vermögensverwaltung, insbesondere durch Banken, in USA und Deutschland, AcP 167(1967) 99-131

Committee on Pre-Death Planning - General, Probate and Trust Division — Legal Problems in Controlling Devolution of Property under Multi-State Trusts and Relevant Varying Situs Rules of Multiple Jurisdictions, Report, 18 Real Property, Probate and Trust J.(1983) 331-406

Cramton, Roger C.; Currie, David P.; Kay, Herma H. — Conflict of Laws - Cases, Comments, Questions (American Casebook Series), 3.Auflage St.Paul 1981

Czapski, Georg — Müssen Geldinstitute die erbrechtlichen Beschränkungen eines ausländischen Kunden berücksichtigen ? , WM 1972, 150-151

Dacey, Norman F. — How to Avoid Probate, 37.Auflage New York 1969

Dainow, J. — The Introduction of the Trust in Louisiana, 39 Can.Bar Rev.(1961) 396-407

David, Heinrich — Der Schutz des Begünstigten in der Treuhand nach englisch-amerikanischem Rechte, Diss. Zürich 1926

Degner, Egbert — Kollisionsrechtliche Anknüpfung der Geschäftsführung ohne Auftrag, des Bereicherungsrechts und der culpa in contrahendo, RIW 1983, 825-831

Delany, V.T. — Charitable Trusts and the Conflict of Laws, 10 Int.Comp.L.Q.(1961) 385-400

Delaume, Georges R. — American-French Private International Law (Band 2 der Bilateral Studies in Private International Law), New York 1953

Dicey, A.V.
Morris, J.H. — The Conflict of Laws, Band I und II, 10.Auflage London 1980 (Ergänzungsband 1983)

Dölle, Hans — Internationales Privatrecht, 2.Auflage Karlsruhe 1972

Dreyer, Dominique — Le trust en droit Suisse (Band 21 der Schweizer Studien zum internationalen Recht), Genf 1981

Drucker, Alfred — Trusts on the Continent of Europe, 4 Int.Comp.L.Q.(1955) 550-552

Dyer, Adair
Loon, Hans van — Report on Trusts and Analogous Institutions, Bericht des Ständigen Büros der Haager Konferenz für Internationales Privatrecht, Den Haag 1982
(zit. als Dyer/van Loon, Report)

Anglo-Amerikaanse trust en het Nederlandse recht, Amsterdam 1983

Ehrenzweig, Albert — A Treatise on the Conflict of Laws, St.Paul 1962
(zit. als Ehrenzweig, Conflict of Laws)

Private International Law, General Part, Leyden 1967

Eisenmenger, Hartmut — Trustgeschäft und Vermögensverwaltung durch Kreditinstitute (Band XV der Veröffentlichungen des Instituts für Bankwirtschaft und Bankrecht an der Universität Köln), Frankfurt am Main 1966

Erman (-Bearbeiter) — Handkommentar zum Bürgerlichen Gesetzbuch, Band 1 und 2, 7.Auflage Münster 1981

Ferid, Murad — Internationales Privatrecht (JA-Sonderheft 13), 2.unveränderte Auflage Bielefeld 1982

Ferid, Murad
Firsching, Karl — Internationales Erbrecht, Loseblattsammlung (Stand April 1985), Band VI: USA-Grundzüge

Firsching, Karl — Deutsch-amerikanische Erbfälle, München 1964
(zit. als Firsching, Erbfälle)

Testamentsvollstrecker - executor - trustee, DNotZ 1959, 354-373

Einführung in das internationale Privatrecht (Heft 18 der JuS-Schriftenreihe), 2.Auflage München 1981
(zit. als Firsching, IPR)

Joint tenancy im internationalen Erbrecht - Erbscheinsverfahren nach einem ausländischen (hier US-) Erblasser, Anm.zu BayObLG 1.2.1980, IPRax 1982, 98-100

Fischer-Dieskau, Christian — Die kollisionsrechtliche Behandlung von living und testamentary trusts, Diss. Bonn 1967

Fragistas, Ch. — Das Anfechtungsrecht der Gläubiger im internationalen Privatrecht, RabelsZ 12 (1938/39) 452-464

Franceschelli, Remo — Il "trust" nel diritto inglese (Band 20 der Studi di diritto privato italiano e straniero), Padova 1935

Frankenstein, Ernst — Internationales Privatrecht,
Band I Berlin 1926,
Band II Basel 1935

Fratcher, William F. — Trust, Int.Enc.Comp.L. Volume VI Chapter 11, Tübingen/The Hague/Paris 1973

Probate Can Be Quick and Cheap: Trusts and Estates in England, New York 1968

Protection of the Family Against Disinheritance in American Law, 14 Int. Comp.L.Q.(1965) 293-302

Friedmann, Alfred — Empfiehlt sich eine gesetzliche Regelung des Treuhänderverhältnisses ? , Verhandlungen des 36. Deutschen Juristentages (1931) 805-1140

Garrigues, Joaquín — Law of Trusts, 2 Am.J.Comp.L.(1953) 25-35

Gautschi, Georg — Eigentumsverhältnisse am Treuhandvermögen, SJZ 1967, 5-8

Geimer, Reinhold
Schütze, Rolf — Internationale Urteilsanerkennung, Band I, 1.Halbband, München 1983

Goldschmidt, Roberto — The Trust in the Countries of Latin America, 3 Inter-Am.L.Rev.(1961) 29-54

Goldstein, Harold — Trusts of Movables in the Conflict of Laws, Diss. Köln 1966

Gottheiner, Hans-Georg — Zur Anwendung englischen Erbrechts auf Nachlässe in Deutschland, RabelsZ 21 (1956) 36-72

Grasmann, Günther — System des internationalen Gesellschaftsrechts, Herne/Berlin 1970

Grassetti, Cesare — Trust anglosassone, proprietà fiduciaria e negozio fiduciario, Riv. dir.com.1936 I 548-553

Graue, Eugen — Der Trust im Internationalen Privat- und Steuerrecht, Festschrift für Ferid, München 1978, 151-182

Gray, John Chipman — The Rule Against Perpetuities, 3.Auflage Boston 1915

Grundmann, Stefan — Qualifikation gegen die Sachnorm (Band 61 der Münchener Universitätsschriften), München 1985

Berücksichtigung ausländischer Rechtsvorstellungen im Strafrecht - Zur "Datumtheorie" im internationalen Strafrecht, NJW 1985, 1251-1255

Gubler, Friedrich — Besteht in der Schweiz ein Bedürfnis nach Einführung des Instituts der angelsächsischen Treuhand (trust) ? , Verhandlungen des Schweizerischen Juristenvereins 1954, ZSR 1954, 215a - 476a

Güggi, Bruno B. — Treuhänderschaft und Treuunternehmen (Trust) im liechtensteinischen Recht, 2.Auflage Vaduz 1959

Gulliver, Ashbel G. / Tilson, Catherine J. — Classification of Gratuitous Transfers, 51 Yale L.J.(1941) 1-39

Haas, Gerhard — Erbschaftssteuern auf amerikanisches Trustvermögen, ZUntGesellschR 1974, 461-475

Haemmerle, Hermann — Empfiehlt sich eine gesetzliche Regelung des Treuhänderverhältnisses ? , Verhandlungen des 36. Deutschen Juristentages (1931) 632-715

Hancock, Moffat — "In the Parish of St.Mary le Bow, in the Ward of Cheap", 16 Stanford L.Rev.(1964) 561 ff

Hay, Peter — Einführung in das amerikanische Recht, Darmstadt 1975

Ungerechtfertigte Bereicherung im internationalen Privatrecht (Band 88 der Arbeiten zur Rechtsvergleichung), Frankfurt am Main 1978

International Versus Interstate Conflicts Law in the United States, RabelsZ 35 (1971) 429-495

Hebing, Wilhelm — Neue Aspekte deutsch-US-amerikanischer Nachlaßplanung, RIW 1981, 237-244

Hecke, Georges van	American-Belgian Private International Law (Band 17 der Bilateral Studies in Private International Law), New York 1968
Hefti, Peter	Trusts and Their Treatment in the Civil Law, 5 Am.J.Comp.L.(1956) 553-576
Heldrich, Andreas	Sozialwissenschaft und Rechtsvergleichung, RabelsZ 34 (1970) 427-442
	Das juristische Kuckucksei aus dem Morgenland, IPRax 1983, 64-65
Hendrickson, Robert A.	Choice-of-Law Directions for Disposing of Assets Situated Elsewhere Than the Domicile of Their Owner - The Refractions of Renard, 18 Real Property, Probate and Trust J.(1983) 407-425
Henrich, Dieter	Die Schenkung von Todes wegen in Fällen mit Auslandsberührung, Festschrift für Firsching, München 1985, 111-123
Henriquez, E.C.	De Trust in het internationaal Privaatrecht, 12 Ned.T.Int.R.(1965) 251-280 (mit englischer Zusammenfassung)
Hering, Wolfgang	Die gesetzlichen Rechte des überlebenden Ehegatten in deutsch-kanadischen Erbfällen (Band 58 der Münchener Universitätsschriften), München 1984
Heymann, Ernst	Trustee und Trustee-Company im deutschen Rechtsverkehr, Festschrift für Heinrich Brunner, Weimar 1910, 473 ff
Hijmans van den Bergh	De Engelse "Trust" en het Nederlands Internationaal Privaatrecht, in: "De conflictu legum", Festschrift für Kollewijn und Offerhaus, Leyden 1962, 254-267 (mit englischer Zusammenfassung)
Hoene, Rahe von	Fraud on Spouse's Rights, in: The Best of Trusts and Estates - Estate Planning, hrsg. von Bush, Lacovara, Schlesinger, New York 1965, 100-105

Holland, Thomas — The Elements of Jurisprudence, 2.Auflage Oxford 1882

Hornsey, Geoffrey — Report on Possible Uses of Certain Principles of the Trust in Civil Law Countries, Unidroit - Unification of Law, Yearbook 1957, Rom 1958, 45-103

Huber, Erich — Trusts and "Treuhand" in Swiss Law, 1 Int.Comp.L.Q.(1952) 64-66

Huber, Ulrich — Die Rechtsstellung des Treugebers gegenüber Gläubigern und Rechtsnachfolgern des Treuhänders, in: Rechtsvergleichung und Rechtsvereinheitlichung, Festschrift zum 50-jährigen Bestehen des Instituts für ausländisches und internationales Privat- und Wirtschaftsrecht der Universität Heidelberg, hrsg. von Wahl u.a., Heidelberg 1967, 399-421

Hug, Sabine — Die Substitution im internationalen Privatrecht (Rechtswissenschaftliche Forschung und Entwicklung Band 33), München 1983

Jayme, Erik — Ausländische Rechtsregeln und Tatbestand inländischer Sachnormen - Betrachtungen zu Ehrenzweigs Datum-Theorie, Gedächtnisschrift für Ehrenzweig, Karlsruhe/Heidelberg 1976, 35-49

Zur Qualifikationsverweisung im internationalen Privatrecht, ZfVR 1976, 93-108

Kollisionsrecht und Bankgeschäfte mit Auslandsberührung (Band 14 der Untersuchungen über das Spar-, Giro- und Kreditwesen), Berlin 1977

Grundfragen des internationalen Erbrechts - dargestellt an deutsch-österreichischen Nachlaßfällen, ZfRV 1983, 162-179

Länderbericht - Die italienische Rechtsprechung zum internationalen Privat- und Prozeßrecht 1945-1966, RabelsZ 31 (1967) 446-536

Bespr. von Sperduti, Saggi di teoria generale del diritto internazionale privato (1967), in: RabelsZ 32 (1968) 161-167

Begriffe und Instrumente, in: Der Versorgungsausgleich im internationalen Vergleich und in der zwischenstaatlichen Praxis, Colloquium des Max-Planck-Instituts für ausländisches und internationales Sozialrecht Tutzing 1984, hrsg. von Zacher, Berlin 1985, 423-425
(zit. als Jayme, Begriffe und Instrumente)

Jayme, Erik
Hausmann, Rainer
Internationales Privat- und Verfahrensrecht, Textsammlung, 3.Auflage München 1986

Jennings, Richard W.
Buxbaum, Richard M.
Corporations - Cases and Materials (American Casebook Series), 5.Auflage St.Paul 1979

Juenger, Friedrich K.
Conflict of Laws: A Critique of Interest Analysis, 32 Am.J.Comp.L. (1984) 1-50

Kahn, Franz
Abhandlungen zum internationalen Privatrecht, hrsg. von Lenel und Lewald, Band I München/Leipzig 1928

Karpen, Ulrich
Gemeinnützige Stiftungen im pluralistischen Rechtsstaat, Neuere Entwicklungen des amerikanischen und deutschen Stiftungs-(steuer-)rechts, Frankfurt am Main 1980

Keeton, George
Sheridan, L.A.
The Law of Trusts, 10.Auflage London 1974

Kegel, Gerhard
Internationales Privatrecht, 4.Auflage München 1977
(zit. als Kegel, IPR)

Die Bankgeschäfte im deutschen internationalen Privatrecht, in: Aktuelle Fragen aus modernem Recht und Rechtsgeschichte, Gedächtnisschrift für Rudolf Schmidt, Berlin 1966, 215-242

Vaterhaus und Traumhaus - Herkömmliches internationales Privatrecht und Hauptthesen der amerikanischen Reformer, in: Festschrift für Beitzke, Berlin/New York 1979, 551-573

Zur Schenkung von Todes wegen, Vorträge der Rheinisch-Westfälischen Akademie der Wissenschaften; Köln/Obladen 1972

Die Schenkung von Todes wegen im deutschen Internationalen Privatrecht, Festschrift für Pan.Zepos, Band II, Athen/Freiburg/Köln 1973, 313-358

Keller, Max
Siehr, Kurt — Einführung in die Eigenart des Internationalen Privatrechts, 3.Auflage Zürich 1984

Kiethe, Kurt — Das Gemeinschaftskonto (joint bank account) von Ehegatten als Testamentsersatz im Recht der Vereinigten Staaten von Amerika, Diss. Kiel 1971

Knauer, Manfred — Anm. zu BGH 15.4.1959, RabelsZ 25 (1960) 318-338

Kneller, Dietrich — Der Rechtscharakter des islamischen Institutes wakf und des anglo-amerikanischen Institutes trust, Diss. Tübingen 1966

Knoch, Lothar — Die Aufgliederung der Kondiktionen in der modernen Zivilrechtsdogmatik in ihren Auswirkungen auf das Internationale Privatrecht, Diss. Münster 1963

Kötz, Hein — Trust und Treuhand - Eine rechtsvergleichende Darstellung des anglo-amerikanischen trust und funktionsverwandter Institute des deutschen Rechts (Jurisprudenz in Einzeldarstellungen Band 9), Göttingen 1963

Zur Anknüpfung des unter Lebenden errichteten trust, Anm. zu BGH 13.6.1984, IPRax 1985, 205-207

Kohlmann, Richard — Trusts, in: Die Zivilgesetze der Gegenwart, Band II: England, Erster Teil, Mannheim/Berlin/Leipzig 1931, 548-632

Korn, Harold L. — The Choice-of-Law Revolution: A Critique, 83 Col.L.Rev.(1983) 772-973

Kühne, Gunther — Die Parteiautonomie im internationalen Erbrecht (Schriften zum Deutschen und Europäischen Zivil-, Handels- und Prozeßrecht Band 75), Bielefeld 1973

Lacovara, P.Philip — Trust Principal or Income ? - Judicial and Legislative History in New York, 45 N.Y.U.L.Rev.(1970) 210-262

Lafer, Fred S.
Siegel, Alan — Trusts of Movables in the Conflicts of Laws, 36 N.Y.U.L.Rev.(1961) 713-722

Lalive, Pierre — Anm.zu SchweizBG 29.1.1970, Clunet 1976, 695-700

Land, Walter W. — Trusts in the Conflict of Laws, New York 1940

Langbein, John H. — The Nonprobate Revolution and the Future of the Law of Succession, 97 Harv.L.Rev.(1984) 1108-1141

Langdell, C.C. — A Brief Survey of Equity Jurisdiction, 1 Harv.L.Rev.(1887) 55-72

Leaphart, C.W. — The Trust as a Substitute for a Will, 78 U.of Pa.L.Rev.(1930) 626-638

Leflar, Robert — American Conflicts Law, 3.Auflage Indianapolis/New York 1977

Leipold, Dieter — Grundzüge des Erbrechts, 4.Auflage Tübingen 1982

Lepaulle, Pierre — Traité théorique et pratique des trusts en droit interne, en droit fiscal et en droit international, Paris 1932
(zit. als Lepaulle, Traité)

Trusts and the Civil Law, 15 J.Comp. Leg.(1933) 18-34

Civil Law Substitutes for Trusts, 36 Yale L.J.(1926/27) 1126-1147

Lewald, Hans — Das Deutsche Internationale Privatrecht, Leipzig 1931

Liebich, Dieter
Mathews, Kurt — Treuhand und Treuhänder in Recht und Wirtschaft - Ein Handbuch, 2.Auflage Herne/Berlin 1983

Lorenz, Werner — Der Bereicherungsausgleich im deutschen internationalen Privatrecht und in rechtsvergleichender Sicht, Festschrift für Zweigert, Tübingen 1981, 199-232

Die Anknüpfung von Bereicherungsansprüchen bei fehlendem Einverständnis über den Rechtsgrund einer Vermögensbewegung, Anm.zu LG Hamburg 7.11.1984, IPRax 1985, 328-330

Lowenfeld, Andreas F. — "Tempora mutantur" - Wills and Trusts in the Conflicts Restatement, 72 Col.L.Rev.(1972) 382-392

Maitland, Frederic W. — Equity - A Course of Lectures, 2.Auflage (by Brunyate) Cambridge 1936

The Origin of Uses, 8 Harv.L.Rev. (1894) 127-137

Trust und Korporation, 32 GrünhutsZ (1905) 1ff

Makarov, Alexander — Internationales Privatrecht und Rechtsvergleichung, Tübingen 1949 (zit. als Makarov, IPR und Rechtsvergleichung)

Grundriß des internationalen Privatrechts, Frankfurt am Main 1970 (zit. als Makarov, Grundriß)

Mann, F.A. — Sonderanknüpfung und zwingendes Recht im internationalen Privatrecht, Festschrift für Beitzke, Berlin/New York 1979, 607-624

Mansel, Heinz-Peter — Zur Kraftfahrzeughalterhaftung in Auslandsfällen, VersR 1984, 97-106

Marwede, Jan — Rechtsnatur und Außenschutz des Trust und der Treuhand, zugleich ein Beitrag zur Dinglichkeit und zum System subjektiver Privatrechte, Diss. Bonn 1972

Marx, Hugo — Die Fassung von Erbscheinen bei Vorhandensein eines Trust nach angelsächsischem Recht, RzW 1958, 86-87

Mayda, Jaro — "Trusts" and "Living Law" in Europe, 103 U.of Pa.L.Rev.(1955) 1041-1055

Meier, Guido	Grundstatut und Sonderanknüpfung im IPR des liechtensteinischen Gesellschaftsrechts, Basel/Stuttgart 1979
Melchior, George	Die Grundlagen des deutschen internationalen Privatrechts, Berlin/Leipzig 1932
Mennell, Robert	Wills and Trusts in a Nutshell, St.Paul 1979
Merryman, John Henry	Policy, Autonomy and the Numerus Clausus in Italian and American Property Law, 12 Am.J.Comp.L.(1963) 224-231
	Ownership and Estate, 48 Tul.L.Rev. (1973/74) 916-945
Mestmäcker, Ernst J.	Soll das Stiftungsrecht bundesgesetzlich vereinheitlicht und reformiert werden, gegebenenfalls mit welchen Grundzügen ? , Verhandlungen des 44. Deutschen Juristentages (1962) Band II Teil G 4-8
Meyer, Hermine H.	Trusts and Swiss Law, 1 Int.Comp. L.Q. (1952) 378-381
Motulsky, Henri	De l'impossibilité juridique de constituer un "Trust" anglo-saxon sous l'empire de la loi francaise, Rev. crit.dr.int.pr.1948, 450-468
Mueller, Rudolf	Der Erbanfall nach dem Recht der Vereinigten Staaten und die deutsche Nachlaßbesteuerung, RabelsZ 7 (1933) 808-849
Münchener Kommentar (-Bearbeiter)	Kommentar zum Bürgerlichen Gesetzbuch, München 1977/83
Murphy, Joseph H.	Will Clauses - Annotations and Forms with Tax Effects, New York 1961
Neuhaus, Paul H.	Die Grundbegriffe des internationalen Privatrechts, 2.Auflage Tübingen 1976
Newman, Ralph A.	Trusts, Civil Law Concepts and Legal Realism, 3 Inter-Am.L.Rev.(1961) 379-390

Nickel-Schweizer Gaby — Rechtsvergleichender Beitrag zum fiduziarischen Eigentum in Deutschland und in der Schweiz (Heft 25 der Schriftenreihe des Instituts für internationales Recht und internationale Beziehungen der Universität Basel) Basel/Stuttgart 1977

Niles, Russel D. — Matter of Vought's Will: A Tighter Grip by the Dead Hand, 45 N.Y.U.L. Rev.(1970) 421-440

Note — Common Law Trusts in Civil Law Courts, 67 Harv.L.Rev.(1954) 1030-1044

Nussbaum, Arthur — Deutsches Internationales Privatrecht, Tübingen 1932 (zit. als Nussbaum, Deutsches IPR)

Grundzüge des internationalen Privatrechts unter besonderer Berücksichtigung des amerikanischen Rechts, München/Berlin 1952

Amerikanisch-schweizerisches internationales Privatrecht (Übersetzung der 2. amerikanischen Auflage) Bern 1952

Soziologische und rechtsvergleichende Aspekte des "trust", AcP 151 (1951) 193-208

Sociological and Comparative Aspects of the Trust, 38 Col.L.Rev.(1938) 408-430

Oaks, Dallin H. — Trust Doctrines in Church Contoversies, B.Y.U.L.Rev.1981, 805-907

Oppetit, Bruno — Le "trust" dans le droit du commerce international, Rev.crit.dr.int.pr. 1973, 1-20

Otto, Lieselotte — Deutsche Schenkungssteuerpflicht bei der Errichtung eines Intervivos-Trusts nach anglo-amerikanischem Recht, RIW 1982, 491-503

Palandt (-Bearbeiter) — Kommentar zum Bürgerlichen Gesetzbuch, 44.Auflage München 1985

Palliccia, Giuseppe	"Trusts" testamentari inglesi riferentisi a beni siti in Italia, Riv. it.dir.priv.proc. 2 (1932), 347-362
Palmer, George E. Wellman, Richard V.	Trusts and Succession - Cases and Materials (University Casebook Series), Brooklyn 1960
Parker, David Mellows, Anthony	The Modern Law of Trusts, 4.Auflage London 1979
Parker, Reginald	Das Privatrecht der Vereinigten Staaten von Amerika, Wien 1960
Pasquel, Roberto M.	La proprieté dans le Trust, Mexico 1951
Patton, Ruford G.	Trust Systems in the Western Hemisphere, 19 Tul.L.Rev.(1945) 398-435
	Future of Trust Legislation in Latin America, 20 Tul.L.Rev.(1946) 542-556
Paulsen, Monrad G. Sovern, Michael I.	"Public Policy" in the Conflict of Laws, 56 Col.L.Rev.(1956) 969-1016
Peiner, Wolfgang	Die Nutzung des US-Trust für deutsche Investoren, RIW 1983, 593-599
Pettit, Philip H.	Equity and the Law of Trusts, 4.Auflage London 1979
Pound, Roscoe	Bespr. von Willoughby, Equitable Doctrine of the Legal Estate (1912), 26 Harv.L.Rev.(1912/13) 462-463
Powell, Richard R.	The Law of Real Property, Loseblattsammlung (Stand Mai 1983) New York
Prentice-Hall	Estate Planning - Wills, Estates, Trusts, Loseblattsammlung (Stand Oktober 1985) Englewood Cliffs, N.J.
Raape, Leo Sturm, Fritz	Internationales Privatrecht, Band I, 6.Auflage München 1977
Rabel, Ernst	The Conflict of Laws - A Comparative Study, Band II 2.Auflage Ann Arbor 1960, Band IV Ann Arbor 1958

Reese, Willis L. — American Choice of Law, 30 Am.J. Comp.L.(1982) 135-146

Reichsgerichtsräte-Kommentar (-Bearbeiter) — Das Bürgerliche Gesetzbuch mit besonderer Berücksichtigung der Rechtsprechung des Reichsgerichts und des Bundesgerichtshofes, Kommentar, 12.Auflage Berlin/New York 1974ff
(zit. als BGB-RGRK)

Reithmann, Christoph — Internationales Vertragsrecht, Das internationale Privatrecht der Schuldverträge, 3.Auflage Köln 1980

Restatement of the Law — Restatement of the Law of Trusts (Second), The American Law Institute, St.Paul 1959

Restatement of the Law of Conflict of Laws (Second), The American Law Institute, St.Paul 1971

Reuschlein, Harold G.
Gregory, William A. — Handbook of the Law of Agency and Partnership (Hornbook Series) St.Paul 1979

Reymond, Claude — Le trust et le droit suisse, Verhandlungen des Schweizerischen Juristenvereins 1954, ZSR 1954, 119a - 214a

Rheinstein, Max — Das Kollisionsrecht im System des Verfassungsrechts der Vereinigten Staaten von Amerika, Festschrift für Rabel, Band I, Tübingen 1954, 539-589

Bespr. von Lepaulle, Traité théorique et pratique des trusts (1932), 43 Yale L.J.(1934) 1049-1053

Rheinstein, Max u.a. — Das Erbrecht von Familienangehörigen in positivrechtlicher und rechtspolitischer Sicht (Länderberichte) (Band 50 der Arbeiten zur Rechtsvergleichung), Berlin/Frankfurt 1971

Rheinstein, Max
Glendon, Mary Ann — The Law of Decedents' Estates (University Casebook Series), 3.Auflage Mineola 1971

Riedweg, Albert — Der trust des anglo-sächsischen Rechtes im Vergleiche zu ähnlichen Instituten des schweizerischen Rechts, Festgabe des Luzernischen Anwaltsverbandes zum Schweizerischen Anwaltstag Luzern Mai 1953, 111-133

Ritchie, John
Alford, Neill H.
Effland, Richard — Decedents' Estates and Trusts - Cases and Materials (American Casebook Series), 3.Auflage Brooklyn 1967

Roth, Hermann — Der Trust in seinem Entwicklungsgang vom Feoffee to Uses zur amerikanischen Trust Company, Marburg 1928

Ryan, K.W. — The Reception of the Trust, 10 Int. Comp.L.Q.(1961) 265-283

Salmond, William G. — Jurisprudence, 12.Auflage (by Fitzgerald) London 1966

Sandrock, Otto — Über Sinn und Methode zivilistischer Rechtsvergleichung (Band 31 der Arbeiten zur Rechtsvergleichung), Frankfurt/Berlin 1966

Scheck, Werner — Der Testamentsvollstrecker im internationalen Privatrecht unter besonderer Berücksichtigung des US-amerikanischen Rechts, Diss. Mainz 1976

Scheuermann, Thomas — Statutenwechsel im internationalen Erbrecht (Band 10 der Münchener Universitätsschriften), München 1969

Schlosser, Hans — Außenwirkung verfügungshindernder Abreden bei der rechtsgeschäftlichen Treuhand, NJW 1970, 681-687

Schlosser, Peter — Bericht zu dem Übereinkommen vom 9.10.1978 über den Beitritt des Königreiches Dänemark, Irlands und des Vereinigten Königreiches Großbritannien und Nordirland zum EuGVÜ, Amtsblatt der Europäischen Gemeinschaften 1979 C 59 S.71 ff.

Schmidt-Räntsch, Jürgen — Die Anknüpfung der Gläubigeranfechtung außerhalb des Konkursverfahrens, Diss. Bonn 1983

Schnitzer, Adolf — Handbuch des internationalen Privatrechts, Band II, 4.Auflage Basel 1958

Trust und Stiftung, SJZ 1965, 197-201, 213-218

Die Treuhand (der trust) und das internationale Privatrecht, Gedächtnisschrift für Marxer, Zürich 1963, 53-113

Schröder, Jochen — Die Anpassung von Kollisions- und Sachnormen (Neue Kölner rechtswissenschaftliche Abhandlungen Heft 18), Berlin 1961

Schurig, Klaus — Kollisionsnorm und Sachrecht (Schriften zum internationalen Recht Band 23), Berlin 1981

Schwenn, Hermann — Die Anwendung der §§ 2369 und 2368 BGB auf Erbfälle mit englischem oder amerikanischem Erbstatut, NJW 1952, 1113-1116

Schwimann, Michael — Grundriß des internationalen Privatrechts, Wien 1982

Schwind, Fritz — Handbuch des Österreichischen Internationalen Privatrechts, Wien/New York 1975

Von der Zersplitterung des Privatrechts durch das internationale Privatrecht und ihrer Bekämpfung, RabelsZ 23 (1958) 449-465

Scoles, Eugene F. / Hay, Peter — Conflict of Laws, 2. Auflage St.Paul 1984

Scott, Austin W. — The Law of Trusts, Band I - VI, 3.Auflage Boston/Toronto 1967 (Ergänzungsband 1980)

The Trust as an Instrument of Law Reform, 31 Yale L.J.(1922) 457-468

Choice of Trustee, in: The Best of Trusts and Estates - Estate Planning, hrsg. von Bush, Lacovara, Schlesinger, New York 1965, 450-458

Spendthrift Trusts and the Conflict of Laws, 77 Harv.L.Rev.(1963/64) 845-872

The Nature of the Rights of the Cestui Que Trust, 17 Col.L.Rev. (1917) 269-290

Serick, Rolf — Zur Behandlung des anglo-amerikanischen trust im kontinentaleuropäischen Recht, Festschrift für Nipperdey, Band II, 1965, 653-666

Zur Anerkennung der liechtensteinischen Treuunternehmen in Deutschland, RabelsZ 23 (1958) 624-642

Siebert, Wolfgang — Das rechtsgeschäftliche Treuhandverhältnis, Marburg 1933

Slusser, Willis S. — Trusts and Trustees: Recent Developments in the Tentative Trust Doctrine: Influence of Civil Code § 2280 on the California Law, 28 Cal. L.Rev.(1940) 202-210

Smith, Beverly G. — Introduction to the Canadian Law of Trusts, Toronto 1979

Soergel (-Bearbeiter) — Bürgerliches Gesetzbuch mit Einführungsgesetz und Nebengesetzen, Kommentar, 11.Auflage Stuttgart 1978 ff

Söldner, Ludwig — Die Behandlung des anglo-amerikanischen trust im internationalen Privatrecht, Diss. München 1954

Stanford, Carl E. — Comparison of Revocable and Testamentary Trusts, in: The Best of Trusts and Estates - Estate Planning, hrsg. von Bush, Lacovara, Schlesinger, New York 1965, 76-84

Staudinger (-Bearbeiter) — Kommentar zum Bürgerlichen Gesetzbuch mit Einführungsgesetz und Nebengesetzen, 12.Auflage Berlin 1980 ff

Stone, F. — Trusts in Louisiana, 1 Int.Comp.L.Q. (1952) 368-378

Stone, Harlan F. — The Nature of the Rights of the Cestui Que Trust, 17 Col.L.Rev. (1917) 467-501

Sullivan, Lawrence A. — Handbook of the Law of Antitrust (Hornbook Series), St.Paul 1977

Swabenland, Walter W. — The Conflict of Laws in Administration of Express Trusts of Personal Property, 45 Yale L.J.(1936) 438-451

Tetiwa, Werner — Grundzüge, Entstehung und Bedeutung des "estate planning" (Nachlaßplanung) im Recht der USA, Diss. Münster 1975

Thomas, Jürgen — Die rechtsgeschäftliche Begründung von Treuhandverhältnissen, NJW 1968, 1705-1709

Töndury, Friedrich P. — Die Treuhand in rechtsvergleichender Darstellung, Diss. Neuenburg 1912

Travers, Maurice — De la validité, au point de vue du droit français, des trusts crèès par des ètrangers sur des biens soumis à la loi française ou par des Français sur des biens situès hors de France, Rev.d. i. p. 1909, 521-535

Tzschucke, Christian — Das Pflichtteilsrecht in den Vereinigten Staaten von Amerika, Diss. Köln 1969

Underhill, Arthur — Law Relating to Trusts and Trustees, 13.Auflage (by Hayton), London 1979

Uniken Venema — In Nederland gelegen goederen, toebehorende aan Anglo-Amerikaanse trusts, 14 Ned.T.Int.R.(1967) 33-72 (mit englischer Zusammenfasung)

Van Common Law en Civil Law, Zwolle 1971

Venturini, Giancarlo — Diritto Internazionale Privato, Diritti Reali ed Obbligazioni, Padova 1956

Verwilghen, Michel — "Régimes Matrimoniaux Successions et Libéralités" - Droit international privé et Droit comparé, Band I und II, Neuchâtel 1979

Vilella, Luis F.	The Problems of Trust Legislation in Civil Law Jurisdictions: The Law of Trusts in Puerto Rico, 19 Tul.L.Rev. (1945) 374-397
Vischer, Frank	Anmerkung zu SchweizBG 29.1.1970, Schw.Jb.Int.R.1971, 237-246
Vischer, Frank Planta, Andreas von	Internationales Privatrecht, 2.Auflage Basel 1982
Vitta, Edoardo	Diritto Internazionale Privato, Band I Torino 1972, Band III Torino 1975
Walter, Otto	Steuerprobleme bei deutsch-amerikanischen Erbfällen, RIW 1975, 205-210
Waters, D.W.	The Nature of the Trust Beneficiary's Interest, 45 Can.Bar Rev.(1967) 219-283
Weintraub, Russel J.	Commentary on the Conflict of Laws, 2.Auflage Mineola 1980
Weiser, Felix	Trusts on the Continent of Europe, London 1936
Weisl, Georg	Der trust und seine Einführung ins österreichische Recht, Wien 1951
Wengler, Wilhelm	Gutachten zum internationalen und ausländischen Familien- und Erbrecht, Band II, Berlin 1971
Williams, Howard R.	Decedents' Estates and Trusts - Cases and Materials (American Casebook Series), New York 1968
Winkler, Wolfgang	Die Schenkung auf den Todesfall im Internationalen Privatrecht, Diss. München 1967
Wisdom, John M.	A Trust Code in the Civil Law, Based on the Restatement and Uniform Acts: The Louisiana Trust Estates Act, 13 Tul.L.Rev.(1938) 70-98

Wolff, Martin	Das internationale Privatrecht Deutschlands, 3.Auflage Berlin 1954
Woodworth, Douglas C.	Trusts and Estate Planning in France after Epoux Courtois and Dame B, Int. Lawyer 16 (1982) 704-711
Würdinger, Hans	The German Trust, 33 J.Comp.Leg. (1951) III, IV 31-40
Wulf, Christian de	The Trust and Corresponding Institutions in the Civil Law, Brüssel 1965
Zimmermann, Hellmuth	Die sachenrechtlichen Beziehungen in der rechtsgeschäftlich begründeten Treuhand nach englisch-amerikanischem Rechte, Leipzig 1930
Zitelmann, Ernst	Internationales Privatrecht, Band II, München/Leipzig 1912
Zweigert, Konrad Kötz, Hein	Einführung in die Rechtsvergleichung auf dem Gebiete des Privatrechts, Band II: Institutionen, 2. Auflage Tübingen 1984

Einleitung

I. Problemstellung

"I can't understand your trust". Dieser Ausspruch Otto von Gierkes gegenüber Maitland[1] findet sich in beinahe jeder Arbeit, die sich aus deutscher Sicht mit dem angloamerikanischen Rechtsinstitut des trust beschäftigt. Er kennzeichnet - trotz oder gerade wegen seiner offenbaren Überspitzung - die Schwierigkeiten, denen sich ein kontinentaleuropäischer Jurist gegenübersieht, wenn er die Figur des trust mit den herkömmlichen Begriffen des hauptsächlich aus dem römischen Recht abgeleiteten europäischen Zivilrechts zu erfassen sucht. Der trust in allen seinen Erscheinungsformen ist ein besonders typisches Institut des angloamerikanischen Rechts, dessen strukturelle Eigenarten sich nur aus der geschichtlichen Entwicklung dieses Rechtskreises erklären lassen. Der trust hat im common law seit alters her große Bedeutung. Er erfüllt hier zahlreiche, zum Teil sehr unterschiedliche Aufgaben und ist wegen seiner Flexibilität und seines weiten Anwendungsbereiches in vielen Fällen das geeignete Instrument für eine Weiterentwicklung des bestehenden Rechts. Der trust hat daher seit Beginn dieses Jahrhunderts geradezu Bewunderung bei kontinentaleuropäischen Juristen gefunden, die bisweilen so weit ging, daß eine unveränderte Übernahme

---

1) Berichtet von Maitland, Equity^2 (1936) 23.

des trust-Rechts in das eigene Recht vorgeschlagen wurde[2]. Als charakteristische Einrichtung des englischen Billigkeitsrechts ("equity") diente der trust vor allem einer Modifizierung des strengen common law. Diese im Grundsatz heute noch erhaltene Funktion des trust kann positiv und negativ gesehen werden. Zum einen war und ist der trust ein geeignetes Mittel juristischer Reformen[3], zum anderen besteht immer die Gefahr, daß mit Hilfe des trust herkömmliche und als sachgerecht empfundene Rechtsregeln ausgeschaltet werden, das Institut also zur Gesetzesumgehung benutzt wird. Typische Beispiele für diese Doppelfunktion des trust finden sich im angloamerikanischen Recht der Nachlaßplanung, des sog. "estate planning"[4]. Dieses Rechtsgebiet ist vor allem in den Vereinigten Staaten zu großer Bedeutung gelangt. Sein Entstehen im Verlaufe dieses Jahrhunderts beruhte auf dem erklärten Wunsch, die als hinderlich empfundene Formenstrenge des Erbrechts und das angloamerikanische Nachlaßverfahren ("probate" und "administration"), das häufig als umständlich, kostspielig und nicht interessengerecht angesehen

---

2) Vgl. insbesondere Lepaulle, Traité Théorique et Pratique des Trusts en Droit Interne, en Droit Fiscal et en Droit International (1932); kritisch hierzu Rheinstein, Bespr. von Lepaulle, Traité (1932): 43 Yale L.J.(1934) 1049, 1052f. Gegen eine Überbewertung des trust aus kontinentaleuropäischer Sicht auch Chloros, Principle, Reason and Policy in the Development of European Law, 17 Int. Comp.L.Q.(1968) 849, 872-874. Eine Rezeption des trust erfolgte bisher vor allem in solchen Ländern des civil law, die enge Verbindungen zum englischen Recht aufweisen (z.B. Schottland, Quebec, Louisiana), aber auch in mittelamerikanischen Staaten (z.B. Panama, Puerto Rico); für Literaturhinweise hierzu siehe unten Fn.891 a.E.

3) Vgl. Scott, The Trust as an Instrument of Law Reform, 31 Yale L.J.(1922) 457-468.

4) Allgemein zum estate planning Rheinstein/Glendon, The Law of Decedents' Estates[3] (1971) 662-676.

wird, zu umgehen[5)]. Zu diesem Zweck wurden im Laufe der Zeit zahlreiche Institute herangezogen, um die herkömmlichen Mittel der Vererbung, also insbesondere die letztwilligen Verfügungen, zumindest teilweise zu verdrängen[6)]. Bei diesen Instituten handelt es sich regelmäßig um Rechtsgeschäfte unter Lebenden, die ihre wesentlichen Rechtswirkungen erst mit dem Tode einer Person entfalten und so häufig zu einer "Vererbung außerhalb des Erbrechts"[7)] führen. Das wohl wichtigste Instrument in diesem Zusammenhang ist der (lebzeitige) trust, der als typisches Testamentsersatzgeschäft im Grenzbereich zwischen lebzeitigen Rechtsgeschäften und letztwilligen Verfügungen liegt[8)].

In dieser, aber auch in anderen Funktionen gelangt der trust aufgrund der stärker werdenden internationalen Verflechtungen persönlicher und wirtschaftlichter Art[9)] zunehmend auch vor deutsche Gerichte. In Streit stehen dann beispielsweise

---

5) Ausführlich, auch zu den Ursachen dieser Entwicklung, Langbein, The Nonprobate Revolution and the Future of the Law of Succession, 97 Harv.L.Rev.(1984) 1108-1141; ferner Tetiwa, Grundzüge, Entstehung und Bedeutung des "estate planning" (Nachlaßplanung) im Recht der USA (Diss. Münster 1975) 163-177. "How to Avoid Probate" ist der Titel eines in den Vereinigten Staaten weitverbreiteten Werkes von Dacey. Zu Zweck und Inhalt von probate und administration Rheinstein/Glendon 477-503 und unten Fn.168.

6) Vgl. Rheinstein/Glendon 612-651; Rheinstein u.a., Das Erbrecht von Familienangehörigen in positivrechtlicher und rechtspolitischer Sicht (Länderberichte) (1971)13; Kiethe, Das Gemeinschaftskonto (joint bank account) von Ehegatten als Testamentsersatz im Recht der Vereinigten Staaten von Amerika (Diss.Kiel 1971)52-56.

7) Leipold, Grundzüge des Erbrechts[4] (1982) 191.

8) Vgl. allgemein Leaphart, The Trust as a Substitute for a Will, 78 U.of Pa.L.Rev.(1930) 626-638; Atkinson, Handbook of the Law of Wills[2] (1953) 177-183; Fratcher, Probate Can Be Quick and Cheap: Trusts and Estates in England (1968) S. ix,x.

9) Vgl.z.B.Peiner, Die Nutzung des US-Trust für deutsche Investoren, RIW 1983, 593-599.

Art und Umfang der Rechte und Pflichten der Beteiligten eines trust, die Frage, ob bei einem lebzeitig begründeten trust ein in den trust gegebener Vermögensgegenstand in den Nachlaß des trust-Errichters fällt oder möglicherweise außerhalb des Erbrechts auf Dritte übergeht, oder die Frage, wer bei einem testamentarisch angeordneten trust im Sinne des deutschen Erbscheinsrechts als Erbe anzusehen ist. Die Beantwortung aller dieser Fragen erfordert die Feststellung einer nationalen Rechtsordnung, der der jeweilige trust unterstehen soll. Das Auffinden dieses jeweils anwendbaren Rechts ist Aufgabe des internationalen Privatrechts.

II. Gegenstand und Gang der Untersuchung

Bei der Suche nach dem auf einen Rechtsfall mit Auslandsberührung anwendbaren Recht ist, soweit ein trust betroffen ist, dieses dem deutschen Recht unbekannte Institut in die Systembegriffe des deutschen Kollisionsrechts einzuordnen. Diese Einordnung (Qualifikation) bereitet dem deutschen Juristen deshalb Schwierigkeiten, weil sich der trust nicht hinreichend mit den Begriffen des deutschen Rechts erklären läßt und sich daher auch einer einfachen Zuordnung zu den ebenfalls dem deutschen Rechtsdenken entlehnten Tatbestandselementen der Kollisionsnormen entzieht. Die vorliegende Arbeit versucht, aus deutscher Sicht einige Richtlinien für die kollisionsrechtliche Einordnung von trusts, deren Behandlung übrigens selbst im amerikanischen Recht umstritten ist[10)], zu entwickeln. Insbesondere dort, wo der trust zu einer "Beerbung" außerhalb des Erbrechts führt, gilt es dabei, Erbstatut und Geschäftsstatut des trust miteinander in Einklang zu bringen[11)]. Anhand der gemäß dem gelten-

---

10) Vgl.Rabel, The Conflict of Laws IV (1958) 445:"If there should be any part of the conflict of laws free from "confusion", it is not the treatment of trusts".

11) Vgl.Jayme, Grundfragen des internationalen Erbrechts, ZfRV 1983,162, 163.

den deutschen Kollisionsrecht gefundenen Ergebnisse läßt sich dann auch ersehen, inwieweit der von der 15. Haager Konferenz für internationales Privatrecht vorgelegte Entwurf einer internationalen Konvention über das auf trusts anwendbare Recht und ihre Anerkennung vom 20.10.1984 aus deutscher Sicht sachgerecht ist und eine befriedigende Lösung der durch das Institut des trust aufgeworfenen Qualifikationsfragen erwarten läßt[12].

In einem ersten Hauptteil der Arbeit wird der trust in seiner materiellrechtlichen Ausgestaltung nach amerikanischem Recht, das hier beispielhaft herangezogen wird, vorgestellt. Dies ist erforderlich, weil eine kollisionsrechtliche Einordnung ohne nähere Kenntnis der Funktionen und der Rechtsstruktur des trust nicht vorgenommen werden kann. In einem zweiten Hauptteil werden dann Grundsätze für die Qualifikation des trust im deutschen internationalen Privatrecht aufgestellt. Im Anschluß hieran werden die amerikanischen Kollisionsregeln des trust erörtert, die für die Prüfung einer möglichen Rückverweisung von Bedeutung sein können. In zwei abschließenden Teilen wird dann auf Anpassungs- und Umdeutungsprobleme hingewiesen, die in deutsch-amerikanischen trust-Fällen auftreten können, und es werden Lösungsansätze für einige zuvor angeführte Beispielsfälle aufgezeigt.

---

12) Siehe hierzu insbesondere Fn.369.

1. Hauptteil: Sachnormen

1. Kapitel: Begriffsbestimmung

Eines der vielgestaltigsten Rechtsinstitute, die im angloamerikanischen Recht entwickelt wurden, ist der trust[13]. Wie in Europa, so hat auch in den Vereinigten Staaten das Wort "trust" verschiedene Bedeutungen. Es wird zum einen im gleichen Sinn wie das Wort Kartell verwendet, was wohl daher rührt, daß auch Kartelle in der Form von (privatrechtlichen) trusts aufgebaut sind[14]. Das Kartellrecht ist in den Vereinigten Staaten bundesrechtlich geregelt. Danach sind Kartelle (trusts) grundsätzlich verboten, wobei der Begriff des "trust" in diesem Zusammenhang sehr weit ausgelegt wird[15]. Das trust-Recht in diesem Sinne ist aber eher öffentlichrechtlicher Natur und soll daher im Rahmen dieser Arbeit außer Betracht bleiben. Gegenstand der Arbeit ist allein der trust des Privatrechts.

Das Rechtsinstitut des privaten trust ist in den USA nicht bundeseinheitlich geregelt. Die Gesetzgebungskompetenz steht

---

13) Hier - wie auch im folgenden - sollen die wichtigsten Fachbezeichnungen des trust-Rechts unübersetzt bleiben, um von vorneherein Verwechslungen mit deutschen Bezeichnungen zu vermeiden; der dem deutschen Recht fremde trust läßt sich - wie noch zu zeigen sein wird - nur bedingt mit deutschen Rechtsinstituten vergleichen; eine Übersetzung seiner Fachbegriffe könnte daher in jedem Falle nur ungenau sein und würde mehr Verwirrung als Nutzen bringen.

14) Parker, Das Privatrecht der Vereinigten Staaten von Amerika (1960) 97f; Coing, Die Treuhand kraft privaten Rechtsgeschäfts (1973) 9; Hay, Einführung in das amerikanische Recht (1975) 93 Fn.175; Nussbaum, Amerikanisch-schweizerisches internationales Privatrecht (1959) 45.

15) Vgl.z.B. den Sherman Antitrust Act von 1890; hierzu ausführlich Sullivan, Handbook of the Law of Antitrust (1977); Hay 163ff.

hier aufgrund ihrer weitgehenden Souveränität innerhalb der Union den einzelnen Bundesstaaten zu, wie überhaupt das gesamte Privat-, Zivilprozeß-, Straf- und Strafprozeßrecht grundsätzlich einzelstaatliches Recht ist[16]. Aus diesem Grunde beschränkt sich der folgende Abschnitt auf eine Darstellung der wesentlichen, in den Vereinigten Staaten allgemein anerkannten Grundsätze des trust-Rechts, wobei die Rechtslage in New York und Kalifornien besondere Berücksichtigung finden soll. Eine erschöpfende und die Rechtslage in allen US-Bundesstaaten umfassende Beschreibung des privaten trust im US-amerikanischen Recht ist im Rahmen der vorliegenden Arbeit nicht erforderlich. Für die internationalprivatrechtliche Beurteilung des trust, insbesondere seine Einordnung in das Gefüge der deutschen Kollisionsnormen, sind seine wesentlichen Merkmale und Eigenheiten entscheidend; die Ausgestaltung des trust in Einzelfragen ist dabei unerheblich.

Der (privatrechtliche) trust des angloamerikanischen Rechts trägt dem in allen Rechtsordnungen bestehenden Bedürfnis Rechnung, einer Person die Verfügungsgewalt über einen Gegenstand oder ein Vermögen zu verleihen, während einer anderen Person das Nutzungsrecht an diesem Gegenstand oder Vermögen zustehen soll[17]. Dies ist der Grundgedanke des trust-Rechts, wie es im angloamerikanischen Rechtskreis seit Jahrhunderten entwickelt worden ist. Dementsprechend wurde im Laufe der Zeit eine Vielzahl verschiedener (trust-) Formen geschaffen, bei denen jeweils einzelne Aspekte der gemeinsa-

---

16) Blumenwitz, Einführung in das Anglo-Amerikanische Recht² (1976) 47ff.

17) Vgl. Coing, Rechtsformen der privaten Vermögensverwaltung, insbesondere durch Banken, in USA und Deutschland, AcP 167 (1967) 99,113 (typisch für den trust ist die "Trennung von rechtlicher Zuständigkeit einschließlich der Verwaltungsbefugnis und wirtschaftlichem Genuß").

men Grundkonzeption im Vordergrund stehen[18]. Verbindendes Element aller trust-Formen ist die Aufspaltung des umfassenden Eigentums an einem Gegenstand in zwei grundsätzlich voneinander unabhängige Rechte, eine Gestaltung, die dem deutschen Recht fremd ist[19]. Diese für das gesamte angloamerikanische Recht kennzeichnende "Eigentumsaufspaltung" in einen "legal title" und einen "equitable title" ist für den kontinentaleuropäischen Juristen nur aus der geschichtlichen Entwicklung des angloamerikanischen Rechts, insbesondere aus der historisch begründeten Unterscheidung zwischen common law[20] und equity heraus zu verstehen[21].

Bevor nun im folgenden ausführlicher auf die historische Entwicklung des trust und seine rechtliche Ausgestaltung eingegangen wird, soll einleitend eine kurze Begriffsbestimmung versucht werden. Angesichts der Vielfalt des trust ist es schwierig, eine Definition zu finden, die alle seine unterschiedlichen Erscheinungsformen umfaßt und dennoch eine verwertbare Aussage über seine Rechtsnatur trifft. Das vom American Law Institute herausgegebene Restatement of the

---

18) Vgl. unten Kapitel 5.

19) Vgl. Coing, Treuhand, 7 ("in gewisser Hinsicht doppeltes Eigentum"); Serick, Zur Behandlung des angloamerikanischen trust im kontinentaleuropäischen Recht, Festschrift Nipperdey II (1965) 653, 656 ("gespaltenes Eigentum").

20) Der Begriff des "common law", wie er hier verwendet wird, ist als Gegensatz zum Rechtsgebiet der "equity" zu verstehen; an anderer Stelle bezeichnet er ein Rechtssystem, das auf dem angloamerikanischen Recht beruht, und ist dann von den Rechtsordnungen des "civil law", z.B. den kontinentaleuropäischen, zu unterscheiden.

21) Hierzu nachfolgend unter Kapitel 2.

Law, Second, Trusts[22], definiert in seinem § 2 den trust wie folgt:

"A trust is a fiduciary relationship with respect to property, subjecting the person by whom the title to the property is held to equitable duties to deal with the property for the benefit of another person, which arises as a result of a manifestation of an intention to create it".

Diese noch sehr allgemein gehaltene Formulierung wird verständlicher, wenn man den trust-Begriff nach Personen, Inhalt und Funktionen aufgliedert. Nach Bogert[23] ist ein trust ein fiduziarisches Rechtsverhältnis (fiduciary relationship), in dem eine Person als Träger von Vermögensrechten (und damit Berechtigter) Billigkeitspflichten unterworfen ist (subject to an equitable obligation). Der Inhaber des "legal title" ist "in equity" verpflichtet, das trust-Vermögen zum Nutzen anderer Personen innezuhaben oder zu verwalten. Errichter eines trust (genannt settlor, grantor, donor oder trustor) ist derjenige, der den trust willentlich begründet. Trustee ist derjenige, der zugunsten eines anderen Inhaber des Rechts ist. Die Vermögenswerte, die dem trustee zustehen, dabei aber den Rechten dritter Personen unterworfen sind, bilden das trust-Vermögen (trust property). Begünstigter (beneficiary oder cestui que trust) ist

---

22) Das "Restatement of the Law" des American Law Institute ist eine private Arbeit über verschiedene nicht oder nur wenig kodifizierte Rechtsgebiete; es ist zwar jeweils paragraphenweise aufgebaut, stellt aber keinen Versuch einer Kodifikation dar. Ziel des Restatement ist es vielmehr, für bestimmte Rechtsmaterien allgemeingültige und in den Vereinigten Staaten weitgehend anerkannte Rechtssätze und Grundprinzipien aufzustellen. Das Restatement hat in den letzten Jahren zunehmend an Bedeutung gewonnen und ist auch den Gerichten zu einer anerkannten Entscheidungshilfe geworden.

23) Bogert, Handbook of the Law of Trusts[5] (1973) 1ff.

derjenige, für den das trust-Gut vom trustee innegehabt oder verwaltet wird.
Diese und ähnliche Definitionen[24] lassen zweierlei erkennen. Zum einen steht bei der Rechtsfigur des trust stets die Zweckgebundenheit des trust-Vermögens im Vordergrund[25]. Zum zweiten sind innerhalb des trust zunächst zwei Rechtsverhältnisse zu unterscheiden, nämlich das zwischen dem trust-Errichter (settlor) und dem trustee einerseits und das zwischen dem trustee und dem Begünstigten (beneficiary) andererseits[26]. Entscheidend ist die Zweiteilung des Eigentums am trust-Vermögen. Insbesondere ihre Ursachen und Rechtswirkungen sollen im folgenden dargestellt werden.

---

24) Siehe z.B. Underhill, Law Relating to Trusts and Trustees[13] (1979) 1; Maitland, Equity 44; § 2216 Cal.Civil Code; Raffo v. Foltz, 106 Cal.App.51, 288 P.884 (1930). Vgl. auch Artikel 2 des Entwurfes einer Haager Konvention über das auf trusts anwendbare Recht und ihre Anerkennung vom 20.10.1984.

25) Serick, FS Nipperdey II (1965) 653, 655.

26) Tetiwa 36.

2. Kapitel: Ursprung und Geschichte des trust

A. Frühe Entwicklung

In der Form des "uses" war der trust in England schon im frühen Mittelalter bekannt. Die "uses"[27] beruhten auf dem deutschrechtlichen Institut der Treuhand ("Salmannschaft")[28] und fanden im Anschluß an die Eroberung Englands durch die Normannen im 12. und 13. Jahrhundert in England Verbreitung[29]. Grundgedanke der uses war es, einen Gegenstand (in damaliger Zeit ausschließlich Grundstücke) an eine oder mehrere Personen zu übertragen, die ihn dann zugunsten anderer, vom Übertragenden benannter Personen innehaben sollten. Der Rechtsinhaber, dem das Grundstück zu eigenem Recht, allerdings "to the use of X", übertragen wurde, war gehalten, dem Begünstigten den Besitz am Grundstück zu überlassen und ihm daran Nutzung und Fruchtziehung zu gestatten[30].

---

27) Der Ausdruck "uses" rührt nach allgemeiner Überzeugung nicht vom lateinischen "usus" her, sondern vom lateinischen "ad opus" in der Bedeutung von "zugunsten" (altfranzösisch "al oes"); Maitland 24; Siebert, Das rechtsgeschäftliche Treuhandverhältnis (1933) 54.

28) Ames, The Origin of Uses and Trusts, 21 Harv.L.Rev. (1908) 261, 265; Bogert 7; zu der Ähnlichkeit zwischen dem trust und dem islamischen Institut des waḳf siehe Kneller, Der Rechtscharakter des islamischen Instituts waḳf und des anglo-amerikanischen Instituts trust (Diss. Tübingen 1966) 35-43.

29) Maitland, The Origin of Uses, 8 Harv.L.Rev.(1894) 127, 129; Bogert 6; Roth, Der Trust in seinem Entwicklungsgang vom Feoffee to Uses zur amerikanischen Trust Company (1928) 3-32, 91-96.

30) Kötz, Trust und Treuhand (1963) 14.

Darüberhinausgehende Pflichten, etwa zu einem aktiven Tun, hatte der Rechtsinhaber zumeist nicht[31].

Entstehung und Entwicklung der uses im mittelalterlichen England hatten mehrere Gründe. Zum einen war es nach angelsächsischem Recht nicht gestattet, testamentarisch, also im Wege gewillkürter Erbfolge, über ein Grundstück zu verfügen[32]. Das Rechtsinstitut der uses diente zur Umgehung dieser Regel. Das betreffende Grundstück wurde noch zu Lebzeiten des Eigentümers[33] an einen "Treuhänder" übertragen mit der Weisung, es nach dem Tode an den "Erben", den Begünstigten, weiter zu übertragen. Bis zu seinem Tode behielt der Erblasser dabei Besitz und Nutzung des Grundstücks[34].
Ihre größte Bedeutung erlangten die uses unter dem Einfluß des damals in England herrschenden Lehnsrechtes. Um die dem Lehnsherrn im Falle des direkten (gesetzlichen) Übergangs eines Grundstücks an den minderjährigen Erben eines verstorbenen Lehnsnehmers zustehenden Feudalrechte (wie etwa Lehnsunmündigkeit, Heimfall, Vormundschaft des Lehnsherrn[35]) leerlaufen zu lassen, wurde das Grundstück von dem Lehnsnehmer an mehrere Treuhänder übertragen, die es zu seinen Gun-

---

31) Bogert 6.

32) Maitland, Trust und Korporation, 32 GrünhutsZ (1905) 1, 14; Scott, 31 Yale L.J.(1922) 457, 461.

33) Die hier als "Eigentümer" bezeichnete Person war in damaliger Zeit strenggenommen nur Lehensnehmer, sie konnte aber dennoch grundsätzlich frei über das Grundstück verfügen.

34) Bogert 8; Kötz 15; Siebert 54.

35) Hierzu und zu weiteren mit der (formellen) Rechtsinhaberschaft an einem Grundstück verbundenen Lasten bzw. Pflichten Bogert 7f.

sten als Berechtigte innehaben und nach seinem Tode an den vorgesehenen Erben weiter übertragen sollten[36].

Neben diesen rechtlich begründeten Ursachen für die weite Verbreitung, die die uses im mittelalterlichen England gefunden haben, gab es noch eine Reihe praktischer Gründe. Zu erwähnen sind hier insbesondere zwei Situationen, in denen uses zur Anwendung kamen. Zum einen wurden sie eingesetzt, wenn ein Ritter einen Kreuzzug unternehmen wollte; in diesem Falle übertrug er seinen Grundbesitz einem Vertrauensmann, der ihn in seiner Abwesenheit zugunsten seiner Familie innehaben sollte[37]. Des weiteren bedienten sich häufig Mönche des Rechtsinstituts der uses. Da es insbesondere den Mitgliedern des Franziskanerordens aufgrund ihres Armutsgelübdes nicht gestattet war, eigenes Vermögen zu besitzen, übertrugen sie ihre Grundstücke an Dritte, waren aber vereinbarungsgemäß berechtigt, im Besitz der Grundstücke zu bleiben und alle Nutzungen aus ihnen zu ziehen[38]. In dieser Übung der kirchlichen Gemeinschaften und Mönchsorden wird vielfach der eigentliche Entstehungstatbestand der uses und damit des trust gesehen[39].

---

36) Scott, 31 Yale L.J.(1922) 457, 460; Maitland, 32 GrünhutsZ (1905) 1, 14; Kötz 14f; Siebert 59.

37) Pettit, Equity and the Law of Trusts^4 (1979) 10; Kötz 14; Siebert 55f.

38) Scott, The Law of Trusts^3 (1967 mit Supplement 1980) I 13; Holland, The Elements of Jurisprudence^2 (1882) 186; Roth 95.

39) So z.B. Maitland, 8 Harv.L.Rev.(1894) 127, 130; Clark, Equity (1924) 327.

B. Common law und equity

Das frühe englische Recht, das common law, war streng und formgebunden. Ähnlich wie das römische Recht basierte es auf einem System von Klageformen, den sogenannten "writs", die dem Rechtssuchenden zur Verfolgung bestimmter Anliegen zur Verfügung standen[40]. Gab es für das Anliegen keine ausdrücklich vorgesehene Klageart, wurde das Begehren des Klägers abgewiesen. Einer solchen Situation sah sich nach common law jeder gegenüber, der als Begünstigter eines trust bzw. use von dem Treuhänder die Erfüllung der bei Übertragung des Grundvermögens übernommenen Pflichten verlangen wollte. Das common law stellte hierfür keine Klageform zur Verfügung; entsprechende Klagebegehren mußten daher abgewiesen werden[41]. Uses waren damit vor Gericht nicht durchsetzbar. Ob der Treuhänder seine Pflichten, zum Beispiel zur Besitzüberlassung an den Begünstigten, erfüllte oder nicht, war praktisch in sein Belieben gestellt, weil es einen gerichtlichen Schutz der Interessen des cestui que use nicht gab[42].

In dieser Situation wandten sich viele Rechtssuchende mit Bittschriften an den König bzw. an den Chancellor, den damals höchsten Verwaltungsbeamten des Königs, als den "custodian of the king's conscience"[43]. In dieser Tätigkeit des Chancellor als oberste Petitions- und Beschwerdeinstanz

---

40) Blumenwitz 5.

41) Scott I 14; Clark 4.

42) Bogert 9; Siebert 56.

43) Scott I 10f; Bogert 10.

liegt der Ursprung der equity - Rechtsprechung[44]. Konnte jemand als cestui que use vor den Gerichten des common law keinen Rechtsschutz erlangen, weil für sein Begehren keine Klageart vorgesehen war, so konnte er den Chancellor anrufen. Da der Chancellor ursprünglich keine Gerichtsbarkeit, sondern nur Verwaltungstätigkeit ausübte, war er an das strenge common law nicht gebunden[45]. Er entschied vielmehr allein nach seinem Billigkeitsgefühl ("equity")[46], wobei er an bestimmte Verfahrensregeln gebunden war. Stellte nun der Chancellor ein treuwidriges, betrügerisches oder sonstwie verwerfliches Verhalten des Beklagten fest, dem das common law mit seinen starren Klageformen und Verfahrensgrundsätzen nicht beikommen konnte, so gab er dem Betroffenen unter Strafandrohung ein bestimmtes Tun oder Unterlassen auf, um dem Beschwerdeführer zu seinem Recht zu verhelfen[47].

Etwa seit dem 15. Jahrhundert gewährte der Chancellor auf diesem Wege dem cestui que use Rechtsschutz gegen den Treunehmer, der mit dem ihm übertragenen Grundbesitz in einer Weise verfuhr, die nicht mit den von ihm übernommenen treuhänderischen Pflichten in Einklang stand[48].

---

44) Pettit 1f; Clark 3f. Berühmt geworden ist der Ausspruch eines englischen Juristen: "The parents of the trust were fraud and fear and a court of conscience was the nurse" (zitiert nach Scott I 8 unter Hinweis auf Attorney-General v. Sands, Hardres 488, 491 (1669) per Atkyns, arguendo).

45) Siebert 56f.

46) Scott, 31 Yale L.J. (1922) 457, 459; die Idee der equity-Rechtsprechung wird von Bogert 10 wie folgt umschrieben: "Equity and fairness were supposed to rule there, rather than technicality".

47) Ausführlich Pettit 2f; Kötz 16; Siebert 56f; Schnitzer, Die Treuhand (der trust) und das internationale Privatrecht, Gedächtnisschrift Marxer (1963) 53, 60.

48) Scott I 14-18; Bogert 9.

Im Laufe der Zeit entwickelte sich in den vom Chancellor eingesetzten "courts on equity" ein eigener, von den Gerichten des common law unabhängiger Gerichtszweig, der in seiner Rechtsprechung das strenge common law ergänzte und dessen Lücken ausfüllte[49].

Auf dieser (materiellrechtlichen und funktionalen) Zweiteilung des englischen Rechtssystems in common law und equity beruht die bereits erwähnte "Aufspaltung" des Eigentums an einer Sache in einen legal und einen equitable title, die das Rechtsinstitut des trust als das wohl typischste Beispiel der equity - Rechtsprechung kennzeichnet. Die courts on equity erkannten nämlich stets an, daß allein der Treunehmer, dem ein Grundstück "in use" übertragen worden war, nach common law Eigentümer dieses Grundstücks war; für die Rechtsstellung des Treunehmers, die ihm "at law", also vor den Gerichten des common law, zukam, bürgerte sich der Ausdruck "legal ownership" ein. Aufgabe des Chancellor bzw. der courts on equity war es, dafür Sorge zu tragen, daß der Treunehmer mit seinem Eigentum in der bei Übertragung vereinbarten Art und Weise verfuhr, wie es Billigkeit und Anstand erforderten[50]. Die dem Begünstigten in equity zustehende Rechtsstellung wurde dem Eigentum des Treunehmers nach common law gegenübergestellt und als "equitable ownership" bezeichet[51]. Die für den deutschen Juristen eigentümliche "Eigentumsaufspaltung" am trust-Vermögen - ein Ausdruck, der

---

49) Hierzu Baeck, Die Lehre vom Trust in den Rechten der USA, ZfRV 1963, 68, 70; Bloch, Der anglo-amerikanische Trust und seine Behandlung im internationalen Privatrecht, SJZ 46 (1950) 65, 66; Blumenwitz 7f.

50) "Chancery vindicated the prior claims of equity, not by denying the existence of the legal owner, but by taking from him by means of a trust the beneficial enjoyment of his property". Salmond, Jurisprudence[12] (1966) 260; Pettit 10f.

51) Pettit 11.

ein fremdes Institut im Grunde nur ungenau in deutsche Rechtsbegriffe zu fassen sucht - beruht also auf der im Grundsatz auch heute noch geltenden Zweiteilung des angloamerikanischen Rechtssystems in common law und equity[52]. So erklärt es sich, daß nach angloamerikanischem Recht an einem einzigen Gegenstand mehreren Personen verschiedene Arten von "Eigentum" zustehen können; die Begriffe "legal" und equitable ownership" bezeichnen dabei jeweils nur die Gesamtheit derjenigen Rechte, die eine Person aufgrund des Rechts eines Rechtsbereichs (common law oder equity) innehat[53].

C. Weitere Entwicklung

Das Rechtsinstitut der uses fand - nicht zuletzt dank der Unterstützung der equity-Gerichte - eine derart weite Verbreitung, daß bereits zur Zeit Heinrich V (1413 - 1422) angeblich der größte Teil des englischen Grundvermögens in use gehalten wurde[54]. Da die Beweggründe zur Errichtung von uses jedoch nicht immer anerkennenswert waren[55], gab es auch Bestrebungen, ihren Anwendungsbereich einzuengen bzw. sie sogar gänzlich abzuschaffen. Insbesondere der König als oberster Lehensherr, dem durch die Einrichtung der uses zahlreiche Feudalrechte verlorengingen, war hieran interes-

---

52) Scott I 5.

53) Vgl. Kötz 17; Blumenwitz 13.

54) Scott I 13.

55) Uses wurden häufig auch zur Benachteiligung von Gläubigern verwendet, die sich mit ihren Ansprüchen nur an den Rechtsinhaber eines Grundstückes nach common law und nicht an den cestui que use halten konnten. Hierzu Scott I 18f.

siert. Im Jahre 1535 erging deshalb unter Heinrich VIII das berühmte "Statute of Uses"[56]. Sein Ziel war es, die Schaffung eines equitable estate des Begünstigten neben dem legal estate des Treunehmers dadurch unmöglich zu machen, daß es das Vollrecht nach common law sofort auf den Begünstigten übergehen ließ und damit eine Aufteilung der Rechte, wie sie für die uses typisch war, ausschloß[57]. Das equitable interest des Begünstigten wurde kraft Gesetzes in ein legal interest umgewandelt, so daß der cestui que use zum alleinigen Vollrechtsinhaber wurde, während dem Treunehmer keinerlei Rechte an dem Grundstück mehr zustanden[58].

Das Statute of Uses hatte jedoch in der Folgezeit nicht den gewünschten Erfolg. Es wurde von den Gerichten - entgegen der ratio legis - stets sehr eng ausgelegt und ließ damit Raum für die Entstehung neuer Formen von uses. Zum einen - und dies war der wichtigste Fall - wurde das Statute of Uses nicht auf sogenannte "active trusts" angewandt, bei denen der Treunehmer Tätigkeits-Pflichten zugunsten der Begünstigten übernommen hatte (zum Beispiel Verwaltung des Grundvermögens) und sich nicht nur darauf beschränkte, dem cestui que use den Besitz am Grundstück und die Nutzungen daraus zu überlassen, ohne selbst in irgendeiner Weise tätig zu werden[59]; in diesem Falle mußte dem Treunehmer, sollte er seine Verwaltungstätigkeit wirksam ausüben können, eine Be-

---

56) 27 Henry VIII, c. 10; ausführlich hierzu Roth 118-124.

57) Bogert 10; Siebert 57.

58) Bogert 11. Mit dieser faktischen Abschaffung der uses sollte den offenkundigen Mißbräuchen dieser Einrichtung entgegengetreten werden; daneben richtete sich diese Gesetzgebung aber auch gegen die Kirche und die Ordensgemeinschaften, die zu dieser Zeit die Hauptnutznießer der uses waren.

59) Clark 328f; Holland 186; Bogert 12.

rechtigung nach common law an dem Grundvermögen eingeräumt werden[60]. Der zweite, weniger wichtige Fall einer Umgehung des Statute of Uses waren die sogenannten "uses upon uses"[61], die nach Meinung der Gerichte ebenfalls nicht in den Anwendungsbereich des Statute of Uses fielen, so daß hier der Letztbegünstigte doch wieder ein equitable interest an dem betreffenden Gegenstand besaß[62]. Die auch nach Erlaß des Statute of Uses bestehenden Formen wurden unter dem Sammelbegriff "trusts" zusammengefaßt[63] und bildeten die Grundlage für den trust in seiner heutigen Form.

Nach dem Fehlschlagen des Versuch, mit dem Statute of Uses den trust abzuschaffen, konnte sich das trust-Recht in der Folgezeit ungehindert entwickeln. Das Rechtsinstitut des trust breitete sich in England auch nach dem Untergang des mittelalterlichen Feudalsystems, dem es seine Entstehung verdankte, immer weiter aus[64]. Von dem gesetzten Recht wurde es erst allmählich erfaßt. Als wichtigstes Gesetz ist hier das Statute of Frauds von 1677 zu erwähnen, das in bestimmten Fällen für die Begründung eines trust die Schriftform verlangte[65].

---

60) Zum Erfordernis eines "aktiven" trust im heutigen Recht siehe unten Kapitel 3 A. II. 6.

61) Hierzu Pettit 11.

62) Scott I 22; Bogert 13; Kötz 21.

63) Bogert 13.

64) Vgl. Pettit 12-14.

65) Hierzu Clark 174f; Siebert 58; zur Schriftform siehe unten Kapitel 3 A. III. 3. und IV.

D. Übernahme des englischen trust-Rechts in das Recht der Vereinigten Staaten

Die englischen Kolonien in Amerika und später dann die ersten amerikanischen Bundesstaaten übernahmen in ihren Verfassungen das common law in der Form, in der es damals in England angewendet wurde[66]. Gegen die gleichzeitige Übernahme des vom König (Chancellor) entwickelten Systems der equity-Rechtsprechung regte sich zu Beginn größerer Widerstand[67]. Es wurde jedoch bald deutlich, daß das strenge common law nicht ohne das Korrektiv des Rechts der equity auskommen konnte. Nach kurzer Zeit fand daher auch die equity Rechtsprechung Eingang in das Recht der Vereinigten Staaten[68]. Insbesondere das englische trust-Recht wurde auf diesem Wege in seinen wesentlichen Grundzügen übernommen.

Da - wie erwähnt - die Regelung des (privatrechtlichen) trust in die Gesetzgebungszuständigkeit der einzelnen Bundesstaaten fällt, gibt es kein einheitliches trust-Recht der Vereinigten Staaten. Das Institut ist auch heute noch häufig reines Richterrecht, obwohl inzwischen eine Reihe von Staaten, darunter New York und Kalifornien, zumindest in Teilgebieten das trust-Recht gesetzlich geregelt hat[69].

Zur Rechtsvereinheitlichung auf dem Gebiet des trust-Rechts tragen mehrere Einheitsgesetze (Uniform Laws) bei, die von

---

66) Scott I 26; Bogert 14.

67) Scott 26; Kötz 24.

68) Hierzu Tetiwa 35; Bogert 14.

69) Vgl. Scott I 29-33; Bogert 15.

der "National Conference of Commissioners on Uniform State Laws" entworfen und mit zum Teil gutem Erfolg den Einzelstaaten zur Annahme vorgeschlagen worden sind[70].

Ebenfalls rechtsvereinheitlichend wirkt das bereits erwähnte Restatement Second of the American Law of Trusts aus dem Jahre 1959, das vom American Law Institute herausgegeben und von Prof. Scott bearbeitet worden ist.

---

70) Zu nennen sind hier der Uniform Fiduciaries Act von 1922, der Uniform Principal and Income Act von 1931 (abgeändert 1962), der Uniform Trusts Act, der Uniform Trustees' Accounting Act, der Uniform Testamentary Additions to Trusts Act, der Model Prudent-Man Investment Act, der Uniform Trustee's Powers Act sowie zuletzt der Uniform Probate Code von 1969.

3. Kapitel: Rechtliche Struktur des trust

A. Entstehung

I. Gesetzliche trusts

Ein trust kann auf zweierlei Weise begründet werden, durch Rechtsgeschäft oder kraft Gesetzes ("by operation of law")[71]. Die vorliegende Arbeit beschäftigt sich ausschließlich mit den rechtsgeschäftlichen, von dem ausdrücklich erklärten Willen der Beteiligten getragenen trusts (sog. "express trusts")[72], da nur diese auch erbrechtliche Auswirkungen haben und deshalb kollisionsrechtlich von besonderem Interesse sind. Die kraft Rechtsnorm entstehenden trusts werden deshalb nicht näher erörtert; sie sollen im folgenden nur kurz gestreift werden.

Gesetzlich geschaffene trusts sind der resulting und der constructive trust. Der resulting trust beruht auf einem unterstellten mutmaßlichen oder fiktiven Willen des Er-

---

71) Scott 35f.

72) Die express trusts werden bisweilen auch als "voluntary" trusts bezeichnet im Gegensatz zu den gesetzlich geschaffenen "involuntary" trusts. Vgl. Cal. Civil Code §§ 2216, 2217. Zu den express trusts werden in der amerikanischen Literatur und Rechtsprechung gewöhnlich auch diejenigen trusts gezählt, die ihre Entstehung einer gerichtlichen Auslegung des unklar oder mißverständlich erklärten Willens des settlor verdanken. Der von einigen Autoren und Gerichten hierfür verwendete Ausdruck "implied trusts" gilt in der Regel als Oberbegriff für die gesetzlich geschaffenen Formen des resulting und des constructive trust. Vgl. Bogert 261-263; Prentice-Hall, Estate Planning- Wills, Estates, Trusts (Loseblattsammlung, Stand 1985) III para. 3508.

richters[73]. Er kommt zur Anwendung, wenn bei einer Vermögensübertragung aus den Begleitumständen ersichtlich wird, daß diese Übertragung nicht als Zuwendung an den Empfänger gedacht ist (insbesondere, daß der Empfänger kein beneficial interest an dem Gegenstand erhalten soll), sondern daß aus irgendwelchen Gründen ein anderer Zweck erreicht werden soll, nämlich die Begünstigung eines Dritten[74]. In solchen Fällen nahm die equity-Rechtsprechung einen aus dieser Situation resultierenden trust an, und der Empfänger konnte in equity gezwungen werden, über dieses Vermögen Rechnung zu legen und es heraus- bzw. zurückzugeben[75]. Ein resulting trust wird insbesondere dann angenommen, wenn sich ein beabsichtigter trust, zum Beispiel aus Formgründen, als ungültig herausstellt, oder wenn bei einem gültigen trust der trust-Zweck vollständig erfüllt ist, aber noch Vermögen übrigbleibt[76]. In diesen Fällen ist der trustee dem Errichter (und nicht etwa dem Begünstigten des trust) gegenüber rechnungslegungs- und rückgabepflichtig[77].

Wie der resulting trust entsteht auch der constructive trust unmittelbar kraft Gesetzes[78]. Im Gegensatz zu jenem ist er

---

73) Calistoga Civic Club v. City of Calistoga, 143 Cal. App.3d 111, 191 Cal.Rptr.571 (1983); Bogert 261. Vgl. auch Majewsky v. Empire Construction Co., 467 P.2d 547, 85 Cal.Rptr.819, 824, 2 Cal.3d 478 (1970).

74) Restatement, Second, Trusts § 404; Scott V 3213-3215; Martin v. Kehl, 145 Cal.App.3d 228, 193 Cal.Rptr.312 (1983); Lifemark Corp. v. Merritt, 655 S.W.2d 310, 316 (Tex.App. 1983); Lehmann v. Kamp, 273 Cal.App.2d 701, 77 Cal.Rptr.910, 911 (1969).

75) Baeck 79f.

76) Restatement, Second, Trusts §§ 411, 430; Bogert 281-286; Clark 382-384; Saulia v. Saulia, 295 N.Y.S.2d 980, 31 A.D.2d 640(1968).

77) Bogert 281-286.

78) Powell, The Law of Real Property (Loseblattsammlung, Stand 1983) IV A para. 593

aber von dem wirklichen oder auch nur vermuteten Willen der Beteiligten völlig unabhängig[79]. Ein constructive trust entsteht von Rechts wegen immer dann, wenn jemand Inhaber eines Vermögensgegenstandes ist, der nach Treu und Glauben ("in equity", "in fairness") einem anderen zusteht[80]. Der constructive trust dient als rechtliches Hilfsmittel dazu, ungerechtfertigte, gegen die Billigkeit verstoßende Vermögenslagen auszugleichen, indem er den Vermögensinhaber (den legal owner) als trustee des nach equity Berechtigten (equitable owner) behandelt und diesem angemessene Rückgewähr- und Haftungsansprüche zuspricht[81]. Inhaltlich ist der constructive trust daher in der Regel nur auf Rückgabe des zu Unrecht erlangten Vermögensgegenstandes gerichtet, darüberhinausgehende Pflichten des constructive trustee bestehen gewöhnlich nicht[82]. Der constructive trust erfüllt damit in etwa den

---

79) Bogert 261, 287; Scott V 3415.

80) Reiner v. Reiner, 100 A.D.2d 872, 474 N.Y.S.2d 538, 541 (1984): "The applicability of the constructive trust doctrine is limited only by the inventiveness of men who find new ways to enrich themselves unjustly by grasping what should not belong to them". Siehe ferner Nelson v. Nevel, 154 Cal.App.3d 132, 201 Cal.Rptr.93 (1984); Martin v. Kehl, 145 Cal.App.3d 228, 193 Cal.Rptr.312 (1983); Calistoga Civic Club v. City of Calistoga, 143 Cal.App.3d 111, 191 Cal.Rptr. 571 (1983); Weiss v. Marcus, 51 Cal.App.3d 590, 124 Cal.Rptr.297, 299 (1975); Asher v. Reliance Insurance Company, 308 F.Supp.847, 848 (N.D.Cal. 1970).

81) Scott V 3101ff; Prentice-Hall III para. 3507; Taylor v. Polackwich, 145 Cal.App.3d 1014, 194 Cal.Rptr.8 (1983); Markwica v. Davis, 99 A.D. 2d 906, 472 N.Y.S. 2d 510 (1984); Janke v. Janke, 47 A.D.2d 445, 366 N.Y.S.2d 910 (1975); Cramer v. Biddison, 65 Cal.Rptr. 624 (App. 1968). Cal.Civil Code § 2224 lautet: "One who gains a thing by fraud, accident, mistake, undue influence, the violation of a trust, or other wrongful act is, unless he has some other and better right thereto, an involuntary trustee of the thing gained, for the benefit of the person who would otherwise have had it".

82) United States v. Fontana, 528 F.Supp. 137 (S.D.N.Y.1981); Gilbert v. Meyer, 362 F.Supp. 168 (S.D.N.Y.1973).

Zweck, der im deutschen Recht über das Institut der ungerechtfertigten Bereicherung[83)], unter Umständen in Verbindung mit einer Haftung aus unerlaubter Handlung oder Geschäftsführung ohne Auftrag, erreicht wird. Der constructive trust folgt aufgrund seiner Rechtsnatur weitgehend anderen Regeln als der express oder auch der resulting trust[84)].

Verbindendes Element aller trust-Formen ist die bereits erwähnte Aufspaltung des Eigentums: Eine Person hält den legal title an einem Vermögensgegenstand inne, ist aber gehalten, mit diesem Vermögen zugunsten eines Dritten, des Inhabers des equitable title, in bestimmter Weise zu verfahren[85)].

II. Express trust

Ein express trust kann auf zweierlei Weise begründet werden, nämlich einmal durch Rechtsgeschäft unter Lebenden, zum zweiten durch Verfügung von Todes wegen[86)].
Beide Begründungsmöglichkeiten weisen in ihren Voraussetzungen eine Reihe von Besonderheiten auf, auf die später eingegangen wird[87)]. Zuvor sollen einige Grundsätze aufgezeigt werden, die für die Errichtung aller Formen des express trust gelten.

---

83) Vgl. die römisch-rechtliche condictio ob turpem causam.

84) Ausführlich zum constructive trust Scott V 3410-3765; Bogert 287-318; Powell IV A para. 593-598.

85) United States v. Fontana, 528 F.Supp. 137 (S.D.N.Y. 1981).

86) Scott I 174f.

87) Siehe unten Kapitel 3 A. III. und IV.

1. Wesenselemente

Grundvoraussetzung dafür, daß ein trust wirksam entstehen kann, ist das Vorliegen von vier Wesensmerkmalen, den sogenannten "essential elements"[88]. Vorhandensein müssen einmal ein (geschäftsfähiger) settlor oder trustor, der den trust durch einen willentlichen Gründungsakt ins Leben ruft und dabei bestimmte Anordnungen für seine Durchführung trifft, sowie ein trustee, dessen Aufgabe es ist, die trust-Anordnungen des settlors auszuführen[89]. Ferner sind zwingend erforderlich ein fest umrissener Vermögensstock, an dem der trust nach dem Willen des Bestellers bestehen soll, und zuletzt ein bestimmbarer Kreis von Begünstigten (beneficiaries), denen der trust nach seiner Zweckbestimmung zugute kommen soll[90]. Um diese Erfordernisse zu erfüllen, ist die zivilrechtlich wirksame Übertragung einer bestimmten Vermögensmasse durch den settlor auf den trustee nötig, verbunden mit der Bestimmung, daß dieser das übertragene Vermögen zugunsten dritter Personen, eben der beneficiaries, zu

---

88) In re Estate of Barker, 370 N.Y.S.2d 404 (Sur.Ct.1975); In re Palumbo's Estate, 284 A.D. 834, 132 N.Y.S.2d 386 (1954); In re Deluca's Will, 112 N.Y.S.2d 77 (Sur.Ct.1952); Balian v. Balian's Market, 48 Cal.App.2d 150, 119 P.2d 426 (1941); Greene v. Greene, 125 N.Y. 506, 26 N.E. 739 (1891).

89) Prentice-Hall III para. 3540; Matter of Estate of Wesolowski, 83 Misc.2d 518, 372 N.Y.S.2d 861, 863 (Sur.Ct.1975); Reagh v. Kelley, 10 Cal.App.3d 1082, 89 Cal.Rptr.425 (1970).

90) Cabaniss v. Cabaniss, 464 A.2d 87, 91 (D.C.App.1983); Balian v. Balian's Market, 48 Cal.App.2d 150, 119 P.2d 426 (1941); Restatement, Second, Trusts § 2 com. h, §§ 66, 74 112.

halten habe[91]. Damit entsteht in der Person des trustee der "legal title" nach common law an dem trust-Vermögen, während dem Begünstigten das Recht zufällt, "in equity" von dem trustee die Einhaltung der zu seinen Gunsten getroffenen trust-Anordnungen zu verlangen, wodurch er Inhaber des "equitable title" wird; die für den trust charakteristische Trennung von legal und equitable title ist auf diese Weise erreicht[92].

2. Gegenstände eines trust

Die Vermögensmasse, die die Grundlage eines trust bildet, wird gewöhnlich als "trust property" bzw. "subject matter of the trust" bezeichnet[93]. Umfang und Zusammensetzung des trust-Vermögens müssen im Zeitpunkt der Entstehung des trusts anhand der vom settlor errichteten Begründungsurkunde so genau bestimmt oder zumindest bestimmbar sein, daß sich der trustee und erforderlichenfalls auch ein Gericht hierüber ein genaues Bild machen und dem beabsichtigten trust

---

91) Scott I 264-271; Restatement, Second, Trusts § 32 I; Matter of Estate of Bertram, 389 N.Y.S.2d 999 (Sur.Ct.1976); Cohen v. Meyers, 6 Cal.App.3d 878, 86 Cal.Rptr. 456 (1970); In re Estate of Fontanella, 33 A.D.2d 29, 304 N.Y.S.2d 829 (1969); Lawson v. Lowengart, 251 Cal.App.2d 98, 59 Cal.Rptr. 186, 187 (1967).

92) Prentice-Hall III para. 3514.

93) Vgl. Restatement, Second, Trusts § 3 II; Cal.Civil Code § 2229. Der Begriff "trust property" bezieht sich dabei auf die jeweiligen Rechte, die in trust gehalten werden (wie z.B. das Volleigentum oder ein Nießbrauchsrecht), während der Ausdruck "subject matter of the trust" die Gegenstände selbst bezeichnet, an denen ein trust besteht (wie z.B. ein Grundstück oder ein Bankguthaben); vgl. Restatement, Second, Trusts § 2 com. c. Daneben finden sich zuweilen auch die Begriffe "trust res" oder "corpus".

zur Verwirklichung verhelfen können[94]. Gegenstand eines trust kann jeder Vermögenswert sein, soweit er - was zur Schaffung eines trust notwendig ist - rechtsgeschäftlich übertragen werden kann[95]. Gleichgültig ist, ob die übertragbare Rechtsposition ("interest") auf common law oder dem Recht der equity beruht, ob es sich also um ein legal oder equitable interest handelt[96].
Gleichgültig ist ebenfalls, ob sich das betreffende Recht auf bewegliches oder unbewegliches Vermögen bezieht[97], und ob es endgültig oder nur bedingt besteht[98]. Das Recht muß allerdings im Zeitpunkt der trust-Begründung bereits in der Person des settlor entstanden sein; eine bloße Erwartung oder Möglichkeit seiner Entstehung reicht nicht aus[99]. In der Praxis wird ein trust am häufigsten an Grundbesitz, Bankguthaben, Wertpapieren ("bonds"), Aktien ("stocks") oder

---

94) Otto v. Union Nat.Bk. of Pasadena, 226 P.2d 629 (Cal. 1951); Scott I 684-686; Bogert 69; Restatement, Second, Trusts § 76.

95) Clark 356; Restatement, Second, Trusts §§ 78,79; Prentice-Hall III para. 3611, 3612.

96) Restatement, Second, Trusts §§ 78, 83; Prentice-Hall III para. 3616; Bogert 71. Ist ein equitable interest Gegenstand des trust, so ist der trustee ausnahmsweise einmal nicht Inhaber des legal title an diesem Gegenstand; hierzu Underhill 19f.

97) Auch an übertragbaren immateriellen Vermögenspositionen, wie z.B. dem "good will" eines Unternehmens oder einem Patent, kann ein trust bestellt werden; vgl. Restatement, Second, Trusts § 74 com. b, § 82.

98) Bank of California v. Connolly, 36 Cal.App.3d 350, 111 Cal.Rptr. 468 (1974); Wallace v. Riley, 23 Cal.App.2d 654, 74 P.2d 807 (1937); Restatement, Second, Trusts §§ 84,85; Prentice-Hall III para. 3617, 3618.

99) California Bank v. Bell, 38 Cal.App.2d 533, 101 P.2d 724 (1940); In re Gurlitz, 105 Misc. 30, 172 N.Y.S. 523 (Sur.Ct.1918); In re Lynde's Estate, 175 N.Y.S.289 (Sur.Ct.1919); Restatement, Second, Trusts § 75 com. a, § 86; Prentice-Hall III para. 3607, 3610.

(Grund-) Pfandrechten ("mortgages") begründet[100].

3. Person des trustee

Trustee kann jede (rechtsfähige) natürliche oder juristische Person sein, da es insoweit nur auf die rechtliche Fähigkeit ankommt, Eigentümer einer Sache [101] zu sein[102]. Der trust als fiduziarisches Rechtsinstitut war ursprünglich von einem persönlichen Vertrauensverhältnis zwischen settlor und trustee geprägt; zum trustee wurden gewöhnlich nur persönlich bekannte Vertrauenspersonen bestellt, bei denen der Errichter schon aufgrund dieses Vertrauensverhältnisses sicher sein konnte, daß sie die trust-Anordnungen in seinem Sinne befolgen würden. Vor allem in den Vereinigten Staaten geht aber seit einiger Zeit die Entwicklung zunehmend dahin, juristische Personen wie insbesondere Banken oder besondere "trust companies" an Stelle natürlicher Personen mit der Aufgabe des trustee zu betreuen[103]. Im Vordergrund steht hier nicht mehr eine enge persönliche Beziehung zwischen trust-Errichter und trustee, sondern vielmehr der Wunsch,

---

100) Vgl. Bogert 69.

101) Das heißt Inhaber des legal title

102) Bogert 90; Prentice-Hall III para. 3623, 3629; vgl. auch In re Shaw's Estate, 198 Cal.352,246 P.48 (1926). Soweit Minderjährige oder Geisteskranke zu trustees bestellt werden, müssen ihre gesetzlichen Vertreter für sie handeln; häufig wird in diesen Fällen auch vom Gericht ein neuer, geschäftsfähiger trustee ernannt; Prentice-Hall III para. 3625,3626; Restatement, Second, Trusts §§ 91,92.

103) Coing, AcP 167 (1967) 99,106,113. Hinsichtlich statutarischer Bestimmungen, die häufig die Arbeit von (auch ausländischen) Banken und trust-companies regeln, siehe Prentice-Hall V para. 16,001 ff und 17,001 ff.

ein bestimmtes Vermögen von hierfür besonders qualifizierten Fachleuten so verwalten zu lassen, daß der jeweilige Zweck bestmöglich erreicht wird[104].

Die Bestellung von Ausländern zu trustees ist grundsätzlich zulässig, soweit sie Eigentum erwerben können, was bezüglich unbeweglichen Vermögens nicht in allen US-Bundesstaaten der Fall ist[105].
Möglich ist auch, daß sich der Errichter selbst zum alleinigen trustee des trust-Vermögens bestellt[106]; er beschränkt damit wirksam seine eigene Rechtsstellung, indem er sein bisheriges Voll-Eigentum in einen bloßen legal title umwandelt und sich fortan in equity den Ansprüchen eines von ihm benannten Dritten, des equitable owner, unterwirft[107].

---

104) Bogert 98.

105) Hierzu ausführlicher Prentice-Hall III para.3627; Scott II 769-771; Bogert 91; Restatement, Second, Trusts § 93; Estate of Tetsubumi Yano, 188 Cal.645, 206 P.995 (1922). Gesetzlich gesondert geregelt ist häufig die Frage, ob auch "non-residents", die ihren Wohn- oder Geschäftssitz nicht in dem Bundesstaat haben, in dem das trust-Vermögen belegen ist und verwaltet wird, zu trustees ernannt werden können; insbesondere bei ausländischen juristischen Personen ist hier die Gesetzgebung sehr restriktiv; vgl. Cal.Financial Code §§ 1503, 1750, 1751, 775; Cal. Civil Code § 2939.5; Cal.Code of Civil Procedure § 1018 (a); New York Banking Law § 131; In re Yuill's Estate, 109 Misc.465, 178 N.Y.S.871 (Sur.Ct.1919); für testamentarische trusts siehe New York SCPA §§ 707, 710 und Cal. Probate Code § 420, nach denen grundsätzlich kein Ausländer zum trustee eines testamentarischen trust bestellt werden kann; hierzu ausführlich Scott, Choice of Trustee, in: The Best of Trusts and Estates- Estate Planning, hrsg. von Bush, Lacavora, Schlesinger (1965) 450-457; Annotation, 26 A.L.R.2d 1019 (testamentary trusts); Annotation, 82 A.L.R.2d 946 (living trusts).

106) Sheean v. Michel, 6 Cal.2d 324, 57 P.2d 127 (1936); Locke v. Farmers' Loan & Trust Co., 140 N.Y. 135, 35 N.E.578 (1893); Restatement, Second, Trusts § 100.

107) Scott II 817f.

Die Wirksamkeit eines trust hängt im allgemeinen nicht von der Person des trustee ab, sofern nur in der Errichtungsurkunde, dem sogenannten "trust instrument", überhaupt ein trustee vorgesehen ist[108]. Ist dieser trustee nicht genau bezeichnet, lehnt ein bestellter trustee die Annahme des Amtes ab, oder fällt ein ernannter trustee später durch Rücktritt oder Tod weg, besteht dennoch ein wirksamer trust (weiter)[109]. Hat der settlor in der Begründungsurkunde keine besonderen Regelungen getroffen, dann ernennt das zuständige Gericht einen trustee und verhilft so dem Willen des settlor zur Erfüllung[110].

Für einen trust können auch mehrere trustees bestellt werden, die dann gemeinsam handeln müssen, sofern das Errichtungsdokument nichts anderes vorsieht[111].

---

108) In re Powell's Will, 136 A.D.830, 121 N.Y.S.779 (1910); Ogilby v. Hickok, 144 A.D.61, 128 N.Y.S.860 (1911); Powell IV para. 511; Bogert 88.

109) Prentice-Hall III para. 3634; Restatement, Second, Trusts §§ 101, 32 II; Clark 363; Bogert 87: "Equity will not allow a trust to fail for want of a trustee".

110) Matter of Estate of Wilson, 465 N.Y.S.2d 900, 59 N.Y.2d 461, 452 N.E.2d 1228 (1983); Estate of Almy G. Jones, 397 N.Y.S.2d 558 (Sur.Ct.1977); Fuentes v. Roher, 395 F.Supp.1225 (S.D.N.Y.1975); Matter of Phipps, 136 N.Y.S.2d 859, aff'd 147 N.Y.S.2d 547 (Sur.Ct.1954); Matter of Finkelstein, 189 Misc.180, 70 N.Y.S.2d 596 (Sur.Ct.1947); Cal.Civil Code §§ 2287, 2289; Cal.Probate Code §§ 1125, 1126, 1138.9; New York EPTL §§7-2.3, 7-2.6; New York SCPA § 1502.

111) Matter of Samuel Weiser, 168 N.Y.S.2d 719(Sur.Ct.1957); Matter of Souren, 99 N.Y.S.2d 908 (Sur.Ct.1950); Bascom v. Weed, 53 Misc.496, 105 N.Y.S.459 (Sup.Ct.1907). Die mehreren trustees halten das trust-Gut in joint tenancy mit dem dieses Rechtsinstitut kennzeichnenden "right of survivorship";Matter of Newlin, 119 Misc.2d 815, 465 N.Y.S.2d 102 (Sup.Ct.1982).

4. Person des beneficiary

Begünstigter (beneficiary) eines trust kann ebenfalls jede natürliche oder juristische Person sein, soweit sie rechtlich imstande ist, Eigentum[112] innezuhaben[113]; auf die Geschäftsfähigkeit der natürlichen Person kommt es nicht an, so daß auch Minderjährige oder Entmündigte als beneficiaries in Betracht kommen[114]. Darüberhinaus können sogar noch Ungeborene - bedingt durch ihre Geburt - zu Begünstigten eines trust bestimmt werden[115]. Dem Errichter steht es frei, auch mehrere Personen als beneficiaries einzusetzen, die dann - je nach trust-Bestimmung - gleichzeitig oder in einer festgelegten zeitlichen Abfolge durch den trust begünstigt werden[116]. Zulässig ist auch, daß sich der Errichter selbst

---

112) Das heißt den legal title.

113) Clark 357; Bogert 123; Restatement, Second, Trusts § 116.

114) Prentice-Hall III para.3660; Bogert 124.

115) Prentice-Hall III para.3656; Restatement, Second, Trusts § 112 com.d; die Wirkungen des trust treten dann für diese Person im Zeitpunkt ihrer Geburt ein; hierzu Bogert 125; Chase Nat.Bank of City of N.Y. v.Reed, 67 N.Y.S.2d 290 (Sup.Ct.1946). Eine zeitliche Grenze für die Benennung eines Ungeborenen zum beneficiary setzt die sog. "rule against perpetuities", die eine allzulange rechtliche Bindung von Vermögenswerten verhindern will; siehe hierzu unten 3.Kapitel A.II.7.

116) Bogert 123; Prentice-Hall III para.3657,3664; Restatement, Second, Trusts § 113. Eine zur Zeit der Errichtung noch unbestimmte Personenmehrheit kann dann als beneficiary eingesetzt werden, wenn die einzelnen Begünstigten zumindest im Zeitpunkt des vorgesehenen Anfalls der Begünstigung bestimmbar sind; vgl.hierzu Heilig v. Daniel,203 Or.123,275 P.2d 854 (1954) (Blutsverwandte); Board of Directors of Ajax Electrothermic Corp.v.First Nat.Bank, 33 N.J.456,165 A.2d 513(1960) (Angestellte eines Unternehmens); zu der Ausnahme des charitable trust, bei dem wohltätige Zwecke zugunsten einer größeren Personengruppe im Vordergrund stehen, siehe unten 4.Kapitel B.V.

zum (alleinigen oder Mit-) Begünstigten des von ihm ins Leben gerufenen trust erklärt[117]. Die Einsetzung des trustee als beneficiary ist grundsätzlich möglich[118]; der trustee darf allerdings niemals alleiniger beneficiary sein, da in diesem Falle der legal und der equitable title am trust-Vermögen in einer Person zusammenfielen, was dem Wesen des trust widerspräche[119].

5. Bestimmtheit des Begründungstatbestandes

Ein express trust entsteht nur dann, wenn der Wille des settlor, einen trust zu errichten, nach außen deutlich zum Ausdruck kommt[120]. Dies kann - abgesehen von möglichen Formerfordernissen[121] - schriftlich oder mündlich geschehen, sei es durch Rechtsgeschäfte unter Lebenden, sei es in

---

117) Bogert 127; Restatement, Second, Trusts § 114; Douglas v. Westfall, 248 P.2d 68 (Cal.Dist.Ct.App.1952); Weeks v. Frankel, 197 N.Y.304, 90 N.E.969 (1910).

118) Bogert 96; vgl. auch die Fallgestaltungen in Restatement, Second, Trusts § 115.

119) Hierzu Greene v. Greene, 125 N.Y.506, 510, 26 N.E.739 (1891); Tyler v. Mayre, 95 Cal.160, 27 P.160, 30 P. 196 (1892); In re Berman's Will, 225 N.Y.S.2d 850 (Sur.Ct.1962); In re Bunn's Will, 36 Misc.2d 511, 231 N.Y.S.2d 479 (Sur.Ct.1962); siehe aber auch In re Haskell's Trust, 300 N.Y.S.2d 711 (Sup.Ct.1969); Reed v. Brown, 295 N.Y. 184, 66 N.E.2d 47 (1946); Prentice-Hall III para.3632.

120) Hierzu ausführlich Restatement, Second, Trusts §§ 23-27; Scott I 190-227; Prentice-Hall III para.3547-3552.

121) Hierzu unten 3.Kapitel A.III.3. und IV.

einer letztwilligen Verfügung[122]. In jedem Fall muß der Begründungstatbestand unzweifelhaft erkennen lassen, daß die Errichtung eines trust mit bestimmten, einklagbaren Rechten und Pflichten der Betroffenen beabsichtigt ist[123]. Nötig ist hierfür vor allem, daß die bereits erwähnten Wesensmerkmale eines trust wie insbesondere trust-Vermögen, trust-Zweck und beneficiary in zumindest bestimmbarer Weise festgelegt sind[124]. Die Verwendung besonderer Fachausdrücke bei der Begründung ist nicht erforderlich, es reicht, daß sich der entsprechende Wille des Errichters kraft Auslegung eindeutig aus den von ihm getroffenen Anordnungen ergibt[125].

---

122) Vgl. In re Estate of Fontanella, 304 N.Y.S.2d 829, 33 A.D.2d 29 (1969); Payne v. Connelly, 299 N.Y.S.2d 1013, 32 A.D.2d 693 (1969).

123) Vgl. National Ins. & Guar.Corp.Ltd. v. Vander Veer, 322 N.Y.S.2d 293 (Sup.Ct.1971); In re Ralston's Estate, 1 Cal.2d 724, 37 P.2d 76, 96 A.L.R. 953 (1934).

124) Bogert 24; Cal.Civil Code § 2221 bestimmt, daß ein express trust - unbeschadet der Formvorschriften für unbewegliches Vermögen - entsteht "by any words or acts of the trustor, indicating with reasonable certainty: 1.An intention on the part of the trustor to create a trust; and 2. The subject, purpose, and beneficiary of the trust". Vgl. ferner Reagh v. Kelley, 10 Cal.App.3d 1082, 89 Cal.Rptr.425 (1970); Balian v. Balian's Market, 48 Cal.App.2d 150, 119 P.2d 426 (1941).

125) Bogert 23; Oneida Indian Nation of New York v. State of New York, 520 F.Supp.1278, 1326 (N.D.N.Y.1981); California First Bank v. Townsend, 124 Cal.App.3d 922, 177 Cal.Rptr.723 (1981); McGhee v. Bank of America National Trust & Sav.Ass'n, 60 Cal.App.3d 442, 131 Cal.Rptr.482 (1976); In re Estate of Barker, 370 N.Y.S.2d 404 (Sur.Ct.1975); Abrams v. Crocker-Citizens National Bank, 41 Cal.App.3d 55, 114 Cal.Rptr.913 (1974).

6. Erfordernis eines "active trust"

Als wirksam werden in den Vereinigten Staaten nur die sogenannten "active" trusts anerkannt. Darunter versteht man trusts, die dem trustee über die bloße Inhaberschaft des legal title hinaus besondere Rechte und Pflichten hinsichtlich der Verwaltung und Behandlung des trust-Vermögens übertragen und ihm bei seiner Tätigkeit eine gewisse Handlungsfreiheit belassen[126]. Bloße "passive" trusts[127], die allein den Zweck haben, eine formale Trennung von Verfügungsbefugnis (legal title) und Nutzungsrecht[128] an einem Vermögensgegenstand herbeizuführen, ohne dem trustee eine eigenständige Verwaltungsbefugnis zu verleihen, werden in Anlehnung an das englische "Statute of Uses" von 1535 als ungültig angesehen[129]. Der Begünstigte eines solchen "passive trust" wird dann kraft Gesetzes unbeschränkter Volleigen-

126) Bogert 166; Scott I 657-664, Prentice-Hall III para.3511; Restatement, Second, Trusts § 69 com.a; In re Goldenberg's Will, 213 N.Y.S.2d 225 (Sur.Ct.1961); In re Corin's Estate, 200 N.Y.S.2d 770 (Sur.Ct.1960); Craven v. Dominquez Estate Co., 72 Cal.App.713, 237 P.821 (1925).

127) Auch "dry", "simple", "naked", "formal" oder "executed" trusts genannt.

128) Hier verstanden in einem untechnischen, sehr weiten Sinne; darunter kann auch das Recht auf Zugriff auf den Stamm des trust-Vermögens fallen.

129) Zum "Statute of Uses" oben Kap. 2 C. Viele US-Bundesstaaten betrachten das "Statue of Uses" als Bestandteil des von ihnen übernommenen englischen common law und wenden es in der Regel gleichermaßen auf bewegliches wie unbewegliches Vermögen an, während andere Bundesstaaten eigene Gesetze erlassen haben, in denen passive trusts für unwirksam erklärt werden; vgl. hierzu In re Fair's Estate, 132 Cal.523, 60 P.442, 64 P.1000 (1901); Manacher v. Sterling National Bank and Trust Company of New York, 4 Misc.2d 1069, 160 N.Y.S.2d 220 (City Ct.1957); In re Berliner's Estate, 267 A.D.999, 48 N.Y.S.2d 290 (1944).

tümer, indem ein unmittelbarer Übergang (auch) des legal title vom settlor auf den beneficiary fingiert wird, so daß in dessen Person legal und equitable title zusammenfallen[130].

7. Rule against perpetuities

Bei den allgemeinen Wirksamkeitsvoraussetzungen eines express trust ist zuletzt auf die sogenannte "rule against perpetuities"[131] hinzuweisen. Es handelt sich hierbei um einen alten sachenrechtlichen Grundsatz des englischen common law, den nahezu alle US-Bundesstaaten in ihr jeweiliges einzelstaatliches Recht übernommen haben[132]. Die rule against perpetuities soll eine allzulange Bindung von Vermögenswerten infolge eines dauernden Auseinanderfallens von legal title und equitable estate verhindern[133]. Sie kann deshalb in ihrem Anwendungsbereich in bestimmten Fällen die zeitliche Dauer eines trust, dessen Eigenart gerade in diesem - auf Dauer unerwünschten - Auseinanderfallen von Verfügungsbefugnis und Nutzungsrecht besteht, begrenzen.

---

130) Vgl. New York EPTL § 7-1.1; In re Lang's Estate, 23 Misc.2d 328, 197 N.Y.S.2d 52 (Sur.Ct.1960); Puro v. Puro, 75 Misc.2d 950, 350 N.Y.S.2d 931 (Sup.Ct.1972), modified 337 N.Y.S.2d 586, 40 A.D.2d 784 (1972); Carpenter v. Cook, 132 Cal.621, 64 P. 997 (1901). Nach einer anderen Konstruktion wird der vorgesehene trustee zumindest noch für eine logische Sekunde Inhaber des legal title; vgl. Bogert 169.

131) Bisweilen auch "rule against remoteness of vesting" genannt.

132) So ausdrücklich Cal.Civil Code §§ 715.2, 716; mit geringen Abweichungen auch New York EPTL §§ 9-1.1, 9-1.3.

133) Vgl. In re Kellogg's Trust, 35 A.D.2d 145, 316 N.Y.S.2d 293 (1970); Bankers Trust Co. v. Firth, 177 Misc.797, 31 N.Y.S.2d 889 (Sup.Ct.1941).

Die Regel betrifft Rechte an beweglichem und unbeweglichem Vermögen, deren Entstehung in einer Person von dem Eintritt eines zukünftigen ungewissen Ereignisses abhängig ist ("contingent interests")[134]. Sie besagt in ihrer herkömmlichen Form, daß die Zuwendung eines solchen Rechts nur dann wirksam ist, wenn bei ihrer Vornahme feststeht, daß das zukünftige ungewisse Ereignis, wenn überhaupt, vor Ablauf von 21 Jahren nach dem Tode einer im Zeitpunkt der Zuwendung lebenden Person eintreten wird[135]. Die maßgebliche Person kann vom trust-Errichter frei bestimmt werden oder sich aus den Umständen des Rechtsgeschäfts ergeben; zu dem trust braucht sie in keinerlei Beziehung zu stehen[136].
Die Wirkungsweise der rule against perpetuities besteht also darin, daß sie die Hinausschiebung des Zeitpunkts, von dem ab jemandem ein "vested interest", also ein nicht mehr vom Eintritt ungewisser Ereignisse abhängiges Recht am trust-Gut, zustehen soll, nur innerhalb bestimmter zeitlicher Grenzen zuläßt[137].
Verstößt eine trust-Bestimmung gegen die (zwingende) rule against perpetuities, so ist sie nichtig[138].

---

134) Bogert 183.

135) Gray, The Rule Against Perpetuities[3] (1915) 174: "No interest is good unless it must vest, if at all, not later than twenty-one years after some life in being at the creation of the interest". Ausführlich hierzu Scott I 595-616. Die klassische rule against perpetuities des common law wird häufig durch Gesetzesrecht der einzelnen Bundesstaaten modifiziert.

136) In re Friedman's Estate, 67 Misc.2d 304, 323 N.Y.S.2d 499 (Sur.Ct. 1971).

137) Vgl. Kötz 51, der auch ausführlicher auf einige Anwendungsbeispiele eingeht; Bogert 185 f.

138) New York EPTL § 9-1.1 (a)(2); In re Shaul's Estate, 58 Misc.2d 967, 297 N.Y.S.2d 209 (Sur.Ct.1969); vgl. auch Reagh v. Kelley, 10 Cal.App.3d 1082, 89 Cal.Rptr.425, 432(1970); Prentice-Hall III para.3656.

III. Trust inter vivos

1. Allgemeines

Der zu Lebzeiten des Errichters begründete trust (trust inter vivos, living trust) weist hinsichtlich seiner Entstehungsvoraussetzungen gegenüber dem testamentarisch angeordneten trust einige Besonderheiten auf. Im Rahmen der vorliegenden Arbeit, die sich auch mit den erbrechtlichen Auswirkungen des trust auf das deutsche internationale Privatrecht beschäftigt, ist der trust inter vivos insofern von besonderem Interesse, als sich seine Rechtswirkungen über den Tod des Errichters hinaus erstrecken[139]. Zeitlich begrenzte trusts, die noch zu Lebzeiten des Errichters vollständig abgewickelt werden, berühren das Erbrecht nicht und werden in vollem Umfang wie reine Rechtsgeschäfte unter Lebenden behandelt.

2. Entstehungsgründe

Ein living trust kann auf verschiedene Weise begründet wer-

---

139) Das ist beispielsweise dann der Fall, wenn der Errichter - wie häufig - in der trust-Urkunde bestimmt, daß zu seinen Lebzeiten er selbst und nach seinem Tode seine nächsten Angehörigen Begünstigte des trust sein sollen. Der im Wirtschaftsleben bedeutsame "business trust", bei dem Kapitalgeber Vermögen auf trustees übertragen mit der Bestimmung, daß hiermit zugunsten der Kapitalgeber als beneficiaries ein Handelsgewerbe betrieben werden soll, und der weitgehend Sonderregeln folgt, wird daher im folgenden nicht näher behandelt (siehe aber unten Kapitel 6 A.II.3.a.E.); ausführlich zum business trust siehe State Street Trust Co. v. Hall, 311 Mass.299, 41 N.E.2d 30, 156 A.L.R.13 (1942); Goldwater v. Oltman, 210 Cal.408, 292 P.624 (1930).

den[140]. Im Regelfall überträgt der settlor einen in seinem Eigentum stehenden Vermögensgegenstand, der die Substanz des trust bilden soll, nach den dafür einschlägigen zivilrechtlichen Vorschriften auf einen Dritten, verbunden mit der Anordnung, daß dieser den Gegenstand fortan "in trust" für bestimmte Begünstigte innehaben solle[141]. Der Eigentumsübergang erfolgt nach common law durch die Übertragung des die Verfügungsbefugnis begründenden legal title[142]. Ein Vertrag zwischen settlor und trustee ist nicht erforderlich; zur Entstehung eines trust genügen vielmehr die Übertragung des legal title sowie die einseitige Willenserklärung des settlor, mit der Übertragung einen trust errichten zu wollen[143]. Ein trust ist deshalb auf diesem Wege schon dann wirksam begründet, wenn der vorgesehene trustee von der Übertragung des legal title und der trust-Abrede noch keine

---

140) Hierzu ausführlich Restatement, Second, Trusts § 17, wo auch Begründungsmöglichkeiten aufgeführt sind, die wegen ihrer geringen praktischen Bedeutung im folgenden nicht erwähnt werden.

141) Ritchie/Alford/Effland, Decedents' Estates and Trusts - Cases and Materials[3] (1967) 342; Restatement, Second, Trusts § 17 (b); Prentice-Hall III para.3543; Bogert 21.

142) Prentice-Hall III para.3566; City of Mesquite v. Malouf, 553 S.W.2d 639 (Tex.Civ.App.1977); Farmers' Loan & Trust Co. v. Winthrop, 238 N.Y.477, 144 N.E.686 (1924). Die trust-Abrede muß nicht notwendigerweise mit der Übertragung des legal title in einer Urkunde zusammengefaßt sein, sie kann auch gesondert erklärt werden; hierzu Hillmann v. Stults, 70 Cal.Rptr.295 (App. 1968); nötig ist allerdings, daß auch sie - ebenso wie der Übertragungsakt - nach außen kundgemacht wird; vgl. hierzu Bogert 62-64.

143) Vgl. Prentice-Hall III para.3541; Restatement, Second, Trusts §§ 17,28,29; Bogert 21f,65f; Kötz 26; siehe auch Cal.Civil Code § 2251.

Kenntnis hat oder sie noch nicht angenommen hat[144]. Entscheidend ist allein, daß die zivilrechtlichen Wirksamkeitsvoraussetzungen für eine Übertragung, wie insbesondere die Übergabe des trust-Gegenstandes oder der Übertragungsurkunde an eine Person außerhalb des Herrschaftsbereichs des settlor, erfüllt sind[145]. Selbst wenn der in Aussicht genommene trustee seine Berufung ablehnt[146], ist der trust aufgrund der einseitigen Akte des settlor entstanden[147]. Allein das Fehlen eines trustee bringt nach common law einen trust nicht zu Fall[148]. Die Kenntnis des vorgesehenen trustee von der Übertragung und der trust-Abrede sowie die Annahme seiner Berufung zum trustee sind damit nur insofern von Bedeutung, als gerade er (und kein anderer) trustee des bereits mit der Übertragung wirksam entstandenen trust wird[149]. Ebensowenig wie der trustee braucht auch der bene-

---

144) Bogert 99-101; Prentice-Hall III para.3576; Welsh v. Griffin, 3 Cal.Rptr.729 (Dist.Ct.App.1960); Huntoon v. Southern Trust and Commerce Bank, 107 Cal.App.121, 290 P.86 (1930).

145) Restatement, Second, Trusts § 35 com.a. Prentice-Hall III para.3563.

146) Dies kann er, wenn er nicht vor Übertragung ausdrücklich oder durch schlüssiges Verhalten sein Einverständnis mit der Übernahme des Amtes erklärt hat; Restatement, Second, Trusts § 102; Prentice-Hall III para.3576; Heitman v. Cutting, 37 Cal.App. 236, 174 P.675 (1918).

147) Ausführlich, auch zu den Folgen bei Ablehnung durch den vorgesehenen trustee, Restatement, Second, Trusts § 35 com.b. Etwas anderes gilt nur, wenn der trust nach dem ausdrücklichen Willen des settlor allein mit dem vom settlor bestimmten trustee entstehen soll oder aus tatsächlichen Gründen kann (sog. personal trust); in diesem Falle scheitert die trust-Errichtung; Restatement, Second, Trusts § 35 com.i; Bogert 100f.

148) Vgl. oben Fn.109.

149) Bogert 99-105; vgl. Cal.Civil Code §§ 2221, 2222.

ficiary von der trust-Errichtung Kenntnis zu haben oder ihr zuzustimmen; die Entstehung des trust ist auch hiervon unabhängig[150].

Zu seiner Wirksamkeit bedarf der living trust auch keiner irgendwie gearteten Gegenleistung (consideration), wie sie im angloamerikanischen Recht für Verträge vorgesehen ist[151]. Die trust-Errichtung erfolgt gerade nicht durch einen zwei- oder mehrseitigen Vertrag, sondern einseitig durch bloße Übertragung des trust-Gegenstandes vom settlor auf den trustee durch eine entsprechende Willensäußerung des Errichters[152]. Es müssen daher weder der trustee noch der beneficiary eine Gegenleistung für die trust-Errichtung erbringen; der living trust kann vielmehr unentgeltlich (schenkweise) bestellt werden[153].

---

150) Silver v. Shemanski, 89 Cal.App.2d 520, 201 P.2d 418 (1949); Irving Bank-Columbia Trust Co. v. Rowe, 213 A.D.281, 210 N.Y.S.497 (1925); um allerdings selbst in den Genuß des trust zu gelangen, muß auch der beneficiary den trust annehmen, da er ohne Annahme nicht Inhaber des ihm zugedachten equitable interest wird; Bogert 129. Zu den Folgen einer Ablehnung des trust durch den beneficiary siehe Restatement, Second, Trusts § 36 com.c,d.

151) Vgl. Parker 128f.

152) Bogert 65f.

153) Restatement, Second, Trusts § 29; Prentice-Hall III para.3563; Bogert 65. Eine Ausnahme gilt für living trusts, die dadurch begründet werden, daß der settlor einem anderen die Errichtung eines trust zugunsten eines Dritten verspricht, und die aus diesem Versprechen fließenden Ansprüche dann in trust gehalten werden; hierzu Restatement, Second, Trusts § 17 (e); Bogert 22; hier handelt es sich um einen normalen Vertrag, auf den die Regeln über die consideration Anwendung finden; Restatement, Second, Trusts § 30; Hill v. Hill, 124 Misc.98, 207 N.Y.S.702 (Sup.Ct.1924); Sussman v. Sussman, 61 A.D.2d 838, 402 N.Y.S.2d 421, affirmed 418 N.Y.S.2d 768, 47 N.Y.2d 849, 392 N.E.2d 881 (1978).

Dies zeigt sich auch deutlich in einer weiteren, häufig angewendeten Möglichkeit zur Begründung eines trust. Dem Errichter eines trust steht es frei, statt der oben geschilderten Übertragung des trust-Gutes auf einen von ihm als trustee auserwählten Dritten sich selbst durch bloße Erklärung (by declaration), die allerdings nach außen erkennbar sein muß[154)], als trustee zugunsten eines bestimmten beneficiary einzusetzen[155)]. Eine Übertragung des legal title an dem eingeführten trust-Gut ist in diesem Falle nicht erforderlich, da der trustee, der gleichzeitig settlor ist, ohnehin bereits Inhaber des legal title an dem betreffenden Vermögensgegenstand ist[156)]. Die trust-Erklärung hat damit nur die rechtliche Bedeutung, daß dem Begünstigten das equitable interest an dem trust-Gegenstand zugewendet wird, wodurch sich die Rechtsstellung des settlor entsprechend beschränkt, da er fortan "in equity" den (einklagbaren) Ansprüchen des beneficiary ausgesetzt ist. Auf diese Weise kann ein trust ganz ohne Mitwirkung Dritter errichtet werden[157)].

---

154) Roberts v. Goetz, 5 Cal.App.3d 364, 85 Cal.Rptr.84 (1970); Prentice-Hall III para.3547, 3550.

155) Restatement, Second, Trusts § 17 (a); Prentice-Hall III para.3542; Bogert 21; Getty v. Getty, 28 Cal.App.3d 996, 105 Cal.Rptr.259, 264 (1972); Application of Hotel St. George Corporation, 213 N.Y.S.2d 163 (Sup.Ct.1961).

156) Restatement, Second, Trusts § 17 com.a. Auch eine Übergabe des trust-Gutes an die trustees ist hier nicht nötig; Matter of Newlin, 119 Misc.2d 815, 465 N.Y.S.2d 102 (Sup.Ct.1982).

157) Zu seiner Wirksamkeit gerade gegenüber dem vorgesehenen beneficiary ist allerdings wiederum dessen Annahme erforderlich; vgl. oben Fn.150.

3. Formerfordernisse

Ein trust inter vivos kann nach common law grundsätzlich formfrei, d.h. durch bloße mündliche Abrede, errichtet werden[158]. Etwas anderes gilt nur, wenn gesetzliche Vorschriften die Einhaltung einer bestimmten Form verlangen. Dies ist zum einen bei trusts an unbeweglichem Vermögen (Grundstücken oder Rechten an Grundstücken) der Fall[159]. Hier ist - aufgrund der allgemein nach angloamerikanischem Recht für Geschäfte über unbewegliches Vermögen bestehenden Formbedürftigkeit - für die im Rahmen der trust-Begründung grundsätzlich[160] erforderliche Übertragung des legal title sowie für die trust-Erklärung, mit der dem Begünstigten ein equitable interest an dem Grundstück eingeräumt wird, die

---

158) Bogert 48; Restatement, Second, Trusts §§ 39,52; Cohen v. Meyers, 6 Cal.App.3d 878, 86 Cal.Rptr.456 (1970); Manti v. Gunari, 5 Cal.App.3d 442, 85 Cal.Rptr.366, 372 (1970); Payne v. Connelly, 32 A.D.2d 693, 299 N.Y.S.2d 1013, 1016 (1969); In re Estate of Fontanella, 33 A.D.2d 29, 304 N.Y.S.2d 829, 831 (1969); De Olazabal v. Mix, 24 Cal.App.2d 258, 74 P.2d 787 (1937). Das Versprechen, in Zukunft einen trust zu errichten, ist dagegen häufig formbedürftig; vgl. z.B. New York EPTL § 13-2.1 (a)(1); New York General Obligations Law § 5-701 (a)(1); O'Keeffe v. Bry, 456 F.Supp.822 (D.C.N.Y.1978).

159) In Anlehnung an Section 7 des englischen Statute of Frauds von 1677 haben die meisten amerikanischen Bundesstaaten entsprechende Gesetze erlassen bzw. das Statute selbst in ihr Recht übernommen; vgl. z.B. Cal.Civil Code § 852; New York General Obligations Law § 5-703; New York EPTL § 13-2.1.

160) Zur Ausnahme der trust-Begründung durch bloße Erklärung des settlor siehe oben bei Fn. 154-157.

Schriftform zu verwenden[161]. Darüberhinaus können trusts inter vivos ausnahmsweise auch dann einmal formbedürftig sein, wenn sie nach ihrer konkreten Ausgestaltung im Einzelfall mehr einer letztwilligen Verfügung als einem Rechtsgeschäft unter Lebenden gleichen. Dies kommt insbesondere dann in Betracht, wenn sich der Errichter die Möglichkeit eines jederzeitigen Widerrufs der trust-Begründung vorbehält (sog. revocable trust)[162]. In einem solchen Falle wird bisweilen die Einhaltung der Form für letztwillige Verfügungen verlangt[163]. Nach der amerikanischen Rechtsprechung, die hier sehr großzügig ist, sind jedoch auch solche trusts formfrei, sofern nur dem beneficiary noch zu Lebzeiten des Errichters eine irgendwie geartete Rechtsstellung ("present interest")

---

161) Bogert 48; Quezada v. Hart, 67 Cal.App.3d 754, 136 Cal.Rptr.815 (1977); Reagh v. Kelley, 10 Cal.App.3d 1082, 89 Cal.Rptr.425, 430 (1970). Fehlerfolge bei Verstoß gegen eine solche Formvorschrift ist jedoch nicht Nichtigkeit, sondern nur Vernichtbarkeit des trust, wenn ein Beteiligter den Formverstoß geltend macht; hierzu Bogert 51; Prentice-Hall III para.3596; ein vollständig durchgeführter trust ist nachträglich nicht mehr mit der Begründung angreifbar, die erforderliche Form sei nicht eingehalten; Owings v. Laugharn, 53 Cal.App.789, 128 P.2d 114 (1942); Polk v. Boggs, 122 Cal.114, 54 P.536 (1898); Robbins v. Robbins, 89 N.Y.251 (1882).

162) Zu dieser Möglichkeit näher unten Kapitel 4 B.I.

163) Vgl. Bogert 55-61; Restatement, Second, Trusts § 57; In re Ihmsen's Estate, 253 A.D.472, 3 N.Y.S.2d 125 (1938).

eingeräumt wird[164].

IV. Testamentary trust

Außer durch (einseitiges oder zweiseitiges) Rechtsgeschäft unter Lebenden kann ein (private express) trust auch durch Verfügung von Todes wegen geschaffen werden. Ein solcher trust heißt "testamentary trust". Die Begründung erfolgt hier durch Anordnungen, die der Erblasser zumeist in unmittelbarem räumlichen, zeitlichen und inhaltlichen Zusammenhang mit seiner letztwilligen Verfügung trifft. Dem Erblasser stehen dabei grundsätzlich zwei Möglichkeiten zur Verfügung[165]: Er kann im Rahmen seines Testamentes, das Art und Weise der Erbfolge regelt, zum einen erstmalig einen (testamentary) trust an seinem Nachlaß oder an einzelnen Nachlaßgegenständen begründen, was als mindestes die Anordnung erfordert, daß eine Anlage und Kontrolle des Vermögens auf

---

164) Restatement, Second, Trusts § 56: "Where no interest in the trust property is created in a beneficiary other than the settlor before the death of the settlor, the disposition is testamentary and is invalid unless the requirements of the Statute of Wills are complied with". Als ausreichend wird hier die Zuwendung eines equitable interest angesehen, selbst wenn die tatsächliche Nutznießung bis zum Tode des Errichters aufgeschoben ist. Ausführlich hierzu Gulliver/Tilson, Classification of Gratuitous Transfers, 51 Yale L.J.(1941) 1, 23-25; Ritchie/Alford/Effland 581; Atkinson, Handbook of the Law of Wills[2] (1953) 177-181; Farkas v. Williams, 5 Ill.2d 417, 125 N.E.2d 600 (1955); Nichols v. Emery, 109 Cal. 323, 41 P.1089 (1895). Zur dogmatischen Begründung der Zulässigkeit von "will substitutes" siehe auch Langbein, 97 Harv.L.Rev. (1984) 1108, 1125-1141, der den vorstehend erwähnten "present-interest test" ablehnt, stattdessen allein auf den (anzuerkennenden) Willen des Errichters abstellt und sich im übrigen für eine (materiellrechtliche) Gleichbehandlung von will substitutes (von ihm "nonprobate wills" genannt) und echten letztwilligen Verfügungen ausspricht.

165) Hierzu Bogert 55.

gewisse Zeit und danach eine Ausschüttung des Vermögens erfolgen sollen[166]. Zum anderen kann der Erblasser - dem gleichkommend - im Testament anordnen, daß sein Vermögen nach seinem Tode in einen von ihm oder Dritten bereits vor dem Erbfall oder vor der Testamentserrichtung geschaffenen living trust (sog. "pour over trust") fallen und dann nach den Bestimmungen dieses trust in bestimmter, über die bloße Nachlaßabwicklung hinausgehender Weise verwaltet werden solle[167].

Die Verwaltung des testamentary trust setzt unmittelbar nach Beendigung der im angloamerikanischen Recht zwingend vorge-

---

166) Restatement, Second, Trusts § 54; Mueller, Der Erbanfall nach dem Recht der Vereinigten Staaten und die deutsche Nachlaßbesteuerung, RabelsZ 7 (1933) 808, 836.

167) Ausführlich hierzu Scott I 389-411; Bogert 59-61; Matter of Rausch, 258 N.Y.327, 179 N.E.755, 80 A.L.R.98 (1932); Wells Fargo Bank & Union Trust Co. v. Superior Court, 32 Cal.2d 1, 193 P.2d 721 (1948); ebenso Uniform Testamentary Additions to Trusts Act, den fast alle Bundesstaaten in ihr einzelstaatliches Recht übernommen haben; vgl. z.B. New York EPTL § 3-3.7; Cal.Probate Code §§ 170-173.
In einem solchen Falle ist zu unterscheiden zwischen der Wirksamkeit dieser Anordnung als letztwillige Verfügung und der Frage, ob hierdurch zwei selbständige trusts entstehen oder nur ein einziger trust; zu letzterem siehe Restatement, Second, Trusts § 54 com. e-k.

schriebenen Nachlaßverwaltung ("administration")[168] ein. Der Übergang kann fließend sein, insbesondere dann, wenn Nachlaßverwalter ("administrator" bzw. "executor") und trustee personengleich sind[169].

Der testamentary trust wird durch letztwillige Verfügung und damit durch ein einseitiges Rechtsgeschäft des Erblassers ins Leben gerufen, die Mitwirkung anderer Personen ist nicht erforderlich[170]. Als letztwillige Verfügung bedarf die Anordnung eines trust, der erst im Zeitpunkt des Todes des Errichters entstehen soll, allerdings der hierfür jeweils

---

168) Hauptsächliche Aufgabe der "administration" ist die Sichtung des Nachlasses und die Begleichung etwaiger Nachlaßverbindlichkeiten (vgl. New York EPTL § 11-1.5); zu diesem Zweck fällt der (bewegliche) Nachlaß in der Mehrzahl der US-Bundesstaaten nicht sofort mit dem Erbfall den vorgesehenen Erben zu, sondern grundsätzlich zuerst einmal einem vom Erblasser oder dem Nachlaßgericht bestellten "personal representative", der dann nach Beendigung seiner Tätigkeit den verbliebenen Nachlaßrest an die Erben aushändigt und ihnen den legal title daran überträgt; in anderen Bundesstaaten (z.B. Kalifornien und Texas) erwerben die testamentarisch vom Erblasser eingesetzten Personen, also z.B. auch ein trustee, sowohl bei beweglichem wie auch bei unbeweglichem Vermögen unmittelbar mit dem Erbfall den legal title an den Nachlaßgegenständen, der Nachlaß ist dann aber kraft gesetzlicher Bestimmung der Verwaltung durch den personal representative unterworfen; ausführlich zum Ganzen Prentice-Hall III para.2000-2567; Rheinstein/Glendon 477-503; Ferid-Firsching, Internationales Erbrecht, Loseblattsammlung (Stand April 1985) VI USA-Grundzüge Rdz.246-295; zur Regelung in Kalifornien siehe Cal.Probate Code § 300; ebenso UPC §§ 3-101, 3-901, 3-709, 3-711; hierzu Averill, Uniform Probate Code in a Nutshell (1978) 151, 225, 226, 243.

169) Vgl. Tetiwa 50.

170) Insbesondere nicht die Annahme durch den vorgesehenen trustee; vgl. oben bei Fn. 144-149.

vorgeschriebenen Testamentsform[171]. In aller Regel wird daher ein testamentary trust zusammen mit einem Testament in einer einzigen Urkunde errichtet, wobei dann der trust das rechtliche Schicksal des Testamentes teilt; insbesondere ist der testamentary trust unter den gleichen Voraussetzungen wie das mit ihm verbundene Testamt wirksam oder unwirksam, durch Kodizil abänderbar und widerruflich.

B. Rechtswirkungen der trust-Errichtung

I. Rechtsstellung des trustee

1. Rechte

Der trustee ist Inhaber des legal title am trust-Vermögen. Diese Eigentumsberechtigung nach common law erwirbt der trustee beim living trust mit Übertragung der einzelnen, künftig in trust zu haltenden Gegenstände durch den Errichter[172], beim testamentary trust entweder bereits im Zeitpunkt des Erbfalles oder bei Übertragung durch den personal

---

171) Restatement, Second, Trusts § 53; Bogert 55; Cohen v. Meyers, 6 Cal.App.3d 878, 86 Cal.Rptr.456, 458 (1970). Zur Testamentsform siehe z.B. New York EPTL § 3-2.1; Cal.Probate Code § 6110 (Zwei-Zeugen-Testament als gewöhnliche Testamentsform).

172) Vgl. Bogert 106.

representative nach Beendigung der Nachlaßverwaltung[173]. Der legal title berechtigt den trustee zwar nicht zur Nutzziehung aus dem ihm übertragenen Vermögen, verleiht ihm aber nach außen hin die volle Rechtsinhaberschaft; insbesondere ist allein der trustee für alle Rechtsstreitigkeiten, die das trust-Gut betreffen, aktiv- und passivlegitimiert[174]. Der settlor verliert, sofern er sich nicht selbst als trustee oder beneficiary eingesetzt hat, durch die trust-Errichtung jedes Eigentumsrecht an den in trust gegebenen Vermö-

---

173) Dies ist abhängig von der Ausgestaltung der Nachlaßverwaltung (administration); siehe hierzu oben Fn.168; ferner In re Estate of Muhammad, 16 Cal.App.3d 726, 94 Cal.Rptr.856, 860 (1971); Ludwicki v. Guerin, 57 Cal.2d 127, 367 P.2d 415, 17 Cal.Rptr.823, 826 (1961); In re Greene's Will, 240 Wis.452, 3 N.W.2d 704 (1942); In re McDowell, 169 N.Y.S.853 (Sur.Ct.1918).

174) So z.B. ausdrücklich New York CPLR § 1004. Siehe auch Gebbie Foundation, Inc. v. Rogerson, 62 Misc.2d 944, 310 N.Y.S.2d 919, 923 (Sup.Ct.1970); Johnson v. Curley, 83 Cal.App.627, 257 P.163 (1927); Cuthbert v. Chauvet, 136 N.Y.326, 32 N.E.1088 (1893). Der Aktiv- und Passivlegitimation des trustee entspricht auf der anderen Seite eine Verpflichtung gegenüber dem beneficiary, alle im Rahmen einer vernünftigen trust-Verwaltung angezeigten Schritte zur Geltendmachung von in trust gehaltenen Ansprüchen zu unternehmen bzw. Klagen zu Lasten des trust entgegenzutreten; Restatement, Second, Trusts §§ 177, 178. Zu den Problemen, die ein trust im Rahmen des EWG-Übereinkommens über die gerichtliche Zuständigkeit und die Vollstreckung gerichtlicher Entscheidungen in Zivil- und Handelssachen vom 27.9.1968 aufwerfen kann, siehe den Bericht von Schlosser im Amtsblatt der Europäischen Gemeinschaften 1979 C 59, S.71, 105-108 zu dem neuen Art.5 Nr.6 des Übereinkommens; ausführlich hierzu auch Geimer/Schütze, Internationale Urteilsanerkennung I/1 (1983) 763-770.

gensgegenständen[175].

Die Rechtsmacht des trustee ist jedoch nicht unbegrenzt. Sein Eigentumsrecht nach common law ist vielmehr in equity durch den trust-Zweck und die Rechte der Begünstigten beschränkt[176], so daß man von einer nur formalen Eigentümerposition des trustee sprechen kann[177]. Allein aufgrund des

---

175) Aus diesem Grunde kann das trust-Vermögen grundsätzlich nicht von Gläubigern des settlor in Anspruch genommen werden; eine Ausnahme gilt nur, wenn sich der settlor eines living trust zu seinen Lebzeiten selbst als Begünstigten benannt und sich weitgehende Einflußmöglichkeiten auf die Verwaltung des trust, insbesondere ein jederzeitiges Widerrufsrecht, vorbehalten hat; in einem solchen Falle wird der settlor im Verhältnis zu seinen Gläubigern weiterhin als Eigentümer ("owner") des trust-Vermögens betrachtet und ein Zugriff auf dieses Vermögen gestattet; ausführlich hierzu Nelson v. California Trust Co., 33 Cal.2d 501, 202 P.2d 1021 (1949); Dillon v. Spilo, 250 A.D.543, 294 N.Y.S.876 (1937); State Street Bank & Trust Co. v. Reiser, 389 N.E.2d 768 (Mass.App.1979); Johnson v. Commercial Bank, 284 Or.675, 588 P.2d 1096 (1978);Prentice-Hall III para.3735; Restatement, Second, Trusts §§ 156, 331 com.o.

176) Vgl. z.B. New York EPTL § 7-2.1 (a):"Except as otherwise provided in this article, an express trust vests in the trustee the legal estate, subject only to the execution of the trust, ...". Siehe auch Cal.Civil Code § 863; Reagh v. Kelley, 10 Cal.App.3d 1082, 89 Cal.Rptr. 425, 436 (1970).

177) Vgl. Tetiwa 36; Kohlmann, Trusts, in: Die Zivilgesetze der Gegenwart, Band II: England, 1.Teil (1931) 548, 557; ferner unten Fn.259.
Aus diesem Grunde unterliegt das trust-Vermögen grundsätzlich auch nicht dem Zugriff von persönlichen Gläubigern des trustee; Richion v. Mahoney, 62 Cal.App.3d 604, 133 Cal.Rptr.262 (1976); Bogert 115f; dies gilt grundsätzlich auch dann, wenn trustee und settlor personengleich sind; Wulff v. Roseville Trust Co. of Newark, N.J., 164 A.D.399, 149 N.Y.S.683 (Sup.Ct.1914); siehe ferner Restatement, Second, Trusts §§ 308, 266-271 A. Auch im Konkurs des trustee ist das trust-Gut geschützt; näher hierzu In re Heintzelmann Constr.Co., 34 F.Supp.109 (D.C.N.Y.1940); Restatement, Second, Trusts § 307.

legal title ist der trustee im Verhältnis zu den beneficiaries noch nicht befugt (wenn auch grundsätzlich befähigt), über das trust-Gut nach Belieben zu verfügen[178]. Der Umfang der Rechtsmacht des trustee ist vielmehr vom Inhalt des zugrundeliegenden Rechtsgeschäfts, der trust-Errichtung, abhängig[179].

Häufig ergibt sich aus der trust-Urkunde (dem sog. trust instrument, settlement, deed, indenture oder declaration) selbst, zu welchen einzelnen Verwaltungshandlungen der trustee nach dem erklärten Willen des Errichters berechtigt sein soll (sog. "express powers")[180]. Enthält dagegen die Urkunde insoweit keine näheren Bestimmungen, so gelten hilfsweise die hierfür entwickelten allgemeinen Grundsätze des equity-Rechts, die dem vermuteten Willen des settlor zur Geltung verhelfen sollen[181]. Danach ist ein trustee für ge-

---

178) Vgl. Wood v. American Nat.Bank, 125 Cal.App.248, 14 P.2d 110 (1932); In re Mills, 28 A.D.258, 50 N.Y.S.995 (1898); Prentice-Hall III para.3827.

179) Crocker-Citizens National Bank v. Younger, 4 Cal.3d 202, 481 P.2d 222, 93 Cal.Rptr.214, 215 (1971): "Generally, trustees are bound by terms of trust and possess only that authority conferred upon them by the trust". Ausführlich Scott II 1254-1257; vgl. ferner Morse v. Crocker Nat.Bank, 142 Cal.App.3d 228, 190 Cal.Rptr.839, 842 (1983). Siehe ferner Matter of Wagner, 106 A.D.2d 646, 482 N.Y.S.2d 904, 906 (1984): "Trust beneficiary cannot, by consent, enlarge nor, by objection, limit powers of trustees".

180) Bogert 319.

181) Scott II 1254; in einigen Bundesstaaten finden sich auch statutes, die bei Fehlen vorrangiger Anordnungen des settlor ausführlich die Befugnisse eines trustee regeln; vgl. z.B. New York EPTL § 11-1.1 in Verbindung mit New York SCPA §§ 1507, 1508, New York Real Property Actions and Proceedings Law §§ 1601-1616; vgl. ferner den Uniform Trustee's Powers Act aus dem Jahre 1964, abgedruckt bei Prentice-Hall III para.3851, der bisher allerdings nur von wenigen Bundesstaaten übernommen worden ist.

wöhnlich befugt, alle diejenigen Rechtshandlungen vorzunehmen, die eine ordnungsgemäße und am trust-Zweck und dem Wohle der beneficiaries ausgerichtete Verwaltung des trust-Vermögens erfordert (sog. "implied powers")[182]. Hierzu gehört insbesondere das Recht des trustee, die in den trust fallenden Gegenstände in Besitz zu nehmen[183], das trust-Vermögen zu verwalten, es anzulegen[184] und es, soweit der trust-Zweck dies erfordert[185], zu vermieten, zu verpfänden oder zu veräußern[186].

Neben einer genauen Bestimmung des Umfangs der Verwaltungsbefugnisse des trustee kann der settlor in der trust-Urkunde auch anordnen, daß der trustee verpflichtet sein soll, bestimmte, vom Errichter bezeichnete Verwaltungshandlungen vorzunehmen[187]. Ebensogut möglich ist allerdings auch, daß dem trustee vom Errichter freigestellt wird, welche Verwaltungs-

---

182) Bogert 320; Scott III 1496-1500. Unter engen Voraussetzungen kann auch ein Gericht dem trustee für den Einzelfall in Abweichung von den ansonsten für den konkreten trust geltenden Bestimmungen eine bestimmte Befugnis ("power") verleihen, wenn dies der Zielsetzung des trust entspricht und im Rahmen einer zweckgebundenen Verwaltung erforderlich ist; vgl. hierzu Cal.Probate Code § 1120.2; New York SCPA § 1507; Restatement, Second, Trusts § 167; Matter of Pulitzer, 139 Misc.575, 249 N.Y.S.87 (Sur.Ct.1931); Crocker-Citizens National Bank v. Younger, 4 Cal.3d 202, 481 P.2d 222, 93 Cal. Rptr.214 (1971).

183) Hierzu Restatement, Second, Trusts § 175.

184) Hierzu ausführlich Bogert 366-368.

185) Vgl. Restatement, Second, Trusts § 190 (b).

186) Prentice-Hall III para.3827 (b); vgl. ferner Cal.Civil Code §§ 2261, 2272.

187) Die mit dieser Anordnung gleichzeitig geschaffene Rechtsmacht des trustee wird als "mandatory" oder "imperative power" bezeichnet; vgl. Bogert 321.

tätigkeiten er - orientiert am Zweck des trust - im einzelnen ausübt; der trustee entscheidet dann nach eigenem Dafürhalten (sog. "discretionary power")[188]. Aufgrund dieser Rechtsstellung wird der trustee im amerikanischen Recht zuweilen als "Vertreter des trust-Vermögens" ("agent for the trust property")[189] bezeichnet[190].

Auf die Rechtsfolgen, die eintreten, wenn der trustee seine ihm mit der Errichtungsurkunde verliehenen Befugnisse überschreitet, wird später eingegangen[191].

---

188) Prentice-Hall III para.3827; die beneficiaries haben jedoch die Möglichkeit, auf Antrag von einem Gericht nachprüfen zu lassen, ob sich der trustee bei seinem Handeln im Rahmen des trust-Zweckes gehalten hat; hierzu ausführlich Restatement, Second, Trusts § 187; Bogert 322; Prentice-Hall III para.3801; Cal.Civil Code § 2269.

189) Aber nicht etwa als Vertreter des settlor oder des beneficiary.

190) Cal.Civil Code § 2267 lautet: "A trustee is a general agent for the trust property. His authority is such as is conferred upon him by the declaration of trust and by this chapter and none other. His acts, within the scope of his authority, bind the trust property to the same extent as the acts of an agent bind his principal". Zum grundsätzlichen Unterschied zwischen einem trust und dem Rechtsinstitut der "agency" siehe aber Salmond 258; Restatement, Second, Trusts § 8; In re Estate of Fontanella, 33 A.D.2d 29, 304 N.Y.S.2d 829, 831 (1969).

191) Siehe unten Kapitel 3 B.II.1. und 2.

2. Pflichten

Wie die Rechte so ergeben sich auch die Pflichten eines trustee in erster Linie aus der trust-Urkunde selbst. In ihr kann der settlor - bis zur Grenze eines möglichen Gesetzesverstoßes[192] - frei anordnen, welche einzelnen Verwaltungshandlungen der trustee vorzunehmen und welche er zu unterlassen habe[193]. An diese ausdrücklichen Anordnungen ist der trustee gebunden[194]. Ein Verstoß gegen die Bestimmungen der trust-Urkunde macht den trustee den beneficiaries gegenüber schadensersatzpflichtig[195].
Hat die trust-Urkunde den Pflichtenumfang des trustee überhaupt nicht oder nur unvollständig geregelt, so greifen hilfsweise besondere statutes oder - bei deren Fehlen - die allgemeinen Grundsätze der equity-Rechtsprechung ein, die dem trustee - zumeist sehr detailliert - eine Fülle von Tätigkeits- und Unterlassungspflichten auferlegen.

Oberster und die gesamte Verwaltungstätigkeit des trustee beherrschender Grundsatz ist danach die strikte Loyalitätspflicht des trustee gegenüber den beneficiaries[196]. Der

---

192) Vgl. New York EPTL § 11-1.7; Restatement, Second, Trusts § 166.

193) Ausführlich Scott II 1254-1268.

194) Vgl. Cal.Civil Code § 2258; In re Toel's Estate, 180 Misc.447, 39 N.Y.S.2d 898 (Sur.Ct.1943);In re Loomis' Estate, 45 N.Y.S.2d 146 (Sur.Ct.1943), modified on other grounds 269 A.D.128, 54 N.Y.S.2d 409 (1945).

195) Vgl. z.B. Cal.Civil Code §§ 2234, 2237, 2262; Town of Evans v. Catalino, 88 A.D.2d 780, 451 N.Y.S.2d 523 (1982); Estate of Gump, 128 Cal.App.3d 111, 180 Cal. Rptr.219 (1982).

196) Restatement, Second, Trusts § 170; Frontier Excavating, Inc. v. Sovereign Const.Co., 30 A.D.2d 487, 294 N.Y.S.2d 994, 998 (1968).

trustee ist verpflichtet, bei allen seinen Handlungen ausschließlich den Zweck des trust und das Wohl der beneficiaries im Auge zu haben[197] und diesen gegenüber nach bestem Wissen und Gewissen ("in highest good faith")[198] zu handeln. Einen eigenen Vorteil oder Gewinn darf der trustee aus seiner Verwaltungstätigkeit nicht ziehen[199]; als Ausgleich für seine Arbeit hat er allerdings in der Regel einen Aufwendungsersatz - und Vergütungsanspruch ("compensation") gegen das trust-Vermögen[200].

Neben diesem allgemeinen Grundsatz besteht eine Reihe weiterer Einzelpflichten eines trustee, die den gesamten Bereich seiner gewöhnlichen Betätigung umfassen[201]. So ist der trustee verpflichtet, das trust-Gut getrennt von seinem eigenem Vermögen zu halten und praktisch als Sondervermögen zu verwalten[202]. Der trustee hat des weiteren seine Verwaltungs-

---

197) Cal.Civil Code § 2258; In re Estate of Duskis, 76 Misc.2d 411, 351 N.Y.S.2d 97 (Sur.Ct.1973); Bankers Trust Company v. United States, 308 F.Supp.545 (S.D.N.Y.1970).

198) Cal.Civil Code § 2228; Committee on Children's T.V. v. Gen.Foods, 35 Cal.3d 197, 673 P.2d 660, 197 Cal.Rptr. 783, 799 (1983).

199) Vgl.z.B. Cal.Civil Code §§ 2228, 2229, 2232, 2235; Restatement, Second, Trusts § 170; People of State of Cal. v. Larkin, 413 F.Supp.978 (N.D.Cal.1976).

200) Vgl. z.B. New York EPTL § 7-2.8; New York SCPA §§ 2306, 2308, 2309, 2312; New York CPLR § 8005; Cal.Civil Code §§ 2273, 2274; Cal.Probate Code § 1122; Cagnolatti v. Guinn, 189 Cal.Rptr. 151 (App.1983); Estate of Gump, 128 Cal.App.3d 111, 180 Cal.Rptr.219 (1982); Hillman v. Stults, 70 Cal.Rptr.295 (App.1968); In re Estate of Gildersleeve, 75 Misc.2d 207, 347 N.Y.S.2d 96 (Sur.Ct.1973).

201) Hierzu ausführlich Scott II 1297-1488.

202) New York EPTL § 11-1.6; Cal.Civil Code § 2236; Restatement, Second, Trusts § 179; Matter of Guy, 91 A.D.2d 266, 458 N.Y.S.2d 770 (1983); People v. Valenza, 108 Misc.2d 86, 436 N.Y.S.2d 937 (Sup.Ct.1981).

tätigkeit persönlich auszuüben, eine Delegierung auf Dritte ist ihm regelmäßig nicht gestattet[203]. Geschäfte mit sich selbst darf der trustee nur unter engen Voraussetzungen abschließen (Verbot des Selbstkontrahierens)[204]. Der trustee ist ferner gehalten, das trust-Gut ausschließlich zum Nutzen der beneficiaries zu verwalten, es insbesondere gewinnbringend anzulegen und dabei keine Risikogeschäfte einzugehen[205]. Je nach Ausgestaltung des trust ist der trustee darüberhinaus verpflichtet, den laufenden Ertrag ("income") aus dem trust-Gut an die beneficiaries auszuhändigen bzw. ihnen nach Ablauf einer bestimmten Frist den verbliebenen Vermögensstamm ("principal"), d.h. den legal title daran, zu übertragen und damit den trust zu beenden[206].

Seine Aufgaben hat der trustee mit der Sorgfalt eines ordentlichen Geschäftsmannes in eigenen Angelegenheiten ("which men of prudence, discretion and intelligence exercise in the

---

203) Restatement, Second, Trusts § 171; Matter of Newhoff's Will, 107 Misc.2d 589, 435 N.Y.S.2d 632 (Sur.Ct.1980).

204) Vgl. Cal.Civil Code § 2230; Matter of Abdella, 102 A.D.2d 921, 476 N.Y.S.2d 400 (1984); Cagnolatti v. Guinn, 189 Cal.Rptr.151 (App.1983); In re Heidenreich's Will, 85 Misc.2d 135, 378 N.Y.S.2d 982 (Sur.Ct.1976); In re Estate of Van Deusen, 37 A.D.2d 131, 322 N.Y.S.230 (Sur.Ct.1937); vgl. auch In re Feeney's Estate, 189 Cal. Rptr.84 (App.1983).

205) Vgl. New York EPTL § 11-2.2; Cal.Civil Code § 2261; Restatement, Second, Trusts § 181; diese Vorschriften sind vergleichbar mit den Bestimmungen des deutschen Rechts über die Anlegung von Mündelgeld; vgl. §§ 1806ff BGB. Siehe ferner Matter of Pelton, 132 Cal.App.3d 496, 183 Cal.Rptr. 188, 192 (1982); Costello v. State, 185 Cal.Rptr. 582 (App.1982); In re Frey's Estate, 55 Misc.2d 567, 285 N.Y.S.2d 364 (Sur.Ct.1967).

206) Vgl. New York EPTL § 11-2.1; Cal.Civil Code §§ 730-730.17; Restatement, Second, Trusts § 182. Zur Unterscheidung zwischen "income" und "principal" siehe ausführlich Lacovara, Trust Principal or Income ?-Judicial and Legislative History in New York, 45 N.Y.U.L.Rev. (1970) 210-262.

management of their own affairs")[207] wahrzunehmen[208] und über seine Tätigkeit Rechnung zu legen[209].

Bei allen seinen Handlungen steht der trustee unter der Aufsicht eines Gerichts der equity, das auf Antrag der beneficiaries oder auch des trustee selbst die Ordnungsmäßigkeit einer Verwaltungsmaßnahme bzw. die Einhaltung der Pflichten des trustee überprüft[210].

II. Rechtsstellung des beneficiary

Bevor im folgenden näher auf die Rechtsnatur der Stellung eines beneficiary eingegangen wird, sollen kurz einige der wichtigsten Einzelrechte des beneficiary, die sich aus

---

207) Cal.Civil Code § 2261; vgl. auch Cal.Civil Code § 2259.

208) Sog. "prudent man - rule"; hierzu Restatement, Second, Trusts § 174; Matter of Jud.Set.of Inter.Acc.of Bankers, 93 A.D.2d 583, 462 N.Y.S.2d 924 (1983); Copley v. Copley, 126 Cal.App.3d 248, 178 Cal.Rptr.842 (1981); Scheuer's Estate, 94 Misc.2d 538, 405 N.Y.S.2d 189 (Sur.Ct.1978).

209) Ausführlich hierzu Restatement, Second, Trusts §§ 172, 173; New York EPTL § 7-2.7; Cal.Probate Code §§ 1120, 1120.1a; Bogert 497-509; Application of Kassover, 124 Misc.2d 630, 476 N.Y.S.2d 763 (Sur.Ct.1984); Matter of Kummer, 93 A.D.2d 135, 461 N.Y.S.2d 845, 862 (1983); Blackmon v. Hale, 1 Cal.3d 548, 463 P.2d 418, 83 Cal.Rptr.194 (1970); In re Estate of Lurje, 64 Misc.2d 569, 315 N.Y.S.2d 476 (Sur.Ct. 1970); In re Grace's Estate, 62 Misc.2d 51, 308 N.Y.S.2d 33 (Sur.Ct. 1970).

210) Vgl. Cal.Probate Code §§ 1138.1, 1138.2, 1138.3; MCA Inc. v. United States, 685 F.2d 1099 (9th Cir.1982); Copley v. Copley, 126 Cal.App.3d 248, 178 Cal.Rptr.842 (1981); United States v. Taylor, 254 F.Supp.752 (N.D.Cal.1966); Commercial Nat.Bank & Trusts Co. of New York v. Erwin, 277 A.D.378, 100 N.Y.S.2d 200 (1950); In re Eilert's Estate, 131 Cal.App.409, 21 P.2d 630 (1933).

seiner Rechtsstellung ergeben, dargestellt werden. Anhand dieser Rechte und Befugnisse läßt sich die Art der Berechtigung eines beneficiary deutlicher erkennen.

1. Schadensersatzansprüche bei "breach of trust"

Verstößt der trustee bei seiner Verwaltungstätigkeit gegen Pflichten, die ihm durch die trust-Urkunde, durch statutes oder durch die allgemeinen Grundsätze des equity-Rechts auferlegt worden sind (sog. "breach of trust"), so macht er sich - wie bereits erwähnt - dem beneficiary gegenüber persönlich schadensersatzpflichtig[211]. Er hat dann dem beneficiary auf dessen Verlangen hin den gesamten durch die pflichtwidrige Verwaltungshandlung entstandenen Schaden zu ersetzen. Der beneficiary ist dabei grundsätzlich so zu stellen, wie er stünde, wenn kein breach of trust erfolgt wäre[212]. Einen erzielten Gewinn hat der trustee herauszugeben[213]. Ob der trustee bewußt oder unbewußt ("in good faith") pflichtwidrig gehandelt hat, spielt für seine Schadensersatzpflicht grundsätzlich keine Rolle[214]. Für unbewußte Pflichtwidrigkeit kann allerdings durch eine vom settlor aufzunehmende Bestimmung in der trust-Urkunde jegliche Haftung des trustee ausgeschlossen werden[215].

---

211) Bogert 562; Bankers Trust Company v. United States, 308 F.Supp. 545, 548 (S.D.N.Y.1970).

212) Zu Einzelheiten siehe Restatement, Second, Trusts §§ 205-211; Town of Evans v. Catalino, 88 A.D.2d 780, 451 N.Y.S.2d 523 (1982); Estate of Rothko, 84 Misc.2d 830, 379 N.Y.S.2d 923, 929 (Sur.Ct.1975).

213) Restatement, Second, Trusts § 205 (b).

214) Vgl. Cal.Civil Code §§ 2229, 2238; People of State of Cal. v. Larkin, 413 F.Supp.978 (N.D.Cal.1976).

215) Restatement, Second, Trusts § 222; vgl. auch New York EPTL § 11-1.7.

Hat der beneficiary gegen den trustee einen Anspruch auf Vornahme bestimmter Verwaltungshandlungen (wie etwa Auszahlung der jährlichen Erträge, Aushändigung eines bestimmten Gegenstandes), so kann er diesen neben einem möglichen Anspruch auf Schadensersatz vor Gericht (und zwar "at law") durchsetzen[216].
Hat ein Dritter, zum Beispiel der Erwerber eines trust-Gegenstandes, wissentlich oder in grob fahrlässiger Unkenntnis von der Pflichtwidrigkeit des Handelns des trustee beim breach of trust mitgewirkt, so kann der beneficiary auch gegen ihn persönlich Ersatzansprüche geltend machen[217].

2. Tracing rule

a) Allgemeines

Die tracing rule des amerikanischen trust-Rechts besagt, daß sich ein einmal bestellter trust grundsätzlich an denjenigen Gegenständen fortsetzt, die der trustee mit Mitteln des trust-Vermögens anschafft, daß also auch Surrogate des trust-Vermögens ipso iure in trust gehalten werden, ohne daß an ihnen ein neuer trust begründet werden müßte[218]. Darüberhinaus gibt die tracing rule dem beneficiary unter bestimmten Voraussetzungen die Möglichkeit, einen trust-Gegenstand, den der trustee an einen Dritten übertragen hat, bis in die Hände des Dritten zu "verfolgen" und ihn von diesem heraus-

---

216) Restatement, Second, Trusts § 198.

217) Bogert 617; Restatement, Second, Trusts §§ 283-295, 321-326; Marcus v. Marcus, 92 A.D.2d 887, 459 N.Y.S.2d 873 (1983).

218) Cornale v. Stewart Stamping Corp., 129 N.Y.S.2d 808 (Sup.Ct.1954); Church v. Bailey, 90 Cal.App.2d 501, 203 P.2d 547 (1949).

zuverlangen. Diese Rechte des beneficiary werden mit "following" oder "tracing the trust property" bezeichnet[219]. Der Anwendungsbereich der tracing rule ist eröffnet, wenn der trustee Verfügungen über das trust-Gut vornimmt. Dies ist insbesondere dann der Fall, wenn er einen trust-Gegenstand veräußert, einen Gegenstand mit trust-Mitteln erwirbt oder sonstwie ein trust-Gut gegen einen anderen Vermögenswert austauscht[220]. Angesichts der unterschiedlichen Rechtsfolgen empfiehlt es sich, im folgenden zu unterscheiden zwischen Verfügungen, die der trustee im Rahmen seiner Befugnisse, und solchen, die er unter Begehung eines "breach of trust" vornimmt.

b) Verfügung im Rahmen der Befugnisse des trustee

Überträgt der trustee einen von ihm in trust gehaltenen Gegenstand an einen Dritten und ist diese Übertragung von den Bestimmungen der trust-Urkunde gedeckt, handelt der trustee also innerhalb seiner ihm verliehenen Befugnisse, so erwirbt der Dritte von dem trustee den legal title an dem trust-Gut[221]; die in equity bestehende Berechtigung des beneficiary an dem konkreten Gegenstand geht auf den Dritten über, so daß dieser unbeschränkter (Voll-) Eigentümer wird[222]. Irgendwelche Ansprüche gegen den Erwerber hat der cestui que trust in einem solchen Fall nicht[223]. Die dem beneficiary durch die trust-Errichtung zugefallene Berechtigung setzt sich jedoch an dem rechtsgeschäftlichen Surrogat, z.B. an dem für das trust-Gut erzielten Kaufpreis, fort

---

219) Bogert 579.

220) Vgl. Restatement, Second, Trusts § 202 com.a.

221) Hierzu Scott IV 2342.

222) Restatement, Second, Trusts § 283.

223) Restatement, Second, Trusts § 283.

("tracing rule"). Der Kaufpreis wird bei der Übertragung Bestandteil des in trust gehaltenen Vermögens, ohne daß es irgendwelcher Willenserklärungen der Beteiligten bedarf[224].

Die tracing rule beruht auf dem Gedanken, daß eine einmal bestehende Eigentumsberechtigung nicht dadurch verloren geht, daß sich der Gegenstand des Eigentums in seiner Form verändert, und daß eine Eigentumsberechtigung das Recht auf die Früchte einer Sache mitumfaßt[225]. Aus diesem Grunde ist es für die Anwendbarkeit der tracing rule auch unerheblich, wieviele Verfügungen zwischenzeitlich über das trust-Gut vorgenommen worden sind, solange nur festgestellt werden kann, daß eine bestimmte Sache "Produkt" eines trust-Gegenstandes ist[226]; die Anzahl der Zwischenstationen ist dann ohne Bedeutung[227].

c) Breach of trust

aa) Allgemeines

Schwieriger ist die Rechtslage, wenn der trustee mit seiner Verfügung gegen Bestimmungen des trust verstößt, also einen breach of trust begeht. Eine unter Verletzung des trust ("in contravention of the trust") vorgenommene Verfügung ist

---

224) Vgl. People v. California Safe Deposit & Trust Co., 175 Cal.756, 167 P.388 (1917).

225) Bogert 580; Bray Bros v. Marine Trust Co. of Buffalo, 35 N.Y.S.2d 356 (Sup.Ct.1937).

226) Bogert 588; Corely v. Hennessy, 58 Cal.App.2d 883, 137 P.2d 857 (1943).

227) Restatement, Second, Trusts § 202 com.b; Bogert 580.

grundsätzlich unwirksam[228]; der Dritte erwirbt an dem ihm übertragenen Gegenstand kein Volleigentum[229]. Dem beneficiary stehen für den Fall eines solchen breach of trust mehrere unterschiedliche Ansprüche sowohl gegen den trustee als auch gegen den Dritten zur Verfügung, die im folgenden kurz aufgezeigt werden sollen. Diese Ansprüche kann der beneficiary allerdings nicht nebeneinander geltend machen; er muß sich vielmehr bei jeder einzelnen trust-Verletzung entscheiden, welchen der möglichen Ansprüche er verfolgen will[230].

bb) Ansprüche gegen den trustee

Beschließt der beneficiary, sich an den trustee und nicht an den Dritten zu halten, so hat er ein zweifaches Wahlrecht[231]: Er kann zum einen den trustee persönlich haftbar

---

228) New York EPTL § 7-2.4; Cal.Civil Code § 870 (jeweils für schriftlich begründete trusts); Werner v. Wheeler, 142 A.D.358, 127 N.Y.S.158 (1911); Allison & Ver Valen Co. v. McNee, 170 Misc.144, 9 N.Y.S.2d 708 (Sup.Ct. 1939); Cuthbert v. Chauvet, 136 N.Y.326, 32 N.E. 1088 (1893); Genet v. Hunt, 113 N.Y.158, 21 N.E.91 (1889). Unwirksamkeit bedeutet hier, daß der Dritte zwar den legal title an dem trust-Gegenstand erwirbt, nicht aber den equitable title, der allein zum Behaltendürfen bzw. zur Nutzziehung berechtigen würde; vgl. Frier v. J.W.Sales Corporation, 261 A.D.388, 25 N.Y.S.2d 576, 580 (1941); Restatement, Second, Trusts § 288 com.a.

229) Zu einer Ausnahme siehe unten bei Fn. 244-246.

230) Restatement, Second, Trusts § 295; Bogert 594; zum folgenden ausführlich David, Der Schutz des Begünstigten in der Treuhand nach englisch-amerikanischem Recht (Diss. Zürich 1926) 57ff.

231) Vgl. Estate of Rothko, 84 Misc.2d 830, 379 N.Y.S.2d 923 (Sur.Ct.1975); Johnson v. Clark, 7 Cal.2d 529, 61 P.2d 767 (1936).

machen und von ihm Schadensersatz fordern[232]. Für diesen Fall hat der beneficiary die Möglichkeit, eine von dem trustee infolge der Verfügung erlangte Gegenleistung als Vermögen des trustee zu behandeln und sich daran ein Pfandrecht ("lien") bestellen zu lassen, das seinen persönlichen Anspruch gegen den trustee sichern soll (um einen Fall des "tracing" handelt es sich hierbei nicht[233]). Zum zweiten kann sich der beneficiary dem trustee gegenüber darauf berufen, daß der bestellte trust an der vom trustee erlangten Gegenleistung als dem Surrogat fortbestehe[234]. Dies ist deshalb möglich, weil die tracing rule nicht nur bei pflichtgemäßen, sondern grundsätzlich auch bei pflichtwidrigen Verfügungen des trustee Anwendung findet. Der trustee wird dann - unabhängig von seiner eigenen Willensrichtung - in Bezug auf die Gegenleistung als "constructive trustee" angesehen[235]. Voraussetzung für ein solches "tracing" ist allerdings grundsätzlich, daß das nunmehr für den trust beanspruchte Vermögen noch deutlich als Surrogat des weggegebe-

---

232) Prentice-Hall III para.4002.

233) Powell IV para.540; Frier v. J.W.Sales Corp., 261 A.D.388, 25 N.Y.S.2d 576 (1941).

234) Jefferson Savings & L.Ass'n v. Lifetime Savings & L.Ass'n, 396 F.2d 21 (9th Cir.1968); für das englische Recht Keeton/Sheridan, The Law of Trusts[10] (1974) 386-392. Diese Wahl empfiehlt sich dann, wenn das Surrogat höherwertiger ist als der ursprüngliche trust-Gegenstand.

235) Frier v. J.W.Sales Corp., 261 A.D.388, 25 N.Y.S.2d 576, 581 (1941); Haskel Engineering & Supply v. Hartford Acc., 78 Cal.App.3d 371, 144 Cal.Rptr.189 (1978); Cal. Civil Code §§ 2223, 2224; Restatement, Second, Trusts § 202.
Zum Charakter des tracing-Anspruches siehe im übrigen Prentice-Hall III para.4001: "The right of a beneficiary to reclaim a trust fund is based upon his right of property and not upon any right as a preferred creditor of a trustee". Ebenso People v.State Bank of Herrick, 290 Ill.App.130, 8 N.E.2d 71, 74 (1937).

nen trust-Gutes erkennbar ist[236]. Schwierigkeiten ergeben sich daher dann, wenn sich die Gegenleistung nicht mehr unterscheidbar im Vermögen des trustee befindet, insbesondere wenn sie mit sonstigem Vermögen des trustee vermischt worden ist. Auch für solche Fälle hat jedoch die equity-Rechtsprechung eine Reihe von Hilfskonstruktionen entwikkelt, die den tracing-Anspruch des beneficiary umfassend schützen und bei seiner Durchsetzung helfen[237]. Hält sich der beneficiary mit seinen Ansprüchen an den trustee, so verliert er seine Rechte gegenüber dem Dritten. Die nichtige Verfügung des trustee wird zur Gänze geheilt und der Dritte erwirbt das unbeschränkte Eigentum an dem ursprünglich in trust gehaltenen Gegenstand[238].

cc) Ansprüche gegen den Erwerber

Statt gegen den trustee kann der beneficiary - von einer nachfolgend noch zu erwähnenden Ausnahme abgesehen - nach seiner Wahl auch gegen den Dritten ("transferee") vorgehen, in dessen Besitz ein trust-Gegenstand infolge der pflichtwidrigen Verfügung des trustee gelangt ist[239]. Auch hier

---

236) Matter of Mid-Island Service Corp., 472 F.Supp.1196 (E.D.N.Y.1979); Boffa v. Bove, 121 N.Y.S.2d 709 (Sup.Ct.1953); Walsh v. Majors, 4 Cal.2d 384, 49 P.2d 598 (1935); Prentice-Hall III para.4001.

237) Hierzu ausführlich Restatement, Second, Trusts § 202 com.h, i; Bogert 587-593; zum kanadischen Recht Smith, Introduction to the Canadian Law of Trusts (1979) 135. Der tracing-Anspruch des beneficiary setzt sich im übrigen auch im Konkurs des trustee gegenüber Ansprüchen anderer Gläubiger des trustee durch, so daß der beneficiary von einem Konkurs des trustee im Ergebnis unberührt bleibt; näher hierzu Restatement, Second, Trusts §§ 202, 221 com.a.

238) Bogert 580.

239) Vgl. Ehret v. Ichioka, 247 Cal.App.2d 637, 55 Cal.Rptr.869 (1967); McNeil v. Dow, 89 Cal.App.2d 370, 200 P.2d 859 (1948); Steiner v. Amsel, 18 Cal.2d 48, 112 P.2d 635 (1941).

hat der beneficiary wieder zwei Möglichkeiten. Er kann zum einen von dem Erwerber Schadensersatz fordern, wenn dieser schuldhaft an dem breach of trust mitgewirkt hat[240]. Zum anderen kann er - in Anwendung der tracing rule - von dem Dritten die Herausgabe des trust-Gegenstandes verlangen, wenn ihm dies vorteilhafter erscheint[241]. Die pflichtwidrige Verfügung führt zu keinem (unbeschränkten) Eigentumserwerb des Dritten; kraft Gesetzes entsteht vielmehr ein "constructive trust"[242], aufgrund dessen der Dritte zwar keine Verwaltungspflichten hat, aber auf Verlangen des beneficiary den mittels breach of trust erlangten Gegenstand herausgeben muß[243].

Das Recht, von dem Dritten die Herausgabe des trust-Gutes zu fordern, steht dem beneficiary allerdings dann nicht zu, wenn der Dritte den Gegenstand in gutem Glauben erworben und für ihn eine Gegenleistung erbracht hat. Der "bona fide purchaser for value without notice" wird auf diese Weise geschützt[244]. Sein Interesse an einer Aufrechterhaltung des

---

240) Prentice-Hall III para.4004; siehe im übrigen die Nachweise oben Fn.217.

241) King v. King, 22 Cal.App.3d 319, 99 Cal.Rptr.200 (1971); Qualtere v. Passerini, 11 A.D.2d 875, 203 N.Y.S.2d 406 (1960); zum englischen Recht Keeton/Sheridan 392-398.

242) Vgl. Cal.Civil Code §§ 2224, 2243; Restatement, Second, Trusts § 288 com.a; Simonds v. Simonds, 58 A.D.2d 305, 396 N.Y.S.2d 547 (1977), affirmed 408 N.Y.S.2d 359, 45 N.Y.S.2d 233, 380 N.E.2d 189.

243) Restatement, Second, Trusts §§ 291, 292; Rogers v. Rogers, 483 N.Y.S.2d 976, 473 N.E.2d 226, 63 N.Y.2d 582(1984); Fleck v. Perla, 40 A.D.2d 1096, 339 N.Y.S.2d 246 (1972); King v. King, 22 Cal.App.3d 319, 99 Cal.Rptr.200 (1972); Ehret v. Ichioka, 247 Cal.App.2d 637, 55 Cal.Rptr.869 (1967).

244) Vgl. ausführlich Cal.Civil Code §§ 2243, 856; New York EPTL § 7-3.2; Restatement, Second, Trusts §§ 284, 298-309; Estate of Rothko, 84 Misc.2d 830, 379 N.Y.S.2d 923 (Sur.Ct.1975); Ruth v. Lytton Savings & Loan Association of No.Cal., 72 Cal.Rptr.521 (App.1968); Ehret v. Ichioka, 247 Cal.App.2d 637, 55 Cal.Rptr.869 (1967).

mit dem trustee abgeschlossenen Geschäftes geht hier "in equity" dem Interesse des beneficiary vor[245]. Die pflichtwidrige Verfügung des trustee verschafft dem Dritten in einem solchen Fall nicht nur den legal, sondern auch den equitable title an dem übertragenen Gegenstand, so daß der Erwerber unbeschränkter Eigentümer wird[246].
Voraussetzung für einen gutgläubigen Erwerb ist, daß der transferee keine Kenntnis davon hat, daß die Verfügung des trustee "in breach of trust" erfolgt[247]. Weiß der Erwerber, daß der zu übertragende Gegenstand in trust gehalten wird, so bürdet ihm die Rechtsprechung in der Regel eine Nachprüfungspflicht dahin auf, ob sich der trustee bei der Übertragung im Rahmen seiner Befugnisse hält oder nicht[248]. Kommt der Erwerber dieser Erkundigungspflicht nicht nach, so wird seine Kenntnis von der Pflichtwidrigkeit unterstellt ("constructive notice")[249].

3. Art der Berechtigung des beneficiary

In der amerikanischen Rechtslehre und Rechtsprechung besteht zwar weitgehend Einigkeit darüber, welche einzelnen Rechtswirkungen eine trust-Errichtung für die Beteiligten hat; die

---

245) Zur dogmatischen Begründung der "bona fide purchaser rule" Bogert 601f.

246) Bogert 600.

247) Zu Einzelheiten Restatement, Second, Trusts §§ 288, 296, 297.

248) Sternfels v. Watson, 139 F.505 (C.C.Or.1905); Kirsch v. Tozier, 143 N.Y.390, 38 N.E.375 (1894).

249) Bogert 609; vgl. auch New York EPTL § 7-3.2; People of State of Cal.v. Larkin, 413 F.Supp.978 (N.D.Cal.1976); Lucas v. Associacao Protectora Uniao Madeirense Do Estado Da California, 61 Cal.App.2d 344, 143 P.2d 53 (1944); Schwinger v. Hickok, 53 N.Y.280 (1873); Baker v. Bliss, 39 N.Y.70 (1868).

Rechtsnatur der Berechtigung des beneficiary ist jedoch umstritten. Die Auseinandersetzung geht dabei um die Frage, ob die Rechtsstellung des cestui que trust als schuldrechtliches Recht ("right in personam") oder als ein gegenüber jedermann wirkendes dingliches Recht ("right in rem") einzustufen ist[250].

Die meisten US-Rechtsordnungen sehen die Rechtsstellung des beneficiary (sein "beneficial interest") als ein Eigentumsrecht und damit als ein dingliches Recht an und verleihen daher dem beneficiary einen "equitable title" (= Eigentumsrecht nach equity) an dem trust-Vermögen[251]. Der equitable title wird dem legal title des trustee gegenübergestellt und ergänzt diesen. Legal und equitable title zusammen bilden das unbeschränkte (Voll-) Eigentum an einem Gegenstand. Der legal title ist dabei der Ausdruck für die Eigentumsstellung nach common law, während der equitable title die Rechtsstellung nach dem Recht der equity verkörpert[252].

Als Eigentumsrechte werden legal und equitable title grundsätzlich gleich behandelt. Wie der genaue Umfang des legal title so hängt auch derjenige des equitable title grundsätzlich von den Bestimmungen der trust-Urkunde, d.h. vom Willen

---

250) Die Entscheidung dieser Streitfrage ist insbesondere im Steuerrecht (Auslegung des Begriffs "owner" in zahlreichen Steuergesetzen), aber auch im Kollisionsrecht (Anknüpfung an die lex rei sitae oder an die lex domicilii) von praktischer Bedeutung.

251) Vgl. z.B. Blair v. Commissioner of Internal Revenue, 300 U.S.5, 13 (1937); Dunlap Investors Limited v. Hogan, 133 Ariz.130, 650 P.2d 432, 434 (1982); Brelsford v. Scheltz, 564 S.W.2d 404 (Tex.Civ.App.1978); Matter of Estate of Getty, 85 Cal.App.3d 755, 149 Cal.Rptr.656, 659 (1978).

252) Salmond 260.

des Errichters, ab[253]. Ebenso wie der legal title kann grundsätzlich auch der equitable title vom beneficiary ohne Zustimmung des trustee frei an Dritte übertragen werden[254]. Das equitable interest des beneficiary ist vererblich[255] und kann von Gläubigern des beneficiary gepfändet werden[256]. Das equitable interest selbst wird als "real" oder "personal property" bezeichnet, je nachdem, an welchem Gegenstand es besteht[257]. Amerikanische Gerichte sprechen daher bezüglich des trust-Vermögens bisweilen ausdrücklich von einem "doppelten Eigentum"[258] bzw. einer "aufgespaltenen" Eigentumsberechtigung[259]. Der trustee tritt nur im Verhältnis zu außenstehenden Dritten als Rechtsinhaber auf, im Verhältnis zwischen trustee und beneficiary gilt dagegen der beneficiary und nicht der trustee als "wahrer Eigentü-

---

253) Restatement, Second, Trusts § 128; Bogert 135; Ephraim v. Metropolitan Trust Co., 28 Cal.2d 824, 172 P.2d 501, 508 (1946).

254) Hierzu ausführlich Restatement, Second, Trusts §§ 132-162; Prentice-Hall III para.3690-3699; Blair v. Commissioner of Internal Revenue, 300 U.S.5, 13 (1937).

255) Restatement, Second, Trusts §§ 140, 142; Bogert 136.

256) In re Marriage of Parscal, 148 Cal.App.3d 1098, 196 Cal.Rptr.462, 464 (1983); Restatement, Second, Trusts §§ 147, 149-162; Bogert 143; vgl. auch Cal.Civil Code § 859; New York EPTL § 7-3.4. Zur wichtigsten Ausnahme des sog. spendthrift trust siehe unten Kapitel 4 B.III.

257) Prentice-Hall III para.3674; Restatement, Second, Trusts §§ 130, 131.

258) Frier v. J.W.Sales Corporation, 261 A.D.388, 25 N.Y.S.2d 576, 580 (1941) ("double ownership").

259) O'Steen v. Estate of Wineberg, 31 Wash.App.923, 640 P.2d 28, 29 (1982): "Fundamental characteristic of trust is that legal and equitable ownership of trust property is divided between two parties; trustee has bare legal title and beneficiary has equitable or beneficial ownership". Ebenso Allen v. Sutter County Bd. of Equalization, 189 Cal.Rptr.101, 103 (App.1983).

mer" ("real owner")[260]. Letzterer hat nur "formelles" Eigentum[261], ein Vermögenswert wird seiner Rechtsstellung nicht beigemessen[262].

Von dieser in den meisten Bundesstaaten vertretenen Ansicht weichen einige wenige Rechtsordnungen ab, insbesondere New York. Sie erkennen das beneficial interest des cestui que trust trotz der Möglichkeit seiner Übertragung und Vererbbarkeit nicht als equitable title an, sondern geben dem beneficiary in ihren statutes nur das - obligatorische - Recht, die Einhaltung der Bestimmungen des trust vor einem Gericht der equity durchzusetzen (sog. "chose in action")[263]. Inha-

---

260) City of Mesquite v. Malouf, 553 S.W.2d 639, 644 (Tex. Civ.App.1977); Salmond 256f; Scott, The Nature of the Rights of the Cestui Que Trust, 17 Col.L.Rev. (1917) 269, 290.

261) Er ist bloßer "depository of the bare legal title", City of Mesquite v. Malouf, 553 S.W.2d 639, 644 (Tex. Civ.App.1977); entscheidend ist jedoch immer die konkrete Ausgestaltung des einzelnen trust; vgl. Smith v. Bank of America Nat.Trust & Savings Ass'n, 57 P.2d 1363, 1367 (Cal.Dist.Ct.App.1936).

262) Vgl. Bliss v. Allentown Public Library, 534 F.Supp.356, 357 (E.D.Pa.1982); Matter of Estate of Getty, 85 Cal. App.3d 755, 149 Cal.Rptr.656, 659 (1978).

263) Vgl. New York EPTL § 7-2.1; die ähnlich lautende Bestimmung des § 863 Cal.Civil Code wird von den Gerichten unterschiedlich ausgelegt; vgl. einerseits In re Estate of Muhammad, 16 Cal.App.3d 726, 94 Cal.Rptr.856, 861 (1971); Smith v. Bank of America Nat. Trust & Savings Ass'n, 57 P.2d 1363, 1368 (Cal.Dist.Ct.App.1936) (kein Eigentumsrecht des beneficiary), andererseits Lynch v. Cunningham, 21 P.2d 154 (Cal.Dist.Ct.App.1933); Dandini v. Johnson, 13 Cal.Rptr.251, 253 (Ct.App.1961); Reagh v. Kelley, 10 Cal.App.3d 1082, 89 Cal.Rptr.425, 436 (1970) (Eigentumsrecht des beneficiary zumindest für den Fall, daß der beneficiary nicht nur einen bloßen Geldauszahlungsanspruch hat).

ber eines Eigentumsrechts ist der beneficiary hier nicht[264].

In der Rechtslehre überwiegt ebenfalls die Auffassung, daß es sich bei den Berechtigungen von trustee und beneficiary um zwei voneinander grundsätzlich unabhängige Eigentumsrechte handele[265]. Der beneficiary habe zwar einerseits Forderungsrechte gegen den trustee auf Einhaltung der trust-Bestimmungen, andererseits aber auch grundsätzlich gegen jedermann wirkende Schutzrechte auf Erhalt des trust-Vermö-

---

264) In re Will of Duncan, 80 Misc.2d 32, 362 N.Y.S.2d 788 (Sur.Ct.1974); Schenck v. Barnes, 156 N.Y. 316, 50 N.E.967 (1898); vgl. auch Bacorn v. People, 88 N.Y.S.2d 628 (Ct.Cl.1949); siehe aber auch People v. One 1960 Ford 2 DHTTHBD, 228 Cal.App.2d 571, 39 Cal.Rptr. 636 (1964): "Beneficiary holds something more than chose in action or merely personal claim as that of creditor against his debtor and he is equitable owner of trust property"; Rosner v. Caplow, 105 Misc.2d 592, 432 N.Y.S.2d 577, 583 (Sup.Ct.1980): "Beneficial interest in trust is a vested property right which cannot be revoked except in accordance with law or upon holder's consent".

265) Salmond 257f, 261f; Pound, Bespr. von Willoughby, Equitable Doctrine of the Legal Estate (1912), in: 26 Harv.L. Rev. (1912/13) 462, 463; Scott II 1050-1062; Mennell, Wills and Trusts in a Nutshell (1979) 181; vgl. ferner die Zusammenstellung der vorgebrachten Argumente bei Bogert 133f; ausführlich zur englischen Rechtsprechung Waters, The Nature of the Trust Beneficiary's Interest, 45 Can.Bar.Rev. (1967) 219-283, der selbst eine differenzierende Lösung vertritt und die Einteilung als dingliches oder schuldrechtliches Recht von der konkreten Fragestellung (z.B. Verwaltung des trust oder Besteuerung) abhängig machen will; siehe im übrigen Clark 374, der die Berechtigung des beneficiary als "right in personam ad rem" umschreibt; ebenso Marwede, Rechtsnatur und Außenschutz des Trust und der Treuhand (Diss.Bonn 1972) 46-64; vgl. aus kontinentaleuropäischer Sicht auch Batiffol, The Trust Problem as Seen by a French Lawyer, 33 J.Comp.Leg.(1951) III, IV 18, 19-22; Franceschelli, Il "trust" nel diritto inglese (1935) 28-35, 138 (Recht des trustee als "proprietà formale", Recht des beneficiary als "proprietà sostanziale").

gens, wobei insbesondere auf die allgemein anerkannte "tracing rule", die ein "property right" darstelle[266], verwiesen wird. Scott formuliert diese Ansicht wie folgt[267]: "...today it is correct to say that the cestui que trust has two classes of rights; he has a number of rights, positive and negative, available against the trustee alone; he has in addition as equitable owner of the trust res, a right against the world at large to insist that it respect his ownership, to insist that it refrain from using the trust property for any purpose which is inconsistent with the trust". Die von den Befürwortern einer schuldrechtlichen Einstufung[268] als Argument angeführte Möglichkeit eines gutgläubigen Erwerbs, der das Recht des beneficiary untergehen läßt ("bona fide purchaser rule"), wird als unschädliche Ausnahmeregelung zum Schutze des Rechtsverkehrs angesehen[269].

Allgemein läßt sich feststellen, daß die Rechtsentwicklung in den Vereinigten Staaten zunehmend dahin geht, die Stellung des beneficiary mit dinglicher und damit grundsätzlich gegenüber jedermann Geltung beanspruchender Wirkung auszustatten, um auf diese Weise einen umfassenden Schutz des

---

266) Bogert 580.

267) Scott, 17 Col.L.Rev.(1917) 269, 290; dagegen Stone, The Nature of the Rights of the Cestui Que Trust, 17 Col.L. Rev.(1917) 467ff.

268) Z.B. Langdell, A Brief Survey of Equity Jurisdiction, 1 Harv.L.Rev. (1887) 55, 59f; Holland 187; siehe auch Maitland 117: "Equitable estates and interests are rights in personam, but they have a misleading resemblance to rights in rem".

269) Scott, 17 Col.L.Rev.(1917) 269, 278f; ebenso Maitland, 32 GrünhutsZ (1905) 1, 27, der - ohne sich auf eine genaue Klassifizierung einzulassen - das auf Billigkeitsrecht gegründete Eigentum des beneficiary für "praktisch genommen ebenso wertvoll" hält wie das "streng legale Eigentum" des trustee.

beneficiary zu erreichen[270]. Von den Grundsätzen des alten common law, die die obligatorischen Ansprüche gegen den trustee in den Vordergrund stellten, wird damit abgewichen. Besonders anschaulich zeigt sich diese Entwicklung in der Definition, die Salmond vom trust gibt:[271] "A trust is a very important and curious instance of duplicate ownership which allows for the separation of the powers of management and the rights of enjoyment. Trust property is that which is owned by two persons at the same time, the relation between the two owners being such that one of them is under an obligation to use his ownership for the benefit of the other. ..... The trustee is destitute of any right of beneficial enjoyment of the trust property. His ownership, therefore, is a matter of form rather than of substance, and nominal rather than real".

---

270) Bogert 134; so ausdrücklich auch In re McEwen's Estate, 33 A.2d 14, 16, 348 Pa. 23 (1943).

271) Salmond 256.

4. Kapitel: Funktionen und Formen des trust

A. Funktionen

I. Allgemeines

Ein privatrechtlicher trust kann zu jedem Zweck errichtet werden[272]. Ihre Grenze findet die Begründung eines rechtsgeschäftlichen trust allein in dem Verstoß gegen ein Gesetz oder gegen die öffentliche Ordnung (public policy)[273]. In der Ausgestaltung eines trust ist der Errichter damit ebenso frei wie beim Abschluß eines privatrechtlichen Vertrages[274].

II. Testamentary trust

Ein testamentarisch angeordneter trust kann als besonderes Mittel der Nachlaßplanung mehreren Zwecken dienen[275]. Er ermöglicht zum einen - und dies ist wohl sein Hauptzweck - eine langfristige Bindung des vom Errichter vererbten Vermögens[276]. Der Erblasser kann mit Hilfe eines testamentari-

---

272) Vgl. New York EPTL § 7-1.4; Restatement, Second, Trusts § 59.

273) Ausführlich Restatement, Second, Trusts §§ 60-65. So sind z.B. die (Pflichtteils-)Rechte eines überlebenden Ehegatten oder die Ansprüche von Gläubigern des settlor bisweilen gesetzlich vor einer Umgehung durch trust-Errichtungen geschützt; hierzu Bogert 175f; New York EPTL § 5-1.1 (b)(1). Siehe aber auch Fn.291.

274) So ausdrücklich Cal.Civil Code § 2200.

275) Ausführliche Beispiele bei Prentice-Hall III para.3503; zahlreiche Muster für typische Anordnungen im Rahmen eines testamentary trust finden sich bei Murphy, Will Clauses (1961) 255-334.

276) Vgl. Kötz 41f.

schen trust detaillierte Anordnungen darüber treffen, was nach seinem Tode mit seinem Vermögen geschehen soll, insbesondere wer Nutznießer des Nachlasses sein soll. Dabei ist es ihm möglich, mehrere Personen gleichzeitig oder in zeitlicher Abfolge als Begünstigte einzusetzen, ohne ihnen neben der Nutznießung auch noch die (formelle) Eigentümerposition und damit eine grundsätzlich unbeschränkte Verfügungsbefugnis zu verleihen[277]. Er kann vielmehr sein Vermögen für eine nur durch die rule against perpetuities begrenzte Zeitspanne von einer ihm hierfür geeignet erscheinenden Vertrauensperson verwalten und verteilen lassen, um auf diese Weise den Vermögensstamm zu erhalten und sein Vermögen der von ihm gewünschten Verwendung zuzuführen.

Ein solches Bedürfnis nach sachkundiger Verwaltung des Nachlasses kann wiederum mehrere Ursachen haben. Nach Salmond liegen diese im Schutz der Rechte und Interessen bestimmter Personengruppen[278]. So ermöglicht ein testamentarischer trust die Zuwendung von Vermögen an im Zeitpunkt des Erbfalles noch ungeborene Personen oder auch an Personen, die aufgrund bestimmter Umstände wie etwa Geschäftsunfähigkeit oder Abwesenheit vorübergehend oder auf Dauer gehindert sind, ein ererbtes Vermögen selbständig zu verwalten. Entsprechendes gilt für Personen, denen die Last einer eigenen Verwaltung abgenommen werden soll, weil sie hierfür vom Errichter als nicht geeignet oder als nicht willens angesehen werden[279].

---

277) Vgl. Scott II 815; In re Cowles' Will, 22 A.D.2d 365, 255 N.Y.S.2d 160 (1965), affirmed 268 N.Y.S.2d 327, 17 N.Y.2d 567, 215 N.E.2d 509.

278) Salmond 257.

279) Prentice-Hall III para.3502; Coing, AcP 167 (1967) 99f; Lepaulle, Civil Law Substitutes for Trusts, 36 Yale L.J.(1926/27) 1126, 1132f.

Daneben wird ein testamentarischer trust häufig dann eingesetzt, wenn das Vermögen einer Mehrzahl von Personen zugewendet werden soll[280]). Um hier Schwierigkeiten und Auseinandersetzungen bei der Verwaltung und Verwertung des Nachlasses zu vermeiden, empfiehlt sich die Zwischenschaltung eines trustee, der das Vermögen zugunsten aller Berechtigten innehat und bei seiner Verwaltungstätigkeit an die Anordnungen des Errichters gebunden ist.

III. Trust inter vivos

Waren die häufigsten Zielrichtungen eines testamentarischen trust noch in groben Zügen zu beschreiben, so ist dies beim living trust kaum mehr möglich. Ein trust inter vivos kann aufgrund der weiten Gestaltungsmöglichkeiten zu vielerlei wirtschaftlichen, geschäftlichen oder privaten Zwecken eingesetzt werden[281]). Der Gestaltungsfreiheit des Errichters sind hier kaum Grenzen gesetzt. Im Rahmen der vorliegenden Arbeit, die sich vorwiegend mit erbrechtlich erheblichen trusts beschäftigt, sind diejenigen living trusts von besonderem Interesse, die über lebzeitige Bestimmungen hinaus auch Anordnungen treffen, die erst mit oder nach dem Tode des Errichters wirksam werden sollen. Mit solchen living trusts werden weitgehend die gleichen Ziele verfolgt wie mit einem testamentarischen trust. Aufgrund ihrer lebzeitigen Begründung weisen sie jedoch einige Besonderheiten gegenüber den testamentarisch angeordneten trusts auf und dienen dementsprechend zusätzlichen Zwecken. So ermöglichen sie es dem

---

280) Salmond 257.

281) Ein sehr ausführlicher Überblick findet sich bei Fratcher, Trusts, in: Int. Enc. Comp.L. VI: Property and Trust (1973) Kap.11 S.3-5; Bogert 171-174.

Errichter, sich zu Lebzeiten selbst als Begünstigten des von ihm begründeten trust einzusetzen, sich damit der Verwaltung seines Vermögens zu entheben und dieses erst nach seinem Tode anderen Personen zukommen zu lassen[282]. Der wesentliche Unterschied zum testamentarischen trust besteht darin, daß beim living trust die in den trust eingebrachten Gegenstände bereits zu Lebzeiten des Errichters aus dessen Vermögen ausscheiden und daher nicht in den Nachlaß fallen[283]. Die Form eines living trust wird darum häufig dann gewählt, wenn das als umständlich und langwierig empfundene Nachlaßabwicklungsverfahren ("probate") vermieden werden soll[284]. Darüberhinaus bietet ein living trust bisweilen (einkommens-, schenkungs- oder erbschafts-)steuerliche Vorteile, die ebenfalls Anreiz für seine Begründung sein können[285]. Hauptzweck eines living trust ist jedoch - wie auch des testamentarischen trust - die Trennung von Verwaltung und Nutznießung an einem bestimmten Vermögen.

B. Formen

Entsprechend den unterschiedlichen Zielen, die mit der Errichtung eines privatrechtlichen trust verfolgt werden, haben sich im Lauf der Zeit auch unterschiedliche Formen eines express trust herausgebildet. Einige dieser besonderen

---

282) Bogert 172. Ein Muster einer solchen typischen trust-Urkunde findet sich in Palmer/Wellmann, Trusts and Succession - Cases and Materials (1960) 259-265.

283) Leaphart, 78 U.of Pa.L.Rev. (1930) 626, 628; vgl. ferner Scott I 474-479.

284) Vgl. oben Fn.5.

285) Hierzu Ritchie/Alford/Effland 324-332; Bogert 174; Tetiwa 54 ff.

trust-Formen sollen im folgenden umschrieben werden. Dabei ist darauf hinzuweisen, daß es sich bei ihnen grundsätzlich nicht um eigenständige trust-Arten handelt, die gänzlich eigenen Regeln folgen. Die gewählten Bezeichnungen heben vielmehr nur jeweils eine Eigenart dieses trust hervor, die durch die Verfolgung eines bestimmten Zweckes bedingt ist. Die gemeinsame Grundform des trust bleibt erhalten.

I. Revocable und irrevocable trust

Ein trust inter vivos kann vom settlor in endgültiger und unwiderruflicher Form begründet werden (sog. irrevocable trust). Andererseits steht es dem settlor frei, sich bei trust-Errichtung, d.h. bei Übertragung des legal title auf den trustee, vorzubehalten, die Übertragung bis zu seinem Tode zu widerrufen und auf diese Weise den trust zu beenden (sog. revocable trust)[286]. Ein so vorbehaltenes Widerrufsrecht bedeutet regelmäßig auch die Möglichkeit, den trust nur teilweise zu beenden oder ihn inhaltlich durch Einschränkungen oder Erweiterungen abzuändern[287]. Das Widerrufsrecht besteht nur bis zum Tode des Erichters, danach ist der trust unwiderruflich[288]. Hat sich der Errichter bei Begründung des living trust nicht ausdrücklich ein Widerrufsrecht vor-

---

286) Ausführlich Restatement, Second, Trusts §§ 37, 330; Bogert 531; Estate of Garrison, 175 Cal.Rptr.809 (App.1981); Leydecker v. Warren, 288 P.2d 51 (Cal. Dist.Ct.App.1955). Ein testamentarischer trust ist aufgrund seiner Rechtsnatur zu Lebzeiten des Errichters jederzeit aufhebbar.

287) Restatement, Second, Trusts § 331 com.g, § 37 com.a; Mennell 265; Matter of Will of McCaslin, 114 Misc.2d 27, 450 N.Y.S.2d 973 (Sur.Ct.1982); Chase Nat.Bank of City of New York v. Mackenzie, 192 Misc. 172, 76 N.Y.S.2d 19, 22 (Sup.Ct.1947).

288) Bogert 535.

behalten, so gilt der trust in der Mehrzahl der US-Bundesstaaten kraft gesetzlicher Vermutung als unwiderruflich[289]. Der widerrufliche trust inter vivos ähnelt in seiner Funktion einer - ebenfalls jederzeit aufhebbaren - letztwilligen Verfügung. Er ist im amerikanischen Recht ein sehr beliebtes Instrument bei der Nachlaßplanung ("estate planning")[290]. Trotz einiger Bedenken wird der widerrufliche trust in der amerikanischen Rechtsprechung in der Regel als Rechtsgeschäft unter Lebenden anerkannt, die Einhaltung der Testamentsform ist nicht erforderlich[291].

II. Discretionary trust

Als "discretionary trust" wird ein trust bezeichnet, bei dem der trustee hinsichtlich der Verteilung der trust-Erträge und der Aushändigung des trust-Gutes an die Begünstigten

---

289) Bogert 531; vgl. New York EPTL § 7-1.9; anders z.B. in Kalifornien, vgl. Cal.Civil Code § 228; Rosenauer v. Title Insurance and Trust Company, 30 Cal.App.3d 300, 106 Cal.Rptr.321 (1973).

290) Vgl. das erfolgreiche Werk von Dacey, How to Avoid Probate (1969), das wesentlich zur Verbreitung des revocable trust beigetragen hat. Siehe ferner Stanford, Comparison of revocable and testamentary trust, in: The Best of Trusts and Estates (1965) 76-84.

291) Ausführlich hierzu Leaphart, 78 U.of Pa.L.Rev.(1930) 626, 628-638; Scott I 474-479; UPC § 6-201; Averill 369f; siehe ferner die Nachweise oben in Fn.164. Zu der häufig für zulässig erachteten Möglichkeit, mit Hilfe eines revocable trust erbrechtliche Pflichtteilsansprüche eines Ehegatten zu umgehen, siehe von Hoene, Fraud on Spouse's Rights, in: The Best of Trusts and Estates - Estate Planning, hrsg. von Bush, Lacovara, Schlesinger (1965) 100-105; ausführliche Rechtsprechungshinweise hierzu in Annotation, 39 A.L.R.3d 14-120 (1971 mit Ergänzungsband 1984); ferner Tzschucke, Das Pflichtteilsrecht in den Vereinigten Staaten von Amerika (Diss. Köln 1969) 104-115. Siehe aber auch unten Fn.321.

nicht in allen Einzelheiten an konkrete Anordnungen des Errichters gebunden ist, sondern bei seinen Entscheidungen einen (mehr oder weniger weiten) Ermessensspielraum hat[292]. Der Errichter kann bei der trust-Begründung darauf verzichten, dem trustee genaue Anweisungen für die Verteilung zu geben, und sich darauf beschränken, nur bestimmte Richtlinien festzulegen, an die sich der trustee bei seiner fremdnützigen Verwaltung zu halten hat. Gemäß diesen Bestimmungen des trust obliegt dann dem trustee eine - pflichtgemäß zu treffende - Ermessensentscheidung dahin, wer aus einem vom settlor bezeichneten Personenkreis Begünstigter des trust wird, ob und gegebenenfalls in welchem Umfang an die Begünstigten die Erträge aus dem trust-Vermögen ausbezahlt werden, und ob und wann die beneficiaries Teile des trust-Gutes ausgehändigt erhalten oder nicht[293].

Aufgrund der Ermessensfreiheit des trustee hat der beneficiary beim discretionary trust kein gegenwärtiges, sicher begründetes Anwartschaftsrecht (vested interest)[294]. Einen durchsetzbaren Leistungsanspruch hat der beneficiary gegen den trustee vielmehr erst dann, wenn dieser seine Ermessensentscheidung zugunsten einer bestimmten Auszahlung getrof-

---

292) Vgl. Restatement, Second, Trusts § 155.

293) Scott II 1180-1185; Mennell 268; vgl. In re Aldrich's Estate, 140 N.Y.S.2d 182 (Sur.Ct.1955); In re Butler's Estate, 73 N.Y.S.2d 669 (Sur.Ct.1947); In re McCabe's Estate, 197 P.2d 35 (Cal.Dist.Ct.App.1948); zur (eingeschränkten) gerichtlichen Überprüfbarkeit der Ordnungsmäßigkeit einer Verwaltungsmaßnahme des trustee im Falle eines discretionary trust siehe Morgan v. Laborers Pension Trust Fund For Northern California, 433 F.Supp.518 (D.C.Cal.1977); Matter of Collins' Estate, 72 Cal.App.3d 663, 139 Cal.Rptr.644 (1977); Matter of McManus' Estate, 62 A.D.2d 758, 407 N.Y.S.2d 180 (1978), affirmed 417 N.Y.S.2d 55, 47 N.Y.2d 717, 390 N.E.2d 773.

294) Mennell 267; In re Marriage of Rosenblum, 43 Colo.App. 144, 602 P.2d 892 (1979).

fen hat[295]. Bis zu diesem Zeitpunkt kann der beneficiary sein - inhaltlich unbestimmtes - beneficial interest nicht an Dritte übertragen und Gläubiger des beneficiary können es nicht verwerten[296].

III. Spendthrift trust

Die Übertragbarkeit und Pfändbarkeit des beneficial interest, die beim discretionary trust infolge der dort gegebenen Rechtsnatur der Berechtigung des beneficiary fehlen, können bei anderen trusts durch eine vom Errichter in die trust-Urkunde aufzunehmende ausdrückliche Bestimmung ausgeschlossen werden[297]. Der settlor kann nämlich bei Errichtung des trust anordnen, daß die Ansprüche des beneficiary auf (zukünftige) Leistungen aus dem trust unveräußerlich, unbelastbar und unpfändbar sein sollen (sog. restraint on alienation). Ein solcher trust heißt "spendthrift trust"[298].

---

295) Bogert 159; Canfield v. Security-First Nat.Bank, 87 P.2d 830, 845 (Cal.1939).

296) Prentice-Hall III para.3734; Restatement, Second, Trusts § 155; Scott II 1180-1190; In re Butler's Estate, 73 N.Y.S.2d 669 (Sur.Ct.1947); In re Duncan's Will, 80 Misc.2d 32, 362 N.Y.S.2d 788 (Sur.Ct.1974); In re Chusid's Estate, 301 N.Y.S.2d 766 (Sur.Ct.1969); Henderson v. Collins, 245 Ga.776, 267 S.E.2d 202 (1980); Howard v. Spragins, 350 So.2d 318 (Ala.1977).

297) Zu Kombinationen zwischen discretionary und spendthrift trusts siehe Bogert 160.

298) Restatement, Second, Trusts §§ 152, 153; Mennell 266; Bogert 147; Regan v. Ross, 691 F.2d 81, 85 (2d Cir.1982); in einigen Rechtsordnungen besteht hierfür sogar eine gesetzliche Vermutung; vgl. für "income interests" New York EPTL § 7-1.5 (a)(1).

Er dient dem Schutz des beneficiary[299] vor eigenen voreiligen Verfügungen über künftiges Vermögen. Ohne Bedeutung ist die spendthrift-Klausel, wenn durch Verfügungen des trustee Vermögen aus dem trust in den Besitz des beneficiary gelangt ist; solches Vermögen steht dem Zugriff der Gläubiger offen[300].

Spendthrift trusts sind - anders als in England - in den meisten US-Bundesstaaten zulässig[301], wenngleich der Umfang der Unpfändbarkeit häufig gesetzlich (einschränkend) geregelt ist[302]. Begründet wird die grundsätzliche Zulässig-

---

299) Der kein "Verschwender" sein muß, wie es die Bezeichnung "spendthrift trust" vermuten ließe.

300) Bogert 148; In re Goelet's Will, 28 A.D.149, 283 N.Y.S.2d 545 (1967); Matter of Will of Link, 119 Misc.2d 181, 462 N.Y.S.2d 582, 584 (Sur.Ct.1983).

301) Vgl. New York EPTL §7-1.5; Cal.Civil Code § 867; In re Marriage of Parscal, 148 Cal.App.3d 1098, 196 Cal.Rptr.462, 464 (1983) mit ausführlicher Begründung; Matter of Dodge's Estate, 281 N.W.2d 447 (Iowa 1979); Electrical Workers, Local No.1 Credit Union v. IBEW-NECA Holiday Trust Fund, 583 S.W.2d 154 (Mo.1979); In re Chusid's Estate, 301 N.Y.S.2d 766 (Sur.Ct.1969); In re Estate of Vought, 25 N.Y.2d 163, 250 N.E.2d 343, 303 N.Y.S.2d 61 (1969); hierzu und allgemein zur rechtspolitischen Problematik des spendthrift trust Niles, Matter of Vought's Will: A Tighter Grip by the Dead Hand, 45 N.Y.U.L.Rev.(1970) 421-440; Ritchie/Alford/Effland 378-401; zum englischen Recht siehe Parker/Mellows, The Modern Law of Trusts[4] (1979) 113-118.

302) Hierzu ausführlich Bogert 152-154; New York EPTL § 7-3.4; Cal.Civil Code § 859; In re Estate of Lawrence, 72 Cal.Rptr.851 (Ct.App.1968); In re Chusid's Estate, 301 N.Y.S.2d 766 (Sur.Ct.1969).
Zu dem Fall, daß sich der settlor selbst zum beneficiary des spendthrift trust einsetzt, siehe Vanderbilt Credit Corp. v. Chase Manhattan Bank, 100 A.D.2d 544, 473 N.Y.S.2d 242 (1984); Matter of Witlin, 640 F.2d 661 (C.A.Fla.1981); Waterson v. Edgerly, 40 Md.App.1230, 388 A.2d 934 (1978). Zum Kollisionsrecht des spendthrift trust ausführlich Scott, Spendthrift Trusts and the Conflict of Laws, 77 Harv.L.Rev. (1963/64) 845-872.

keit von spendthrift trusts mit dem schützenswerten Interesse des settlor an einer umfassenden wirtschaftlichen Sicherung des beneficiary vor eigener Unerfahrenheit oder Geschäftsuntüchtigkeit[303)].

IV. Bank account ("Totten") trust

Ein sog. bank account trust wird begründet, indem man bei einer Bank oder Sparkasse ein Konto in eigenem Namen eröffnet und dabei erklärt, das Sparguthaben zugunsten einer anderen Person "in trust" halten zu wollen[304)]. Die Errichtung erfolgt also durch einseitige Erklärung des Kontoinhabers. Settlor und trustee sind personengleich. Gegenstand des trust ist die Forderung des Errichters gegen das Geldinstitut. Besonderes Kennzeichen des bank account trust ist seine jederzeitige Widerruflichkeit[305)]. Der trust gilt im Zweifel als nur "versuchsweise" errichtet[306)]; bis zu seinem Tode behält der settlor die uneingeschränkte Verfügungsbe-

---

303) Matter of Sowers' Estate, 1 Kan.App.2d 675, 574 P.2d 224 (1977); Caravaggio v. Retirement Bd.of Teachers' Retirement System of City of New York, 36 N.Y.2d 348, 368 N.Y.S.2d 475, 329 N.E.2d 165 (1975); In re Chusid's Estate, 301 N.Y.S.2d 766 (Sur.Ct.1969).

304) Restatement, Second, Trusts § 58; Mennell 273f.

305) In re Prokaskey's Will, 109 N.Y.S.2d 888, 892 (Sur.Ct.1951).

306) Der bank account trust wird daher häufig auch als "tentative trust" bezeichnet.
Die generelle Vermutung des common law zugunsten einer Unwiderruflichkeit wird damit hier umgekehrt; zur Widerlegung dieser Vermutung vgl. Bogert 43; Matter of Estate of Wesolowski, 83 Misc.2d 518, 372 N.Y.S.2d 861 (Sur.Ct.1975).

fugnis über das Bankguthaben und kann die trust-Begründung jederzeit ganz oder teilweise rückgängig machen[307]. Der Widerruf erfolgt formlos, beispielsweise durch einfaches Abheben eines Geldbetrages von dem Konto[308]. Soweit der bank account trust nicht widerrufen wurde, geht mit dem Tode des Errichters das bestehende Guthaben in das Eigentum des Begünstigten über ("by operation of law")[309]. Da das Guthaben nicht in den Nachlaß des Errichters fällt, sind zum Übergang des Gläubigerrechts weder eine letztwillige Verfügung noch ein probate-Verfahren erforderlich[310]. Durch Auszahlung an den Begünstigten wird das Geldinstitut von seiner Leistungsverpflichtung frei[311].

---

307) Amidon v. State, 565 P.2d 1248 (Alaska 1977), appeal after remand 604 P.2d 575; Rametta v. Kazlo, 68 A.D.2d 579, 418 N.Y.S.2d 113 (1979), appeal denied 421 N.Y.S.2d 881, 48 N.Y.2d 669, 397 N.E.2d 392; vgl. auch Cal.Probate Code § 5301 (c).

308) In re Estate of Beck, 98 A.D.2d 860, 470 N.Y.S.2d 808 (1983); Brown v. Hermann, 551 F.Supp.201 (N.D.Cal.1982); In re Estate of Miller, 84 Misc.2d 807, 377 N.Y.S.2d 944 (Sur.Ct.1975); Restatement, Second, Trusts § 58 com.c; auch durch eine letztwillige Verfügung kann der Widerruf ausgeübt werden; Vickers v. Lavine, 56 A.D.2d 731, 392 N.Y.S.2d 753 (1977); ausführliche Rechtsprechungshinweise auf die Möglichkeiten und Erfordernisse eines Widerrufs finden sich in Annotation, 38 A.L.R.2d 1243 ff (1954 mit Ergänzungsbänden).

309) Blue Valley Federal Sav.and Loan Association v. Burrus, 617 S.W.2d 111 (Mo.App.1981); Matter of Reich, 94 Misc.2d 319, 404 N.Y.S.2d 781 (Sup.Ct.1978); In re Cuen's Estate, 298 P.2d 545 (Cal.Dist.Ct.App.1956); In re Timko's Will, 150 Misc.701, 270 N.Y.S.323 (Sur.Ct.1934); Cal. Probate Code § 5302 (c)(2); New York EPTL §§ 7-5.2 (4), 7-5.3.

310) Brown v. Hermann, 551 F.Supp.201, 202 (N.D.Cal.1982); In re McFetridge's Estate, 472 Pa.546, 372 A.2d 823 (1977); Mennell 274.

311) Cal.Financial Code § 853; Cal.Probate Code §§ 5404-5406; New York EPTL § 7-5.4.

Zu Lebzeiten des Errichters hat der Begünstigte zwar bereits ein gegenwärtiges (beneficial) interest an dem Forderungsrecht gegenüber der Bank; dessen Bestehen ist allerdings auflösend bedingt durch die jederzeitige Möglichkeit des Widerrufs der trust-Bestellung durch den settlor[312]. Die Rechtsstellung des beneficiary eines bank account trust ist damit nicht sehr stark[313].

Aufgrund der dem Errichter verbleibenden umfassenden Kontroll- und Widerrufsrechte sieht die Rechtsprechung diesen im Verhältnis zu seinen Gläubigern als Eigentümer des Bankguthabens an und gestattet den Gläubigern ausnahmsweise den Zugriff auf die vom settlor in trust gehaltene Einlage[314].

Ob der Kontoinhaber bei Eröffnung des Kontos tatsächlich einen bank account trust in der eben beschriebenen Form errichten wollte, ist in jedem einzelnen Fall durch Auslegung zu ermitteln. Der trust-Vermerk bezüglich eines Bankguthabens kann im amerikanischen Recht unterschiedliche Bedeutung haben. Er kann zum einen vom Kontoinhaber allein aus Gründen einer eigennützigen Vermögensaufgliederung (zum Beispiel aus steuerlichen oder versicherungsrechtlichen Motiven) aufgenommen worden sein; in einem solchen Fall entsteht kein wirksamer trust[315]. Ist dagegen die Errichtung eines

---

312) Bogert 46.

313) Barrick v. Barrick, 83 A.D.2d 290, 444 N.Y.S.2d 98, 99 (1981): "During the depositor's lifetime the beneficiary's interest is a mere expectancy and not a vested legal right". Ebenso In re Sabot, 212 N.Y.S.2d 842, 843 (Sup.Ct.1961).

314) Restatement, Second, Trusts § 58 com.d; Vickers v. Lavine, 56 A.D.2d 731, 392 N.Y.S.2d 753 (1977); Abraham & Straus,Division of Federated Dept. Stores, Inc. v. Feynman, 71 Misc.2d 928, 337 N.Y.S.2d 654 (Dist.Ct. 1972); vgl. auch In re Walsh's Estate, 200 N.Y.S.2d 159, 163 (Sur.Ct.1960).

315) Prentice-Hall III para.3604.2; Restatement, Second, Trusts § 58 com.a; Bogert 44.

trust tatsächlich gewollt, so kann dieser - je nach dem Willen des settlor - seine Rechtswirkungen sofort oder erst zu einem späteren Zeitpunkt, etwa im Augenblick des Todes des Kontoinhabers, entfalten[316]. Ob ein trust und gegebenenfalls in welcher Form der trust begründet wurde, ist durch eine Betrachtung und Bewertung aller erheblichen Umstände des Einzelfalles, wie insbesondere der finanziellen Lage des settlor, seiner persönlichen Beziehung zu dem Begünstigten und des Verhaltens beider Parteien während und nach der Kontoeröffnung, zu ermitteln. Ergibt die Auslegung, daß ein gegenwärtiger trust errichtet worden ist, so spricht eine Vermutung dafür, daß er in der Form eines jederzeit widerruflichen bank account trust begründet wurde[317]. Ausnahmsweise unwiderruflich ist der bank account trust, wenn der Errichter seinen dahingehenden Willen eindeutig zum Ausdruck bringt[318]. Dies wird auch bei Fehlen einer ausdrücklichen Erklärung dann angenommen, wenn der settlor dem Begünstigten das Sparbuch zu eigener Verfügung aushändigt[319].

Der bank account trust wurde erstmals in der New Yorker Entscheidung Matter of Totten gerichtlich anerkannt[320]. Dieser Entscheidung verdankt er auch die heute gebräuchliche Bezeichnung "Totten trust". Die Errichtung eines Totten

---

316) Bogert 45f.

317) Jones v. First Nat.Bank of Rome, 142 Ga.App.18, 234 S.E.2d 794 (1977); Evinger v. Mac Dougall, 28 Cal. App.2d 175, 82 P.2d 194 (1938); Restatement, Second, Trusts § 58 com.a; Prentice-Hall III para.3604.1; Bogert 46f.

318) Vgl. Restatement, Second, Trusts § 58 com.a.

319) Ausführlich hierzu Prentice-Hall III para.3604.5; Bogert 47; Dorren v. State Dept.of Social Services, 63 A.D.2d 821, 406 N.Y.S.2d 177 (1978); In re Farrell, 298 N.Y.129, 81 N.E.2d 51 (1948); siehe aber auch Ryder v. Sheldon, 69 A.D.2d 768, 415 N.Y.S.2d 35 (1979); einschränkend auch New York EPTL § 7-5.2 (1),(2).

320) Matter of Totten, 179 N.Y.112, 71 N.E.748 (1904).

trust ist inzwischen in den meisten US-Bundesstaaten zulässig. Er wird - trotz anfänglicher Zweifel - nicht als letztwillige Verfügung angesehen, die den hierfür geltenden Formvorschriften genügen müßte[321]; dennoch räumen die Gerichte ein, daß es sich bei dem Totten trust eher um eine Verfügung von Todes wegen als um einen trust handelt: "In a real sense a tentative or Totten trust is not a trust at all but is a recognized exception to law of testamentary disposition and as such obviates the necessity for compliance with the requisite statutory elements of executing a will"[322]. "The doctrine is an anomalous fiction evolved by the courts to enable persons to dispose of small sums of money without testamentary formalities and expense"[323].

Der Totten trust ist in den Vereinigten Staaten als Testamentsersatzrechtsgeschäft ("will substitute") vor allem bei kleineren Vermögen sehr beliebt[324]. Er gewährt nach dem Tode des Kontoinhabers eine sofortige und problemlose Zugriffsmöglichkeit auf dessen Bankguthaben, ohne daß der Inhaber zu Lebzeiten seine Verfügungsbefugnis mit einer anderen Person teilen oder sie ganz aufgeben muß.

---

321) Ausführlich hier Gulliver/Tilson, 51 Yale L.J.(1941) 1, 32-39; Bogert 46; Cal.Probate Code § 5304. Hinsichtlich des Schutzes der Rechte eines überlebenden Ehegatten siehe aber New York EPTL § 5-1.1 (b)(1)(B), (c)(1)(B); UPC § 2-202; Averill 50-61; Estate of Spinelli, 86 Misc.2d 1039, 384 N.Y.S.2d 665 (Sur.Ct.1976); Johnson v. La Grange State Bank, 73 Ill.2d 342, 383 N.E.2d 185 (1978); Montgomery v. Michaels, 54 Ill.2d 532, 301 N.E.2d 465, 64 A.L.R.3d 181 (1973); ausführliche Rechtsprechungshinweise finden sich ferner in Annotation, 64 A.L.R.3d 187 ff (1975 mit Ergänzungsband 1984). Vgl. auch oben Fn.273 und 291.

322) In re Estate of Collins, 84 Cal.App.3d 928, 149 Cal.Rptr.65, 68 (1978).

323) Slusser, Trusts and Trustees: Recent Developments in the Tentative Trust Doctrine: Influence of Civil Code § 2280 on the California Law, 28 Cal.L.Rev.(1940) 202.

324) Er wird oftmals geradezu als "poor man's will" bezeichnet; vgl. Langbein, 97 Harv.L.Rev.(1984) 1108, 1113.

V. Charitable trust

Als "charitable" wird ein trust bezeichnet, der nicht einzelnen, vom settlor genau benannten Begünstigten zugute kommen soll, sondern der in irgendeiner Form dem Gemeinwohl dient[325]. Häufigster Fall ist hier die Verwaltung bzw. Verwendung des in den trust eingebrachten Vermögens zugunsten größerer Personengruppen (der "Armen", der "Kranken"), aber auch jede sonstige Verwaltung mit sozialer Zielsetzung (Bau öffentlicher Einrichtungen, Wissenschaftsförderung, Erziehung)[326]. Der charitable trust ist damit eine Ausnahme von dem allgemeinen Grundsatz, daß die Begünstigten eines trust bestimmt oder zumindest bestimmbar sein müssen[327]. "The beneficiary of charitable trusts is the general public to whom the social and economic advantages accrue"[328].

Der charitable trust folgt zum Teil Sonderregeln, auf die hier nicht eingegangen werden soll[329].

---

325) Olivas v. Board of Nat.Mis. of Presbyterian Church, 405 P.2d 481, 485 (Ariz.Ct.App.1965); Restatement, Second, Trusts §§ 348, 375; Bogert 199.

326) Vgl. Mennell 233-241; Restatement, Second, Trusts § 368. Auch Museen sind in den Vereinigten Staaten häufig in der Form von trusts organisiert, so zum Beispiel das New Yorker Metropolitan Museum. Zur Bedeutung des (charitable) trust im kirchlichen Leben siehe Oaks, Trust Doctrines in Church Controversies, B.Y.U.L.Rev. 1981, 805-907.

327) Williams, Decedents' Estates and Trusts (1968) 427.

328) In re Pruner's Estate, 390 Pa.529, 136 A.2d 107, 109 (1957). Siehe auch New York EPTL § 8-1.1 (a).

329) Ausführlich hierzu Restatement, Second, Trusts §§ 348-403; Bogert 199-260; New York EPTL §§ 8-1.1 bis 8-1.7. Zum Kollisionsrecht siehe Delany, Charitable Trusts and the Conflict of Laws, 10 Int.Comp. L.Q. (1961) 385-400.

5. Kapitel: Beendigung des trust

Die Beendigung eines trust kann verschiedene Ursachen haben. So endet ein private trust zum einen dann, wenn der für sein Bestehen in der trust-Urkunde vorgesehene Zeitraum abgelaufen oder ein dort festgelegtes Ereignis eingetreten ist[330]. Des weiteren läuft ein trust dann aus, wenn der mit ihm verfolgte Zweck vollständig erfüllt, endgültig weggefallen oder seine Erreichung unmöglich geworden ist[331]. Auch das entsprechende Einverständnis aller Beteiligten, insbesondere aller Begünstigten[332], sowie ein (zulässiger) Widerruf durch den Errichter[333] heben den trust auf. Weitere Beendigungstatbestände sind der (endgültige) Wegfall aller beneficiaries[334] und das Zusammenfallen von legal und equitable estates in einer Person, sei dies der trustee oder der beneficiary (sog. "merger of interests")[335]; in letzterem Fall prüfen die Gerichte jedoch sehr genau, ob hier eine Beendigung des trust den Absichten des Errichters ent-

---

330) Restatement, Second, Trusts § 334; Bogert 536; Estate of Bernstein, 92 Misc.2d 228, 399 N.Y.S.2d 588 (Sur.Ct.1977).

331) Restatement, Second, Trusts § 335; New York EPTL § 7-2.2; Cal.Civil Code §§ 871, 2279; Accounting of Estate of Isganaitis, 124 Misc.2d 1, 475 N.Y.S.2d 699, 702 (Sur.Ct.1983); Matter of Estate of Homer, 80 Misc.2d 470, 363 N.Y.S.2d 274 (Sur.Ct.1975); In re Frank's Will, 57 Misc.2d 446, 293 N.Y.S.2d 16 (Sur.Ct.1968); In re Kuhirt's Estate, 132 N.Y.S.2d 97 (Sur.Ct.1949).

332) Bogert 545; Restatement, Second, Trusts §§ 337, 338; New York EPTL § 7-1.9; In re Estate of Feuereisen, 17 Cal.App.3d 719, 95 Cal.Rptr.165 (1971).

333) Restatement, Second, Trusts § 330; Bogert 531; Cal.Civil Code § 2280.

334) Vgl. Garland v. Raunheim, 29 A.D.2d 383, 288 N.Y.S.2d 417 (1968); Levy v. Levy, 33 N.Y.97 (1865).

335) Restatement, Second, Trusts §§ 341-343.

spricht[336]. Schließlich kann ein trust - unter bestimmten (engen) Voraussetzungen - auch durch Gerichtsausspruch aufgelöst werden[337]. Endet ein trust, so ist der trustee, soweit dies noch nicht geschehen ist, zur Abwicklung in angemessener Zeit verpflichtet. Insbesondere hat er über seine Tätigkeit Rechnung zu legen und, wenn dies noch möglich ist, das trust-Gut an die Berechtigten auszuhändigen[338]. Zu weiteren Verwaltungshandlungen ist er nicht mehr befugt.

---

336) Bogert 543; vgl. auch Cal.Civil Code § 2225.

337) Vgl. z.B. Cal.Civil Code § 2279.1; Cal.Probate Code § 1120.6.

338) Bogert 538.

2. Hauptteil: Qualifikation

1. Kapitel: Fallkonstellationen

A. Beispiele

Trusts in ihren verschiedenen Formen haben bisher die deutschen Gerichte - soweit ersichtlich - nicht häufig beschäftigt. In den Fällen allerdings, in denen ein deutsches Forum über die Rechtswirkungen eines trust zu entscheiden hatte, warf die richtige Behandlung des trust vielfältige Probleme internationalprivatrechtlicher Art auf. Insbesondere die Qualifikation des trust, also seine Einordnung in das Gefüge der deutschen Kollisionsnormen, bereitete zumeist Schwierigkeiten. Ziel des folgenden Abschnitts ist es, aus deutscher Sicht einige Regeln für die kollisionsrechtliche Behandlung von trusts zu entwickeln. Zu diesem Zweck sollen einleitend einige typische, der deutschen Gerichts-Praxis entnommene Fallgestaltungen aufgezeigt werden, in denen trusts bei deutschen Gerichten eine Rolle spielen. Anhand dieser Beispiele, die auch Einblicke in die Vielfalt der rechtlichen Ausgestaltung des trust bieten sollen, werden dann später die im folgenden zu gewinnenden Lösungsansätze auf ihre praktische Anwendbarkeit hin überprüft[339].

---

339) Siehe unten 5. Hauptteil.

Fall 1 (testamentarischer trust)[340]:

Ein französischer Staatsangehöriger verstarb 1943 in New York, seinem letzten Wohnsitz ("domicile"). Er wurde von seiner Ehefrau und zwei Geschwistern überlebt. Der Erblasser hatte in New York eine nach dortigem Recht formgültige letztwillige Verfügung errichtet, in der er angeordnet hatte, daß seine Ehefrau sein gesamtes in Frankreich belegenes Vermögen erhalten solle; aus dem übrigen Nachlaß solle ein trust gebildet werden, dessen Reinerträgnisse der Ehefrau zu ihren Lebzeiten zufließen sollen; nach ihrem Tode solle der trust in zwei gleiche Teile geteilt werden und die jeweiligen Erträge den beiden Geschwistern zukommen; nach deren Tode solle das Kapital bestimmten anderen Personen zufallen. Als "executors" und "trustees" hatte der Erblasser seine Ehefrau und einen Freund benannt. Die trustees dürfen zugunsten der Ehefrau und der Geschwister das Kapital des trust angreifen, wenn sie dies zur Wahrung von deren Gesundheit und Wohlergehen für notwendig halten. Auf die Bestimmungen des Testamentes solle New Yorker Recht zur Anwendung kommen. Der in Deutschland belegene Nachlaß besteht aus Entschädigungs- und Rückerstattungsansprüchen. In Streit steht die richtige Fassung des in Deutschland beantragten Erbscheins nach dem Verstorbenen.

---

340) Nachgebildet der Nachlaßsache VI 6325/67 des Amtsgerichts München.

Fall 2 ("pour over trust")[341]:

Im Jahre 1982 verstarb in Florida, seinem letzten Domizil, der US-amerikanische Staatsangehörige B. Er wurde von zwei Kindern überlebt. Zu seinem Nachlaß gehört ein Grundstück in Deutschland. Dieses Grundstück hatte der Erblasser in einer nach dem Recht von Florida formwirksam errichteten letztwilligen Verfügung aus dem Jahre 1979 einem nach ihm benannten trust zugewandt, den er unter dem gleichen Datum wie seine letztwillige Verfügung vor einem "Notary Public" errichtet hatte. In der trust-Urkunde hatte er den eingesetzten trustees genaue Anweisungen zur Verwaltung des eingebrachten Vermögens erteilt. Nach seinem und seiner Ehefrau Tode sollten die trustees das verbliebene trust-Kapital in der Weise unter die lebenden Abkömmlinge des Errichters aufteilen, daß die jedem Abkömmling zustehenden Vermögenswerte in einem eigenen trust gehalten werden sollten. In einem Nachtrag zu dem von ihm im Jahre 1979 errichteten trust hatte der Erblasser angeordnet, daß die trustees auf Wunsch seines Sohnes (eines der beiden "beneficiaries") das deutsche Grundstück demjenigen Teil des trust zuordnen sollten, den sie nach der Bestimmung der trust-Urkunde für ihn persönlich innehaben. Der Sohn beabsichtigt, sich das Grundstück nach Maßgabe des erwähnten Nachtrages zuweisen zu lassen. Er hat hinsichtlich des Grundstückes in Deutschland einen Antrag auf Erteilung eines Erbscheines als Alleinerbe gestellt.

---

341) Nachgebildet der Nachlaßsache VI 473/83 des Amtsgerichts Wolfratshausen.

Fall 3 (Totten trust)[342]:

Die amerikanische Staatsangehörige A., die bis kurz vor ihrem Tode in den Vereinigten Staaten, zuletzt im Bundesstaate New York, gelebt hatte, wurde aufgrund eines von ihr verfaßten Testamentes von ihrer Nichte, ihrem Bruder und einer weiteren Person als Miterben zu je einem Drittel beerbt. Nichte und Bruder streiten vor einem deutschen Gericht um die Zugehörigkeit zweier amerikanischer Banksparkonten zum Nachlaß. Die Konten hatte die Erblasserin bei einer New Yorker Bank auf ihren Namen angelegt, jedoch mit dem Vermerk versehen lassen: "in trust for .. (Bruder)". Der Gegenwert der Guthaben wurde nach dem Tod der Erblasserin dem Bruder überwiesen. Die Nichte klagt auf Auszahlung eines Drittels dieses Betrages.

342) BGH 15.4.1959, RabelsZ 25 (1960) 313 = NJW 1959, 1317.

Fall 4 (Verwaltung eines testamentarischen trust)[343]:

Zum Nachlaß eines mit letztem Domizil in New York verstorbenen US-amerikanischen Staatsangehörigen gehörte eine Kommanditbeteiligung an einer deutschen KG. Durch ein in London in englischer Sprache abgefaßtes Testament vermachte der Erblasser sein Vermögen einem trustee. Dieser soll an die überlebende Ehefrau des Erblassers vierteljährlich bestimmte Beträge aus dem trust-Vermögen zahlen. Ein gleichfalls testamentarisch eingesetzter deutscher co-trustee soll den trustee anweisen dürfen, eine geringere Summe an die Witwe zu zahlen, wenn bestimmte wirtschaftliche Verhältnisse der KG dies erforderten.

Die Witwe hält eine auf letzterwähnte Bestimmung gegründete Festsetzung eines geminderten Vierteljahresbetrages durch den deutschen co-trustee für unverbindlich und klagt auf Zahlung in der testamentarisch festgesetzten Höhe.

---

343) BGH 2.6.1976, WM 1976, 811 = IPRspr.1976 Nr. 114.

Fall 5 (Verwaltung eines living trust)[344]:

Der Deutsche A. ist in Kalifornien/USA domiziliert. Noch zu Lebzeiten errichtet er einen trust zugunsten seiner Ehefrau und seiner Kinder. Zum trustee bestellt er eine New Yorker trust-company und unterstellt den trust ausdrücklich New Yorker Recht. Zum trust-Vermögen gehören u.a. ein Bankguthaben und zwei Gemäldesammlungen in Deutschland.

a) Die trust-company will mit dem in Deutschland befindlichen Bankguthaben Aktien kaufen. Hiergegen wenden sich die Begünstigten mit der Begründung, daß das insoweit maßgebliche kalifornische Recht die Anlage des trust-Vermögens nur in festverzinslichen Wertpapieren gestatte.

b) Die trust-company veräußert eine Gemäldesammlung an den deutschen Kunsthändler K., obwohl A. den Verbleib der Sammlung in Familienbesitz angeordnet hatte. K. kannte bei dem Erwerb diese Anordnung des A. Die Begünstigten klagen auf Herausgabe der Sammlung.

c) Ein deutscher Gläubiger der trust-company läßt zur Durchsetzung seiner Forderung in die zweite Gemäldesammlung vollstrecken. Die Begünstigten erheben hiergegen Drittwiderspruchsklage nach § 771 ZPO.

---

344) Beispiel von Fischer-Dieskau, Die kollisionsrechtliche Behandlung von living und testamentary trusts (Diss. Bonn 1967) 15f.

B. Fragestellungen

In diesen beispielhaft aufgeführten Fällen stellen sich ganz unterschiedliche Fragen. In den beiden ersten Fällen geht es neben der Feststellung des auf die Erbfolge anzuwendenden Rechts um den Umfang des Erbstatuts und um die Ermittlung der Rechtsstellung der vom Erblasser testamentarisch bedachten Personen und ihre Einordnung in das System des deutschen Erbrechts, das seinen Ausdruck in der Formulierung der beantragten Erbscheine findet. Im Fall 3 steht in Streit, ob die beiden "in trust" gehaltenen Bankguthaben der Erblasserin im Zeitpunkt des Erbfalles Bestandteil des Vermögens der Erblasserin waren und vererbbar waren, oder ob sie kraft lebzeitigen Rechtsgeschäfts und damit außerhalb des Erbrechts auf den Begünstigten übergegangen sind. Die Fälle 4 und 5 werfen demgegenüber Fragen der Verwaltung bestehender trusts auf, wobei u.a. die Eigentumsverhältnisse an dem trust-Gut von Bedeutung sind.

Die Beantwortung aller dieser Fragen setzt eine kollisionsrechtliche Einordnung des dem deutschen Recht unbekannten Instituts des trust voraus. Ohne eine solche Einordnung kann das Kollisionsrecht seine Aufgabe, nämlich diejenige Rechtsordnung zu bestimmen, die - in Abgrenzung zu anderen beteiligten Rechtsordnungen - zur Beantwortung offener Rechtsfragen berufen ist, nicht erfüllen. Vor einer Erörterung der mit der Rechtsfigur des trust im deutschen Recht verbundenen Anpassungs- bzw. Umdeutungsprobleme ist daher zu untersuchen, wie der trust im deutschen Kollisionsrecht zu behandeln, wie er zu "qualifizieren" ist.

C. Vertretene Lösungen

Mit der Qualifikation des trust haben sich die deutsche Rechtsprechung und Lehre bisher wenig befaßt. Neben einigen Gerichtsentscheidungen, die die Frage der Qualifikation zumeist nur beiläufig ansprechen, finden sich auch im Schrifttum häufig nur kurze Bemerkungen, die in der Regel nur bestimmte Formen des trust betreffen und keine umfassende Untersuchung darstellen. Die bisherige Vernachlässigung der kollisionsrechtlichen Problematik verwundert, wenn man bedenkt, daß sich gerade deutsche Autoren bereits seit der Jahrhundertwende intensiv rechtsvergleichend mit dem angloamerikanischen trust auseinandergesetzt haben[345]. Im Vordergrund stand hier allerdings immer die Frage, mit welchen Instituten des deutschen Rechts der trust die größten Ähnlichkeiten aufweise und wie er am besten in deutsche Rechtsbegriffe umgesetzt werden könne. Die internationalprivatrechtliche Qualifikation des trust, die die Fragen der Anpassung bzw. Umdeutung überhaupt erst aufwirft, fand kaum Erwähnung. Dies mag vielleicht daran liegen, daß aus rechtsvergleichender Sicht in Fallgestaltungen, in denen ein trust vor deutschen Gerichten eine Rolle spielt, allein die praktische Vereinbarkeit des trust mit den deutschen Rechtsvorstellungen von Bedeutung ist, während die methodische Zuordnung des trust zu einer oder mehreren deutschen Kollisionsnormen und damit die Frage nach dem jeweils maßgeblichen Recht demgegenüber zurücktritt, zumal die Problematik einer "Übersetzung" des trust in deutsche Rechtsbegriffe im Rahmen der Anpassung (also bei Maßgeblichkeit eines angloamerikanischen Rechts) und der Umdeutung (also bei Anwendbarkeit deutschen

---

345) Vgl. die Abhandlungen von Heymann, Trustee and Trustee-Company im deutschen Rechtsverkehr, Festschrift Brunner (1910) 473ff; Kötz; Siebert.

Rechts) im wesentlichen dieselbe ist[346]. Von der Notwendigkeit einer Feststellung des eine bestimmte Rechtsfrage beherrschenden Rechts entbindet dies allerdings nicht.
Die bisher in Rechtsprechung und Lehre angebotenen Vorschläge für eine Qualifikation des trust unterscheiden sich stark. Sie reichen von einer kollisionsrechtlich einheitlichen Behandlung aller Formen eines trust bis hin zu Differenzierungen zwischen den einzelnen Spielarten des trust und sogar der einzelnen Rechtsverhältnisse innerhalb eines trust. Von einer stiftungsrechtlichen, gesellschaftsrechtlichen oder schuldrechtlichen Qualifikation über eine erbrechtliche oder dingliche Einordnung bis zur Herausbildung einer eigenen, neuen Kollisionsnorm des trust werden beinahe alle denkbaren Lösungen vertreten.

Allein schon diese Vielfalt der vertretenen Lösungen legt nahe, daß es eine einheitliche, gleichzeitig allen Fallgestaltungen gerecht werdende Einordnung des trust wohl nicht gibt. Die Qualifikation wird vielmehr immer von dem konkreten Einzelfall abhängen. Die nachfolgenden Ausführungen unternehmen gleichwohl den Versuch, einige allgemeine Richtlinien für die kollisionsrechtliche Behandlung von trust zu entwickeln.

---

346) Vgl. Firsching, Einführung in das internationale Privatrecht^2 (1981) 53f. Siehe ferner unten 4. Hauptteil 1. Kapitel.

2. Kapitel: Qualifikationsmethode

A. Allgemeines

Bevor im einzelnen mit der Qualifikation des trust begonnen wird, erscheint es angezeigt, einige Bemerkungen zu der methodischen Grundlage für diese Qualifikation vorauszuschikken. Die Qualifikation selbst bleibt nämlich zufallsbedingt und willkürlich, solange über die richtige Vorgehensweise, insbesondere über die Kriterien, an denen sie sich zu orientieren hat, Unklarheit besteht.

Qualifikation bedeutet, wie bereits erwähnt, die Einordnung einer Rechtsfrage, die Bezüge zu mehreren unterschiedlichen Rechtsordnungen aufweist, in das Gefüge der deutschen Kollisionsnormen. Der Qualifikationsvorgang stellt sich damit als Bestimmung des Umfanges und Regelungsbereiches der einzelnen im deutschen Recht bestehenden Kollisionsnormen durch eine Auslegung ihres Anknüpfungsgegenstandes (Verweisungsbegriffes) dar[347]. Insbesondere bei Instituten, die dem deutschen Recht unbekannt sind, bereitet diese Auslegung Schwierigkeiten. Die im deutschen Kollisionsrecht zur Anknüpfung eines Rechtsverhältnisses verwendeten Systembegriffe sind nach ihrer Entstehungsgeschichte auf die Vorstellungen des deutschen Rechts zugeschnitten. Ist nun eine Rechtsfigur im deutschen Sachrecht nicht geregelt, so stellt sich die Frage, welcher Norm des deutschen Kollisionsrechts sie zuzuordnen ist, in besonderer Schärfe. Einigkeit besteht heute darüber, daß es irgendwo im deutschen Kollisionsrecht

---

347) Grundmann, Qualifikation gegen die Sachnorm (1985) 2; Neuhaus, Die Grundbegriffe des internationalen Privatrechts[2] (1976) 114; Böhmer/Siehr, Das gesamte Familienrecht II: Das internationale Recht (Loseblattsammlung, Stand 1984) 1.6.1.2.; Makarov, Grundriß des internationalen Privatrechts (1970) 62; Soergel(-Kegel), Kommentar zum BGB[11] VIII (1984) Rz. 64 vor Art.7 EGBGB.

(zumindest) eine Norm geben muß, die im konkreten Fall das ausländische Rechtsinstitut erfaßt; andernfalls könnte das IPR seine Aufgabe, für jeden besonderen Lebenssachverhalt eine maßgebliche Rechtsordnung zu bestimmen, nicht erfüllen[348)]. Das Problem verengt sich damit auf die Frage, wo diese auf den ersten Blick nicht feststellbare deutsche Kollisionsnorm liegt. Da es sich bei der Suche nach dieser Norm um die Auslegung vorhandener deutscher (Kollisions-) Normen handelt, muß die Auslegung im Grundsatz von deutschen Rechtsvorstellungen ausgehen. Ausgangspunkt der Qualifikation ist daher in jedem Falle die lex fori[349)].

Gerade die Qualifikation eines unbekannten Instituts zeigt jedoch, daß dieser theoretische Ausgangspunkt modifiziert werden muß, da andernfalls fremde Rechtsfiguren vom deutschen Kollisionsrecht nicht erfaßt werden könnten. Um ein solches Ergebnis zu vermeiden, ist davon auszugehen, daß die Systembegriffe des Kollisionsrechts nicht notwendig mit denen des materiellen deutschen Rechts übereinstimmen

---

348) Grundmann 2; Keller/Siehr, Einführung in die Eigenart des internationalen Privatrechts[3] (Zürich 1984) 31.

349) BGH 12.7.1965, BGHZ 44, 121, 124; Böhmer/Siehr 1.6.1.2.; Raape/Sturm, Internationales Privatrecht[6] I (1977) 278; Münchener Kommentar zum BGB (-Sonnenberger) VII (1983) Einl.RdNr.289; Nussbaum, Deutsches Internationales Privatrecht (1932) 46; Ferid, Internationales Privatrecht[2] (1982) 92f. Dieser Auffassung müssen auch diejenigen folgen, die hinsichtlich des trust eine Lücke im deutschen Kollisionsrecht annehmen (siehe hierzu unten bei Fn.365); das Vorhandensein einer Lücke kann nämlich erst dann festgestellt werden, wenn der Regelungsumfang der vorhandenen deutschen Kollisionsnormen - anhand der lex fori - bestimmt worden ist. Für eine Qualifikation des trust nach der lex causae aus italienischer Sicht Bernardi, Il trust nel diritto internazionale privato, Studi Pavia 35 (1957), 69,127ff; dagegen Vitta, Diritto Internazionale Privato I (1972) 320.

müssen[350]. Ihre andersartige Funktion erlaubt es, ihren Anwendungsbereich auf Rechtsfiguren auszudehnen, die dem Sachrecht fremd sind. Die Tatbestandsbegriffe einer Kollisionsnorm sind daher häufig weiter auszulegen als die entsprechenden des materiellen deutschen Rechts[351]. Erster Schritt bei der Einordnung eines unbekannten Rechtsinstituts ist es daher, mit Blick auf ihre kollisionsrechtliche Aufgabe den genauen Regelungsumfang der bestehenden deutschen Kollisionsnormen festzulegen[352]. So läßt sich beispielsweise feststellen, daß der Begriff der "Scheidung" in Art. 17 EGBGB alle Formen einer (gänzlichen oder teilweisen) Trennung einer Ehe und damit auch die italienische Trennung von Tisch und Bett umfaßt[353]. In entsprechender Weise ist der Anwendungsbereich aller Kollisionsnormen, die für die Zuordnung des unbekannten Rechtsinstituts in Betracht kommen, zu bestimmen. Als zweiter Schritt ist dann die ausländische Rechtsfigur darauf zu untersuchen, ob sie unter den so ausgelegten Anwendungsbereich der einzelnen Kollisionsnormen fällt, d.h. von diesen erfaßt wird oder nicht[354]. Zu diesem Zweck ist der materiellrechtliche Gehalt des unbekannten Instituts anhand der einschlägigen ausländischen Sachnormen zu ermitteln[355]. Die Vorschriften des ausländischen Rechts

---

350) Neuhaus 126; Soergel (-Kegel) Rz.64 vor Art.7 EGBGB; MünchKomm (-Sonnenberger) Einl.RdNr.290; Makarov, Grundriß 65.

351) Vgl. Grundmann 2; Melchior, Die Grundlagen des deutschen internationalen Privatrechts (1932) 118; Böhmer/Siehr 1.6.1.3.; Keller/Siehr 27-29.

352) MünchKomm (-Sonnenberger) Einl.RdNr.285; Keller/Siehr 20f, 30.

353) Vgl. BGH 22.3.1967, BGHZ 47, 324, 332ff.

354) Keller/Siehr 20f.

355) Nussbaum, Deutsches IPR 48; Melchior 119; MünchKomm (-Sonnenberger) Einl.RdNr.299.

sind dabei nach ihrem Sinn und Zweck zu erfassen und in ihrer Bedeutung vom Standpunkt des ausländischen Rechts zu würdigen. Auf der so ermittelten Grundlage sind sie dann den aus den Begriffen der deutschen Rechtsordnung aufgebauten Merkmalen der deutschen Kollisionsnormen zuzuordnen[356]. Bei dieser Zuordnung kann ein Vergleich mit den Einrichtungen des deutschen Rechts hilfreich sein. Zu fragen ist, mit welchem in der Praxis gebräuchlichen deutschen Rechtsinstitut die fremde Rechtsfigur die größte Ähnlichkeit aufweist[357]. Hierbei ist nicht die Detail-Übertragung des fremden Instituts in das deutsche Recht zu untersuchen[358]; für die kollisionsrechtliche Einordnung reicht vielmehr die Feststellung seiner wesentlichen Eigenheiten und Wirkungen, da es im internationalen Privatrecht nicht um die Übertragung einzelner Begriffe geht, sondern um eine ganzheitliche Beurteilung von Rechtsinstituten, um eine funktionale Betrachtung im Gegensatz zur formellen[359]. Abzustellen ist daher weniger auf die rechtliche Ausgestaltung des fremden Rechtsinstituts als vielmehr auf die mit ihm im konkreten Einzel-

---

356) BGH 19.12.1958, BGHZ 29, 137, 139; BGH 12.1.1967, NJW 1967, 1177.

357) Vgl. Grundmann 2; BGH 14.1.1971, BGHZ 55, 188, 193 = NJW 1971, 980, 982. Hier erlangt die Rechtsvergleichung ihre größte praktische Bedeutung für das IPR; ausführlich hierzu Sandrock, Über Sinn und Methode zivilistischer Rechtsvergleichung (1966) 24-26; Makarov, Internationales Privatrecht und Rechtsvergleichung (1949) 24ff, 31; Kahn, Bedeutung der Rechtsvergleichung mit Bezug auf das internationale Privatrecht, in: Abhandlungen zum internationalen Privatrecht I, hrsg. von Lenel und Lewald (1928) 491ff, 496.

358) Dies ist Aufgabe der der Qualifikation zeitlich nachgeordneten Anpassung bzw. Umdeutung.

359) Meier, Grundstatut und Sonderanknüpfung im IPR des liechtensteinischen Gesellschaftsrechts (1979) 142f; Makarov, IPR und Rechtsvergleichung 30.

fall verfolgten Zwecke und Ordnungsziele[360]. Die rechtliche Struktur des Instituts ist häufig nur regelungstechnisches Hilfsmittel zur Erreichung eines bestimmten rechtlichen Erfolges; gerade bei einer im Rahmen der Qualifikation anzustellenden rechtsvergleichenden Betrachtung sind daher die konkreten Funktionen der ausländischen Rechtsfigur stärker zu betonen als ihre juristische Konstruktion[361]. Im Rahmen der Qualifikation muß also - als hypothetischer Gedankengang und unter Zugrundelegung der ermittelten Funktionen - gefragt werden, an welcher Stelle im System des deutschen Rechts der deutsche Gesetzgeber das betreffende fremde Institut regeln würde, falls er eine derartige Regelung treffen wollte[362]. Zu suchen ist das "schweigende Spiegelbild" des

---

360) MünchKomm (-Sonnenberger) Einl.RdNr.293; Neuhaus 129; Lepaulle, Trusts and the Civil Law, 15 J.Comp.Leg. (1933) 18, 24f; ähnlich Dreyer, Le Trust en Droit Suisse (1981) 109.

361) Sandrock 67; Kahn, Gesetzeskollisionen, in: Abhandlungen zum internationalen Privatrecht I (1928) 99, 119; Heldrich, Sozialwissenschaft und Rechtsvergleichung, RabelsZ 34 (1970) 427, 434ff; MünchKomm (-Sonnenberger) Einl.RdNr.296. Zur Qualifikationsmethode des Bundesfinanzhofes, der auf den allgemeinen wirtschaftlichen Gehalt des ausländischen Rechtsinstituts abstellt, siehe Otto, Deutsche Schenkungssteuerpflicht bei der Errichtung eines Intervivos-Trust nach anglo-amerikanischem Recht, RIW 1982, 491, 494f; Haas, Erbschaftssteuern auf amerikanisches Trustvermögen, ZUntGesellschR 1974, 461, 466.

362) Palandt (-Heldrich), Kommentar zum BGB[44] (1985) Vorb.9 vor Art.7 EGBGB; Ferid 95; ebenso zum schweizerischen Recht Vischer, Anm. zu Schweiz.BG 29.1.1970, Schw.Jb. Int.R.1971, 237, 238. Ähnlich Bernardi, Il trust nel diritto internazionale privato (1957) 127. Kritisch hierzu Lalive, Anm. zu SchweizBG 29.1.1970, Clunet 1976, 695, 697.

unbekannten ausländischen Instituts im deutschen Recht[363]. Die systematische Stellung des fremden Instituts innerhalb des eigenen Rechts mag dabei allenfalls als Indiz für die Einordnung in das deutsche Kollisionsrecht dienen[364].

B. Das Erfinden neuer Kollisionsnormen

Qualifikation bedeutet Unterstellung einer Rechtsfrage unter den Regelungsbereich einer Kollisionsnorm. Von Qualifikation im eigentlichen Sinne kann daher nur dann gesprochen werden, wenn die Rechtsfrage bzw. - beim unbekannten Rechtsinstitut - der fremde Rechtssatz einer bestehenden - geschriebenen oder ungeschriebenen - Kollisionsnorm des deutschen internationalen Privatrechts zugeordnet wird. Wer - wie für den trust gelegentlich vorgeschlagen [365] - für das unbekannte Rechtsinstitut die Schaffung einer eigenen, neuen Kollisionsnorm empfiehlt, umgeht daher das Problem der Qualifikation und sieht sich nur noch der Aufgabe gegenüber, geeignete

---

363) Der Begriff der Qualifikation des "Spiegelbildes" stammt von Jayme, Bespr. von Sperduti, Saggi di teoria (1967),in: RabelsZ 32 (1968) 161, 165; aufgegriffen und ausgebaut hat diesen Gedanken Grundmann 42f, 90-92. Die Qualifikation des "schweigenden Spiegelbildes" setzt voraus, daß Gegenstand der Qualifikation Normen, nicht Rechtsfragen sind; näher zu dieser Problematik Grundmann 91f.

364) Melchior 124.

365) MünchKomm (-Sonnenberger) Einl.RdNr.302; Goldstein, Trusts of Movables in the Conflict of Laws (Diss.Köln 1966) 101 für Fälle, in denen trust-Vermögen in verschiedenen Staaten belegen ist; Knauer, Anm. zu BGH 15.4.1959, RabelsZ 25 (1960) 318, 335 Fn.80 für Fragen der Verwaltung eines (living) trust; für das schweizerische Recht Meier 146; Vischer, Schw.Jb.Int.R.1971, 237, 240. Lalive, Clunet 1976, 695, 698.

Anknüpfungsmerkmale zu finden[366]. Ein solches Vorgehen, das eine genaue Subsumtion der fremden Rechtsfigur unter die Systembegriffe des deutschen Kollisionsrechts entbehrlich macht, mag zwar verlockend sein, aus Gründen der auch im internationalen Privatrecht wünschenswerten Rechtssicherheit ist es jedoch regelmäßig nicht angängig[367]. Die unkontrollierte Schaffung neuer Kollisionsnormen durch Rechtsprechung und Lehre würde das ohnehin schon schwer zu überschauende deutsche Kollisionsrecht unnötig verkomplizieren. Darüberhinaus ermöglicht es die oben beschriebene Qualifikationsmethode mit ihrer zumindest teilweise autonomen Begriffsbildung, beinahe alle ausländischen Rechtsfiguren dem Regelungsbereich einer oder mehrerer deutscher Kollisionsnormen zuzuweisen. Nur in besonders krassen Fällen wird daher die Qualifikation eines unbekannten Rechtsinstituts als unmöglich anzusehen sein, so daß dann - im Wege der Analogie oder einer völligen Neuschöpfung - eigene Kollisionsnormen gebildet werden müßten[368]. Dazu kommt, daß die neugeschaffene Kollisionsnorm regelmäßig nur vordergründig eine einheitliche Behandlung des komplexen fremden Rechtsinstituts sichern würde. In der Praxis wird sich - trotz der auf den ersten Blick möglich erscheinenden einheitlichen Anknüpfung aller Rechtsfragen - schnell zeigen, daß im Zuge einer internationalprivatrechtlichen Interessenabwägung mancherlei Vorbehalte zugunsten zwingender Rechtsnormen (beispielsweise des Erb- und Sachenrechts) zu machen sind, die dann im Ergebnis

---

366) Vgl. Grundmann 58 Fn. 175.

367) Ähnlich zum Fall der Einführung neuer deutscher Sachnormen Jayme, Begriffe und Instrumente, in: Der Versorgungsausgleich im internationalen Vergleich und in der zwischenstaatlichen Praxis, Colloquium des Max-Planck-Instituts für ausländisches und internationales Sozialrecht Tutzing 1984, hrsg. von Zacher (1985) 423.

368) Vgl. Soergel (-Kegel) Rz.72 vor Art.7 EGBGB ("notfalls"); ähnlich MünchKomm (-Sonnenberger) Einl.RdNr. 300 für den Fall einer "Rechtslücke"; vgl. ferner Melchior 80.

doch zu einer kollisionsrechtlich differenzierten Behandlung des fremden Instituts führen[369]. Die Neuentwicklung eigener Kollisionsnormen für unbekannte Rechtsinstitute verlagert damit nur die zu lösenden Anknüpfungsprobleme; sie ist deshalb im methodischen Ansatz regelmäßig verfehlt und praktisch ohne Nutzen. Die Beschreitung dieses Weges ist daher - wenn überhaupt - nur als ultima ratio zulässig. Sie mag etwa dann vertretbar erscheinen, wenn die Qualifikation eines fremden Rechtsinstituts im konkreten Einzelfall derartige Schwierigkeiten macht - insbesondere weil der Anwendungsbereich mehrerer (nicht nur zweier) deutscher Kollisionsnormen eröffnet ist -, daß das Gebot der Rechtssicherheit nicht mehr entscheidend für die Beachtung der bestehenden Kollisionsnormen streitet und auch die systematischen und praktischen Bedenken hintangestellt werden können. Ob dies auf den trust - oder zumindest auf bestimmte Formen des trust - zutrifft, werden die folgenden Ausführungen ergeben.

---

369) Charakteristisch hierfür erscheint die Regelung des Entwurfes einer Haager Konvention über das auf trusts anwendbare Recht und ihre Anerkennung vom 20.10.1984, wo in Art.6 und 7 für alle Formen eines trust und für alle Fragen seiner Wirksamkeit, Auslegung, Rechtswirkungen und Verwaltung vorrangig die vom Errichter gewählte Rechtsordnung, hilfsweise das Recht der engsten Beziehung für maßgebend erklärt und dann in Art.9 und 15 zahlreiche, in ihrem Anwendungsbereich zum Teil schwer abschätzbare Vorbehalte zugunsten bestimmter abtrennbarer Aspekte eines trust und bestimmter Personengruppen (Minderjähriger, Ehegatten, Pflichtteilsberechtigter, Gläubiger, gutgläubiger Dritter) gemacht werden.

3. Kapitel: Möglichkeit eines Gesamtstatuts für alle trust-Formen

A. Funktionsäquivalentes Institut im deutschen Recht

I. Feststellbarkeit eines einheitlichen trust-Zwecks

Eine einheitliche Qualifikation des trust, d.h. aller seiner Formen und Ausprägungen, würde nach der hier vertretenen Qualifikationsmethode voraussetzen, daß sich im deutschen Recht ein einziges Rechtsinstitut finden ließe, mit dessen Hilfe alle Funktionen des trust verwirklicht werden können. Klammert man bei der Suche nach diesem Institut die hier nicht behandelten Sonderfälle gesetzlich angeordneter (resulting und constructive) trusts aus, so verbleiben als Prüfungsgegenstand die bereits beschriebenen Formen rechtsgeschäftlicher trusts. Um den rechtsgeschäftlichen trust internationalprivatrechtlich einheitlich anzuknüpfen, müßte allen seinen Ausgestaltungen ein einheitlicher und jede einzelne Ausformung prägender Zweck zugrundeliegen; nur so wäre es möglich, im deutschen Recht ein Institut zu finden, das dem (rechtsgeschäftlichen) trust als Gesamtinstitut funktionell vergleichbar ist.

Hält man sich nun die verschiedenen Arten rechtsgeschäftlich begründeter trusts vor Augen und prüft den testamentary trust, den business trust, den charitable trust, den Totten trust und die sonstigen Formen eines living trust auf die mit ihnen verfolgten Zwecke und Ordnungsziele, so ergibt sich schon bei summarischer Betrachtung, daß von einem einheitlichen Zweck des rechtsgeschäftlichen trust nicht gesprochen werden kann. Kötz hat in seiner rechtsvergleichenden Darstellung drei Hauptfunktionen des private express trust herausgearbeitet, nämlich die langfristige Nachlaßbindung, die Vermögenswidmung zu gemeinnützigen Zwecken und die Vermögensverwaltung zugunsten von Personenmehrheiten[370]. Von diesen drei, weit formulierten Kategorien werden tatsächlich die allermeisten trusts erfaßt. Ohne auf die Stichhaltigkeit gerade dieser Einteilung einzugehen, läßt sich jedenfalls feststellen, daß der rechtsgeschäftliche trust als Mittel zur Erreichung der unterschiedlichsten Zwecke dient. Der testamentary trust hat die Aufgabe, eine weitgehend vom Erblasser bestimmbare Nachlaßverwaltung und -bindung zu ermöglichen, der charitable trust dient - ob lebzeitig oder testamentarisch angeordnet - in irgendeiner Form der Förderung des Gemeinwohls, der Totten trust erleichtert als Testamentsersatzrechtsgeschäft die Übertragung eines Bankguthabens für den Fall des Todes des Kontoinhabers, der living trust bezweckt ganz allgemein die fachkundige Verwaltung bestimmter Vermögensmassen zu vom Errichter frei gewählten Zwecken. Der bisweilen unternommene Versuch, den trust als Mittel zur Erreichung eines einzigen Zweckes, nämlich dem der fremdnützigen Vermögensverwaltung, zu betrachten[371], überzeugt daher nicht. Zwar ist die Vermögensverwaltung zugunsten Dritter sicherlich der wichtigste Aspekt eines trust. Zu der im Rahmen einer internationalprivatrechtlichen Qualifikation anzustellenden Suche nach einem oder mehreren funktionsverwandten Instituten des deutschen Rechts taugt er jedoch aufgrund seiner Weite und Unbestimmtheit nicht. Daneben betont er zu einseitig die Sicht des trustee und läßt die unterschiedlichen Beweggründe, die den settlor im konkreten Fall zur Errichtung des trust veranlaßt haben, sowie die genaue äußere Einbindung des trust in die Absichten des settlor außer Acht. Eine einzelfallorientierte funktionelle Be-

---

370) Kötz 39-75.

371) Vgl. Nussbaum, Sociological and Comparative Aspects of the Trust, 38 Col.L.Rev. (1938) 408, 409-413; Tetiwa 47.

trachtung des rechtsgeschäftlichen trust zeigt, daß es aufgrund der vielfältigen Ziele, die mit der Schaffung eines trust verfolgt werden, nicht möglich ist, im deutschen Recht ein einziges funktionsäquivalentes Institut zu finden[372]. Eine einheitliche Qualifikation aller Formen eines (private express) trust kann daher nicht erfolgen. Die - trotz aller Verschiedenartigkeit des trust in der inneren Ausgestaltung - einheitliche äußere Rechtsstruktur des trust, insbesondere die Art der Eigentumsverteilung, ändert hieran nichts. Auf sie kommt es im Rahmen der Qualifikation gerade nicht an.

II. Insbesondere die Stiftung

Den - soweit ersichtlich - bislang einzigen Versuch, im Rahmen des geltenden deutschen Kollisionsrechts zu einer einheitlichen Anknüpfung aller trust-Formen zu gelangen, hat Fischer-Dieskau in einer Dissertation 1967 unternommen[373]. Er sieht in der deutschen rechtsfähigen (Familien-) Stiftung ein dem trust vergleichbares Rechtsinstitut, qualifiziert den trust daher rein stiftungsrechtlich und unterstellt ihn seinem "Personalstatut", das sich maßgeblich nach dem Willen des settlor bestimmen solle, sofern der trust zu der gewähl-

---

372) Ebenso Haas, ZUntGesellschR 1974, 461; Dyer/van Loon, Report on Trusts and Analogous Institutions, Bericht des Ständigen Büros der Haager Konferenz für internationales Privatrecht (1982) 68; Merryman, Ownership and Estate, 48 Tul.L.Rev.(1973/74) 916, 939.

373) Fischer-Dieskau, Die kollisionsrechtliche Behandlung von living und testamentary trusts (Diss. Bonn 1967). Andere in der Literatur gemachte Vorschläge für eine einheitliche Qualifizierung des trust beziehen sich - auch wenn dies häufig nicht ausgesprochen wird - wohl nur auf living und nicht auch auf testamentary trusts.

ten Rechtsordnung eine hinreichende tatsächliche Beziehung habe[374]. Unterschiede zwischen testamentarisch verfügten und lebzeitig angeordneten trusts seien in kollisionsrechtlicher Hinsicht nicht zu machen[375]. Die Notwendigkeit eines Gesamtstatuts des trust begründet Fischer-Dieskau mit der Komplexität dieses Rechtsinstituts, das Bezüge sowohl zum Sachen- wie auch zum Schuld-, Familien- und Erbrecht aufweise; dieses "Gebäude ineinander verwobener Vorschriften verschiedenen Ursprungs" dürfe nicht durch getrennte Anknüpfungen der einzelnen Aspekte eines trust zerstört werden[376]. Die "sachenrechtliche Situation" des trust, insbesondere der Erwerb des trust-Vermögens, werde allerdings nicht von dessen Personalstatut erfaßt, sie richte sich vielmehr bei living trusts nach der lex rei sitae, bei testamentary trusts nach dem Erbstatut[377]. Erbrechtliche Fragen wie die Bestimmung der Erben und die mögliche Verletzung von Pflichtteilsansprüchen unterlägen dem jeweils maßgeblichen Erbstatut[378].

Dieser Auffassung kann in ihrer wesentlichen Aussage nicht gefolgt werden. Die von Fischer-Dieskau vorgeschlagene stiftungsrechtliche Qualifikation des trust steht und fällt nach der hier vertretenen Qualifikationsmethode mit der These, daß die Stiftung des deutschen Rechts funktionsäquivalentes Institut zum angloamerikanischen trust, das heißt aller seiner Erscheinungsformen, sei. Dies ist jedoch nicht der Fall. Stiftung im Sinne der §§ 80-88 BGB ist eine nicht ver-

---

374) Fischer-Dieskau 94-112.

375) Fischer-Dieskau 83-89.

376) Fischer-Dieskau 82.
Aus der Komplexität des trust ist aber ebensogut - und bei funktionaler Betrachtung wohl zwingend - die Unmöglichkeit einer einheitlichen Anknüpfung zu folgern.

377) Fischer-Dieskau 113-117.

378) Fischer-Dieskau 118-123.

bandsmäßig organisierte Einrichtung, die einen vom Stifter bestimmten Zweck mit Hilfe eines dazu gewidmeten Vermögens dauernd fördern soll[379]. Im Gegensatz zur sog. unselbständigen Stiftung, bei der ein Treuhänder Träger des Stiftungsvermögens ist und deren Rechtsbeziehungen dem Schuld- oder Erbrecht unterstehen[380], ist die Stiftung des BGB als juristische Person mit eigener Rechtsfähigkeit ausgestattet[381]. Die rechtsfähige Stiftung ist reine Verwaltungsorganisation. Sie hat - anders als eine Körperschaft - keine Mitglieder, sondern nur die in der Verfassung vorgesehenen Verwaltungsorgane, insbesondere einen Vorstand, der sie im Rechtsverkehr vertritt[382]. Unter Umständen gibt es bestimmte Personen, die durch die Stiftung begünstigt sind (sog. Destinatäre)[383]. Die Stiftung kann sowohl durch Rechtsgeschäft unter Lebenden als auch durch eine Verfügung von Todes wegen errichtet werden (§§ 81 I, 83 BGB). Zur Entstehung einer rechtsfähigen Stiftung ist außer dem Stiftungsgeschäft die Genehmigung des Bundeslandes erforderlich, in dessen Gebiet die Stiftung ihren (Verwaltungs-) Sitz haben soll (§ 80 S. 1 BGB). Soll die Stiftung ihren Sitz nicht im Inland haben, so ist die Genehmigung des Bundesrates erforderlich (§ 80 S. 2 BGB). Die Genehmigung ist keine privatrechtliche Willenserklärung, sondern ein (privatrechtsgestaltender) Verwaltungsakt, dessen Erlaß nach herrschender Meinung im (pflichtge-

---

379) Staudinger (-Coing), Kommentar zum BGB^{12} I (1980) Vorbem. 1 zu § 80 BGB; BayObLG 25.10.1972, NJW 1973, 249.

380) Palandt (-Heinrichs) Vorbem.2 b vor § 80 BGB; Münchener Kommentar zum BGB (-Reuter) I (1978) RdNr.34f vor § 80 BGB.

381) Das Bürgerliche Gesetzbuch, Kommentar, hrsg. von Mitgliedern des Bundesgerichtshofes (-Steffen)^{12} I (1982) Rdn.1 vor § 80 BGB.

382) Staudinger (-Coing) Vorbem.1 zu § 80 BGB.

383) Palandt (-Heinrichs) Vorbem.1 c vor § 80 BGB.

mäßen) Ermessen der zuständigen Verwaltungsbehörde steht und im Verweigerungsfalle durch verwaltungsgerichtliche Klage begehrt werden kann[384]. Die Voraussetzungen, unter denen eine Genehmigung erteilt wird, richten sich nach dem jeweiligen Landesrecht, das ergänzend zu den §§ 80-88 BGB gilt. Nach den Regelungen der landesrechtlichen Stiftungsgesetze erhalten regelmäßig nur Stiftungen mit gemeinnützigen Zwecken die erforderliche Genehmigung[385]. Aufgrund dieser Gesetzeslage, insbesondere infolge des strengen Genehmigungserfordernisses, war die rechtsfähige Stiftung im deutschen Recht zu keiner Zeit weit verbreitet. Sie wird im Gegenteil von jeher als rechts- und wirtschaftspolitisch unerwünscht betrachtet und infolgedessen nur bei überwiegend gemeinnütziger Zielsetzung gutgeheißen[386]. Stiftungen mit ausschließlich privatnütziger Zweckbindung sind daher im deutschen Recht nicht gebräuchlich[387].

Aus diesen Gründen kann die rechtsfähige Stiftung im Vergleich zum trust nicht als funktionsäquivalentes Rechtsinstitut des deutschen Rechts angesehen werden. Bei der Suche nach dem funktional ähnlichsten deutschen Institut ist zu fragen, welche Rechtsfigur der Errichter eines angloamerikanischen trust zur Erreichung seiner Ziele gewählt hätte,

---

384) VGH Mannheim 17.9.1984, NJW 1985, 1573; Palandt (-Heinrichs) § 80 BGB Anm.1 b; MünchKomm (-Reuter) RdNr.5 vor § 80 BGB; Staudinger (-Coing) § 80 BGB Rz.21ff. Zum Zweck der öffentlichrechtlichen Stiftungsaufsicht siehe OVG Lüneburg 18.9.1984, NJW 1985, 1572.

385) Vgl. z.B. Art.3 I 2 BayStiftungsgesetz.

386) Zur Gesetzgebungsgeschichte und zur Reformdiskussion ausführlich MünchKomm (-Reuter) RdNr.1-4, 17 vor § 80 BGB; Staudinger (-Coing) Vorbem.3, 5 zu § 80 BGB.

387) Karpen, Gemeinnützige Stiftungen im pluralistischen Rechtsstaat, Neuere Entwicklungen des amerikanischen und deutschen Stiftungs-(steuer-)rechts (1980) 13; BGB-RGRK (-Steffen) Rdn.10 vor § 80 BGB zum Unterfall der Familienstiftung.

wenn er unter den vom deutschen Recht zur Verfügung gestellten Rechtsformen hätte wählen müssen, wenn er also unter der Herrschaft des deutschen Rechts seine Absichten hätte verwirklichen wollen. Auszugehen ist hierbei von dem geltenden und in Deutschland tatsächlich praktizierten, nicht von einem nur theoretisch vertretbaren, gesetzlich nicht zugelassenen oder in der Praxis ungebräuchlichen Rechtszustand. Dies verkennt Fischer-Dieskau, wenn er darzulegen versucht, daß die (alle) Zwecke eines trust im deutschen Recht mit Hilfe des Instituts der rechtsfähigen Stiftung verwirklicht werden könnten, denn dies ist in der Praxis aufgrund der geltenden Gesetzeslage gerade nicht der Fall. Der Auffassung, die "praktische Entwicklung des deutschen Stiftungsrechts besitze für das Kollisionsrecht keine entscheidende Bedeutung"[388] ist nicht zuzustimmen. Der von Fischer-Dieskau in diesem Zusammenhang angenommene Gegensatz zwischen Rechtsvergleichung und Kollisionsrecht[389] besteht nach der hier vertretenen Qualifikationsmethode nicht. Die Rechtsvergleichung, deren Aufgabe es unter anderem ist, verschiedene Rechtsfiguren auf ihre funktionale (und nicht dogmatische oder strukturelle) Verwandtschaft zu untersuchen, dient für die Qualifikation als Hilfsmittel bei der Suche nach dem praktizierten Spiegelbild und damit bei der Einordnung eines unbekannten fremden Rechtsinstituts in das System der bestehenden deutschen Kollisionsnormen[390]. Eine auf der tatsächlichen Rechtspraxis fußende rechtsvergleichende Betrachtung zeigt aber, daß die rechtsfähige Stiftung des deutschen Rechts nicht das funktionsäquivalente Institut zum angloamerikanischen trust ist. Insbesondere das die Privatautonomie stark einschränkende Erfordernis staatlicher Genehmigung, die Ungewißheit ihrer Erteilung und die durch die landes-

---

388) Fischer-Dieskau 95.

389) Fischer-Dieskau 85f.

390) Siehe oben Fn.357.

rechtlichen Stiftungsgesetze bedingte Zweckbegrenzung sind dem trust-Recht unbekannt[391]. Darüberhinaus bringt der settlor mit der Errichtung eines trust deutlich zum Ausdruck, daß er gerade nicht eine selbständige und unabhängige Rechtspersönlichkeit schaffen will, wie sie - im Gegensatz zum trust - die deutsche Stiftung darstellt[392]. Auch die Tatsache, daß die Stiftung für einen Schaden, den ihre vertretungsberechtigten Organe in Ausübung ihrer Verwaltungspflichten verursachen, nach den §§ 31, 86 BGB haften müßte, dürfte nicht im Sinne des Begründers eines trust liegen[393]. Für Sonderformen eines trust, wie beispielsweise den Totten trust oder den business trust, scheidet eine funktionale Verwandtschaft mit der deutschen Stiftung von voneherein aus. Die mit dem trust verfolgten vielfältigen Ziele werden daher im deutschen Recht nicht mit dem Institut der Stiftung, sondern auf andere Weise verwirklicht[394]. Eine stiftungsrechtliche Qualifikation des trust in allen seinen Er-

---

391) Eisenmenger, Trustgeschäft und Vermögensverwaltung durch Kreditinstitute (1966) 128; Otto, RIW 1982, 491, 496.

392) Peiner, RIW 1983, 593, 594f; Otto, RIW 1982, 491, 496; BFH 20.12.1957, NJW 1958, 766, 768 = BStBl.1958, III 79.

393) Eisenmenger 128.

394) Gegen eine Funktionsgleichheit zwischen dem trust und der (Familien-)Stiftung des schweizerischen Rechts auch Meyer, Trusts and Swiss Law, 1 Int.Comp.L.Q. (1952) 378-380; Schweiz.BG 29.6.1945, BGE 71 I 265, 269f.

scheinungsformen kommt damit nicht in Betracht[395].

B. Parteiautonomie

Eine weitere Möglichkeit, den trust einheitlich anzuknüpfen, bestünde darin, die Parteien selbst, also insbesondere den Errichter, unmittelbar das jeweils auf den trust anwendbare Recht bestimmen zu lassen[396]. Eine solche Vorgehensweise, die eine Qualifikation des trust, also eine Einordnung unter bestehende Kollisionsnormen, entbehrlich machen würde, ist jedoch nach deutschem Kollisionsrecht nicht zulässig. Die vorrangige Maßgeblichkeit des Parteiwillens könnte zwar in einem Staatsvertrag, also durch Gesetz, vereinbart wer-

---

395) Sie mag allerdings in dem Sonderfall eines (living oder testamentary) charitable trust, der nicht Gegenstand dieser Arbeit ist, angezeigt sein; vgl. hierzu Kötz 117ff; Karpen 49f; Mestmäcker, Soll das Stiftungsrecht bundesgesetzlich vereinheitlicht und reformiert werden, gegebenenfalls mit welchen Grundzügen?, Verhandlungen des 44. Deutschen Juristentages 1962, Band II Teil G S.4-8; Graue, Der Trust im internationalen Privat- und Steuerrecht, Festschrift Ferid (1978) 151, 171; Rabel, The Conflict of Laws² II (1960) 14; Lepaulle, 36 Yale L.J.(1926/27) 1126, 1146; Dyer/van Loon, Report 58; Batiffol, 33 J.Comp.Leg.(1951) III, IV 18,23; Brunner, Wesen und Bedeutung der englisch-amerikanischen Treuhand (Trust) (Diss. Bern 1931) 81; de Wulf, The Trust and Corresponding Institutions in the Civil Law (1965) 150.

396) Hierfür - soweit ersichtlich - wohl nur Hijmans van den Bergh, De Engelse "Trust" en het Nederlands Internationaal Privaatrecht, in: "De conflictu legum", Festschrift für Kollewijn und Offerhaus (1962) 254, 257-259 für das niederländische Recht; vgl. auch Lepaulle, Trusts and the Civil Law, 15 J.Comp.Leg.(1933) 18, 29.

den[397]; dem geltenden deutschen Kollisionsrecht ist aber eine derart weitgehende Berücksichtigung des Parteiwillens fremd. Eine von den Parteien getroffene Rechtswahlbestimmung mag dann von Bedeutung sein, wenn die zu beantwortende Rechtsfrage bzw. das unbekannte fremde Rechtsinstitut einer bestimmten deutschen Kollisionsnorm zugeordnet worden ist, und diese Kollisionsnorm als einen von mehreren möglichen Anknüpfungspunkten die Parteiwahl kennt und zuläßt[398]. Ohne eine solche Zuordnung, also ohne eine vorherige Qualifikation, ist eine (unmittelbare) Wahl des anzuwendenden Rechts durch die Beteiligten jedoch unbeachtlich[399]. Darüberhinaus würde die Zulassung der Parteiautonomie die Qualifikationsfrage nicht überflüssig machen. Bei Fehlen einer Rechtswahlbestimmung müßte auch weiterhin eine Einordnung des unbe-

---

397) Siehe Art. 6 des Entwurfes für eine Haager Konvention über das auf trusts anwendbare Recht vom 20.10.1984; vgl. ferner auch die einseitige Kollisionsnorm des Art. 930 des liechtensteinischen Personen- und Gesellschaftsrechts vom 20.1.1926, wonach auf den trust die Vorschriften des inländischen Rechts unter anderem dann Anwendung finden, "wenn die Treuhandurkunde es bestimmt".

398) Dies ist der Fall bei einer schuldrechtlichen Qualifikation; vgl. Kegel, Internationales Privatrecht[4] (1977) 289-292.

399) Neuhaus 255; MünchKomm (-Sonnenberger) Einl.RdNr.87. Die unmittelbare Maßgeblichkeit einer Parteiwahl wird auch von denjenigen nicht vertreten, die sich, z.B. im internationalen Erbrecht oder Sachenrecht, für eine stärkere Anerkennung der Parteiautonomie aussprechen; auch hier erlangt die Parteiwahl als einer von mehreren möglichen Anknüpfungspunkten erst dann Bedeutung, wenn die Zuordnung der konkreten Rechtsfrage zu einer bestimmten Kollisionsnorm des deutschen Internationalen Privatrechts, also die Qualifikation, bereits erfolgt ist. Zur Parteiautonomie im internationalen Sachenrecht siehe Staudinger (-Stoll), Kommentar zum BGB[12] (1985) Nach Art.12 (I) Rz.66, 216-225; zum internationalen Erbrecht siehe Kühne, Die Parteiautonomie im internationalen Erbrecht (1973); Staudinger (-Firsching), Kommentar zum BGB[12] (1981) Vorbem. 193-217 vor Art. 24-26 EGBGB.

kannten Instituts in das System des deutschen Kollisionsrechts erfolgen[400].

C. Eigene Kollisionsnorm des trust

Eine einheitliche Qualifikation aller trust-Formen könnte schließlich durch Schaffung einer neuen, eigenen Kollisionsnorm des trust erreicht werden. Daß ein solches Vorgehen methodisch fragwürdig und häufig von nur geringem praktischen Nutzen ist, wurde bereits oben festgestellt[401]. Hinzukommt, daß sich die Entwicklung einer eigenständigen Kollisionsnorm zwangsläufig an einem Grundtypus des trust ausrichten müßte, da andernfalls keine auf alle trust-Formen passenden Anknüpfungsmerkmale gefunden werden könnten. Eine solche schematisierende Betrachtung des trust hätte zur Folge, daß eine am Einzelfall orientierte Qualifikation des konkreten trust unmöglich würde. Aus Gründen der Rechtsvereinfachung und Rechtssicherheit mag dies erstrebenswert erscheinen, dem Erfordernis einer angemessenen kollisionsrechtlichen Behandlung jedes einzelnen Falles, der internationalprivatrechtlichen Einzelfallgerechtigkeit, entspricht es aber nicht. Der Weg zu einer funktionsorientierten Qualifikation des trust wäre damit verbaut. Eine einheitliche Kollisionsnorm für alle trusts würde eine Einheitlichkeit dieses Rechtsinstituts vorspiegeln, die in Wirklichkeit nicht gegeben ist, jedenfalls dann nicht, wenn man - wie bei der Qualifikation erforderlich - den mit Hilfe des trust verfolgten Zwecken die entscheidende Bedeutung beimißt. Eine angemessene Qualifikation aller Erscheinungsformen des trust läßt sich damit durch die Bildung einer eigenständigen und notwendig schema-

---

400) Neuhaus 258.

401) Siehe Kapitel 2 B.

tisierenden Kollisionsnorm nicht bewirken. Es ist daher zu versuchen, den trust im Rahmen des bestehenden deutschen Kollisionsrechts einer oder mehreren Kollisionsnormen zuzuordnen. Nur wenn auf diese Weise keine befriedigende Lösung des Qualifikationsproblems möglich wäre, könnte eine analoge Anwendung geltender Kollisionsnormen oder sogar die Neuschaffung einer Kollisionsnorm in Betracht gezogen werden.

D. Zusammenfassung

Die vorstehenden Ausführungen haben gezeigt, daß es nach dem geltenden deutschen internationalen Privatrecht nicht möglich (und auch nicht zweckmäßig) ist, den trust einheitlich anzuknüpfen. Das deutsche Sachrecht kennt kein Rechtsinstitut, das alle Funktionen des angloamerikanischen trust erfüllen könnte. Eine Rechtswahlbestimmung der Parteien kann die Qualifikation nicht überflüssig machen. Die Bildung einer umfassenden neuen Kollisionsnorm ist aus den genannten Gründen nicht zu befürworten. Es ist deshalb erforderlich, den einzelnen trust unter Berücksichtigung der jeweils mit ihm verfolgten Ziele zu qualifizieren. Nur so wird es möglich sein, zu einer dem einzelnen Fall gerecht werdenden kollisionsrechtlichen Einordnung dieses Instituts zu gelangen[402]. Gleichzeitig dürfen jedoch das Bedürfnis nach einfachen Regeln und das Ziel einer gewissen Vorhersehbarkeit der kollisionsrechtlichen Qualifikationsentscheidung, die ebenfalls den Parteiinteressen dienen, nicht gänzlich aus den Augen verloren werden. Es sollte daher versucht werden, durch eine gewisse Typenbildung im Kollisionsrecht des trust

---

402) Ebenso Graue, FS Ferid (1978) 151, 171f; Peiner, RIW 1983, 593, 595; Söldner, Die Behandlung des angloamerikanischen trust im internationalen Privatrecht (Diss. München 1954) 55f.

einen Mittelweg zwischen starren, mechanischen Anknüpfungsregeln einerseits und einer punktuellen Einzelfallentscheidung andererseits zu finden[403]. Die folgenden Ausführungen sind auf eine solche generalisierende Typenbildung ausgerichtet.

403) Vgl. Neuhaus 108-112 ("Regelbildung mit Ausweichklausel").

4. Kapitel: Testamentary trust

A. Möglichkeit einer einheitlichen Anknüpfung aller Rechtsfragen

I. Einheitliche Anknüpfung

Ein testamentary trust wird durch letztwillige Verfügung errichtet. Das Testament des Erblassers und die Anordnungen über Errichtung und Verwaltung des trust sind zumeist in einer einzigen Urkunde enthalten. Der Erblasser überträgt darin bestimmte Vermögenswerte, die im Zeitpunkt des Todes in seinem Eigentum stehen oder über die er sonstwie verfügen kann, auf einen von ihm ausgewählten trustee, der damit nach den Anweisungen des Testators zu verfahren hat. In kollisionsrechtlicher Hinsicht wäre es wünschenswert, alle Rechtsfragen, die ein testamentary trust aufwirft, gleich behandeln zu können, sie also einheitlich anzuknüpfen. Die kollisionsrechtliche Einordnung des testamentary trust wäre dadurch erheblich erleichtert. Voraussetzung für ein solches Gesamtstatut des testamentarischen trust ist, daß zwischen den einzelnen Rechtsfragen, die sich in Zusammenhang mit einem testamentary trust stellen können, aus internationalprivatrechtlicher Sicht keine derart wesentlichen Unterschiede bestehen, daß eine getrennte kollisionsrechtliche Einordnung notwendig ist. Eine kollisionsrechtliche Aufspaltung könnte in erster Linie für Fragen der wirksamen Errichtung des testamentary trust und seine spätere Verwaltung in Betracht gezogen werden.

Eine Trennung dieser beiden Problemkreise, wie sie dem amerikanischen Kollisionsrecht des trust zugrundeliegt[404], ist im deutschen IPR jedoch nicht üblich. So werden die wirksame Anordnung einer Testamentsvollstreckung und ihre Durchführung

---

404) Siehe unten 3. Hauptteil 2. Kapitel A.

einheitlich angeknüpft und gemeinsam dem Erbstatut unterstellt[405]. Die Gründung einer Gesellschaft, ihre Organisation und ihre Verwaltung werden ebenfalls kollisionsrechtlich gleich behandelt[406]. Selbst bei einem schuldrechtlichen Vertrag werden Fragen des wirksamen Zustandekommens und der Vertragsdurchführung einem gemeinsamen Statut unterworfen, ohne hier - abgesehen von Formfragen - kollisionsrechtliche Unterschiede zu machen[407]. Diese Beispiele zeigen, daß das deutsche Kollisionsrecht in der Praxis die Fragen der Entstehung und des Bestehens (der Durchführung bzw. Verwaltung) eines Rechtsinstituts nicht verschieden behandelt[408]. Auch aus dogmatischen Gründen ist eine solche Trennung nicht erforderlich. Die internationalprivatrechtliche Interessenlage ist in beiden Fällen dieselbe. Entstehung und Durchführung hängen eng zusammen. Fragen der Begründung eines testamentary trust berühren auch seine Verwaltung[409], wie umgekehrt die Verwaltung häufig auf die Substanz des trust, also den Gegenstand der Begründung, einwirkt. Für die Qualifikation eines Rechtsinstituts sind zudem allein die Funktionen entscheidend, die dieses Institut erfüllt. Die verschiedenen Stadien seiner Entstehung und seines Fortbestehens sind demgegenüber in kollisionsrechtlicher Hinsicht von untergeordneter Bedeutung, sofern sie

---

405) Palandt (-Heldrich) Art.24 EGBGB Anm.3a; Soergel (-Kegel) Rz.27 vor Art.24 EGBGB; MünchKomm (-Birk) RdNr.300-313 vor Art.24-26 EGBGB.

406) MünchKomm (-Ebenroth) RdNr.210,211 nach Art.10 EGBGB; Staudinger (-Großfeld)[12], Internationales Gesellschaftsrecht (1984) Rz.10,11.

407) Palandt (-Heldrich) Vorbem.4a vor Art.12 EGBGB; Soergel (-Kegel) Rz.435 vor Art.7 EGBGB.

408) Eine Ausnahme besteht beim Institut der Ehe; vgl.Art.13,14,15 EGBGB.

409) Rabel IV 460:"So far as a trust fails, there is nothing to administer by the appointed trustee".

nicht ausnahmsweise einmal eine erhebliche Funktionsänderung mit sich bringen. Ist damit eine kollisionsrechtliche Aufspaltung des testamentary trust in Fragen der Errichtung und der Verwaltung nicht zwingend notwendig, so empfiehlt sie sich auch aus praktischen Erwägungen heraus nicht. Eine Trennung dieser beiden Fragenkomplexe würde ein einheitliches Rechtsinstitut unnötig aufteilen[410)] und darüberhinaus Anlaß zu schwierigen Abgrenzungsüberlegungen geben. Probleme der Errichtung und der späteren Durchführung eines testamentary trust sollten daher einheitlich angeknüpft werden[411)].
Ebensowenig wie zwischen Entstehung und Verwaltung eines testamentary trust ist im deutschen Kollisionsrecht zwischen testamentary trusts an beweglichem und solchen an unbeweglichem Vermögen zu trennen. Eine solche Unterscheidung nach dem Charakter des betroffenen Vermögens, die einen Großteil des angloamerikanischen Kollisionsrechts durchzieht[412)], kennt das deutsche IPR nicht. Abgesehen von dem Sonderfall des Art.28 EGBGB und der Möglichkeit einer Rückverweisung hat die Rechtsnatur des betroffenen Vermögens auf die kollisionsrechtliche Einordnung eines Rechtsinstituts keinen Einfluß[413)].

---

410) Allgemein gegen eine übermäßige Aufsplitterung des IPR Schwind, Von der Zersplitterung des Privatrechts durch das internationale Privatrecht und ihrer Bekämpfung, RabelsZ 23 (1958) 449-465.

411) Ebenso Goldstein 105; Fischer-Dieskau 125; Rabel IV 460; Dreyer 110-112 für das schweizerische Recht; zum französischen Recht Verwilghen, Régimes Matrimoniaux Successions et Libéralités, Droit international privé et Droit comparé (1979) 894; für eine Trennung dagegen Dyer/van Loon, Report 198-202.

412) Unter anderem auch das Kollisionsrecht des trust; vgl. unten 3.Hauptteil 2.Kapitel A.

413) Vgl. ausführlich Palandt (-Heldrich) Art.24 EGBGB Anm.2; Kegel, IPR 451.

II. Sonderanknüpfungen

1. Form

Trotz der weitgehend einheitlichen Behandlung eines testamentary trust sind dennoch einige wenige Fragen, die im Zusammenhang mit einem testamentarischen trust auftreten können, gesondert (selbständig) anzuknüpfen. Von besonderer Bedeutung ist dabei die Frage nach der formellen Wirksamkeit der trust-Begründung. Da der testamentary trust durch letztwillige Verfügung errichtet wird, muß er der hierfür erforderlichen Form genügen[414]. Soweit also die Formgültigkeit eines testamentary trust in einem in Deutschland anhängigen Gerichtsverfahren eine Rolle spielt, regelt sie sich allein nach dem "Haager Übereinkommen über das auf die Form letztwilliger Verfügungen anzuwendende Recht" vom 5.10.1961[415], und zwar gemäß Art.6 des Abkommens ohne Rücksicht darauf, ob der Testierende einem der Vertragsstaaten angehört oder nicht. In Art.1 des Abkommens werden alternativ mehrere Möglichkeiten einer formwirksamen Testierung zur Verfügung gestellt, so daß ein testamentary trust in der Regel formgültig errichtet sein wird.

2. Auslegung

Die Auslegung der im Rahmen der trust-Errichtung getroffenen Anordnungen des Erblassers untersteht - unabhängig von der Qualifikation des testamentary trust selbst - in jedem Fall dem Erbstatut des settlor, da es sich hierbei um Bestimmun-

---

414) Rabel IV 454; Tetiwa 49.

415) BGBL.1965 II 1145; in deutscher Übersetzung abgedruckt bei Jayme/Hausmann, Internationales Privat- und Verfahrensrecht, Textsammlung[3] (1986) 97-101.

gen handelt, die in einer letztwilligen Verfügung enthalten sind[416]. Bei Ermittlung des Erblasserwillens können aber auch Umstände berücksichtigt werden, die auf einer fremden Rechtsordnung beruhen, unter deren Einfluß der Erblasser bei Abfassung des Testamentes stand[417].

3. Testierfähigkeit

Soweit die Testierfähigkeit des Errichters von seiner Geschäftsfähigkeit abhängig gemacht ist, beurteilt sie sich nach Art.7 EGBGB; soweit es sich um eine besondere, nur auf das Testieren abgestellte Fähigkeit handelt, entscheidet das Erbstatut[418].

B. Funktionsäquivalente Institute des deutschen Rechts

I. Testamentsvollstreckung

Der testamentary trust ist im angloamerikanischen Recht ein Mittel der Nachlaßplanung (estate planning)[419]. Er bietet dem Erblasser die Möglichkeit, Vorsorge dafür zu treffen,

---

416) Vgl. MünchKomm (-Birk) RdNr.279,280 vor Art.24-26 EGBGB; Soergel (-Kegel) Rz.52 vor Art.24 EGBGB. Zum maßgeblichen Zeitpunkt siehe Palandt (-Heldrich) Art.24 EGBGB Anm.3a,5.

417) Hierzu BayObLG 1.2.1980, BayObLGZ 1980,42, 51; Jayme, Ausländische Rechtsregeln und Tatbestand inländischer Sachnormen - Betrachtungen zu Ehrenzweigs Datum-Theorie, Gedächtnisschrift Ehrenzweig (1976) 35,44.

418) Hierzu näher MünchKomm (-Birk) RdNr.208,209 vor Art.24-26 EGBGB; Palandt (-Heldrich) Art.24 EGBGB Anm.3b; Kegel, IPR 460.

419) Vgl. Tetiwa 49-51.

daß mit seinen Vermögenswerten nach seinem Tode in einer von ihm vorbestimmten Weise verfahren wird. Die Verwaltung des (Nachlaß-) Vermögens wird auf Anweisung des Erblassers von einer ausgewählten Vertrauensperson oder von hierfür besonders geeigneten juristischen Personen übernommen. Die trustees sind einerseits (nach common law) unbeschränkt verfügungsbefugt über das ihnen "in trust" anvertraute Vermögen, sie sind andererseits aber (in equity) verpflichtet, die Verwaltung und Verteilung der übernommenen Werte streng nach den Anordnungen des Erblassers und allein zum Nutzen der eingesetzten Begünstigten durchzuführen. Das Institut des testamentary trust ermöglicht es daher dem Erblasser, Einfluß auf die Behandlung und Verteilung des von ihm hinterlassenen Vermögens zu nehmen. In der inhaltlichen Ausgestaltung des testamentary trust ist der Erblasser innerhalb der gesetzlichen Grenzen frei[420]. Der Anordnung eines testamentary trust können die unterschiedlichsten Beweggründe zugrundeliegen. Die Errichtung des trust und die Einsetzung eines trustee als Zwischenperson können aus Mißtrauen gegenüber den (charakterlichen oder wirtschaftlichen) Fähigkeiten des Begünstigten erfolgen[421], sie können aber ebensogut der bloßen Entlastung des beneficiary von einer umfangreichen Verwaltungstätigkeit dienen. Sie ermöglichen es darüberhinaus, den Zeitpunkt des endgültigen Anfalls des Nachlasses an eine bestimmte Person hinauszuschieben, z.B. wenn der nach den Vorstellungen des Erblassers geeignete Begünstigte im Zeitpunkt des Erbfalls noch nicht bestimmt werden kann[422]. Ganz allgemein kann durch die Errichtung eines

---

420) Ein Beispiel für besonders umfangreiche und komplizierte Anordnungen findet sich in IPG 1979 Nr.33 (Köln).

421) Hierzu dient insbesondere der spendthrift trust; vgl. oben 1.Hauptteil 4.Kapitel B.III.

422) Vgl. die Rechtsform des discretionary trust; hierzu oben 1.Hauptteil 4.Kapitel B.II.

testamentary trust eine langfristige Bindung des Nachlaßvermögens bewirkt werden[423]. Schließlich können mit einem testamentary trust auch gemeinnützige Ziele erreicht werden[424]. Wesentlich ist in allen diesen Fällen, daß die eigentlich vom Erblasser als Bedachte ausersehenen Personen mit dem Erbfall (noch) nicht in den vollen Genuß des hinterlassenen Vermögens kommen, sondern durch die Errichtung des trust in oft sehr weitreichender Weise in der Nutznießung eingeschränkt sind.

Fragt man nun, wie im deutschen Recht die Zwecke eines testamentary trust verwirklicht werden, so stößt man zunächst auf das Institut der Testamentsvollstreckung. Der Testamentsvollstrecker wird durch letztwillige Verfügung ernannt[425]. Testamentsvollstrecker kann eine natürliche, aber auch eine juristische Person sein[426]. Seine Aufgabe ist es, den in der letztwilligen Verfügung niedergelegten Willen des Erblassers auszuführen[427]. Der Testamentsvollstrecker hat die Stellung eines Treuhänders und ist Inhaber eines privaten Amtes[428]. Er ist nicht Vertreter oder Beauftragter des Erblassers und auch nicht des Nachlasses, der keine eigene Rechtspersönlichkeit besitzt; er übt das ihm zugewiesene Amt vielmehr kraft eigenen Rechts aus[429]. Der Testamentsvoll-

---

423) Kötz 43,97.

424) Vgl.den charitable trust; hierzu oben 1.Hauptteil 4.Kapitel B.V.

425) § 2197 BGB.

426) Vgl.§§ 2197,2210 S.3, 2163 II BGB; Palandt (-Edenhofer) § 2197 BGB Anm.3; MünchKomm (-Brandner) VI(1982) § 2197 BGB RdNr.8,9.

427) §§ 2203,2216 II BGB; Palandt (-Edenhofer) Einf.2 vor § 2197 BGB.

428) BGH 2.10.1957, BGHZ 25,275, 279.

429) Palandt (-Edenhofer) Einf.1 vor § 2197 BGB.

strecker hat die Pflicht, den Nachlaß im Interesse des Erben zu verwalten[430]; verletzt er schuldhaft diese Pflicht, macht er sich dem Erben gegenüber schadensersatzpflichtig[431]. Im Rahmen der Verwaltung ist der Testamentsvollstrecker verfügungsbefugt[432] und für Rechtsstreitigkeiten um den Nachlaß aktiv- und unter Umständen auch passivlegitimiert[433]. Inhalt und Umfang der Aufgaben des Testamentsvollstreckers können vom Erblasser nach Maßgabe der gesetzlichen Vorschriften weitgehend frei bestimmt werden. Auch die selbständige Verwaltung des Nachlasses bis zu einer Dauer von mehreren Jahrzehnten kann dem Testamentsvollstrecker übertragen werden[434]. Das Institut der Testamentsvollstreckung ermöglicht es dem Erblasser, über seinen Tod hinaus rechtlich und tatsächlich auf das Schicksal des in die Hand des Erben gelangten Nachlasses einzuwirken. Insbesondere die Anordnung einer Dauervollstreckung nach § 2209 BGB und die dadurch bewirkte zeitliche Verlängerung der Verwaltungstätigkeit des Testamentsvollstreckers erlauben eine Art "fürsorglicher Bevormundung" der Erben[435]. Aber auch aus anderen Beweggründen, beispielsweise familienpolitischer oder wirtschaftlicher Art, wird im deutschen Recht eine Testamentsvollstreckung angeordnet[436]. Der Erblasser kann mit dieser Anordnung dafür sorgen, daß seine letztwilligen Verfügungen zuverläs-

---

430) §§ 2205 S.1, 2216 I BGB; MünchKomm (-Brandner) RdNr.5 vor § 2197 BGB.

431) § 2219 BGB.

432) § 2205 S.2 BGB.

433) §§ 2212,2213 BGB; vgl. auch §§ 327,748 ZPO.

434) §§ 2209,2210 BGB (sog. Dauervollstreckung).

435) Palandt (-Edenhofer) § 2209 BGB Anm.1a.

436) Vgl. Soergel (-Damrau)[12] VII (1982) § 2209 BGB Rz.3; Palandt (-Edenhofer) § 2205 BGB Anm.2b,c; § 2209 BGB Anm.2.

sig ausgeführt werden, der Nachlaß durch den Testamentsvollstrecker als unparteiische Instanz unter mehreren Erben geteilt wird, oder daß der Nachlaß, verwaltet durch den Testamentsvollstrecker, auf lange Zeit in seinem Bestand erhalten bleibt und für den Erben nutzbar gemacht wird[437]. Das Institut der (Dauer-) Testamentsvollstreckung erfüllt damit im deutschen Recht in allen wesentlichen Punkten die Zwecke, die mit der Anordnung eines testamentary trust im amerikanischen Recht erreicht werden[438]. Gegenüber dieser funktionellen Verwandtschaft zwischen testamentary trust und Testamentsvollstreckung tritt die unterschiedliche Rechtsstruktur beider Institute in den Hintergrund. Die Tatsache, daß beim testamentary trust der trustee ein eigenes Eigentumsrecht besitzt (den legal title), während der deutsche Testamentsvollstrecker nicht Eigentümer des Nachlasses, sondern nur Verfügungsbefugter ist, ist für die Feststellung einer funktionellen Äquivalenz unerheblich. Die Eigentümerstellung des testamentary trustee nach angloamerikanischem Recht ist bloßes regelungstechnisches Hilfsmittel, um dem trustee die Verfügungsbefugnis über die ihm anvertrauten Vermögenswerte zu verschaffen[439]. Eine entscheidende Bedeutung für die im Rahmen der Qualifikation vorzunehmende Suche nach dem funktionalen deutschen "Spiegelbild" des testamentary trust kommt ihr nicht zu.

---

437) MünchKomm (-Brandner) RdNr.2 vor § 2197 BGB; vgl.auch § 2338 I 2 BGB.

438) Ausführlich, auch zu den Problemkreisen treuwidriger Verfügungen des trustee und der Surrogation Kötz 98-104; Goldstein 67-70; Coing, AcP 167 (1967) 99, 124, 129f; MünchKomm (-Birk) RdNr.308 vor Art.24-26 EGBGB; Dyer/van Loon, Report 66; Marwede 16; Allen, Notwendigkeit und Einführungsmöglichkeiten des trust in continentalen Rechtssystemen (Diss.München 1961)86-88.

439) Vgl.Kötz 97-99; Nussbaum, 38 Col.L.Rev.(1938)408, 417; Buonincontro, Trust e civil law - Appunti di diritto comparato, Riv.dir.civ.1959 I 680, 685f.

II. Vor- und Nacherbschaft

Neben der Einsetzung eines Nachlaßverwalters ermöglicht der testamentary trust eine Bindung des Nachlasses in der Weise, daß mehrere Personen zeitlich nacheinander daran berechtigt sind. Rechtstechnisch geschieht dies durch eine Übernahme des estate-Begriffs in das trust-Recht. Der Testator hinterläßt den Nachlaß oder einen Bruchteil davon einem trustee, der ihn für einen bestimmten beneficiary (häufig den Ehegatten) auf dessen Lebzeit verwalten und diesem gewisse Leistungen daraus zukommen lassen soll. Der beneficiary erhält auf diese Weise ein sog. equitable life estate am trust-Vermögen[440]. Nach dem Tode des life beneficiary hat dann der trustee das trust-Vermögen ("capital", "corpus") an die im Testament benannten Personen auszuhändigen, falls nicht ein oder mehrere weitere life estates angeordnet sind. Der nachrangige beneficiary (sog. "remainderman") hat nach amerikanischem Recht keinerlei Verfügungs- oder auch nur Verwaltungsrechte über das trust-Vermögen, er ist auf ein Anwartschaftsrecht auf künftige Aushändigung beschränkt[441]. Auch der vorberechtigte beneficiary besitzt keine Verfügungsmacht über das Vermögen; der legal title und damit die Verfügungsbefugnis liegen allein beim trustee.

---

440) Vgl. In re Cohen's Estate, 4 Cal.3d 41, 92 Cal.Rptr.684, 480 P.2d 300 (1971); In re Button's Estate, 4 Wash.App.773, 483 P.2d 1290 (1971), reversed in part 490 P.2d 731, 79 Wash.2d 849; Mennell 327; Ferid/Firsching, USA-Grundzüge Rz.62e; Mueller, RabelsZ 7 (1933)808, 835-839. Zur Anrechnung amerikanischer Erbschaftssteuer beim life beneficiary siehe BFH 21.4.1982, RIW 1982,769; vgl. hierzu auch BFH 20.12.1957, NJW 1958,766.

441) Vgl. Day v. Brooks, 10 Ohio Misc.273, 224 N.E.2d 557 (Prob.Ct.1967); In re Adoption of Sewall, 242 Cal. App.2d 208, 51 Cal.Rptr.367 (1966); Bogert 136f; Firsching, Deutsch-amerikanische Erbfälle (1964) 145.

Die Einsetzung einer Reihe aufeinanderfolgender Personen als Erben ein und desselben Erblassers kennt das deutsche Recht in Form der Vor- und Nacherbschaft. Der Erblasser kann einen Erben in der Weise einsetzen, daß dieser erst dann Erbe wird, nachdem zunächst ein anderer (der Vorerbe) Erbe geworden ist (Nacherbe)[442]. Eine Bindung des Nachlasses wird hier dadurch erreicht, daß der Vorerbe - obwohl Eigentümer des Nachlasses - in seiner Verfügungsbefugnis über das Nachlaßvermögen regelmäßig stark eingeschränkt ist[443]. Bedenken gegen eine funktionelle Gleichsetzung von testamentary trust und Nacherbschaft könnten sich daraus ergeben, daß nach deutschem Sachrecht die Stellung eines Vorerben eine gewisse Verfügungsmacht voraussetzt, die dem vorberechtigten beneficiary eines testamentary trust gerade nicht zukommt[444]. Hier ist allerdings zu berücksichtigen, daß das Institut der Nacherbfolge alleine (noch) nicht die Funktionen eines testamentary trust erfüllen kann. Erst eine - nach deutschem Recht zulässige[445] - Verbindung von Nacherbeinsetzung und Testamentsvollstreckung ermöglicht ein Ergebnis, das demjenigen des testamentary trust entspricht[446]. Durch die Anord-

---

442) § 2100 BGB.

443) Vgl.§§ 2112-2115,2136 BGB; zu sonstigen Ähnlichkeiten der Nacherbfolge mit dem testamentary trust siehe Söldner 51-53.

444) Vgl.Lepaulle, 36 Yale L.J.(1926/27) 1126, 1143; man könnte deshalb daran denken, den testamentary trust mit einem Nießbrauchsvermächtnis im Sinne der §§ 1085ff BGB gleichzusetzen, durch das die Nachberechtigten beschwert sind; vgl. hierzu Firsching, Erbfälle 145.

445) BayObLG 22.10.1958, BayObLGZ 1958,299; Palandt (-Edenhofer) § 2222 Anm.2.

446) Ebenso Kötz 105f; Frankenstein, Internationales Privatrecht IV (1935) 492; Söldner 51-53; Goldstein 70f; Fratcher, Trusts, in: Int.Enc.Comp.L.VI:Property and Trust (1973) Kap.11 S.105f; vgl.ferner Nussbaum, Soziologische und rechtsvergleichende Aspekte des "trust", AcP 151 (1951) 193, 201f; Allen 89f.

nung einer Testamentsvollstreckung wird dem Vorerben der Rest an Verfügungsbefugnis, den er infolge der Nacherbeinsetzung noch hat, genommen und auf den Testamentsvollstrecker übertragen[447]. Damit unterscheidet sich dann die Rechtsstellung des (life) beneficiary nur noch strukturell von der eines Vorerben nach deutschem Recht. Die unterschiedliche Verteilung der (formellen) Rechtsinhaberschaft fällt aber - wie bereits festgestellt - gegenüber der funktionellen Ähnlichkeit zwischen testamentary trust auf der einen und Testamentsvollstreckung und Nacherbfolge auf der anderen Seite nicht entscheidend ins Gewicht[448].

III. Stiftung

Die deutsche rechtsfähige (Familien-) Stiftung kann - wie bereits oben ausgeführt[449] - bei rechtsvergleichender Betrachtung grundsätzlich nicht als funktionsäquivalentes Institut zum angloamerikanischen (testamentary) trust angesehen werden. Eine Ausnahme bildet insofern die Sonderform des testamentarisch angeordneten charitable trust, der allerdings nicht Gegenstand dieser Untersuchung ist[450]. Zwischen ihm und der deutschen Stiftung besteht in funktioneller - wenn auch nicht in struktureller - Hinsicht weitgehende Ähnlichkeit. Für den charitable trust kann daher eine stiftungsrechtliche Qualifikation in Erwägung gezogen

---

447) § 2211 BGB.

448) Vgl.auch Firsching, Erbfälle 145; Mueller, RabelsZ 7 (1933)808, 835; OLG Frankfur 29.12.1962, IPRspr.1962/63 Nr.146; IPG 1979 Nr.32 (Berlin); IPG 1967/68 Nr.74 (Köln); IPG 1967/68 Nr.73 (Köln).

449) Siehe oben 2.Hauptteil 3.Kapitel A.II.

450) Vgl.oben 1.Hauptteil 4.Kapitel B.V.

werden[451].

C. Erbrechtliche Qualifikation

I. Regelungsbereich der Art. 24, 25 EGBGB

Das nach Art.24, 25 EGBGB zu ermittelnde Erbstatut umfaßt - allgemein gesprochen - alle erbrechtlichen Fragen[452]. Zum Erbrecht gehören alle diejenigen privatrechtlichen Vorschriften, die nach dem Tode eines Menschen das Schicksal seines Vermögens, insbesondere die Art und Weise seiner Weitergabe, regeln[453]. Die normierende Wirkung des Erbrechts beginnt jedoch nicht erst mit dem Erbfall. Da das Erbrecht die Testierfreiheit gewährt, ist ein wesentlicher Teil seiner Vorschriften auch auf das rechtsgeschäftliche Handeln des künftigen Erblassers bezogen.
Zum Erbrecht und damit zum Regelungsbereich des Erbstatuts gehören also vor allem die Fragen, die sich in Zusammenhang mit der Rechtsnachfolge in das vom Verstorbenen hinterlassene Vermögen stellen[454].

---

451) Siehe oben Fn.395. Zu den dann maßgeblichen Anknüpfungsmerkmalen Fischer-Dieskau 106-112.

452) MünchKomm (-Birk) RdNr.138 vor Art.24-26 EGBGB.

453) Palandt (-Edenhofer) Einl.1 vor § 1922 BGB; MünchKomm (-Leipold) Einl.1 vor § 1922 BGB.

454) Erman (-Schlüter), Handkommentar zum BGB[7] II (1981) Einl.2 vor § 1922 BGB; Soergel (-Stein) Einl.1 vor § 1922 BGB.

II. Subsumtion

In den so bestimmten Regelungsbereich des Erbstatuts fällt der testamentary trust. Seine erbrechtliche Qualifikation folgt allerdings nicht schon zwingend daraus, daß er durch eine letztwillige Verfügung errichtet wird; die Testamentsform könnte auch nur äußere Einkleidung des (testamentary) trust sein, ohne für seinen materiellen Gehalt Bedeutung zu besitzen[455]. Entscheidend ist vielmehr die erbrechtliche Funktion des testamentary trust. Mit seiner Hilfe nimmt der Erblasser Einfluß auf das Schicksal des von ihm hinterlassenen Vermögens, indem er vor allem dessen weitere Verwaltung und die Art und Weise der Weitergabe regelt. Die erbrechtliche Funktion des trust zeigt sich auch in den funktionell vergleichbaren Instituten des deutschen Rechts. Mögen auch die Ziele eines testamentary trust im deutschen Recht im Einzelfall nur durch die Verbindung verschiedener Rechtsfiguren zu verwirklichen sein, so handelt es sich bei diesen Rechtsfiguren doch immer um solche erbrechtlicher Natur (insbesondere Testamentsvollstreckung und Nacherbfolge)[456]. Die Möglichkeit einer unterschiedlichen inhaltlichen Ausgestaltung des testamentary trust steht seiner einheitlichen erbrechtlichen Qualifikation nicht entgegen. Allen Rechtsformen des testamentary trust, also auch den Sonderformen des discretionary oder des spendthrift trust, gemeinsam ist die erbrechtliche Zielsetzung einer Regelung des Nachlaß-Schicksals durch den Erblasser. Die Einzelheiten dieser Regelung können zwar bei einer vorzunehmenden Anpassung oder Umdeutung zu Schwierigkeiten bei der genauen "Übersetzung" des konkreten trust in deutsche Rechtsbegriffe führen[457], die

---

455) Insoweit ist Rabel IV 457 Recht zu geben; vgl. im deutschen Recht § 332 BGB.

456) Zu sonstigen in Ausnahmefällen funktionsverwandten erbrechtlichen Treuhandkonstruktionen siehe Marwede 16-18.

457) Beispielhaft IPG 1979 Nr.33 (Köln).

übergreifende erbrechtliche Funktion des testamentary trust und damit seine erbrechtliche Qualifikation beeinflussen sie aber nicht.
Die vereinzelt gegen eine erbrechtliche Einordnung vorgebrachten Überlegungen überzeugen nicht. Zwar ist zuzugeben, daß sich der testamentary trust im Verlauf seiner Verwaltung immer mehr von seinem Ausgangspunkt, der letztwilligen Verfügung des Erblassers, entfernt[458]; an der für die Qualifikation allein entscheidenden spezifisch erbrechtlichen Funktion des testamentary trust ändert die Dauer seines Bestehens aber nichts[459]. Daß das von Fischer-Dieskau[460] gegen die erbrechtliche Einordnung des testamentary trust angeführte Argument einer funktionellen Verwandtschaft zwischen living und testamentary trust nicht zwingend ist, sei an dieser Stelle nur erwähnt. Ohne schon im einzelnen auf die Funktionen des living trust einzugehen, ist doch festzustellen, daß eine tatsächlich bestehende Ähnlichkeit in funktioneller Hinsicht nach dem oben zur erbrechtlichen Funktion des testamentary trust Gesagten eher dafür spräche, auch den living trust -generell oder nur in bestimmten Fällen - dem Erbstatut zu unterstellen, als umgekehrt den testamentary trust aus dem Bereich des Erbrechts herauszunehmen, wie dies Fischer-Dieskau vorschlägt.
An der erbrechtlichen Qualifikation des testamentary trust

---

458) Rabel IV 456; Rabel tritt deshalb - aus Sicht des amerikanischen Kollisionsrechts - für eine Gleichbehandlung mit dem living trust ein, da er dem Aspekt der Verwaltung des trust gegenüber dem seiner Entstehung das größere Gewicht beimißt.

459) Vgl. Goldstein 104f.

460) Fischer-Dieskau 87.

ist daher festzuhalten[461]. Eine solche Anknüpfung entspricht auch der internationalprivatrechtlichen Interessenlage[462]. Sie ermöglicht die Anwendung eines eindeutig bestimmbaren und voraussehbaren Gesamtstatuts. Die Gefahr der Umgehung zwingenden Rechts, insbesondere möglicher Pflichtteilsrechte von Familienangehörigen des Testators, ist bei einer erbrechtlichen Qualifikation des testamentary trust von vorneherein gebannt[463]. Auch den Erwartungen der Parteien, vor

---

461) So auch Goldstein 104; Frankenstein IV 492; Söldner 49; Soergel (-Kegel) Rz.28 vor Art.24 EGBGB (zur Rechtsstellung des trustee); MünchKomm (-Sonnenberger) Einl.RdNr. 302; vgl. auch Lewald Das Deutsche Internationale Privatrecht (1931) 337. Die deutsche Rechtsprechung und Gutachtenpraxis geht ebenfalls - wenn auch zumeist stillschweigend - von einer erbrechtlichen Einordnung des testamentary trust aus; vgl.OLG Frankfurt 2.5.1972, DNotZ 1972,543; BGH 2.6.1976, IPRspr.1976 Nr.114= WM 1976,811; BGH 17.10.1968, WM 1969,72; siehe ferner die unten Fn.901 zitierten Entscheidungen und Gutachten. Ebenso zum italienischen Recht Trib.di Oristano 15.3.1956, For.it.1956 I 1019, 1021, berichtet von Jayme, Länderbericht Italien, RabelsZ 31 (1967) 485f, abgedruckt in 6 Int.Comp.L.Q.(1957) 169-172 mit Anm. Bresch; Palliccia, "Trusts" testamentari inglesi riferentisi a beni siti in Italia, Riv.it.dir.priv. proc.2 (1932) 347, 357; Bernardi 135 f; zum niederländischen Recht Henriquez, De Trust in het internationaal Privaatrecht, 12 Ned.T.Int.R. (1965)251, 278 f; Dyer/van Loon, Anglo-Americaanse trusts en het Nederlandse recht (1983) 79-85; zum französischen Recht Lepaulle, 15 J.Comp.Leg.(1933) 18,31; Delaume, American-French Private International Law (1953)54; Woodworth, Trusts and Estate Planning in France after Epoux Courtois and Dame B, Int.Lawyer 16 (1982)704, 708; Cour de Cassation 3.11.1983, Clunet 1985, 115 mit Anm. Ancel.

462) Hierzu allgemein Neuhaus 160-169.

463) Der testamentary trust wird dann möglicherweise gekürzt; vgl. hierzu Tribunal Civil de Bruxelles 27.11.1947, Pas.belg.1948 III 51,56; Bloch, SJZ 46 (1950)65, 69f; Lepaulle, 15 J.Comp.Leg.(1933)18, 31; van Hecke, American-Belgian Private International Law (1968)62,65. Qualifiziert man die Sonderform des charitable trust stiftungsrechtlich, so ist insoweit, als Pflichtteilsrechte von Familienangehörigen betroffen sind, ein Vorbehalt zugunsten des Erbstatuts zu machen, das über deren Bestehen oder Nichtbestehen entscheidet.

allem denen des settlor, dürfte eine erbrechtliche Einstufung des testamentary trust entsprechen[464].

D. Art. 28 EGBGB

Die generelle Maßgeblichkeit des Erbstatuts und damit des (letzten) Heimatrechts des Erblassers könnte bei testamentary trusts durch Art.28 EGBGB durchbrochen sein. Art. 28 EGBGB kann nämlich dazu führen, daß das Erbstatut als Gesamtstatut hinter Einzelstatuten des Belegenheitsortes zurücktritt und auf diese Weise der im deutschen Recht geltende Grundsatz der kollisionsrechtlichen Nachlaßeinheit zugunsten des Belegenheitsrechts aufgegeben wird[465]. Voraussetzung hierfür ist, daß sich Nachlaßwerte (trust-Gegenstände) in einem Staate befinden, dessen Recht von den deutschen erbrechtlichen Kollisionsnormen nicht für anwendbar erklärt wird, und die nach dem Recht ihres Belegenheitsortes "besonderen Vorschriften" unterliegen. Versteht man unter den "besonderen Vorschriften" im Sinne des Art.28 EGBGB mit der herrschenden Meinung auch solche kollisionsrechtlicher Art[466], so kann Art.28 EGBGB in deutsch-amerikanischen Erb- und trust-Fällen Bedeutung erlangen. Das amerikanische Kollisionsrecht kennt nämlich weder im Erbrecht noch im trust-Recht ein einheitliches Gesamtstatut, sondern sieht eine

---

464) Auch im amerikanischen IPR wird der testamentary trust im Grundsatz den allgemein für die Erbfolge geltenden Kollisionsnormen unterstellt; siehe unten 3.Hauptteil 2.Kapitel B.II.1

465) Zur rechtspolitischen Begründung siehe Staudinger (-Graue) Art.28 EGBGB Rz.1.

466) Ausführlich BGH 5.4.1968, BGHZ 50,63ff; BGH 2.5.1966, BGHZ 45,351, 352; BayObLG 16.8.1982, BayObLGZ 1982, 284,288; Palandt (-Heldrich) Art.28 EGBGB Anm.3; vgl. auch Jayme, ZfRV 1983,162, 167. A.A.Soergel (-Kegel) Art.28 EGBGB Rz.12.

getrennte Anknüpfung für bewegliches und unbewegliches Vermögen vor; Grundvermögen wird dabei der jeweiligen lex rei sitae unterstellt[467]. Eine solche kollisionsrechtliche (Nachlaß-) Spaltung infolge der Sonderanknüpfung des unbeweglichen Vermögens erkennt das deutsche Recht über Art.28 EGBGB an[468].
In Zusammenhang mit testamentary trusts ist Art.28 EGBGB aber nur bei deutschen Erblassern von Bedeutung. Bei Erblassern amerikanischer Staatsangehörigkeit führt schon die Prüfung einer möglichen Rück- oder Weiterverweisung zur Berücksichtigung des amerikanischen Kollisionsrechts[469]. Zu beachten ist Art.28 EGBGB daher nur dann, wenn ein deutscher Testator an in den Vereinigten Staaten belegenem Grundvermögen einen testamentary trust bestellt. Hier führt die Regelung des Art.28 EGBGB zu einer (teilweisen) Verdrängung des deutschen Erbstatuts. Das amerikanische Grundstück und der an ihm bestellte testamentarische trust unterstehen dann amerikanischem Recht[470].

E. Einfluß der lex rei sitae

Das Erbstatut regelt grundsätzlich alle in Zusammenhang mit einem testamentary trust auftretenden Rechtsfragen. Es muß jedoch dann hinter der lex rei sitae zurücktreten, wenn Art und Umfang der dinglichen Berechtigungen an den Nachlaßgegenständen zu klären sind. Dem Erbstatut unterfällt zwar die Frage, wer an dem Nachlaß berechtigt ist. Das Erbstatut kann als Vermögensstatut aber nicht (Eigentums-) Rechte schaffen,

---

467) Vgl. unten 3.Hauptteil 2.Kapitel A.

468) Staudinger (-Graue) Art.28 EGBGB Rz.27.

469) Vgl. Staudinger (-Graue) Art.28 EGBGB Rz.3.

470) Vgl. IPG 1979 Nr.32 (Berlin).

die mit dem Einzelstatut der lex rei sitae nicht zu vereinbaren sind[471]. So ist der Kreis der deutschen Sachenrechte nach herrschender Meinung geschlossen und kann nicht um im Ausland begründete wesensfremde Rechte erweitert werden (numerus clausus der Sachenrechte)[472]. Befinden sich demnach Vermögenswerte, an denen ein testamentary trust bestellt wurde, in Deutschland, so beurteilen sich die aus deutscher Sicht dinglichen Wirkungen der trust-Errichtung für dieses Vermögen nach der deutschen lex rei sitae, unabhängig davon, ob der testamentary trust ansonsten deutschem oder amerikanischem Recht untersteht[473]. Das grundsätzlich maßgebende Erbstatut wird insoweit von dem (deutschen) Belegenheitsrecht verdrängt[474]. Die nach amerikanischen Rechtsvorstellungen an dem trust-Gut geschaffenen (Eigentums-) Berechtigungen sind dann den Kategorien des deutschen Sachenrechts zuzuordnen (anzupassen).

---

471) MünchKomm (-Birk) RdNr.122 vor Art.24-26 EGBGB; IPG 1979 Nr.33 (Köln) zum testamentary trust.

472) Serick, FS Nipperdey II (1965) 663 zum trust. Vgl. im übrigen unten Fn.877.

473) Bei in Deutschland befindlichen trust-Werten fallen Erb- und Sachstatut in der Praxis nur auseinander, wenn der testamentary trust von einem in den USA domizilierten US-Staatsangehörigen an beweglichem Vermögen in Deutschland begründet worden ist.

474) Vgl. Staudinger (-Firsching) Vorbem.221 vor Art.24-26 EGBGB; Graue, FS Ferid (1978)151, 172; MünchKomm (-Birk) RdNr.121 vor Art.24-26 EGBGB; Soergel (-Kegel) Rz.564 vor Art.7 EGBGB; Serick, FS Nipperdey II (1965) 663; zum italienischen Recht Trib.di Oristano 15.3.1956, For.it.1956 I 1019, 1021.

F. Zusammenfassung

Dem angloamerikanischen testamentary trust ähnelt im deutschen Recht in funktioneller Hinsicht am ehesten eine Verbindung von Testamentsvollstreckung und Nacherbfolge. Der testamentary trust ist deshalb als ein Institut mit vorwiegend erbrechtlicher Zielsetzung und Funktion erbrechtlich zu qualifizieren und dem Regelungsbereich der Art.24,25 EGBGB zu unterstellen. Fragen seiner Entstehung und Verwaltung können einheitlich angeknüpft werden. Maßgebend ist daher grundsätzlich das letzte Heimatrecht des Testators. Eine Ausnahme hiervon kann sich aus der Regelung des Art.28 EGBGB ergeben, nämlich dann, wenn ein deutscher Erblasser an in den Vereinigten Staaten belegenem Grundbesitz einen testamentary trust bestellt; dieser trust untersteht der amerikanischen lex rei sitae.

Die freie Bestimmung des anzuwendenden Rechts durch den Erblasser ist im deutschen internationalen Erbrecht nicht zulässig[475]. Eine dennoch in das Testament aufgenommene Rechtswahlbestimmung kann aber (bei Erblassern amerikanischer Staatsangehörigkeit) unter bestimmten Voraussetzungen bei der Prüfung einer möglichen Rück- oder Weiterverweisung durch das amerikanische Kollisionsrecht beachtlich werden[476].

Fragen der Formerfordernisse bei der trust-Errichtung und der Auslegung der letztwilligen Verfügung sind gesondert anzuknüpfen. Die dingliche Rechtslage an in Deutschland befindlichem trust-Vermögen beurteilt sich immer nach deutschem (Belegenheits-) Recht.

---

475) BGH 29.3.1972, NJW 1972, 1001, 1002; Palandt (-Heldrich) Art.24 EGBGB Anm.2; siehe ferner oben Fn.399 a.E.

476) Insbesondere soweit bewegliches Vermögen betroffen ist; vgl. unten 3.Hauptteil 2.Kapitel B.II.3.

5. Kapitel: Totten trust

A. Funktionsäquivalentes Institut im deutschen Recht

Der bank account trust in der oben beschriebenen Form des Totten trust dient im amerikanischen Recht dazu, Bankeinlagen nach dem Tode des Kontoinhabers aus dessen Nachlaß herauszunehmen und sie ohne Durchführung eines langwierigen Nachlaßverfahrens unmittelbar einem anderen zukommen zu lassen[477]. Zu Lebzeiten ist der Kontoinhaber, der sich selbst zugunsten des Bedachten zum trustee bestellt hat, unbeschränkt verfügungsbefugt über das Bankguthaben. Bis zum Tode des Errichters hat der beneficiary nur eine "Hoffnung" (expectancy) auf Erhalt des Guthabens. Erst ab dem Zeitpunkt des Todes steht dem Begünstigten das bis dahin vom Errichter in trust gehaltene Forderungsrecht gegenüber der Bank auf Auszahlung der Einlage zu[478].

Bei der Suche nach einem dem Totten trust funktional vergleichbaren Institut des deutschen Rechts stößt man auf den (Bank-) Vertrag zugunsten Dritter auf den Todesfall. Diese Rechtsfigur hat zum Inhalt, daß der Inhaber eines Kontos bei einer Bank oder Sparkasse mit dem Geldinstitut vereinbart, daß nach seinem Tode ein bestimmter oder zumindest bestimmbarer Dritter berechtigt sein soll, die Auszahlung des Gutha-

---

477) Ausführlich oben 1.Hauptteil 4.Kapitel B.IV.

478) Dies verkennt der BGH in seiner Entscheidung vom 15.4.1959, RabelsZ 25 (1960) = NJW 1959,1317, wenn er ausführt, der Begünstigte erlange schon bei trust-Bestellung ein (auflösend bedingtes) Vollrecht an dem Bankguthaben; kritisch hierzu auch Knauer, RabelsZ 25 (1960)318, 334.

bens an sich zu verlangen[479]. Diese Abrede zwischen Kontoinhaber und Bank hat ihre Rechtsgrundlage in den §§ 328 ff BGB. Der hier geregelte sog.(echte) Vertrag zugunsten Dritter ist kein eigener, selbständiger Vertragstypus[480]; ihre Wirkung entfalten die §§ 328ff BGB vielmehr erst in Verbindung mit einem beliebigen schuldrechtlichen Verpflichtungsvertrag, hier mit einem (unregelmäßigen) Verwahrungsvertrag gem. §§ 700, 607 ff BGB[481]. Sie ermöglichen dann eine Ausgestaltung dieses Vertrages dahin, daß auch einer dritten, nicht am Vertragsschluß beteiligten Person einzelne Forderungsrechte aus dieser Vertragsbeziehung zukommen sollen. Obwohl nicht selbst Vertragspartei, wird der Dritte unmittelbar Inhaber eines aus dem Vertragsverhältnis zwischen Kontoinhaber (Versprechensempfänger) und Bank (Versprechendem) abgespaltenen schuldrechtlichen Forderungsrechts[482]. Grundlage des Forderungsrechts des Dritten ist dabei nicht eine - aufschiebend bedingte - Abtretung des vertraglichen Anspruches gemäß § 398 BGB, also ein Verfügungsgeschäft, sondern einzig die schuldrechtliche Abrede zwischen Versprechensem-

---

479) BGH 19.10.1983, NJW 1984,480, 481; unerheblich ist, ob diese Abrede vor oder nach Eröffnung des Kontos getroffen wird; hierzu BGB-RGRK (-Ballhaus) § 328 BGB Rdn.2. Zu den einzelnen Möglichkeiten siehe beispielsweise RG 25.2.1915, RGZ 88,137; RG 8.2.1923, RGZ 106, 1; BGH 9.11.1966, BGHZ 46,198; BGH 26.11.1975, BGHZ 66,8 = NJW 1976,749; Soergel (-Wolf) § 2301 BGB Rz.16; MünchKomm (-Gottwald) § 328 BGB RdNr.36f.

480) MünchKomm (-Gottwald) § 328 BGB RdNr.15

481) Palandt (-Putzo) Einf.3 o vor § 607 BGB; Palandt (-Thomas) § 700 BGB Anm.1.

482) BGH 9.4.1970, BGHZ 54,145, 147.

pfänger und Versprechendem[483]. Allein von dieser Vertragsbeziehung, dem sog. Deckungsverhältnis, hängt es ab, ob der Dritte überhaupt einen eigenen Anspruch erwirbt und gegebenenfalls ab welchem Zeitpunkt ihm der Anspruch zusteht[484]. Diese Fragen sind durch Auslegung des Vertrages zwischen Bank und Kontoinhaber zu klären[485]. Ergibt die Auslegung, daß der Dritte ein eigenes Forderungsrecht erhalten soll, und soll die Auszahlung des Sparguthabens an den Dritten nach dem Tode des Versprechensempfängers erfolgen, so erwirbt der Dritte das Recht auf die Leistung nach der Auslegungsregel des § 331 I BGB (erst) mit dem Tode des Kontoinhabers. Zu diesem Zeitpunkt erlangt er dann - ohne eigene Mitwirkung, allein kraft des Vertrages - einen unentziehbaren Anspruch auf die zu seinen Gunsten bestimmte Leistung[486]. Ein eigenes Vertragsverhältnis zwischen Bank und Drittem entsteht dadurch aber nicht[487].

Die Form des Vertrages zugunsten Dritter bestimmt sich allein nach dem Deckungsverhältnis; die Rechtsbeziehungen zwischen Versprechensempfänger und begünstigtem Dritten, das

---

483) Palandt (-Heinrichs) Einf.3 vor § 328 BGB; bei einer Abtretung müßte der Dritte selbst mitwirken, was in den hier zugrundeliegenden Fällen zumeist nicht gegeben ist; zudem erwirbt der Abtretungsempfänger ein von dem Abtretenden abgeleitetes Forderungsrecht, während der Dritte das Forderungsrecht im Falle des § 328 I BGB unmittelbar erlangt; hierzu BGB-RGRK (-Ballhaus) Vorbem.3 vor § 328 BGB.

484) Palandt (-Heinrichs) Einf.2a vor § 328 BGB, MünchKomm (-Gottwald) § 331 BGB RdNr.1, § 328 BGB RdNr.21

485) § 328 II BGB. BGH 19.10.1983, NJW 1984,480, 481.

486) BGB-RGRK (-Ballhaus) § 328 BGB Rdn.18, § 331 BGB Rdn.8.

487) Wohl aber ein vertragsähnliches Vertrauensverhältnis; ausführlich hierzu MünchKomm (-Gottwald) § 328 BGB RdNr.23; Palandt (-Heinrichs) Einf.2c vor § 328 BGB; BGB-RGRK (-Ballhaus) § 328 BGB Rdn.27.

sog. Valutaverhältnis, spielen insoweit keine Rolle[488]. Von Bedeutung ist das Valutaverhältnis dagegen für die Frage, ob der Dritte die ihm zugewendete Leistung auch behalten darf. Die §§ 328, 331 BGB sagen zwar, ob und wann der Dritte den Anspruch erwirbt, sie treffen jedoch keine Aussage über einen möglichen Rechtsgrund für diesen Erwerb[489]. Ein solcher kann sich nur aus der Rechtsbeziehung zwischen Drittem und Versprechensempfänger ergeben[490]. Das Valutaverhältnis, zumeist eine Schenkung, kann zu Lebzeiten des Erblassers unmittelbar zwischen ihm und dem Dritten vereinbart werden[491]. Daneben kann nach der Rechtsprechung eine lebzeitige Schenkung auch dadurch zustandekommen, daß der Versprechensempfänger den Versprechenden, hier also die Bank, als Boten beauftragt, dem Dritten ein Schenkungsangebot zu übermitteln, das gemäß § 130 II BGB auch noch nach dem Tode des Versprechensempfängers zugehen und nach §§ 151, 153 BGB angenommen werden kann[492]. Ein hiernach wirksam geschlosse-

---

488) Der Vertrag zugunsten Dritter nach § 331 BGB bedarf also insbesondere nicht der Form des § 518 BGB oder der des § 2301 I BGB; ausführlich hierzu BGH 19.10.1983, NJW 1984,480, 481; BGH 26.11.1975, BGHZ 66,8, 12 = NJW 1976,749; Palandt (-Heinrichs) Einf.4 vor § 328 BGB, § 331 BGB Anm.1a; MünchKomm (-Gottwald) § 328 BGB RdNr.20.

489) Soergel (-Wolf) § 2301 BGB Rz.12; Palandt (-Heinrichs) Einf.2 b vor § 328 BGB. Fehlt der Rechtsgrund, so können die Erben über die §§ 812ff BGB Herausgabe des Erlangten fordern.

490) BGH 30.10.1974, NJW 1975,382, 383; MünchKomm (-Gottwald) § 328 BGB RdNr.22; BGB-RGRK (-Ballhaus) § 328 BGB Rdn.30, § 331 BGB Rdn.9.

491) BGH 14.4.1976, WM 1976,744, 746.

492) Der wirksame Zugang kann jedoch durch einen Widerruf nach § 130 I 2 BGB ausgeschlossen sein; das Widerrufsrecht steht nach dem Tode des Schenkers nach § 1922 BGB seinen Erben zu. Ausführlich zum Ganzen BGH 26.11.1975, BGHZ 66,8, 13 = NJW 1976, 749; BGH 30.10.1974, NJW 1975,382, 383; Soergel (-Wolf) § 2301 BGB Rz.12; Palandt (-Edenhofer) §2301 BGB Anm.4a; MünchKomm (-Musielak) § 2301 BGB RdNr.32.

ner Schenkungsvertrag ist zwar grundsätzlich formbedürftig (§§ 518 I 1, 2301 I BGB); da durch den Vertrag nach § 331 BGB aber alles getan ist, damit der schenkweise begründete Anspruch gegen den Versprechenden mit dem Tode des Versprechensempfängers von selbst entsteht, ist die Schenkung bereits vollzogen, so daß weder § 2301 I BGB noch § 518 I BGB anzuwenden sind (§§ 2301 II, 518 II BGB)[493].

Der Vertrag zugunsten Dritter auf den Todesfall im deutschen Recht und der Totten trust des amerikanischen Rechts dienen nach dem Gesagten dem gleichen Zweck. Beide ermöglichen Zuwendungen auf den Todesfall, ohne daß die zwingenden Formvorschriften für letztwillige Verfügungen eingehalten werden müßten. Auch in ihren wesentlichen Rechtswirkungen ähneln sich beide Institute stark. Bis zum Eintritt des Todesfalls hat der Begünstigte weder ein Recht noch eine Anwartschaft, sondern lediglich die "Chance" auf einen künftigen Rechtserwerb[494]. Allein der Kontoinhaber (Versprechensempfänger, settlor) ist zu Verfügungen über das Guthaben befugt. Die Rechtsstellung des Dritten kann jederzeit aufgehoben oder inhaltlich geändert werden[495]. Der Anspruch aus dem Vertrag mit der Bank gehört zum Vermögen des Versprechensempfängers

---

493) BGH 19.10.1983, NJW 1984,480, 481; BGH 30.10.1974, NJW 1975, 382, 383; Kegel, Zur Schenkung von Todes wegen, in: Vorträge der Rheinisch-Westfälischen Akademie der Wissenschaften (1972) 70; Soergel (-Wolf) § 2301 BGB Rz.13; zur Kritik an der von der Rechtsprechung und der herrschenden Meinung zur Wirksamkeit des Vertrages zugunsten Dritter auf den Todesfall befürworteten Lösung siehe MünchKomm (-Musielak) § 2301 BGB RdNr. 34ff.

494) BGH 19.2.1982, NJW 1982,1807, 1808; Palandt (-Heinrichs) § 331 BGB Anm.2a; MünchKomm (-Gottwald) § 331 BGB RdNr.1; BGB-RGRK (-Ballhaus) § 331 BGB Rdn.6. Zum Totten trust oben Fn.313.

495) BGH 19.10.1983, NJW 1984,480, 481; BGB-RGRK (-Ballhaus) § 331 BGB Rdn.20; Palandt (-Heinrichs) § 331 BGB Anm.2a. Zum totten trust siehe oben Fn.308.

und ist für dessen Gläubiger pfändbar[496]. Inhaber des Forderungsrechts wird der Dritte erst mit dem Todesfall. Dann erwirbt er aber einen eigenen Leistungsanspruch, das Forderungsrecht fällt nicht in den Nachlaß des Verstorbenen[497]. Die erbrechtlichen Formvorschriften finden auf das Rechtsgeschäft unter Lebenden keine Anwendung. Dennoch wird bestimmten Personengruppen, insbesondere den Pflichtteilsberechtigten, in gewissem Umfange Schutz vor einer allzu weitgehenden Umgehung des zwingenden (Erb-) Rechts gewährt[498].
Der Vertrag zugunsten Dritter auf den Todesfall ist nach alldem im deutschen Recht als funktionsäquivalentes Institut zum Totten trust anzusehen[499].

---

496) Palandt (-Heinrichs) § 331 BGB Anm.2a; MünchKomm (-Gottwald) § 331 BGB RdNr.1; vgl.ferner BGH 1.7.1981, BGHZ 81,95, 97. Zum Totten trust siehe oben Fn.314.

497) RG 3.6.1902, RGZ 51,403, 404f; RG 25.3.1930, RGZ 128,187, 189; BGH 29.1.1964, BGHZ 41,95, 96; Palandt (-Edenhofer) § 2301 BGB Anm.4; Palandt (-Heinrichs) Vorbem.3 vor § 328 BGB; MünchKomm (-Gottwald) § 331 BGB RdNr.5.

498) Vgl. §§ 2325, 2329, 2287 BGB; Soergel (-Wolf) § 2301 BGB Rz.14. Zum Totten trust vgl. oben Fn.321.

499) So auch Knauer, RabelsZ 25 (1960)318, 333; Zweigert/Kötz, Einführung in die Rechtsvergleichung auf dem Gebiete des Privatrechts II (1984) 175f; vgl. auch Marwede 142; Brunner 79f; Lepaulle, 36 Yale L.J.(1926/27)1126, 1137f; zum italienischen Recht siehe Bisconti, Deposito in nome di terzo e disposizione di ultima volontà (il "Totten trust" in Italia?), Anm. zu Trib.di Catania 5.3.1958, Banca borsa tit.cred.22 (1959) II 100, 106-109.

B. Qualifikation

I. (Un-) Möglichkeit einer einheitlichen Anknüpfung

Der Totten trust ist - wie der echte Vertrag zugunsten Dritter auf den Todesfall - ein Rechtsgeschäft unter Lebenden, mit dem Ziele verwirklicht werden, die ansonsten nur mit letztwilligen Verfügungen erreicht werden können[500]. Die amerikanische Rechtsprechung hat - ähnlich wie in Deutschland - gegen mancherlei Widerstände den Totten trust als Gestaltungsmöglichkeit außerhalb des Erbrechts für die gewillkürte Weitergabe von Vermögensteilen im Todesfalle neben Verfügungen von Todes wegen anerkannt. Einem praktischen Bedürfnis nach erleichterter Weitergabe bestimmter Vermögenswerte wurde Vorrang gegenüber dogmatischen und rechtspolitischen Bedenken eingeräumt. Gerade diese Mittelstellung des Totten trust zwischen Rechtsgeschäften unter Lebenden auf der einen und letztwilligen Verfügungen auf der anderen Seite erschwert seine kollisionsrechtliche Einordnung. Sie macht aber auch deutlich, daß eine einheitliche Gesamtanknüpfung des Totten trust nicht zu befriedigenden Ergebnissen führt. Eine gesellschaftsrechtliche Qualifikation, wie sie bisweilen ohne nähere Unterscheidung allgemein für den (living) trust vorgeschlagen wird, scheidet für den Totten trust aus. Der Totten trust dient - ebenso wie der deutsche Vertrag zugunsten Dritter auf den Todesfall - nicht gesellschaftsrechtlichen Zwecken. Als Gestaltungsform im Wirtschaftsleben hat er keine Bedeutung. Ein verselbständigtes Zweckvermögen, dessen Vorliegen eine entsprechende Anwendung

---

500) So für das deutsche Recht BGH 19.10.1983, NJW 1984,480, 481; allgemein zu den Funktionen einer Schenkung auf den Todesfall Winkler, Die Schenkung auf den Todesfall im internationalen Privatrecht (Diss.München 1967) 56ff.

der im internationalen Gesellschaftsrecht entwickelten Kollisionsnormen rechtfertigen könnte[501], stellt das vom settlor selbst in trust gehaltene Forderungsrecht ebenfalls nicht dar. Eine gesellschaftsrechtliche Einordnung des Totten trust ähnlich der einer juristischen Person würde zudem die erbrechtliche Komponente dieses Instituts gänzlich unberücksichtigt lassen, was nicht sachgerecht wäre.

Dieser letzte Aspekt, die zumindest teilweise erbrechtliche Zielsetzung des Totten trust, könnte als weitere Möglichkeit einer einheitlichen Qualifikation eine erbrechtliche Anknüpfung nahelegen. Eine solche Einordnung des (gesamten) Totten trust unter das Erbstatut des Errichters vertritt Knauer in einer Anmerkung zu einer Entscheidung des Bundesgerichtshofes. Er stellt entscheidend darauf ab, daß beim Totten trust "ihrem Wesen nach erbrechtliche Dispositionen in das Gewand eines Geschäfts unter Lebenden gekleidet werden, um auf einfache und billige Weise Wirkungen wie mit Verfügungen von Todes wegen zu erzielen"[502]. Diese Feststellung ist zutreffend. Sie macht aber nur deutlich, daß bei einer Qualifikation, die sich an den konkreten Funktionen des Totten trust orientiert, die erbrechtlichen Zwecke des Totten trust in irgendeiner Form durch Heranziehung des Erbstatuts Berücksichtigung finden müssen; sie besagt noch nichts darüber, ob deshalb der gesamte Totten trust einheitlich dem Erbstatut zu unterstellen ist, oder ob dieses nur für bestimmte Rechtsbeziehungen bzw. Rechtsfragen maßgebend sein soll. Diese Frage ist vielmehr durch eine Bewertung der dem Totten trust zugrundeliegenden Partei-Interessen zu beantworten. Hilfreich ist hier ein Vergleich mit dem funktionalen (und auch strukturellen) deutschen Spiegelbild des Totten trust, dem

---

501) Vgl. MünchKomm (-Ebenroth) RdNr.65ff nach Art.10 EGBGB.

502) Knauer, RabelsZ 25 (1960)318, 333.

Vertrag zugunsten Dritter auf den Todesfall. Dessen Betrachtung zeigt, daß bei einem Dreiecksverhältnis, wie es auch der Totten trust darstellt, streng zwischen den einzelnen Rechtsbeziehungen, hier insbesondere zwischen dem Deckungsverhältnis (unregelmäßiger Verwahrungsvertrag zugunsten Dritter) und dem Valutaverhältnis (Schenkung), zu trennen ist. Das Deckungsverhältnis bildet die Grundlage für den Rechtserwerb des Dritten, während das Valutaverhältnis die Frage bestimmt, ob der Dritte das erworbene Recht oder den erlangten Gegenstand auch behalten darf oder den Erben des Versprechensempfängers zurückerstatten muß. Die Vertragsbeziehung zwischen Kontoinhaber und Bank wird hier trotz ihrer im Kern erbrechtlichen Zielsetzung als Rechtsgeschäft unter Lebenden dem Schuldrecht zugeordnet (§§ 328 ff BGB). Strittig ist dagegen die Behandlung des Valutaverhältnisses zwischen Versprechensempfänger und Drittem, vor allem die Einordnung als (vollzogene) Schenkung unter Lebenden oder - über § 2301 BGB - als eine den erbrechtlichen Formen bedürfende Schenkung von Todes wegen[503]. Dieser unterschiedlichen Betrachtung der einzelnen Rechtsbeziehungen im materiellen Recht muß auch das Kollisionsrecht Rechnung tragen. Eine einheitliche (erbrechtliche) Qualifikation des Totten trust wird dem Charakter dieses Instituts als eines Dreiecksverhältnisses nicht gerecht[504]. Das Erbstatut hat kein Interesse an einer umfassenden Regelung des zwischen settlor und Bank abgeschlossenen (Verwahrungs-)Vertrages, sondern nur daran, daß seine zwingenden Normen durch die Gestaltungsform des Totten trust nicht umgangen werden. Der Geltungsanspruch des Erbstatuts erstreckt sich damit in weit stärkerem Maße auf das Valutaverhältnis zwischen Schenker und Bedachtem als auf das Deckungsverhältnis zwischen Schenker und der als Mittler eingeschalteten Bank. Auch der Schutz des Geldinstituts vor

---

503) Vgl.MünchKomm (-Musielak) § 2301 BGB RdNr.30-38.

504) Kritisch zu der von Knauer vorgeschlagenen einheitlichen Anknüpfung auch Winkler 248.

der Maßgeblichkeit eines ihm fremden und bei Vertragsschluß oft noch nicht vorhersehbaren Erbstatuts, ein Aspekt, der das Valutaverhältnis nicht berührt, spricht für eine (vom Erbstatut) unabhängige Anknüpfung des Deckungsverhältnisses[505]. Wie im materiellen Recht ist daher auch im Kollisionsrecht bei der Qualifikation des Totten trust zwischen den einzelnen Rechtsbeziehungen, denen unterschiedliche Interessen zugrundeliegen, zu trennen. Eine einheitliche Anknüpfung des Totten trust ohne Beachtung dieser Interessenlagen ist nicht sachgerecht[506].

II. Verhältnis settlor-Bank (Deckungsverhältnis)

1. Anknüpfung

Für die kollisionsrechtliche Einordnung der Rechtsbeziehungen zwischen settlor und Geldinstitut bieten sich beim Totten trust drei Möglichkeiten an. Das Deckungsverhältnis, aufgrund dessen der Dritte im Falle des Todes des Kontoinhabers das Forderungsrecht gegenüber der Bank erwirbt, läßt sich erbrechtlich, dinglich oder schuldrechtlich anknüpfen. Hinsichtlich der ersten Möglichkeit, einer erbrechtlichen Qualifikation, kann auf die vorstehend zur einheitlichen erbrechtlichen Einordnung des Totten trust gemachten Bemerkungen verwiesen werden. Das Erbstatut hat bei Rechtsge-

---

505) Die Interessen des Geldinstituts bei der Anknüpfung eines Bankvertrages betont Czapski, Müssen Geldinstitute die erbrechtlichen Beschränkungen eines ausländischen Kunden berücksichtigen?, WM 1972,150, 151.

506) Ebenso allgemein zum Vertrag zugunsten Dritter auf den Todesfall MünchKomm (-Birk) RdNr.347 vor Art.24-26 EGBGB. Dies übersieht Knauer, RabelsZ 25 (1960)318, 333, wenn er den Totten trust aus deutscher Sicht allein als eine dem Erbstatut zu unterstellende Schenkung von Todes wegen im Sinne von § 2301 BGB ansieht und dabei das Deckungsverhältnis unberücksichtigt läßt.

schäften unter Lebenden, wie sie auch die Errichtung eines Totten trust darstellt, kein Interesse an einer Regelung der Art und Weise des Rechtserwerbs, sondern nur an der Frage, ob der Begünstigte das aufgrund des lebzeitigen Geschäfts Erlangte behalten darf oder ob er es - wegen einer unzulässigen Umgehung der zwingenden erbrechtlichen Normen - ganz oder teilweise an die Erben des settlor oder bestimmte andere durch das Erbrecht geschützte Personengruppen (Pflichtteilsberechtigte, Nachlaßgläubiger) zurückgewähren muß. Das Erbstatut beansprucht also allein Geltung für die Frage, ob eine Ausschaltung seiner für die Weitergabe von Vermögen im Todesfalle aufgestellten Regeln durch Geschäfte unter Lebenden zulässig ist, nicht aber dafür, wie sich der Rechtserwerb des Bedachten im einzelnen vollzieht. Gegen eine erbrechtliche Qualifikation des Deckungsverhältnisses des Totten trust spricht zudem ein Vergleich mit dem funktionsäquivalenten Institut des deutschen Rechts. Der deutsche (Verwahrungs-) Vertrag zugunsten Dritter auf den Todesfall hat zwar - wie der Totten trust - im weitesten Sinne erbrechtliche Funktion; er ist jedoch im deutschen Sachrecht als lebzeitiges Rechtsgeschäft dem Schuldrecht und nicht dem Erbrecht zugeordnet. Diese systematische Stellung des deutschen Spiegelbildes ist bei der Qualifikation des Totten trust zu berücksichtigen. Da mithin weder das deutsche Spiegelbild noch die internationalprivatrechtliche Interessenlage eine erbrechtliche Anknüpfung des Deckungsverhältnisses fordern, ist eine solche nicht geboten[507].

Gleiches gilt von der als weitere Möglichkeit in Betracht zu ziehenden dinglichen (zessionsrechtlichen) Qualifikation des

507) Eine erbrechtliche Qualifikation wäre zudem ohnehin erst nach dem Tode des Kontoinhabers möglich, da vorher dessen Erbstatut noch nicht feststeht.

Deckungsverhältnisses [508]. Die Erklärung des Kontoinhabers, sein Forderungsrecht künftig in trust halten zu wollen, bewirkt keine Veränderung der dinglichen Rechtslage. Alleiniger Forderungsinhaber bleibt der settlor, der sich selbst zum trustee bestellt hat. Der Auszahlungsanspruch des settlor wird dem Begünstigten nicht etwa - aufschiebend bedingt - abgetreten, sondern entsteht im Augenblick des Todes des Errichters unmittelbar in der Person des Dritten ("by operation of law") [509]. Vor dem Erbfall erhält der Bedachte zwar infolge der trust-Erklärung ein beneficial interest an dem Forderungsrecht, die einem beneficiary normalerweise zustehenden dinglich wirkenden Schutzrechte (Surrogation, tracing) hat der Begünstigte eines Totten trust aber nicht [510]. Gegen eine dingliche (zessionsrechtliche) Qualifikation des Deckungsverhältnisses des Totten trust spricht zudem wieder

---

508) Eine zessionsrechtliche Anknüpfung jedenfalls der Begründung des Totten trust befürwortet Knauer, RabelsZ 25 (1960)318,335, allerdings nur hilfsweise für den Fall einer von ihm abgelehnten Betrachtung des Totten trust als Geschäft unter Lebenden. Vgl.ferner Graue, FS Ferid (1978)151,173, der die "Wirksamkeit" der Vereinbarung zwischen Bank und Kunden dem "Vertragsstatut" unterstellen will, die "Wirkungen" allerdings dem "Belegenheitsrecht".

509) Dies verkennt Knauer, wenn er zwar zutreffend feststellt, daß beim Totten trust - anders als bei sonstigen living trusts an Forderungen - eine Zession als Konstitutivakt im Verhältnis zwischen settlor und trustee aufgrund der Personenidentität nicht vorliegt, aber gleichwohl meint, eine "Forderungsübertragung" durch unmittelbaren Übergang des Gläubigerrechts auf den Begünstigten finde dennoch statt; eine Übertragung der Forderung liegt beim Totten trust gerade nicht vor, das Recht entsteht vielmehr unmittelbar in der Person des Dritten; vgl. hierzu Matter of Reich, 94 Misc.2d 319, 404 N.Y.S.2d 781 (Sup.Ct.1978); Amidon v. State, 565 P.2d 1248 (Alaska 1977), appeal after remand 604 P.2d 575; Manulik v. Devitt, 176 Conn.663, 410 A.2d 469 (1979); Jones v. First Nat.Bank of Rome, 234 S.E.2d 794, 142 Ga.App.18 (1977); siehe ferner oben Fn.309.

510) Vgl.Schilt v. Duvall, 479 F.2d 1228 (C.A.D.C.1973); In re McFetridge's Estate, 472 Pa.546, 372 A.2d 823 (1977); vgl. ferner oben Fn.307.

eine Betrachtung des funktionsäquivalenten deutschen Vertrages zugunsten Dritter auf den Todesfall, bei dem sich das Forderungsrecht des Dritten ebenfalls nicht von einer Verfügung (Abtretung) des Kontoinhabers ableitet, sondern allein auf der vertraglichen Abrede zwischen Kunde und Bank beruht[511].

Diese Überlegungen führen zu einer schuldrechtlichen Anknüpfung des Deckungsverhältnisses. Eine solche Qualifikation entspricht nicht nur der Einordnung des deutschen Spiegelbildes, sie wird auch am besten den Interessen der beteiligten Parteien gerecht. Insbesondere das Geldinstitut hat ein berechtigtes Interesse, seine vertraglichen Verpflichtungen und Befugnisse Rechtsregeln zu unterstellen, die ihm vertraut sind und auf deren Anwendung es in Verhandlungen mit dem settlor hinwirken kann[512]. Den Erwartungen des Kontoinhabers, der Leistungen des Geldinstituts in Anspruch nimmt, widerspricht ein solches Vorgehen nicht. Eine schuldrechtliche Qualifikation des Deckungsverhältnisses bietet zudem den Vorteil, daß sämtliche Rechtsbeziehungen zwischen Kunde und Bank, also gegebenenfalls auch solche, die nicht unmittelbar mit der trust-Bestellung (dem Deckungsverhältnis) zusammenhängen, einem einheitlichen Statut unterstellt werden können[513]. Einer schuldrechtlichen Einordnung steht im übrigen nicht entgegen, daß die Errichtung des Totten trust im amerikanischen Recht nicht - wie im deutschen Recht bei den §§ 328, 331 BGB - durch vertragliche Abrede, sondern durch

---

511) BGB-RGRK (-Ballhaus) Vorbem.3 vor § 328 BGB; Palandt (-Heinrichs) Einf.3 vor § 328 BGB.

512) Vgl.Czapski, WM 1972, 150f.

513) Zum Beispiel aus deutscher Sicht der Auftrag zur Übermittlung des Schenkungsangebotes bei einem noch nicht zu Lebzeiten des Schenkers abgeschlossenen Schenkungsvertrages. Vgl. Kegel, Zur Schenkung von Todes wegen im deutschen internationalen Privatrecht, Festschrift Zepos II (1973)313, 322.

eine einseitige Erklärung des Kontoinhabers erfolgt[514]. Entscheidend ist, daß hierdurch die Rechtsbeziehungen zwischen Kontoinhaber und Bank in bestimmter Weise umgestaltet werden, insbesondere, daß das Geldinstitut befugt und verpflichtet wird, nach dem Tode des settlor an den Begünstigten mit befreiender Wirkung zu leisten[515]. Diese Rechtsfolge der trust-Bestellung ist aus deutscher Sicht schuldrechtlicher Natur.

2. Maßgebliche Rechtsordnung

Die schuldrechtliche Anknüpfung des Deckungsverhältnisses ermöglicht es den Parteien, den von ihnen geschlossenen Vertrag durch kollisionsrechtliche Verweisung einem bestimmten Recht zu unterstellen. Eine solche Wahl des anzuwendenden Rechts wird im deutschen internationalen Schuldrecht grundsätzlich anerkannt (Grundsatz der Parteiautonomie)[516]. Haben die Beteiligten keine ausdrückliche oder stillschweigende Rechtswahl getroffen, so ist die maßgebliche Rechtsordnung durch eine Feststellung des Schwerpunktes des Vertragsverhältnisses zu ermitteln; dies geschieht durch eine objektiv ausgerichtete Interessenabwägung (sog. hypothetischer Parteiwille), bei der unter anderem der Geschäftssitz der Parteien und die Erbringung der vertragscharakteristischen Leistung von Bedeutung sind[517]. Bei Verträgen mit einem Bankinstitut führt diese Interessenabwägung regelmäßig dazu, die Rechtsbeziehungen zwischen Kunde und Bank dem am Orte

---

514) Vgl.oben 1.Hauptteil 4.Kapitel B.IV. Siehe ferner Marwede 124, 141.

515) Vgl. oben Fn.311.

516) Hierzu ausführlich BGH 13.6.1984, IPRax 1985,221, 223; BGH 4.7.1969, BGHZ 52,239; BGH 6.2.1970, BGHZ 53,189; Palandt (-Heldrich) Vorbem.2a aa vor Art.12 EGBGB.

517) BGH 22.9.1971, BGHZ 57,72; BGH 19.9.1973, BGHZ 61,221; Palandt (-Heldrich) Vorbem.2a cc vor Art.12 EGBGB.

der (Zweig-) Niederlassung des Geldinstituts geltenden Recht zu unterstellen[518]. Mangels abweichender Parteiwahl beurteilt sich damit das Deckungsverhältnis im Rahmen des Totten trust nach dem Recht am Sitz des Bankinstituts[519].

3. Regelungsbereich

Das so gefundene Schuldstatut regelt zunächst alle diejenigen Rechtsfragen, die sich im Verhältnis zwischen settlor und Bank stellen. Es entscheidet insbesondere darüber, welche Bedeutung in Zweifelsfällen die Parteien ihren Erklärungen beimessen wollten (Auslegung), ob ein Rechtsgeschäft mit dem beabsichtigten Inhalt überhaupt möglich ist (z.B. als Totten trust oder als Vertrag zugunsten Dritter auf den Todesfall gemäß §§ 328,331 BGB) und ob es wirksam zustandegekommen ist[520]. Weiters bestimmt das für das Deckungsverhältnis maßgebliche Schuldstatut die Wirkungen des Rechtsgeschäfts, das heißt die Fragen, ob überhaupt und gegebenenfalls wann der Dritte ein eigenes Forderungsrecht erhält, ob der Begünstigte den Anspruch unmittelbar in eigener Person

---

518) Palandt (-Heldrich) Vorbem.6n vor Art.12 EGBGB; Kegel, Die Bankgeschäfte im deutschen internationalen Privatrecht, in: Aktuelle Fragen aus modernem Recht und Rechtsgeschichte, Gedächtnisschrift für Rudolf Schmidt (1966)215, 221,236; Jayme, Kollisionsrecht und Bankgeschäfte mit Auslandsberührung (1977)31,38; Reithmann (-Martiny), Internationales Vertragsrecht[3] (1980) RdNr.69.

519) So für den Totten trust BGH 10.6.1968, DNotZ 1969,300, 301 = WM 1968,1170, wo aber nicht zwischen Deckungs- und Valutaverhältnis unterschieden wird; ähnlich BGH 15.4.1959, RabelsZ 25 (1960)313, 314 = NJW 1959,1317; ebenso für den Vertrag zugunsten Dritter auf den Todesfall MünchKomm (-Birk) RdNr.347 vor Art.24 EGBGB; Winkler 246. Diese Anknüpfung entspricht im Ergebnis derjenigen des amerikanischen Kollisionsrechts; siehe hierzu unten 3.Hauptteil 2.Kapitel B.III.2.e).

520) Vgl.Graue, FS Ferid (1978)151, 173; Winkler 251.Allgemein zum Anwendungsbereich des Schuldstatuts Palandt (-Heldrich) Vorbem.4 vor Art.12 EGBGB.

oder abgeleitet von dem settlor erlangt, und ob zum Forderungserwerb eine Benachrichtigung des Dritten oder sein Beitritt erforderlich sind[521]. Die Maßgeblichkeit des Deckungsverhältnisses erklärt sich hier daraus, daß allein dieses und nicht etwa das Valutaverhältnis die Grundlage der Rechtsposition des Dritten, insbesondere seiner möglichen Rechtsinhaberschaft, bildet[522]. Darüberhinaus unterliegt auch die Rechtsstellung des Begünstigten gegenüber dem Bankinstitut, vor allem die Auslegung des genauen Umfanges des dem Dritten zukommenden Forderungsrechts, den Regeln des auf das Dekkungsverhältnis anzuwendenden Schuldstatuts. Schließlich beantwortet das Schuldstatut noch die wichtige Frage, ob das in trust gehaltene Sparguthaben nach dem Tode des Kontoinhabers in dessen Nachlaß fällt oder ob es außerhalb der Erbfolge auf den Bedachten übergeht. Betroffen ist hier das Schicksal des Forderungsrechts gegenüber der Bank, dessen Bestehen, Umfang, Übergang und Erlöschen allein durch das Deckungsverhältnis zwischen Bank und Kontoinhaber bestimmt werden. Zwar entscheidet grundsätzlich das Erbstatut darüber, ob vorhandene Aktiva zur Nachlaßmasse gehören oder nicht[523]. Die Frage aber, ob überhaupt im Augenblick des Todes ein bestimmtes Aktivum vorhanden ist, ob also beispielsweise eine Forderung dem Erblasser oder einem Dritten zusteht, ist im deutschen Kollisionsrecht selbständig anzuknüpfen und dem für diese rechtliche Beziehung maßgeblichen

---

521) Vgl. Winkler 251.

522) Vgl. MünchKomm (-Birk) RdNr.349 vor Art.24 EGBGB.

523) BGH 15.4.1959, RabelsZ 25 (1960)313, 316 = NJW 1959, 1317.

Recht zu unterstellen[524]. Beim Totten trust ist dies das auf das Deckungsverhältnis anzuwendende Schuldstatut[525].

---

524) Die selbständige Anknüpfung dieser Vorfrage entspricht der ganz herrschenden deutschen Praxis; siehe ausführlicher BGH 15.4.1959, RabelsZ 25 (1960)313, 314 = NJW 1959,1317; KG 7.10.1976, DNotZ 1977,749, 750 = OLGZ 1977,457; OLG Köln 22.10.1974, OLGZ 1975,1, 4; LG Köln 1.2.1979, IPRspr.1979 Nr.27a; Soergel (-Kegel) Rz.8 vor Art.24 EGBGB; MünchKomm (-Birk) RdNr.42,146 vor Art.24-26 EGBGB; Staudinger (-Firsching) Vorbem.285 zu Art.24-26 EGBGB; Frankenstein IV 320; Coester, Probleme des internationalen Erbrechts, JA 1979,351, 353.

525) BGH 10.6.1968, DNotZ 1969,300, 301 = WM 1968,1170. Nach amerikanischem Recht fällt der Auszahlungsanspruch des settlor gegen die Bank beim Totten trust nicht in dessen Nachlaß; Entsprechendes gilt für das deutsche Recht beim funktionsäquivalenten Vertrag zugunsten Dritter auf den Todesfall gemäß § 331 BGB; vgl. oben bei Fn.310 und 497. Eine andere Frage ist es jedoch, ob dieser Übergang außerhalb des Erbrechts Bestand haben kann; hierauf wird im folgenden bei der Behandlung des Valutaverhältnisses einzugehen sein.

III. Verhältnis settlor - beneficiary (Valutaverhältnis)

1. Schenkung auf den Todesfall

Der Begünstigte eines Totten trust erhält das ihm im Augenblick des Todes des Kontoinhabers zufallende Bankguthaben in der Regel schenkweise zugewendet[526]. Zwischen settlor und beneficiary erfolgt daher mit Errichtung des Totten trust eine Schenkung, deren Wirksamkeit bis zum Todeszeitpunkt aufgeschoben ist (Schenkung auf den Todesfall)[527]. Darüberhinaus bestehen zwischen settlor und Begünstigtem keine weiteren, aus deutscher Sicht als schuldrechtlich einzustufende Rechtsbeziehungen. Insbesondere das besondere Pflichtenverhältnis zwischen trustee und beneficiary, das andere trusts kennzeichnet, existiert beim Totten trust nicht. Der beneficiary kann von dem settlor, der zugleich trustee ist, nicht die Einhaltung bestimmter trust-Anordnungen verlangen, er kann den settlor nicht dazu zwingen, mit dem Bankguthaben in bestimmter Weise zu verfahren, er kann Geldabhebungen durch den settlor nicht verhindern und ihm stehen diesem gegenüber weder Surrogations- noch Schadensersatzansprüche zu. Ihre Ursache hat die schwache Rechtsstellung des Begünstigten eines Totten trust darin, daß der Errichter Handlungen, die ihm als trustee verwehrt sind (z.B. Abhebungen zum eigenen Verbrauch), ohne weiteres in seiner Eigenschaft als settlor,

---

526) Erbringt er ausnahmsweise einmal eine angemessene Gegenleistung, so beurteilen sich die Rechtsbeziehungen zwischen settlor und beneficiary nach dem jeweils maßgeblichen Vertragsstatut.

527) Der Ausdruck "Schenkung auf den Todesfall" wird im folgenden als Oberbegriff für Schenkungen unter Lebenden und Schenkungen von Todes wegen, die zwar ebenfalls zu Lebzeiten des Schenkers ins Werk gesetzt, aber kraft gesetzlicher Wertung (§ 2301 I BGB) den letztwilligen Verfügungen gleichgestellt werden, verwendet.

der zu jederzeitigem Widerruf der trust-Bestellung befugt ist, vornehmen darf[528].

Die für die kollisionsrechtliche Betrachtung entscheidenden Rechtsbeziehungen im Verhältnis zwischen settlor und beneficiary erschöpfen sich damit beim Totten trust in einer Schenkung auf den Todesfall, deren kollisionsrechtliche Einordnung im folgenden vorgenommen werden soll. Dem zu gewinnenden Valuta-Statut unterstehen dann alle Rechtsfragen, die das Verhältnis zwischen Errichter und beneficiary betreffen. Insbesondere beantwortet die für das Valutaverhältnis maßgebende Rechtsordnung die Frage, ob zwischen Kontoinhaber und Drittem eine wirksame Schenkungsabrede zustandegekommen ist, ob die Schenkung der erbrechtlichen Form bedarf, ob der settlor seine Schenkung widerrufen kann und ob die Erben nach dem Tode des settlor das Bankguthaben von dem Begünstigten herausverlangen können[529].

2. Abgrenzung zwischen Schenkung unter Lebenden und Schenkung von Todes wegen

a) Maßgebliche Rechtsordnung

Schwierigkeiten bei der internationalprivatrechtlichen Behandlung einer Schenkung auf den Todesfall bereitet vor

528) Vgl. oben Fn. 307.

529) Vgl. Winkler 253; zum materiellen Recht Palandt (-Heinrichs) Einf.2b vor § 328 BGB; Palandt (-Edenhofer) § 2301 BGB Anm. 4, 4a. Bei fehlendem oder unwirksamem Valutaverhältnis könnten die Erben ihr Herausgabeverlangen im deutschen Recht auf die §§ 812ff BGB stützen; in deren Rahmen ist die (Vor-) Frage nach dem rechtlichen Grund für den Erwerb selbständig anzuknüpfen und dem für das Valutaverhältnis des Totten trust maßgebenden Statut zu unterstellen; vgl. BGH 15.4.1959, RabelsZ 25 (1960)313, 314 = NJW 1959,1317.

allem deren Mittelstellung zwischen Schenkungen unter Lebenden einerseits und letztwilligen Verfügungen andererseits. Schenkungen auf den Todesfall sind regelmäßig lebzeitige Rechtsgeschäfte, deren Wirkung erst beim Tode des Schenkers eintritt und die zu einer Verkürzung des Nachlasses des Schenkers führen. Entscheidende Bedeutung kommt hier der Frage zu, ob und gegebenenfalls in welchem Umfange eine solche Umgehung der erbrechtlichen Normen durch ein Rechtsgeschäft unter Lebenden zulässig ist, ob sie verboten ist, oder ob sie nur bei Einhaltung der erbrechtlichen Formen gestattet wird. Die Beantwortung dieser Fragen hängt aus deutscher Sicht davon ab, ob das Rechtsgeschäft, hier der Totten trust, im Valutaverhältnis als Schenkung unter Lebenden oder als eine den letztwilligen Verfügungen gleichzusetzende Schenkung von Todes wegen[530] anzusehen ist, eine Unterscheidung, die im deutschen Recht § 2301 BGB enthält; beide Schenkungen werden materiellrechtlich unterschiedlich behandelt[531] und können verschiedenen Statuten unterstehen. Kollisionsrechtlich stellt sich die Frage, welcher Rechtsordnung die Abgrenzung zwischen den beiden Arten lebzeitiger Schenkungen entnommen werden soll. Sie ist im deutschen Recht umstritten. In Betracht kommen drei Rechtsordnungen, die (deutsche) lex fori, das Schenkungsstatut und das Erbstatut. Bei der Bestimmung der für die Abgrenzung maßgeblichen Rechtsordnung wird man in zeitlicher Hinsicht unterscheiden müssen. Stellen sich noch zu Lebzeiten des Schenkers Rechtsfragen, die das Valutaverhältnis zu dem Begünstigten betreffen, ist also die Abgrenzung noch vor dem Tode des Schenkers vorzunehmen, so scheidet eine Heranziehung des -

---

530) Genauer wäre der Ausdruck "Schenkungsversprechen von Todes wegen"; der Begriff "Schenkung von Todes wegen" ist jedoch gebräuchlicher und soll daher im folgenden beibehalten werden.

531) Siehe beispielsweise zur Form einerseits § 518 I BGB mit § 518 II BGB, andererseits § 2301 I BGB. Vgl. Kegel, Zur Schenkung von Todes wegen,25.

noch nicht feststehenden - Erbstatuts aus[532]. Die Entscheidung ist nur noch zwischen der lex fori und dem Schenkungsstatut zu treffen. Es handelt sich hierbei um ein Problem der Qualifikation. Diese hat - wie bereits erwähnt - grundsätzlich von den Rechtsvorstellungen des deutschen Rechts, hier also von den in § 2301 BGB vorgegebenen Abgrenzungskriterien auszugehen[533]. Ein Abweichen von diesem Grundsatz ist nur dann geboten, wenn eine Qualifikation nach der lex fori nicht zu sachgerechten Ergebnissen führt. Gerade Schenkungen auf den Todesfall sind nun in den einzelnen Rechtsordnungen in der unterschiedlichsten Art und Weise ausgestaltet[534]. Der Vielgestaltigkeit der Schenkung auf den Todesfall würde es nicht gerecht, die Abgrenzung zwischen Schenkungen unter Lebenden und solchen von Todes wegen allein der deutschen lex fori zu entnehmen. In diesem Falle bestünde die Gefahr einer willkürlichen Grenzziehung, wenn für beide Gestaltungsformen unterschiedliche Statuten maßgebend sind[535]. Zudem ist es gerade bei der Beurteilung einer fremden Rechtsfigur wie des Totten trust nicht leicht, die auch im deutschen Sachrecht im einzelnen umstrittenen Voraussetzungen für eine beim Tode des Erblassers noch nicht vollzogene Schenkung im Sinne von § 2301 BGB auszumachen. Diese Überlegungen sprechen dafür, die Zuordnung des Totten trust zu einer der beiden Schenkungsformen nicht der deutschen lex fori, sondern der lex causae, also dem Schenkungs-

---

532) Henrich, Die Schenkung von Todes wegen in Fällen mit Auslandsberührung, Festschrift Firsching (1985) 111, 119; Frankenstein IV 533.

533) Für eine Abgrenzung (Qualifikation) nach der lex fori daher BFH 20.9.1951, IPRspr.1950/51 Nr.111; stillschweigend nach der lex fori qualifiziert auch BGH 15.4.1959, RabelsZ 25 (1960)313, 314f.

534) Ausführlich hierzu Winkler 2-44; Henrich, FS Firsching (1985) 111-118; Kegel, FS Zepos II (1973)313, 329f.

535) Vgl.MünchKomm (-Birk) RdNr.344 vor Art.24-26 EGBGB; Winkler 123, 141-145, 172f; siehe ferner Kegel, FS Zepos II (1973) 313, 334-336.

statut, zu unterstellen[536]. Maßgebend ist daher - bei Fehlen einer vorrangigen Parteiwahl - das am Ort des gewöhnlichen Aufenthalts des Schenkers geltende Recht[537].

Nach dem Tode des Schenkers kommt als weitere Möglichkeit eine Qualifikation nach dessen Erbstatut in Betracht. Hier erscheint es sachgerecht, diesem den Vorrang vor dem Schenkungsstatut einzuräumen[538]. Ein Interesse daran, daß die erbrechtlichen Normen nicht durch in Rechtsgeschäfte unter Lebenden gekleidete, den Nachlaß verkürzende Verfügungen umgangen werden, hat in erster Linie das Erbstatut, nicht das Schenkungsstatut oder gar die lex fori[539]. Deshalb sollte auch allein das Erbstatut des Schenkers entscheiden, ob es den Totten trust als Schenkung von Todes wegen den letztwilligen Verfügungen gleichstellen oder ob es ihn als Schenkung

---

536) Ebenso allgemein zur Schenkung auf den Todesfall Henrich, FS Firsching (1985)111, 119f; Frankenstein IV 533; Zitelmann, Internationales Privatrecht II (1912) 998; vgl. auch Staudinger (-Firsching) Vorbem.180 zu Art.24-26 EGBGB; Kegel, FS Zepos II (1973)313, 330-332.

537) Diese Anknüpfung des Schenkungsstatuts entspricht der heute herrschenden Meinung; siehe Henrich, FS Firsching (1985) 111, 121; MünchKomm (-Martiny) RdNr.162 vor Art.12 EGBGB; Palandt (-Heldrich) Vorbem.6a dd vor Art.12 EGBGB.

538) Ebenso Winkler 193, der im übrigen eine Doppelqualifikation der Schenkung auf den Todesfall befürwortet; ähnlich Kegel, FS Zepos II (1973)313, 331f, der im Ergebnis nach den leges causae (Erb- und Schenkungsstatut) qualifiziert, dann aber zur Vermeidung von Normwidersprüchen nicht - wie Winkler - (nur) für Fragen der Abgrenzung dem Erbstatut den Vorrang gegenüber dem Schenkungsstatut gibt, sondern die Schenkung auf den Todesfall im ganzen dem Erbstatut unterstellt (S.336).

539) Vgl. Graue, FS Ferid (1978) 151, 154.

unter Lebenden ansehen will[540]. Die Abgrenzung zwischen den Schenkungsformen unterfällt nach Eintritt des Erbfalles dem Regelungsbereich der Art. 24, 25 EGBGB; maßgebend hierfür ist daher das Erbstatut des settlor[541].

b) Statutenwechsel

Auch bei einem Statutenwechsel zwischen Begründung des Totten trust und Erbfall sollte dem Erbstatut, also dem Personalstatut des Schenkers zur Zeit des Todes, die Entscheidung über die Abgrenzung überlassen bleiben. Allein dieses und nicht das Personalstatut bei Vornahme des lebzeitigen Rechtsgeschäfts[542] ist dazu berufen, eine mögliche Umgehung seiner zwingenden Normen durch erst im Todeszeitpunkt wirkende Geschäfte festzustellen[543].
Die für die Frage der Zulässigkeit und Bindungswirkung letztwilliger Verfügungen in Analogie zu Art. 24 III EGBGB

540) Ebenso für den Totten trust Winkler 250; wohl auch Knauer, RabelsZ 25 (1960) 318, 334; Graue, FS Ferid (1978) 151, 173; allgemein für die Schenkung auf den Todesfall Henrich, FS Firsching (1985) 111, 120; Scheuermann, Statutenwechsel im internationalen Erbrecht (1969) 114; Rabel IV 370; MünchKomm (-Birk) RdNr.344 vor Art.24-26 EGBGB; vgl. auch Frankenstein IV 533.

541) Die Entscheidung BGH 23.2.1983, FamRZ 1983, 476 läßt ausdrücklich offen, ob die Abgrenzung anhand der lex fori oder des Erbstatuts zu erfolgen hat.

542) So aber wohl - allgemein für Schenkungen auf den Todesfall - Soergel (-Kegel) Rz.57 vor Art.24 EGBGB; Staudinger (-Firsching) Vorbem.180 zu Art.24-26 EGBGB; Henrich, FS Firsching (1985) 111, 121; offen gelassen bei Scheuermann 115.

543) Vgl. MünchKomm (-Birk) RdNr.345 vor Art.24-26 EGBGB; so wohl auch Frankenstein IV 533; Zitelmann II 998 (das Erbstatut bestimmt, ob es selbst angewandt sein will oder ob es an das frühere Statut anknüpft).

entwickelten Grundsätze[544] sind nicht anwendbar. Der zulässige Rahmen einer Analogie wäre hier, wo es um die Entscheidung geht, ob überhaupt ein den letztwilligen Verfügungen gleichzustellendes Rechtsgeschäft vorliegt, und nicht darum, ob eine letztwillige Verfügung gültig errichtet ist, wohl überschritten. Zudem ist zweifelhaft, ob die Gründe, die zu einer Erweiterung des Art. 24 III EGBGB geführt haben, bei Schenkungen auf den Todesfall, wie sie aus deutscher Sicht auch dem Totten trust zugrundeliegen, gegeben sind. Eine Gleichbehandlung mit den bindenden Verfügungen von Todes wegen (insbesondere dem Erbvertrag und dem gemeinschaftlichen Testament) wäre nämlich nur dann gerechtfertigt, wenn der Schenker schon zu Lebzeiten irgendeine Bindung an sein Versprechen einginge, sei es gegenüber dem Begünstigten oder dem Dritten[545]. Gerade dies ist aber bei einem Totten trust, der jederzeit durch bloßes Abheben vom Konto widerrufen werden kann, nicht der Fall. Ordnet das Erbstatut - anders als das bei trust-Bestellung maßgebliche Personalstatut des Schenkers - den Totten trust als Schenkung von Todes wegen ein, ist daher dem Interesse des Erbstatuts, über den Umfang einer zulässigen Ausschaltung seiner zwingenden Normen durch lebzeitige Rechtsgeschäfte selbst abschließend zu entscheiden, Vorrang einzuräumen gegenüber dem Interesse des Schenkers an der dauerhaften Wirksamkeit eines einmal von ihm zu Lebzeiten ins Werk gesetzten, jedoch jederzeit widerruflichen Rechtsgeschäfts; dies gilt umso mehr, als Erbstatut im deutschen Kollisionsrecht ohnehin dasjenige Recht ist, mit dem der Erblasser - über seine Staatsangehörigkeit - mutmaßlich am engsten verbunden ist, und geschützte Rechtspositionen Dritter beim Totten trust nicht zu beachten sind, so daß die für die Anwendung des Art. 24 III EGBGB sprechenden Gesichtspunkte der Rechtssicherheit und des Vertrauensschutzes hier zurücktreten können. Im umgekehrten

---

544) Hierzu ausführlich Soergel (-Kegel) Rz.45, 46 vor Art.24 EGBGB; Palandt (-Heldrich) Art.24 EGBGB Anm.3a.

545) Scheuermann 115.

Falle, wenn also das nach einem Staatsangehörigkeitswechsel maßgebliche Erbstatut den Totten trust nunmehr als Schenkung unter Lebenden und nicht mehr - wie zuvor das Personalstatut - als solche von Todes wegen ansieht, ist mit der Maßgeblichkeit des Erbstatuts sowohl den Interessen des Erbstatuts als auch denen des Schenkers und Beschenkten Genüge getan[546].

c) Sachenrechtliche Vollzugsakte

Aufgabe des Erbstatuts ist es nach dem Gesagten, nach dem Tode des settlor die Zuordnung des Totten trust im Valutaverhältnis zu Schenkungen unter Lebenden oder Schenkungen von Todes wegen vorzunehmen. Stellt das Erbstatut dabei als Unterscheidungskriterium auf den (lebzeitigen) Vollzug der Schenkung ab[547], so bestimmt es auch die Tatbestandsvoraussetzungen dieses Abgrenzungsmerkmales. Ist danach für den Vollzugseintritt ein sachenrechtlicher Vollzugsakt (Eigentumsübertragung, Anwartschaftserwerb) erforderlich, befindet über dessen Vorliegen allerdings die lex rei sitae[548].

d) Abgrenzungsergebnisse

Sind als für die Abgrenzung maßgebliche Rechtsordnung entweder das deutsche oder ein amerikanisches Recht berufen, so wird der Totten trust im Valutaverhältnis voraussichtlich

---

546) A.A.Henrich, FS Firsching (1985) 111, 121f; vgl. zum Ganzen auch Winkler 195-203.

547) So das deutsche Recht in § 2301 BGB; zu anderen Möglichkeiten siehe Winkler 51-55.

548) Winkler 193f; Rabel IV 370; Zitelmann II 997f; Henrich, FS Firsching (1985) 111, 119, 122. Bei Abtretung einer Forderung entscheidet das Recht, dem die Forderung untersteht.

als Schenkung unter Lebenden und nicht als ein den letztwilligen Verfügungen gleichzustellendes Schenkungsversprechen von Todes wegen eingestuft werden. Im amerikanischen Recht ist die Rechtslage eindeutig. Hier sind inzwischen - nach anfänglichem Zögern - Totten trusts als zulässige Rechtsgeschäfte unter Lebenden, die nicht den erbrechtlichen Formen genügen müssen, anerkannt, obwohl nicht verkannt wird, daß der Totten trust im Kern erbrechtliche Zwecke verfolgt ("poor man's will")[549].

Zweifelhafter ist die Einordnung des Totten trust, wenn man die Abgrenzungsmaßstäbe des deutschen Rechts, also § 2301 II BGB, zugrundelegt. Folgt man hier der von der Rechtsprechung und dem überwiegenden Schrifttum zum Vertrag zugunsten Dritter auf den Todesfall vertretenen Auffassung[550], so wird man auch den Totten trust, der diesem deutschen Institut in allen wesentlichen Punkten gleicht, als vollzogene Schenkung ansehen müssen, die nicht dem Regelungsbereich des § 2301 I BGB unterfällt. Anders wäre aber zu entscheiden, wenn man die gegenteilige Ansicht vertritt und zumindest das Valutaverhältnis im Rahmen des Vertrages zugunsten Dritter auf den Todesfall als Umgehungsgeschäft den erbrechtlichen Vorschriften unterstellt[551]. Bei deutschen Erblassern und dementsprechender Maßgeblichkeit deutschen Rechts hängt die Zuordnung des Totten trust also entscheidend davon ab, wie man sich zu den im deutschen Recht zu § 2301 II BGB entwickelten Auffassungen stellt.

---

549) Siehe oben bei Fn. 321-323.

550) Siehe oben bei Fn. 492, 493.

551) So für den Totten trust im Ergebnis Winkler 250 (vgl. auch 251f); Knauer, RabelsZ 25 (1960) 318, 333f; aus italienischer Sicht Bisconti, Banca borsa tit.cred. 22 (1959) II 100, 109-111.

3. Schenkung von Todes wegen

Kommt man aufgrund des maßgeblichen (deutschen oder ausländischen) Abgrenzungsstatuts zu dem Ergebnis, daß dem Totten trust ein Schenkungsversprechen von Todes wegen zugrundeliegt, ist als nächster Schritt diejenige Rechtsordnung zu bestimmen, der das so eingestufte Valutaverhältnis unterstehen soll. Vor Eintritt des Erbfalles scheidet die Heranziehung des Erbstatuts aus; hier kann die Schenkung von Todes wegen sinnvollerweise nur an das Schenkungsstatut angeknüpft werden[552]. Nach dem Tode des Kontoinhabers bietet es sich jedoch an, die Schenkung von Todes wegen dessen Erbstatut zu unterstellen. Schenkungen von Todes wegen werden im (deutschen) Sachrecht wie letztwillige Verfügungen behandelt. Sie führen zu Lebzeiten des Schenkers zu keiner Schmälerung seines Vermögens, entfalten ihre Rechtswirkungen erst nach dem Erbfall und bezwecken wie Verfügungen von Todes wegen allein eine Regelung für die Zeit nach dem Tode des Schenkers. Diese funktionelle Ähnlichkeit der Schenkung von Todes wegen mit letztwilligen Verfügungen spricht dafür, sie dem Regelungsbereich der Art. 24, 25 EGBGB zuzuordnen. Maßgebend ist daher insoweit das Erbstatut des settlor[553].

4. Schenkung unter Lebenden

Ordnet das maßgebliche Erbstatut des Schenkers das einem Totten trust zugrundeliegende Valutaverhältnis als Schenkung unter Lebenden ein, so fragt sich, welcher Kollisionsnorm

---

552) Henrich, FS Firsching (1985) 111, 121.

553) Ebenso BGH 15.4.1959, RabelsZ 25 (1960) 313, 314 = NJW 1959, 1317; BFH 20.9.1951, IPRspr.1950/51 Nr.111; Soergel (-Kegel) Rz.57 vor Art.24 EGBGB; MünchKomm (-Birk) RdNr.343, 347 vor Art.24-26 EGBGB; Palandt (-Heldrich) Art.24 EGBGB Anm.3 a; Staudinger (-Firsching) Vorbem.180 zu Art.24-26 EGBGB; Ferid 309; Frankenstein IV 533; Henrich, FS Firsching (1985) 111, 121; IPG 1973 Nr. 39 (Köln).

des deutschen Rechts diese Schenkung unterfällt.
Abzulehnen ist hier in jedem Falle die Auffassung, die bei einem Bankvertrag zugunsten Dritter auch die Rechtsbeziehungen zwischen Schenker und Beschenktem dem am Niederlassungsort der Bank geltenden Recht unterwerfen will[554]. Hier wird nicht ausreichend zwischen Deckungs- und Valutaverhältnis unterschieden und deshalb verkannt, daß das Valutaverhältnis für die Rechtsbeziehungen zwischen Kunde und Bank keine unmittelbare Bedeutung hat[555]. Das Geldinstitut wird durch Zahlung an den ihm benannten Dritten frei, unabhängig davon, ob dieser dann das ihm übertragene Guthaben im Verhältnis zu den Erben behalten darf oder nicht[556]. Ein Schutzbedürfnis der Bank, das möglicherweise die Heranziehung des ihr vertrauten Niederlassungsrechts rechtfertigen könnte, ist nicht gegeben.

In Betracht kommen daher nur eine schenkungsrechtliche oder erbrechtliche Qualifikation der auf den Todesfall gestellten Schenkung unter Lebenden. Gegen eine erbrechtliche Einordnung, die ohnehin erst nach dem Tode des Schenkers möglich wäre[557], spricht allerdings schon eine Betrachtung des deutschen Spiegelbildes. Eine im Sinne des § 2301 II BGB vollzogene Schenkung wird - trotz ihrer im Kern erbrechtlichen Funktion - wie jede andere lebzeitige Schenkung behandelt

---

554) So Czapski, WM 1972, 150, 151.

555) Ebenso Soergel (-Kegel) Rz.57 vor Art.24 EGBGB Fn.11 a.E.

556) Das Freiwerden der Bank beurteilt sich nach dem für das Deckungsverhältnis maßgebenden Recht, nicht etwa nach dem Erbstatut.

557) Henrich, FS Firsching (1985) 111, 122.

und dem Schuldrecht, nicht dem Erbrecht zugeordnet[558]. Auch die internationalprivatrechtliche Interessenlage legt eher eine schenkungsrechtliche als eine erbrechtliche Qualifikation nahe. Nach der hier vertretenen Auffassung bleibt es dem Erbstatut überlassen, ob es den Totten trust als Schenkung unter Lebenden oder als Schenkung von Todes wegen behandelt. Sieht das Erbstatut den Totten trust als Schenkung unter Lebenden an und verzichtet es darauf, ihn als den letztwilligen Verfügungen gleichzustellendes Rechtsgeschäft in seinen Anwendungsbereich einzubeziehen, so wird damit deutlich, daß an einer umfassenden Regelung dieser Schenkung kein Interesse besteht. Mit der Entscheidung über die Einordnung ist den Interessen des Erbstatuts Genüge getan[559]. Die Schenkung unter Lebenden auf den Todesfall ist daher dem Schenkungsstatut zur Zeit der Vornahme der Schenkung zu unterstellen[560]. Maßgebend ist damit das am Orte des gewöhnlichen Aufenthaltes des Schenkers geltende Recht[561].

---

558) Dennoch sprechen sich unter Betonung des erbrechtlichen Zweckes auch der vollzogenen Schenkung auf den Todesfall für eine erbrechtliche Qualifikation aus Kegel, FS Zepos II (1973) 313, 336f; Wolff, Das internationale Privatrecht Deutschlands[3] (1954) 229; unklar Henrich, FS Firsching (1985) 111, 123 ("Wirksamkeit des Rechtsgeschäfts" bei vollzogener Schenkung nach Erbstatut).

559) Zu der Beachtlichkeit bestimmter erbrechtlicher Schutznormen siehe anschließend unter IV.

560) Frankenstein IV 533; MünchKomm (-Birk) RdNr.347 vor Art. 24-26 EGBGB; wohl auch BGH 15.4.1959, RabelsZ 25 (1960) 313, 314; Rabel IV 369f; vgl. auch Winkler 285, der eine Doppelqualifikation der Schenkung auf den Todesfall befürwortet.

561) Vgl. oben Fn.537. A.A. Winkler 252 ("akzessorische" Anknüpfung des Valutaverhältnisses eines Vertrages zugunsten Dritter auf den Todesfall an das Deckungsverhältnis).

IV. Erbrechtliche Schutznormen

1. Qualifikation

Trotz der Zulassung des Totten trust bzw. des Vertrages zugunsten Dritter auf den Todesfall als Rechtsgeschäfte unter Lebenden verkennen weder das amerikanische noch das deutsche Recht die Notwendigkeit, bestimmte Personengruppen vor einer allzu weitgehenden und unbeschränkten Umgehung der erbrechtlichen Normen durch lebzeitige Schenkungen zu schützen. Beide Rechtsordnungen enthalten deshalb Vorschriften, die die Rechtsstellung von am Umfang des Nachlasses interessierten Personen stärken sollen. Insbesondere sind hier die Regeln über die Ausgleichungspflicht unter Miterben, die Anrechnung auf den Pflichtteil und den Pflichtteilergänzungsanspruch sowie zum Schutze von Nachlaßgläubigern zu erwähnen[562]. Solche Schutznormen, deren Zweck es ist, eine gänzliche Aushöhlung des Erbrechts durch lebzeitige Rechtsgeschäfte zu verhindern, sind erbrechtlich zu qualifizieren. Unabhängig von der Einordnung des Deckungs- oder des Valutaverhältnisses der genannten Rechtsinstitute bestimmen sie

---

562) Vgl.im deutschen Recht §§ 2050 III, 2079, 2315, 2325, 2329, 2287 BGB. Im amerikanischen Recht bestehen ähnliche Schutzrechte zugunsten des überlebenden Ehegatten; siehe hierzu oben Fn. 321. Zudem haftet der Begünstigte eines Totten trust bei unzulänglichem Nachlaß mit dem geschenkten Guthaben für Nachlaßverbindlichkeiten; vgl. Prentice-Hall III para.3604.10; Restatement, Second, Trusts § 58 com.d.

sich allein nach dem Erbstatut des Schenkers[563].

2. Datumtheorie, Substitution

Im Rahmen dieser Schutznormen des Erbstatuts kann jedoch wiederum der Totten trust Bedeutung erlangen, auch wenn er selbst einer oder mehreren anderen Rechtsordnungen untersteht. Ein Beispiel soll dies erläutern. Ein in den Vereinigten Staaten lebender deutscher Staatsangehöriger, der bei einer amerikanischen Bank einen Totten trust errichtet hat, der damit aus deutscher Sicht sowohl hinsichtlich des Dek-

563) Rabel IV 369; Frankenstein IV 564-570; Wolff 228; Münch Komm (-Birk) RdNr.194,169-172 vor Art.24-26 EGBGB; Soergel (-Kegel) Rz.19,55 vor Art.24 EGBGB; Winkler 228-230; ebenso zum französischen Recht Travers, De la validité, au point de vue du droit francais, des trusts créés par des étrangers sur des biens soumis à la loi francaise ou par des Francais sur des biens situés hors de France, Rev.d.i.p. 1909, 521,535; Bates, Common Law Express Trusts in French Law, 40 Yale L.J. (1930/31) 34, 42; zum schweizerischen Recht vgl. Bloch, SJZ 46 (1950) 65, 69; Dreyer 137,150. Wohl a.A. für Ausgleichungspflicht BGH 10.6.1968, DNotZ 1969, 300, 301 = WM 1968, 1170 (maßgebend Statut des auszugleichenden Vermögensgegenstandes); a.A. für Pflichtteilsergänzungsanspruch Zitelmann II 999-1004; Frankenstein IV 401-404 (maßgebend Personalstatut des Beschenkten; für eine solche Anknüpfung spricht zwar der Schutz des Beschenkten, der nur nach Maßgabe seines Personalstatuts haften soll; dagegen läßt sich aber die mangelnde Schutzwürdigkeit des unentgeltlichen Erwerbs anführen sowie die Tatsache, daß sich die Rechtsstellung der Pflichtteilsberechtigten allein nach dem Erbstatut bestimmt und es sinnwidrig wäre, wenn das Personalstatut des Beschenkten dem Pflichtteilsberechtigten z.B. eine stärkere Stellung verliehe, als ihm nach dem Erbstatut zukäme). Die eigenständige Anknüpfung der erbrechtlichen Schutznormen entspricht auch der angloamerikanischen Praxis; siehe Restatement, Second, Trusts § 270 com. e; Dicey/Morris, The Conflict of Laws[10] (1980 mit Ergänzungsband 1983) II 675; ferner unten Fn.796. Zum Problem des Statutenwechsels in diesen Fällen siehe Scheuermann 116f; MünchKomm (-Birk) RdNr.171, 172 vor Art. 24-26 EGBGB.

kungs- wie auch des Valutaverhältnisses amerikanischem Recht unterfällt, wird über die Art.24, 25 EGBGB nach deutschem Recht beerbt; der Totten trust ist insoweit bedeutungslos. Hinterläßt der deutsche Errichter Pflichtteilsberechtigte, so finden über Art.24, 25 EGBGB auch die eingangs erwähnten erbrechtlichen Schutznormen, wie beispielsweise § 2079 BGB, Anwendung. Diese Vorschrift bestimmt, daß eine letztwillige Verfügung dann angefochten werden kann, wenn der Erblasser einen zur Zeit des Erbfalls vorhandenen Pflichtteilsberechtigten übergangen hat, dessen Vorhandensein ihm bei der Errichtung der Verfügung nicht bekannt war, oder der erst nach der Errichtung pflichtteilsberechtigt wurde. Ausgeschlossen ist die Anfechtung nach § 2079 S.2 BGB, soweit anzunehmen ist, daß der Erblasser auch bei Kenntnis der Sachlage an seiner Verfügung festgehalten hätte. Zweck des § 2079 BGB ist es, die unbeabsichtigte Übergehung eines nach Errichtung der letztwilligen Verfügung hinzugekommenen Pflichtteilsberechtigten durch den Erblasser zu verhindern. Bei der Prüfung der Tatbestandsvoraussetzungen des § 2079 BGB kommt somit dem (hypothetischen) Übergehungswillen des Erblassers entscheidende Bedeutung zu[564]. Der Zweck der Regelung legt es nahe, bei der Feststellung dieses Willens nicht nur Umstände heranzuziehen, die sich unter der Herrschaft des deutschen Rechts ereignet haben, sondern auch solche, die im Geltungsbereich einer fremden Rechtsordnung verwirklicht wurden. Damit können auch Rechtsvorgänge, die selbst nicht dem deutschen Recht unterstehen, Bedeutung bei der Auslegung des Übergehungswillens im Sinne von § 2079 BGB gewinnen. Bezogen auf den Totten trust bedeutet dies, daß die mit seiner Hilfe bewirkte(lebzeitige) Zuwendung eines Bankguthabens an einen Pflichtteilsberechtigten, die selbst dem amerikanischen Recht untersteht, im Rahmen des § 2079 BGB möglicherweise als Indiz dafür gewertet werden kann, daß ein "Übergehen" des Pflichtteilsberechtigten im Sinne dieser

---

564) Palandt (-Edenhofer) § 2079 BGB Anm.2 c.

Vorschrift nicht vorliegt bzw. daß der Erblasser gerade wegen dieser anderweitigen Zuwendung seine den Pflichtteilsberechtigten nicht bedenkende letztwillige Verfügung bewußt weiterbestehen ließ, so daß eine Anfechtung nach § 2079 BGB regelmäßig nicht in Betracht kommt[565]. Ungeachtet seiner kollisionsrechtlichen Einordnung gewinnt damit der Totten trust als Faktum Bedeutung bei der Bestimmung des Erblasserwillens im Sinne von § 2079 BGB[566]. Dogmatisch betrachtet liegt hierin ein Anwendungsfall der sog. "Datumtheorie"[567]. Diese Theorie besagt, daß bei Anwendbarkeit deutschen Sachrechts unter Umständen ausländische Rechtsregeln unter den Tatbestand der maßgeblichen inländischen Sachnormen subsumiert werden können. Rechtsfolgenormen eines ausländischen Rechts können danach den Tatbestand inländischer Normen ausfüllen, wobei aber die endgültige Rechtsfolge immer der maßgeblichen deutschen Sachnorm entnommen wird. Das fremde Recht wird damit nicht als Ganzes angewendet, sondern bloß im Rahmen inländischer Normen berücksichtigt. Die Maßgeblichkeit der aufgrund vorangegangener kollisionsrechtlicher Überlegungen gefundenen Rechtsordnung wird nicht in Frage gestellt; das ausländische Recht wird nur als Faktum ("Datum")

---

565) Ebenso zum ähnlich gelagerten Fall einer Zuwendung mittels einer "joint tenancy" BayObLG 1.2.1980, BayObLGZ 1980, 42, 51 = IPRax 1982,111; hierzu Firsching, Joint tenancy im internationalen Erbrecht - Erbscheinsverfahren nach einem ausländischen (hier US-) Erblasser, IPRax 1982,98. Zum amerikanischen Recht siehe in diesem Zusammenhang UPC § 2-508 und hierzu Averill 84f.

566) Ähnliche Überlegungen wie zu § 2079 BGB ergeben sich z.B. bei § 2315 BGB oder bei § 2050 III BGB, wo jeweils mit Bezug auf den Totten trust zu prüfen ist, ob der Erblasser (stillschweigend) eine Ausgleichung bzw. Anrechnung angeordnet hat oder nicht; zum Fall des § 2050 III BGB siehe BGH 10.6.1968, DNotZ 1969, 300 = WM 1968,1170.

567) Die Terminologie ist uneinheitlich; häufig wird allgemein von "Auslandssachverhalt im materiellen Recht" gesprochen; vgl. Schurig, Kollisionsnorm und Sachrecht (1981) 313.

in den Tatbestand des maßgeblichen (deutschen) Sachrechts einbezogen[568].

Die Datumtheorie in der eben beschriebenen Form berührt die Problemkreise der Vorfrage und der Substitution. Die Abgrenzung dieser Institute ist bisher noch ungeklärt. Im Rahmen der vorliegenden Untersuchung genügen folgende Hinweise. Die Streitfrage einer selbständigen oder unselbständigen Anknüpfung der Vorfrage[569] ist in der Praxis nur dann von Bedeutung, wenn das zu klärende präjudizielle Rechtsverhältnis im Tatbestand einer ausländischen Sachnorm enthalten ist[570]. Die Datumtheorie, die die Ausfüllung der Tatbestandselemente einer inländischen Sachnorm durch ausländische Rechtsregeln betrifft, überschneidet sich daher allenfalls zu einem Teil mit der Vorfragenproblematik. Aber auch im übrigen unterscheiden sich beide Institute in ihrem Ansatz und in ihrer Fragestellung erheblich. Das Problem der Vorfrage betrifft die Suche nach der für ein bestimmtes, für die Anwendung einer Sachnorm präjudizielles Rechtsverhältnis maßgebenden Rechtsordnung und ist damit im Kollisionsrecht angesiedelt. Demgegenüber gelangt die Datumtheorie überhaupt erst dann zur Anwendung, wenn die kollisionsrechtliche Suche nach der oder den auf einen Lebenssachverhalt anwendbaren Rechtsordnungen zur Gänze abgeschlossen, die Ebene des Kollisions-

---

568) Ausführlich zur Datumtheorie in der deutschen Lehre Jayme, Ausländische Rechtsregeln und Tatbestand inländischer Sachnormen - Betrachtungen zu Ehrenzweigs Datum-Theorie, Gedächtnisschrift Ehrenzweig (1976) 35-49; Jayme, Begriffe und Instrumente, 424; Grundmann, Berücksichtigung ausländischer Rechtsvorstellungen im Strafrecht - Zur "Datumtheorie" im internationalen Strafrecht, NJW 1985, 1251, 1252f.

569) Ausführlich hierzu MünchKomm (-Sonnenberger) Einl.RdNr. 314-335.

570) Ist es im Tatbestand einer deutschen Sachnorm angesiedelt, so kommt ohnehin nur eine Anknüpfung nach der deutschen lex fori, die hier zugleich lex causae ist, in Betracht; vgl. Kegel, IPR 159.

rechts also bereits verlassen ist[571]. Die Datumtheorie ist im Sachnormbereich gegründet und damit der Suche nach dem jeweils maßgeblichen Recht und also auch der Vorfragenproblematik zeitlich nachgeordnet. Eine Überschneidung beider Instrumente besteht daher nicht. Die Datumtheorie setzt zwar logisch voraus, daß sich derjenige Rechtsvorgang, der möglicherweise im Rahmen des Tatbestandes einer inländischen Norm Bedeutung erlangt, unter der Herrschaft eines fremden Rechts verwirklicht hat, was durch - zumindest stillschweigende - kollisionsrechtliche Einordnung dieses Vorganges, hier des Totten trust, zu klären ist. Führt nun die Qualifikation des Totten trust- wie regelmäßig - zur Maßgeblichkeit amerikanischen Rechts, so stellt sich als nächster Schritt aus deutscher Sicht die Frage - und dies ist der Anwendungsbereich der Datumtheorie - , ob dieser dem amerikanischen Recht unterstehende Totten trust den Tatbestand einer deutschen Sachnorm ausfüllen kann oder nicht. Die Datumtheorie konkretisiert damit die Auslegung inländischer Tatbestandsmerkmale und stellt klar, daß diese nicht nur durch inländische, sondern auch durch ausländische Rechtsvorgänge und Rechtsnormen ausgefüllt werden können; sie verweist aber nicht - wie bei der Vorfragenanknüpfung - auf eine (fremde) Rechtsordnung, die zur selbständigen Entscheidung auch über eine Rechtsfolge berufen sein soll. Nach der Datumtheorie hat fremdes Recht nur Bedeutung als "Sachverhaltsmaterial", die Rechtsfolge wird allein dem deutschen Recht entnommen. Die Datumtheorie hat daher im Gegensatz zur Vorfragenproblematik eher rechtsvergleichenden, nicht kollisionsrechtlichen Charakter.

Von der Substitution unterscheidet sich die Datumtheorie darin, daß hier nicht - wie bei ersterer - die Ersetzbarkeit

---

571) Vgl. Mansel, Zur Kraftfahrzeughalterhaftung in Auslandsfällen, VersR 1984, 97, 105.

deutscher Tatbestandselemente durch funktional gleichwertige, oft hoheitliche fremde Rechtsakte in Frage steht[572], sondern allein die Mitberücksichtigung ausländischer Rechtsregeln im Rahmen der Tatbestandsprüfung deutscher Sachnormen. Bei der Substitution wird, wie bereits der Name besagt, ein Tatbestandsmerkmal einer deutschen Norm durch einen gleichwertigen ausländischen Rechtsvorgang ersetzt, also vollständig erfüllt; der fremde Rechtsakt wird als eigenständiger, einem deutschen Rechtsbegriff gleichkommender Vorgang anerkannt. Nach der Datumtheorie bilden die ausländischen Rechtsregeln dagegen nur (zusätzliches) Tatsachen-Material für die Ausfüllung des Tatbestandes deutscher Sachnormen; eine Gleichsetzung zwischen inländischem Rechtsbegriff und ausländischem Rechtsvorgang erfolgt nicht, das fremde Recht wird nur mitberücksichtigt bei der Auslegung der deutschen Normen. Ein weiteres Beispiel soll diesen Unterschied verdeutlichen. Zu den oben erwähnten erbrechtlichen Schutznormen, die sich unabhängig von der Einordnung des Totten trust immer nach dem Erbstatut des trust-Errichters beurteilen, gehört im deutschen Recht auch § 2325 BGB, wonach ein Pflichtteilsberechtigter dann, wenn der Erblasser in den letzten zehn Jahren vor seinem Tode einem Dritten eine Schenkung gemacht hat, als Ergänzung des Pflichtteils den Betrag verlangen kann, um den sich der Pflichtteil erhöht, wenn der verschenkte Gegenstand dem Nachlaß hinzugerechnet wird. Entscheidende Bedeutung bei der Anwendung des § 2325 BGB kommt der Frage zu, was unter einer (lebzeitigen)"Schenkung" im Sinne dieser Vorschrift zu verstehen ist. Internationalprivatrechtlich richtet sich die (Vor-)Frage, ob überhaupt ein bestimmter Lebensvorgang, hier die Errichtung eines Totten trust, eine Schenkung darstellt, nach dem Schenkungssta-

572) Zum Begriff der Substitution ausführlich Hug, Die Substitution im internationalen Privatrecht (1983) 1-3.

tut[573]; ist Schenkungsstatut im konkreten Fall ein ausländisches Recht und sieht dieses den fraglichen Vorgang als Schenkung an, so fragt sich als nächstes, ob diese Schenkung nach fremdem Recht einer Schenkung im Sinne der deutschen Sachnorm des § 2325 BGB entspricht. Dies ist durch Auslegung des § 2325 BGB zu klären. Zweck dieser Vorschrift ist es, eine Aushöhlung von Pflichtteilsansprüchen durch lebzeitige Schenkungen des Erblassers zu verhindern[574]. Dieses Ziel legt es nahe, als Schenkungen im Sinne des § 2325 BGB nicht nur solche zu verstehen, die unter der Herrschaft und in den Formen des deutschen Rechts erfolgen, sondern jede Art der unentgeltlichen Weitergabe von Vermögen im Sinne der §§ 516 ff BGB, auch wenn sich deren Voraussetzungen und Wirkungen selbst nach einer anderen Rechtsordnung als der deutschen beurteilen. Bezogen auf den Totten trust bedeutet dies, daß er, selbst wenn er im Deckungs- und im Valutaverhältnis amerikanischem Recht untersteht, im Rahmen des § 2325 BGB Bedeutung erlangen kann. Der Totten trust erfüllt als lebzeitiges Rechtsgeschäft bei funktionaler Betrachtung aus deutscher Sicht den Rechtsbegriff der Schenkung im Sinne von § 2325 BGB und ist damit bei deutschem Erbstatut bei der Berechnung des Pflichtteilsanspruches zu beachten. Das Tatbestandsmerkmal "Schenkung" wird durch den Totten trust ersetzt; der Totten trust wird im Rahmen des § 2325 BGB nicht nur als Tatsachenmaterial berücksichtigt, er füllt den Rechtsbegriff der Schenkung vielmehr vollständig aus, entspricht also bei rechtsvergleichender funktionaler Gleichwertigkeitsprüfung einer Schenkung im Sinne von § 2325 BGB[575]. Dies ist ein Anwendungsfall der Substitution, nicht der Datumtheorie[576]. Die Grenzen zwischen Datumtheorie und Sub-

---

573) Vgl. oben 2. Hauptteil 5. Kapitel B.III.4.

574) Vgl. Palandt (-Edenhofer) § 2325 BGB Anm.1.

575) Zum Erfordernis einer funktionsorientierten Vergleichung siehe Hug 131-141; Neuhaus 352.

576) Ähnlich wie bei § 2325 BGB ist die Rechtslage z.B. auch bei § 2287 BGB.

stitution sind jedoch fließend, zumal auch der genaue Anwendungsbereich der Substitution bisher nicht ausreichend geklärt ist[577]. Beiden Einrichtungen gemeinsam ist, daß sie die Ausfüllung des Tatbestandes deutscher Sachnormen und damit ein Problem der Auslegung betreffen[578]. Eine genaue Abgrenzung kann im Rahmen der vorliegenden Untersuchung unterbleiben. An dem oben gefundenen Ergebnis, daß bei Maßgeblichkeit deutschen Rechts als Erbstatut die Tatbestandselemente der deutschen erbrechtlichen Schutznormen auch durch die Errichtung eines Totten trust ausgefüllt werden können, der Totten trust hier also Beachtung finden kann, ändert sich dadurch nichts.

V. Form

Fragen der formwirksamen Begründung eines Totten trust sind im deutschen Kollisionsrecht gesondert anzuknüpfen. Zu unterscheiden ist auch hier zwischen dem Deckungs- und dem Valutaverhältnis. Die Form der Errichtung des Totten trust, also aus deutscher Sicht die Form des (Bank-) Vertrages zugunsten Dritter auf den Todesfall, aus amerikanischer Sicht die Form der einseitigen trust-Erklärung des Kontoinhabers, richtet sich nach Art. 11 EGBGB. Maßgebend ist damit in erster Linie das sog. Wirkungsstatut, das heißt diejenige Rechtsordnung, der das Deckungsverhältnis des Totten trust untersteht[579]. Dies ist nach dem Gesagten regelmäßig das am Sitz der Bank

---

577) Vgl. Hug 23-65.

578) Vgl. Jayme, Gedächtnisschrift Ehrenzweig (1976) 35, 43 (zur Datumtheorie); Hug 5; Neuhaus 352; MünchKomm (-Sonnenberger) Einl.RdNr.355 (zur Substitution).

579) Vgl. Winkler 219 Fn.3.

geltende Recht[580]. Nur hilfsweise genügt die Einhaltung der Formvorschriften des Ortes, an dem der Totten trust errichtet wird (Art. 11 I 2 EGBGB); auch diese Anknüpfung wird in der Regel zum Sitzrecht der Bank führen.

Die Form des einem Totten trust aus deutscher Sicht zugrundeliegenden Valutaverhältnisses beurteilt sich ebenfalls nach Art. 11 EGBGB. Das Haager Abkommen über das auf die Form letztwilliger Verfügungen anzuwendende Recht vom 5.10.1961 ist nicht anwendbar, und zwar auch dann nicht, wenn das Erbstatut des settlor die den Rechtsgrund für den Erwerb des Guthabens bildende Schenkung als Schenkungsversprechen von Todes wegen einstuft; geregelt ist darin nämlich nur die Form letztwilliger Verfügungen, nicht die Form von bindenden Verträgen[581]. Ein Schenkungsversprechen von Todes wegen ist danach jedenfalls dann formgültig, wenn es den Formvorschriften des Erbstatuts entspricht[582]. Sind nur die Formvorschriften des Errichtungsortes eingehalten, ist das Schenkungsversprechen von Todes wegen ebenfalls formgültig, wenn nur das Ortsrecht überhaupt ein solches Rechtsgeschäft kennt und deshalb hierfür eine bestimmte Form zur Verfügung

---

580) Siehe oben 2. Hauptteil 5. Kapitel B.II.
In deutschen Landesgesetzen (Sparkassenverordnungen) ist für rechtsgeschäftliche Erklärungen der Sparkassen häufig Schriftform vorgesehen; ähnliche Regelungen finden sich auch oft im amerikanischen Recht.

581) Henrich, FS Firsching (1985) 111, 122.

582) Art.11 I 1 EGBGB; Henrich, FS Firsching (1985) 111, 122.

stellt[583]. Wird das Valutaverhältnis dagegen vom Erbstatut als Schenkung unter Lebenden angesehen, so ist es formwirksam, wenn es entweder den Formvorschriften des Schenkungsstatuts oder denen des Vornahmeortes entspricht.
Das für die Form maßgebliche Recht entscheidet im übrigen auch darüber, ob bei einem formnichtigen Schenkungsversprechen eine Heilung des Formmangels möglich ist[584].

C. Zusammenfassung

Der Rechtsfigur des amerikanischen Totten trust entspricht im deutschen Recht in funktioneller und größtenteils auch struktureller Hinsicht der (Bank-)Vertrag zugunsten Dritter auf den Todesfall gemäß den §§ 328 II, 331 BGB. Diese funktionelle Verwandtschaft bestimmt die deutsche Qualifikation des Totten trust. Wie im Sachrecht so ist auch im Kollisionsrecht zwischen dem Deckungsverhältnis zwischen settlor und Bank und dem Valutaverhältnis zwischen settlor und Begünstigtem zu unterscheiden. Das Deckungsverhältnis des Totten trust ist aus deutscher Sicht schuldrechtlich einzuordnen und untersteht regelmäßig dem am Niederlassungsort der Bank geltenden Recht. Das Deckungsverhältnis bestimmt alle Rechtsfragen im Verhältnis zwischen dem settlor

---

583) Die hilfsweise Maßgeblichkeit des Ortsrechts ist aber dann strittig, wenn das Ortsrecht - anders als das als Geschäftsrecht maßgebliche Erbstatut - das Valutaverhältnis als Schenkung unter Lebenden einstuft; hierzu ausführlich Winkler 219-222; Palandt (-Heldrich) Art.11 EGBGB Anm.4b; Soergel (-Kegel) Art. 11 EGBGB Rz.17,20; Henrich, FS Firsching (1985) 111, 122. Auf die Frage der Formwirksamkeit ist aber erst dann einzugehen, wenn die generelle Zulässigkeit eines Versprechens von Todes wegen nach dem Erbstatut und damit seine materielle Wirksamkeit feststeht; vgl. IPG 1973 Nr.36 (München); Henrich, FS Firsching (1985) 111, 122.

584) Winkler 164, 221; Soergel (-Kegel) Art.11 EGBGB Rz.33.

und dem Geldinstitut, also beispielsweise die Auslegung der Parteierklärungen, das Zustandekommen des Totten trust, seine Rechtswirkungen, aber auch die Frage, ob das vom settlor in trust gehaltene Bankguthaben nach dessen Tode in den Nachlaß fällt oder ob es außerhalb des Erbrechts auf den Begünstigten übergeht.

Das Valutaverhältnis des Totten trust stellt sich aus deutscher Sicht regelmäßig als Schenkung auf den Todesfall dar. Seine Behandlung folgt damit im wesentlichen den hierfür im deutschen Kollisionsrecht entwickelten Regeln, die freilich im einzelnen umstritten sind. Die Frage, ob der Totten trust als eine den letztwilligen Verfügungen gleichzustellende Schenkung von Todes wegen oder als Schenkung unter Lebenden anzusehen ist, und damit die generelle Zulässigkeit des Totten trust als lebzeitiges Rechtsgeschäft zur Umgehung der zwingenden erbrechtlichen Normen beurteilen sich nach dem Tode des settlor nach dessen Erbstatut, nicht nach der (deutschen) lex fori. Qualifiziert das Erbstatut das Valutaverhältnis des Totten trust als Schenkung von Todes wegen, so ist insoweit nach dem Tode des Errichters dessen Erbstatut maßgebend. Wird der Totten trust dagegen - wie vom amerikanischen und voraussichtlich auch vom deutschen Recht - als Schenkung unter Lebenden angesehen, so ist er hinsichtlich des Valutaverhältnisses schenkungsrechtlich zu qualifizieren und damit dem am Orte des gewöhnlichen Aufenthalts des Schenkers geltenden Recht zu unterstellen. Nach dem so eingeordneten Valutaverhältnis beantworten sich insbesondere die Fragen, ob eine wirksame Schenkung des Bankguthabens zustandegekommen ist, und ob der Begünstigte deshalb nach dem Tode des settlor das ihm zugefallene Guthaben behalten darf oder es an die Erben des settlor aushändigen muß.

Erbrechtliche Schutznormen, beispielsweise solche, die eine allzu weitgehende Aushöhlung des Erbrechts durch lebzeitige Schenkungen zu Lasten der Pflichtteilsberechtigten verhindern sollen, unterstehen unabhängig von der Einordnung des Totten trust dem Erbstatut des settlor. In ihrem Rahmen kann die Errichtung des Totten trust allerdings bei der Ausfüllung der Tatbestandsmerkmale Bedeutung erlangen (Datumtheorie, Substitution).

Die Form sowohl des Deckungs- wie auch des Valutaverhältnisses des Totten trust richtet sich nach Art.11 I EGBGB.

6. Kapitel: Living trust

A. Funktionsäquivalente Institute des deutschen Rechts

I. Zeitliche Trennung

Die Vielfalt der Formen eines living trust sowie die unterschiedlichen Zwecke, die im amerikanischen Recht mit dieser Rechtsfigur verfolgt werden, erschweren die Suche nach funktionsverwandten deutschen Instituten. Eine zusätzliche Schwierigkeit entsteht dadurch, daß im Verlaufe der oft langen Lebensdauer eines living trust häufig die mit seiner Hilfe verfolgten Ziele und Zwecke wechseln. Einen besonderen Einschnitt bildet hier der Tod des Errichters des trust. Während zu Lebzeiten des settlor die (häufig zu seinen eigenen Gunsten erfolgende) fachgerechte Verwaltung des in trust gegebenen Vermögens durch Vertrauenspersonen im Vordergrund steht, verlagert sich nach dem Tode des Errichters der Zweck des trust dahin, Vorsorge für eine dem Willen des Verstorbenen entsprechende Weiterleitung seines Vermögens zu treffen. Diese zeitliche Zweckverschiedenheit des living trust kann Einfluß haben auf die Feststellung funktionsverwandter deutscher Institute und damit mittelbar auch auf die Qualifikation des living trust; diese kann nämlich bei funktionsorientierter Betrachtung unterschiedlich ausfallen, je nachdem, zu welchem Zeitpunkt ein konkreter living trust eine bestimmte Rechtsfrage aufwirft[585]. Der folgenden funk-

---

585) Das - soweit ersichtlich - bisher einzige Beispiel, in dem die Qualifikation eines dem deutschen Recht unbekannten Instituts von zeitlichen Gesichtspunkten und einer damit einhergehenden Zweckänderung abhängig gemacht wird, bildet die islamische Rechtsfigur der Morgengabe ("mahr"), die einmal als Ehevoraussetzung oder Ehewirkung, ein andermal als Scheidungsfolge oder als erbrechtliches Institut angesehen wird; siehe hierzu Heldrich, Das juristische Kuckucksei aus dem Morgenland, IPRax 1983, 64, 65; AG Memmingen 12.12.1984, IPRax 1985, 230.

tionellen Vergleichung des living trust liegt daher eine Trennung in die Zeit vor und nach dem Tode des Errichters zugrunde.

II. Zu Lebzeiten des Errichters

1. Erbrechtliche Institute

Vor Eintritt des Erbfalles können die vom settlor mit Hilfe des living trust verfolgten Ziele im deutschen Recht nicht durch erbrechtliche Institute, etwa durch Anordnung einer Testamentsvollstreckung, erreicht werden. Die Wirkung erbrechtlicher Institute tritt regelmäßig erst mit dem Erbfall ein, nicht aber bereits zu Lebzeiten des Erblassers.

2. Stiftung

Eine Funktionsverwandtschaft zwischen dem trust und der deutschen (rechtsfähigen) Stiftung wurde bereits oben verneint[586]. Einen Sonderfall bildet nur der (living) charitable trust, bei dem ein funktioneller Vergleich mit der deutschen Stiftung und damit auch eine stiftungsrechtliche Qualifikation in Betracht kommen[587]. Für die übrigen Formen des living trust scheidet eine solche Einordnung aber aus.

3. Gesellschaft

Der private express trust - und nur dieser, nicht der kartellrechtliche trust ist Gegenstand der vorliegenden Untersuchung[588] - ist in funktioneller Hinsicht regelmäßig nicht

---

586) Siehe 2.Hauptteil 3.Kapitel A.II.

587) Siehe oben Fn.395.

588) Siehe oben bei Fn.14,15.

einer Gesellschaft des deutschen Rechts gleichzusetzen. Die gewöhnlich im privaten Bereich der Beteiligten liegenden Zwecke, denen der living trust dient, werden im deutschen Recht keinesfalls durch die Bildung rechtsfähiger Kapitalgesellschaften (Aktiengesellschaft, GmbH) verfolgt. Aber auch Personengesellschaften wie die Gesellschaft des BGB, die OHG und KG entsprechen in ihrer Zielrichtung nicht dem living trust. Gesellschaft im Sinne von § 705 BGB ist ein freiwilliger Zusammenschluß mehrerer Personen zur Erreichung eines gemeinsamen Zweckes. Dieser Zweck ist in der Regel wirtschaftlicher Natur (muß es allerdings nicht sein)[589]. Die uneigennützige Förderung der Interessen bestimmter Dritter durch die Gesellschafter ist möglich[590], aber nicht gebräuchlich. Wer unter der Herrschaft des deutschen Rechts einem anderen in der Weise Vermögenswerte zukommen lassen will, wie dies mittels eines trust im amerikanischen Recht möglich ist, wird keine (Handels-) Gesellschaft im Sinne der §§ 705 ff BGB (105 ff, 161 ff HGB) gründen, sondern zu anderen Rechtsinstituten greifen. Der Errichter eines trust ist regelmäßig nicht daran interessiert, selbst unmittelbar oder mittelbar an der (fremdnützigen) Vermögensverwaltung zugunsten des Dritten beteiligt zu sein, sondern möchte diese allein dem hierzu eingesetzten trustee überlassen. Die Gründung einer Gesellschaft, bei der er Mitgesellschafter würde, liegt nicht in seiner Absicht[591].

Einen Sonderfall bildet nur der sog. business trust, bei dem Kapitalgeber ein Vermögen auf trustees übertragen und dabei bestimmen, daß mit seiner Hilfe von den trustees ein bestimmtes Handelsgewerbe zugunsten der Kapitalgeber als beneficiaries zu betreiben ist[592]. Hier besteht eine funktionelle Verwandtschaft mit den deutschen Personen- oder Kapitalge-

---

589) Ausführlich Palandt (-Thomas) § 705 BGB Anm.4a.

590) Palandt (-Thomas) § 705 BGB Anm.4a.

591) Vgl. Lepaulle, 36 Yale L.J.(1926/27) 1126, 1144.

592) Siehe oben Fn.139.

sellschaften, die eine gesellschaftsrechtliche Qualifikation des business trust nahelegt[593].

4. Treuhand

Anders als die kollisionsrechtliche Einordnung des living trust ist seine funktionelle und strukturelle Vergleichbarkeit mit der deutschen Treuhand im deutschen Schrifttum Gegenstand umfangreicher Abhandlungen[594]. Die folgenden Ausführungen können sich daher auf die wesentlichen Überlegungen beschränken.

Einen gesetzlich definierten oder auch nur allgemein anerkannten Rechtsbegriff der Treuhand gibt es im deutschen Recht nicht. Als Vergleichsobjekt zum trust kommt in erster Linie die von der Rechtsprechung entwickelte sog. (fremdnützige) Verwaltungstreuhand in Betracht[595]. Eine solche Treuhand liegt vor, wenn der "Treugeber" aus seinem Vermögen[596]

---

593) Vgl.ausführlicher Kötz 72; Grasmann, System des internationalen Gesellschaftsrechts (1970) Rz.831; Söldner 46f,75f; Fratcher, Trusts, in: Int.Enc.Comp.L.VI (1973) Kap.11 S.104; vgl. im übrigen unten bei Fn.632.

594) Siehe insbesondere Kötz, Siebert, Marwede.

595) Zu anderen Treuhandkonstruktionen, insbesondere zur deutschrechtlichen Treuhand, aber auch zur Ermächtigung und zur Vollmacht, Allen 70-78; Kötz 125f.

596) Das hierin ausgedrückte "Unmittelbarkeitsprinzip" ist allerdings Gegenstand heftiger Kritik; vgl. Soergel (-Schultze-von Lasaulx) Rz.69,70 vor § 164 BGB; Assfalg, Der Schutz des Treuhandbegünstigten gegen abredewidrige Verfügungen des Treuhänders in rechtsvergleichender Sicht, NJW 1970,1902,1903; Kötz 129-136; Huber, Die Rechtsstellung des Treugebers gegenüber Gläubigern und Rechtsnachfolgern des Treuhänders, in: Rechtsvergleichung und Rechtsvereinheitlichung, Festschrift zum 50-jährigen Bestehen des Instituts für ausländisches und internationales Privat- und Wirtschaftsrecht der Universität Heidelberg, hrsg. von Wahl u.a. (1967) 399, 402-419.

einem "Treuhänder" Rechte überträgt oder Rechtsmacht einräumt, die dann der Treuhänder zwar in eigenem Namen ausübt, von denen er aber nur nach näherer Maßgabe eines schuldrechtlichen "Treuhandvertrages" Gebrauch machen darf[597)]. Die Begründung einer (Verwaltungs-)Treuhand erfordert demnach zum einen eine dingliche Vollrechtsübertragung vom Treugeber auf den Treuhänder, zum anderen den Abschluß eines schuldrechtlichen Treuhandvertrages[598)]. Die Rechtsübertragung (Verfügung) erfolgt nach den allgemeinen sachenrechtlichen Regeln (§§ 929 ff, 873 ff, 398 BGB). Die Rechte und Pflichten der Beteiligten werden, da es ein einheitliches, gesetzlich festgeschriebenes Treuhandrecht nicht gibt, allein durch den schuldrechtlichen Treuhandvertrag bestimmt[599)]. Bei diesem Treuhandvertrag handelt es sich entweder um einen Auftrag im Sinne der §§ 662 ff BGB oder - bei entgeltlicher Übernahme durch den Treuhänder - um eine Geschäftsbesorgung im Sinne von § 675 BGB[600)]. Typisch für das Treuhandverhältnis ist eine die schuldrechtlichen Bindungen im Innenverhältnis überschießende Rechtsmacht des Treuhänders über das Treugut im Außenverhältnis[601)]. Bei der Verwaltungstreuhand wird der Treuhänder durch den Treuhandvertrag verpflichtet, die ihm

---

597) Vgl.RG 9.6.1931, RGZ 133, 84,87; MünchKomm (-Thiele) RdNr.27 vor § 164 BGB; Soergel (-Schultze-von Lasaulx) Rz.66,67 vor § 164 BGB; BGB-RGRK (-Steffen) Rdn.26 vor § 164 BGB; Staudinger (-Dilcher) Einl.59 zu §§ 104-185 BGB.

598) MünchKomm (-Thiele) RdNr.31 vor § 164 BGB; Coing, Die rechtsgeschäftliche Treuhand im deutschen internationalen Privatrecht, ZfRV 1974,81, 84; Soergel (-Schultze-von Lasaulx) Rz.71 vor § 164 BGB.

599) Soergel (-Schultze-von Lasaulx) Rz.65,71,72 vor § 164 BGB; Eisenmenger 130f.

600) Liebich/Mathews,, Treuhand und Treuhänder in Recht und Wirtschaft[2] (1983) 71-75; Palandt (-Bassenge) Einf.7 A vor § 929 BGB; Marwede 124f.

601) MünchKomm (-Thiele) RdNr.27 vor § 164 BGB; Staudinger (-Dilcher) Einl.61 zu §§ 104-185 BGB.

übertragene Rechtsmacht nicht im eigenen Interesse, sondern zum Vorteil des Treugebers oder bestimmter Dritter auszuüben[602]. Im letzteren Falle stellt sich die Treuhandabrede als Vertrag zugunsten Dritter gemäß §§ 328 ff BGB dar[603]. Zweck einer solchen Treuhand ist aus der Sicht des Treugebers eine fremdnützige, unparteiische Vermögensverwaltung[604]. Der Treuhänder tritt dabei als Rechtsinhaber im Rechtsverkehr in eigenem Namen auf[605]. Von ihm getätigte Rechtsgeschäfte sind, auch wenn sie nach dem Treuhandvertrag nicht hätten abgeschlossen werden dürfen, regelmäßig wirksam[606]. Der Begünstigte der Treuhandverwaltung hat nach herrschender, wenn auch stark bestrittener Meinung bei treuwidrigen Verfügungen des Treuhänders nur schuldrechtliche Ersatzansprüche, aber keine dinglichen Schutzrechte[607]. Im

---

602) Soergel (-Schultze-von Lasaulx) Rz.65 vor § 164 BGB; Würdinger, The German Trust, 33 J.Comp.Leg.(1951) III, IV 31,33. Die Bindung des Treuhänders ist wegen § 137 BGB nur eine obligatorische; MünchKomm (-Thiele) RdNr.34 vor § 164 BGB.

603) Siebert 203f; Kötz 128; Eisenmenger 129. Im Verhältnis zwischen Begründer und begünstigtem Dritten erfolgt zugleich eine Schenkung nach §§ 516ff BGB.

604) Vgl. Staudinger (-Dilcher) Einl.63 zu §§ 104-185 BGB.

605) BGB-RGRK (-Steffen) Rdn.26 vor § 164 BGB.

606) Staudinger (-Dilcher) Einl.61 zu §§ 104-185 BGB; BGB-RGRK (-Steffen) Rdn.29 vor § 164 BGB; Würdinger, 33 J.Comp.Leg.(1951) 31f.

607) Ausführlich Soergel (-Schultze-von Lasaulx) Rz.73 vor § 164 BGB; Palandt (-Bassenge) Einf.7 B a vor § 929 BGB; Marwede 158-175; kritisch hierzu Assfalg, NJW 1970,1902; Kötz 136-138. Auch ein allgemeiner Surrogationsgrundsatz bezüglich des Treuguts wird von der h.M. abgelehnt; siehe aber Soergel (-Schultze-von Lasaulx) Rz.69,70 vor § 164 BGB zur Möglichkeit, im Treuhandvertrag zu vereinbaren, daß Surrogate mittels antizipierten Besitzkonstituts Treugut werden sollen. Vgl. auch Huber, FS Rechtsvergleichung und Rechtsvereinheitlichung (1967)399, 410-413 (Nichtigkeit einer treuwidrigen Verfügung bei Bösgläubigkeit des Erwerbers über § 134 BGB in Verbindung mit § 266 StGB bzw. über § 138 BGB).

Konkurs des Treuhänders und bei Zwangsvollstreckungsmaßnahmen gegen diesen wird dagegen der Treugeber - und folgerichtig wohl auch ein durch die Treuhandabrede begünstigter Dritter - als sog. "wirtschaftlicher" Eigentümer durch die Gewährung von Aussonderungsrechten nach § 43 KO bzw. Drittwiderspruchsklagen nach § 771 ZPO geschützt[608]. Das Ende des Treuhandverhältnisses wird in erster Linie durch die Vereinbarungen des Treuhandvertrages oder aber durch Zweckerreichung bestimmt[609]. Bei der uneigennützigen Verwaltungstreuhand ist der Treuhänder in der Regel auf Verlangen des Treugebers jederzeit zur Rückübertragung des Treugutes verpflichtet[610].

Vergleicht man nun die deutsche Verwaltungstreuhand mit dem amerikanischen living trust, so stellt man in funktionaler Hinsicht eine weitgehende Übereinstimmung fest. Unabhängig von den mit ihrer Hilfe im Einzelfall verfolgten Absichten dienen beide Rechtsinstitute dazu, eine fremdnützige, inhaltlich nach dem Willen des Begründers bestimmbare Verwaltung bestimmter Vermögensteile durch hierfür geeignete Fachleute oder Vertrauenspersonen zu erreichen. Zu diesem Zweck wird bei beiden Rechtsfiguren das Treugut rechtlich aus dem Vermögen des Treugebers ausgesondert und auf den Treuhänder übertragen, der dann nach Maßgabe der Treuhandabrede (der trust-Anordnungen) zur uneigennützigen Verwaltung im Fremdinteres-

---

608) Ausführlich Soergel (-Schultze-von Lasaulx) Rz.81, 82 vor § 164 BGB; Staudinger (-Dilcher) Einl.63 zu §§ 104-185 BGB; Palandt (-Bassenge) Einf.7 B b vor § 929 BGB; Eisenmenger 132f.

609) Soergel (-Schultze-von Lasaulx) Rz.74 vor § 164 BGB.

610) BGH 9.2.1972, WM 1972,383 = BB 1972,813; Soergel (-Schultze-von Lasaulx) Rz.74 vor § 164 BGB; Staudinger (-Wittmann) § 671 BGB Rz.12. Zur Möglichkeit des Verzichts des Treugebers auf sein Widerrufsrecht siehe MünchKomm (-Seiler) § 671 BGB RdNr.7f; Soergel (-Mühl) § 671 BGB Rz.3; BGB-RGRK (-Steffen) § 671 BGB Rdn.9.

se verpflichtet ist, so daß sich trust und Treuhand auch in ihrer rechtlichen Struktur ähneln. Die Rechtswirkungen der verschiedenen Formen eines living trust (spendthrift, discretionary, revocable, irrevocable trust) lassen sich im deutschen Recht regelmäßig durch entsprechende Bestimmungen in der schuldrechtlichen Treuhandabrede, in deren inhaltlicher Ausgestaltung die Parteien bis zur Grenze eines Gesetzesverstoßes frei sind, erreichen[611]. Die unterschiedlich starke Rechtsstellung der durch die Vermögensverwaltung Begünstigten bei treuwidrigen Verfügungen des Treuhänders (nur obligatorische Ersatzansprüche bei der Treuhand, dagegen dinglich wirkende Schutzrechte beim trust) beeinflußt die Feststellung einer Funktionsäquivalenz nicht entscheidend, da hierfür keine völlige Identität in den Rechtswirkungen erforderlich ist, vielmehr eine gleichartige Zweckrichtung ausreicht. Ebenfalls unerheblich ist, daß im amerikanischen Recht die Begründung eines living trust allein durch einseitige Erklärung (verbunden mit der dinglichen Rechtsübertragung) erfolgt und nicht durch einen zweiseitigen Vertrag wie im deutschen Recht[612]; dieser Unterschied zwischen living trust und Treuhand betrifft nur die rechtliche Einzel-Struk-

---

611) So können beispielsweise die Anordnungen eines discretionary trust im deutschen Recht mittels der §§ 315ff BGB verwirklicht werden.
Eine Ausnahme bildet allerdings ein trust, bei dem sich der settlor selbst zum alleinigen trustee bestellt hat; ein solches Vorgehen, das in scharfem Gegensatz zum Unmittelbarkeitsprinzip steht, läßt im deutschen Recht keine Treuhand im oben geschilderten Sinne entstehen, wohl aber andere schuldrechtliche Bindungen; die kollisionsrechtliche Einordnung des living trust beeinflußt dieser Sonderfall daher nicht, Schwierigkeiten entstehen jedoch bei der genauen "Übersetzung" dieser trust-Form in deutsche Rechtsbegriffe; vgl. hierzu Huber, FS Rechtsvergleichung und Rechtsvereinheitlichung (1967) 399, 407,417; Stone, Trusts in Louisiana, 1 Int.Comp. L.Q.(1952)368, 377; Bernardi 138.

612) Vgl. Zimmermann, Die sachenrechtlichen Beziehungen in der rechtsgeschäftlich begründeten Treuhand nach englisch-amerikanischem Rechte (1930) 21; Bogert 66; siehe im übrigen oben 1.Hauptteil 3.Kapitel A.III.2.

tur beider Institute, nicht aber deren für die kollisionsrechtliche Einordnung allein maßgebliche Funktion. Die uneigennützige Verwaltungstreuhand ist damit - trotz ihrer derzeit im deutschen Recht nicht besonders weiten Verbreitung[613] - als funktionsäquivalentes deutsches Rechtsinstitut zum amerikanischen living trust anzusehen[614].

III. Nach dem Tode des Errichters

1. Treuhand

Will jemand unter der Herrschaft des deutschen Rechts erreichen, daß nach seinem Tode sein Vermögen in einer von ihm selbst noch zu Lebzeiten festgelegten Art und Weise dauer-

613) Vgl. Coing, AcP 167 (1967) 99, 100-106,120f; zu den einzelnen Anwendungsbereichen der Verwaltungstreuhand siehe auch ausführlich Liebich/Mathews 186-279. Anders ist die Rechtslage in der Schweiz, wo eine fiduziarische Vermögensverwaltung häufig vorkommt; vgl. Gautschi, Eigentumsverhältnisse am Treuhandvermögen, SJZ 1967,, 5.

614) Kötz 125; Goldstein 71-73; Söldner 81-83; Nussbaum, AcP 151 (1951) 193,199,202; Fratcher, Int.Enc.Comp.L.VI (1973) Kap.11 S.106f; Weiser, Trusts on the Continent of Europe (1936) 30; Dyer/van Loon, Report 62-64; ebenso zum schweizerischen Recht SchweizBG 29.1.1970, BGE 96 II 79, 93 = Schw.Jb.Int.R.1971,223; mit Einschränkungen ebenso Lepaulle, 36 Yale L.J.(1926/27) 1126, 1138 (zur "fiducia"); Eisenmenger 133f; Peiner, RIW 1983,593,594 (für den revocable trust); Coing, AcP 167 (1967) 99,123f, Drucker, Trusts on the Continent of Europe, 4 Int.Comp.L.Q.(1955) 550, 551f; vgl. ferner Zimmermann 22f; Otto, RIW 1982, 491, 496; Ryan, The Reception of the Trust, 10 Int.Comp.L.Q.(1961) 265, 273-276; Allen 79-83,154f; Huber, Trusts and "Treuhand" in Swiss Law, Int.Comp.L.Q.(1952) 64f; Weisl, Der Trust und seine Einführung ins österreichische Recht (1951) 59; Riedweg, Der trust des anglo-sächsischen Rechts im Vergleiche zu ähnlichen Instituten des schweizerischen Rechts, in: Festgabe des Luzernischen Anwaltsverbandes zum Schweizerischen Anwaltstag 1953, 111, 129f.

haft verwaltet und nach Ablauf einer gewissen Zeit an bestimmte Personen ausgekehrt wird, so wird er sich nicht des eben geschilderten Instituts der fiduziarischen Verwaltungstreuhand bedienen. Zwar kann die treuhänderische Vermögensverwaltung grundsätzlich auch noch nach dem Tode des Treugebers weiterbestehen (vgl. § 672 BGB)[615], als Mittel einer Vermögensfürsorge für die Zeit nach dem Erbfall ist sie im deutschen Recht aber - unter anderem wegen der jederzeitigen Widerrufsmöglichkeit durch den Erben des Treugebers - ungebräuchlich und daher bei der Suche nach einem in der tatsächlichen Rechtspraxis bestehenden Funktionsäquivalent zum living trust außer Acht zu lassen[616].

2. Erbrechtliche Institute

Besser als durch Treuhandkonstruktionen, die nach derzeitigem Rechtszustand einen nur unzulänglichen Schutz der Begünstigten bieten, werden nach dem Tode des Begründers die Zwecke eines noch zu Lebzeiten errichteten living trust im deutschen Recht durch erbrechtliche Institute wie insbesondere eine Kombination von Testamentsvollstreckung und Nacherbfolge erreicht[617]. Mit der Schaffung eines living trust,

---

615) Soergel (-Schultze-von Lasaulx) Rz.74 vor § 164 BGB; vgl. ferner Eisenmenger 130. Dies gilt aber wohl nur bei einem (auch für die Erben) widerruflichen Auftrag zur Vermögensverwaltung, nicht bei einem unwiderruflichen, der im Ergebnis einer der erbrechtlichen Form bedürfenden Anordnung einer Testamentsvollstreckung gleichkäme und deshalb für unzulässig gehalten wird; vgl. RG 28.11.1932, RGZ 139,41, 43f; Soergel (-Mühl) § 672 BGB Rz.4 a.E.; Staudinger (-Wittmann) § 671 BGB Rz.9.

616) Vgl. oben 2.Hauptteil 3.Kapitel A.II.

617) Eine Ausnahme bildet wieder der charitable trust, der stiftungsähnlich ist.
Dazu, daß die Testamentsvollstreckung auch in den Rechtswirkungen eher dem trust entspricht als die Treuhand, ausführlich Coing, AcP 167 (1967) 99, 123-130.

der über den Tod hinaus Wirkung entfalten soll, verfolgt der Begründer für die Zeit nach dem Erbfall dieselben Ziele, die ansonsten mit einem testamentary trust erreicht werden[618]. Bei funktionaler Betrachtung könnte der settlor, anstatt einen living trust mit postmortaler Wirkung zu errichten, ebensogut einen bis zu seinem Tode wirkenden living trust begründen und seine Anordnungen zur Vermögensverwaltung für die Zeit nach dem Erbfall in das Gewand eines testamentary trust kleiden, also eine Kombination beider Trustinstitute wählen. Für die Funktionen eines trust inter vivos nach dem Tode des Errichters und für die insoweit funktionsäquivalenten Institute des deutschen Rechts gilt daher das zum testamentary trust Gesagte entsprechend. Die funktional verwandten deutschen Rechtsfiguren sind daher in jedem Falle erbrechtlicher Natur[619].

IV. Ergebnis

Ein einziges Institut, mit dessen Hilfe alle Funktionen eines living trust verwirklicht werden können, gibt es im deutschen Recht nicht. Bei der Suche nach funktionsverwandten deutschen Rechtsfiguren ist deshalb zwischen der Zeit vor dem Tode des trust-Begründers und der Zeit nach seinem Ableben zu unterscheiden. Vor dem Erbfall entsprechen dem living trust in Sonderfällen die deutsche (rechtsfähige) Stiftung oder besonders ausgestaltete Kapital- oder Personengesellschaften. Im Regelfall übernimmt jedoch hier die von der Rechtsprechung entwickelte fiduziarische Verwaltungstreuhand diejenigen Aufgaben, die im amerikanischen Recht der living trust erfüllt. Nach dem Erbfall entspricht der living trust in funktionaler Hinsicht dem testamentary trust; seine Zwecke werden im deutschen Recht durch erbrechtliche Gestal-

---

618) Vgl. oben 1.Hauptteil 4.Kapitel A.II. und III.

619) Siehe oben 2.Hauptteil 4.Kapitel B.

tungen (Testamentsvollstreckung, Nacherbfolge, Teilungsanordnungen etc.) erreicht.

Für die internationalprivatrechtliche Einordnung des dem deutschen Recht unbekannten living trust ist die zeitliche Aufspaltung bei seiner funktionalen Betrachtung unschädlich. Sie ist im Gegenteil notwendige Folge einer Qualifikation, die sich allein an den mit einem fremden Rechtsinstitut verfolgten Zwecken orientiert. Ändert sich im Verlaufe des Bestehens eines Institutes wie des living trust dessen Funktion, so muß auch das Kollisionsrecht diesem Umstand Rechnung tragen und die Qualifikation zeitabhängig vornehmen. Unerheblich ist hierbei, daß die funktionsverwandten Rechtsfiguren des deutschen Rechts, hier Treuhand und Testamentsvollstreckung, deren Bestimmung Hilfestellung und Anhaltspunkt bei der kollisionsrechtlichen Einordnung des living trust bieten soll, in zeitlicher Hinsicht nicht ineinanderübergehen können[620]; entscheidend sind allein die wechselnden Funktionen, nicht eine durchgehende, in ihrer zeitlichen Abfolge schlüssige juristische Konstruktion[621].

620) Allerdings kann - zumindest bei beweglichem Vermögen - mit Hilfe einer auflösenden Bedingung erreicht werden, daß das Treuhandeigentum bei Eintritt des Erbfalles an den Treugeber bzw. dessen Erben zurückfällt, so daß dann für dieses Vermögen Testamentsvollstreckung angeordnet werden könnte.

621) Vgl. das oben in Fn.585 angeführte Beispiel der islamischen Morgengabe.

B. Qualifikation

I. Living trust zu Lebzeiten des settlor

1. (Un-)Möglichkeit einer einheitlichen Anknüpfung

a) Anknüpfungsmöglichkeiten

Eine einheitliche kollisionsrechtliche Behandlung des living trust ließe sich auf verschiedenen Wegen erreichen. Man könnte den trust inter vivos in seinen Entstehungsvoraussetzungen und Rechtswirkungen erbrechtlich, sachenrechtlich oder schuldrechtlich anknüpfen; man könnte ihn in Anlehnung an die gesellschaftsrechtliche Kollisionsnorm seinem "Personalstatut" unterstellen, oder man könnte für ihn eine neue, eigene Kollisionsnorm entwickeln. Alle diese Möglichkeiten hätten auf den ersten Blick den Vorteil, daß der living trust in seinen wesentlichen Wirkungen einer einzigen Rechtsordnung unterstünde, was seine Behandlung vor deutschen Gerichten entscheidend erleichtern würde. Ob eine solche einheitliche Anknüpfung sachgerecht ist, und ob sie tatsächlich den Vorteil einer einfachen kollisionsrechtlichen Handhabung des living trust bietet, soll im folgenden untersucht werden.

b) Eigene Kollisionsnorm

Zu dem zuletzt erwähnten Vorschlag, allgemein für den trust oder nur für den trust inter vivos unter Verzicht auf eine genaue kollisionsrechtliche Einordnung eine eigene Kollisionsnorm zu schaffen, wurde bereits oben Stellung genommen[622]. Läßt sich der living trust im folgenden sachgerecht einer oder auch mehreren bestehenden Kollisionsnormen zuordnen, ist die Schaffung einer zusätzlichen Norm - abgesehen von ihrer dogmatischen Fragwürdigkeit - zumindest entbehrlich.

---

622) Siehe 2.Hauptteil 2.Kapitel B.

c) Erbrechtliche Anknüpfung

Zu Lebzeiten des Errichters eines living trust steht dessen (künftiges) Erbstatut noch nicht fest. Allein schon deshalb scheidet für die Zeit vor dem Erbfall eine Heranziehung des Erbstatuts aus. Darüberhinaus können zwar grundsätzlich schon zu Lebzeiten erbrechtlich relevante Tatbestände verwirklicht werden, ihre erbrechtlichen Wirkungen entfalten sie aber niemals vor Eintritt des Erbfalls, so daß auch aus diesem Grunde eine erbrechtliche Einordnung des living trust, die regelmäßig voraussetzt, daß erst der Tod des Erblassers das auslösende Moment vermögensrechtlicher Verschiebungen bildet[623)], zu Lebzeiten des settlor nicht in Frage kommt.

d) Gesellschaftsrechtliche Anknüpfung

Im Gegensatz zu den bisher behandelten Möglichkeiten ist eine gesellschaftsrechtliche Qualifikation des living trust ernsthafter zu erwägen. Eine solche Einordnung, wie sie hier bisher nur für die Sonderform des business trust vertreten wurde, wird im Schrifttum häufig, wenn auch meist nur beiläufig und ohne nähere Ausführungen, vorgeschlagen[624)]. Begründet wird diese Einordnung regelmäßig mit dem Hinweis, der (living) trust sei ein "Sondervermögen", ein "Zweckvermögen" oder eine "nichtrechtsfähige Vermögensmasse", die eine An-

---

623) Fischer-Dieskau 261.
Vgl. zum Problem des vorzeitigen Erbausgleiches nach §§ 1934 d, e BGB Jayme, ZfRV 1983,162, 178.

624) Soergel (-Lüderitz) Rz.257 vor Art.7 EGBGB; Staudinger (-Großfeld), Int.GesR,Rz.547; MünchKomm (-Ebenroth) RdNr.101 nach Art.10 EGBGB; Staudinger (-Stoll) Rz.99 nach Art.12 EGBGB; ebenso für das schweizerische Recht Bloch, SJZ 1950,65, 68; Schnitzer, Gedächtnisschrift Marxer (1963) 53, 88f; für das österreichische Recht Schwimann, Grundriß des internationalen Privatrechts (1982) 86.

knüpfung an das "Personalstatut" erfordere[625].

Diese Begründung macht deutlich, daß eine unmittelbare Heranziehung der im deutschen Recht entwickelten gesellschaftsrechtlichen Kollisionsnorm nicht befürwortet wird. Dies ist auch zutreffend, denn es handelt sich bei den normalen Formen eines privaten trust keinesfalls um eine rechtsfähige juristische Person, auf die die Kollisionsnorm des deutschen internationalen Gesellschafsrechts in erster Linie zugeschnitten ist[626]. Vertretbar erscheint daher nur eine analoge Anwendung dieser Kollisionsnorm. Voraussetzung hierfür wäre, daß es sich bei dem trust aus deutscher Sicht um eine Vermögensmasse mit einer gewissen rechtlichen Unabhängigkeit und einem gewissen Organisationsgrad handelte, die nach außen als Einheit auftritt oder einen erkennbaren Mittelpunkt ihrer Tätigkeit hat[627]. Ein solches (verselbständigtes) Sondervermögen stellen beispielsweise die deutschen nichtrechtsfähigen Handelsgesellschaften und Vereine dar, so daß bei ihnen allgemein eine (analoge) gesellschaftsrechtliche Qualifikation befürwortet wird[628]. Ob diese Vorausset-

---

625) Siehe die in der vorstehenden Fn. zitierten Autoren. Als Personalstatut wird dann zumeist das am Ort der Verwaltung, insbesondere des Wohn- oder Geschäftssitzes des trustee, geltende Recht angesehen; vgl. Staudinger (-Stoll) Rz.99 nach Art.12 EGBGB; Bloch, SJZ 1950,65, 69.

626) Von dem trust als solchem ist die Person des trustee zu unterscheiden, der durchaus eine juristische Person (trust company) sein kann, die dann, z.B. für Fragen der Geschäftsführung und Vertretungsmacht, ihrem Personalstatut untersteht.

627) MünchKomm (-Ebenroth) RdNr.9 nach Art.10 EGBGB; Soergel (-Lüderitz) Rz.257 vor Art.7 EGBGB; Staudinger (-Großfeld), Int.GesR, Rz.534; vgl. auch Erman (-Arndt) Rdz.16 zu Art.10 EGBGB, der eine "festere Personenvereinigung" verlangt.

628) Soergel (-Lüderitz) Rz.257 vor Art.7 EGBGB; weitere Sondervermögen, die allerdings anders zu qualifizieren sind, bilden der Nachlaß, das Kindesgut und das Ehegut; vgl. Soergel (-Kegel) Art.28 EGBGB Rz.1.

zung auch auf den living trust zutrifft, läßt sich durch eine Betrachtung des funktionsäquivalenten deutschen Rechtsinstituts, der fiduziarischen Verwaltungstreuhand, die nach der hier vertretenen Auffassung einen entscheidenden Anhaltspunkt für die kollisionsrechtliche Einordnung des dem deutschen Recht unbekannten trust bietet, klären.

Das den Gegenstand einer treuhänderischen Verwaltung bildende Vermögen stellt zwar - ebenso wie das trust-Gut eines amerikanischen living trust - ein Sondervermögen in dem Sinne dar, daß es getrennt vom Privatvermögen des Treuhänders (trustee) zu halten ist und einer gesonderten Verwaltung unterliegt[629]; es ist aber weder aus deutscher noch aus amerikanischer Sicht derart verselbständigt, daß es im Rechtsverkehr (nach außen) als eigenes Rechtssubjekt ("selbsthandelnd") auftritt, wie dies beispielsweise bei einer Firma oder einem Verein der Fall ist[630]. Bei einer typischen treuhänderischen Verwaltung, wie sie auch den meisten Formen eines living trust zugrundeliegt, erschöpft sich die Tätigkeit des Treuhänders darin, das ihm übertragene und anvertraute Vermögen möglichst gewinnbringend anzulegen und die Erträge und gegebenenfalls auch den Stamm nach den Anweisungen des Treugebers an bestimmte Personen auszuhändigen. Nur der Treuhänder tritt hier nach außen als Rechtsinhaber auf, nicht etwa das Treuhandvermögen (der trust) als Rechtspersönlichkeit mit eigener Organisation. Anders ist dies beim sog. Treuunternehmen[631], das in seinen Funktionen dem amerikanischen business trust entspricht; hier ist - wie bereits festgestellt - aufgrund der wirtschaftlichen Zielsetzung, die ein eigenes Auftreten im Rechtsverkehr unter einem

---

629) Söldner 47; vgl.oben Fn.202 zum amerikanischen Recht.

630) Ryan, 10 Int.Comp.L.Q.(1961) 265, 271; vgl. ferner BGB-RGRK (-Wengler) VI 1 S.578.

631) Zum Begriff siehe MünchKomm (-Ebenroth) RdNr.94,95 nach Art.10 EGBGB; Meier 157f.

eigenen Namen erfordert und bei der der im Verhältnis zur einfachen Treuhand erhöhte Organisationsgrad eine Verlagerung des Schwerpunktes auf das zu verwaltende Vermögen zur Folge hat, eine gesellschaftsrechtliche Qualifikation gerechtfertigt[632]. Für die sonstigen Fälle einer fiduziarischen Vermögensverwaltung und entsprechend für den living trust gilt dies nicht. Solche Treuhandverhältnisse, deren Rechtswirkungen vorwiegend zwischen den unmittelbar Beteiligten und nicht im Außenverhältnis eintreten, lassen sich nicht als eine "verselbständigte Vermögensmasse" mit eigenen Rechten und Pflichten auffassen[633]. Ihre Qualifikation als ein gesellschaftsähnliches Gebilde ist daher abzulehnen. Sie beruht, soweit sie vertreten wird, auf einer Qualifikation, die nicht entscheidend auf die mit einem fremden Rechtsinstitut verfolgten Zwecke abstellt[634], und zudem die Einordnung

---

632) Vgl.MünchKomm (-Ebenroth) RdNr.94f nach Art.10 EGBGB; Meier 158-160 (zum Treuunternehmen des liechtensteinischen Rechts, das dem business trust nachgebildet ist); siehe im übrigen oben Fn.593.

633) Ryan, 10 Int.Comp.L.Q.(1961) 265, 271f; Heymann, FS Brunner (1910) 473, 507f; ebenso auch Haas, ZUntGeseIlschR 1974, 461, 467 aus steuerrechtlicher Sicht; zur Treuhand siehe MünchKomm (-Ebenroth) RdNr.94 nach Art.10 EGBGB.
A.A. ist insbesondere Lepaulle, Traité 26f, 145ff, der den living trust zwar nicht als juristische Person, aber als verselbständigtes Zweckvermögen ("patrimoine affecté") auffaßt (ähnlich Hefti, Trusts and Their Treatment in the Civil Law, 5 Am.J.Comp.L. (1956) 553, 557-573; kritisch hierzu Rheinstein in seiner Besprechung des Werkes von Lepaulle in 43 Yale L.J. (1934) 1049, 1050f); dennoch qualifiziert Lepaulle - anders als Hefti - den living trust nicht gesellschaftsrechtlich, sondern erklärt für Fragen der wirksamen Errichtung und der Rechtswirkungen vorrangig die vom settlor gewählte Rechtsordnung bzw. die lex rei sitae für maßgebend; siehe Lepaulle, Traité 428-432. Für die Einordnung des irrevocable trust als Zweckvermögen und die Maßgeblichkeit der vom Errichter gewählten Rechtsordnung auch Henriquez, 12 Ned.T.Int.R. (1965) 251, 275-277.

634) Vgl.z.B. MünchKomm (-Ebenroth) RdNr.94 und 101 nach Art.10 EGBGB, der den trust und die Treuhand nicht zueinander in Beziehung setzt.

des Sonderfalles des im Wirtschaftsleben auftretenden business trust (unzulässig) auf alle Formen eines living trust ausdehnt. Dem wirklichen Charakter des living trust als Mittel einer fremdnützigen Vermögensverwaltung wird ein solches Vorgehen nicht gerecht. Auch die internationalprivatrechtliche Interessenlage gebiete keine gesellschaftsrechtliche Anknüpfung des trust inter vivos. Insbesondere die Gesichtspunkte des Verkehrs- und Gläubigerschutzes, die mit Recht zugunsten einer gesellschaftsrechtlichen Einordnung des Treuunternehmens angeführt werden[635], können bei trusts, die im Rechtsverkehr nicht als eigene Rechtssubjekte auftreten, zurückstehen. Die einheitliche gesellschaftsrechtliche Anknüpfung des living trust würde zudem den unterschiedlichen Rechtsbeziehungen zwischen den Beteiligten, die das Bild eines trust (wie auch der deutschen Treuhand) prägen, nicht gerecht werden. Daneben wäre auch bei einer gesellschaftsrechtlichen Qualifikation, soweit die dingliche Rechtslage am Treugut betroffen ist, ein Vorbehalt zugunsten der lex rei sitae zu machen, so daß die auf den ersten Blick gewährleistete einheitliche Einordnung aller Rechtsfragen, die sich im Zusammenhang mit einem living trust stellen können, ohnehin nicht erreichbar wäre[636].

e) Sachenrechtliche Anknüpfung

Neben einer gesellschaftsrechtlichen Qualifikation des living trust wird bisweilen auch eine Anknüpfung nach der lex rei sitae vertreten[637]. Die Befürworter einer solchen Einordnung unterstellen den living trust in seinen Entstehungsvoraussetzungen und Rechtswirkungen demjenigen Recht,

---

635) MünchKomm (-Ebenroth) RdNr.94 nach Art.10 EGBGB.

636) Ebenso Heymann, FS Brunner (1910) 473, 508.

637) Goldstein 97ff; Knauer, RabelsZ 25 (1960) 318, 335.

das am Orte der Belegenheit des trust-Gutes gilt, und gelangen so ebenfalls zu einer auf den ersten Blick einheitlichen kollisionsrechtlichen Behandlung des living trust. Zur Begründung für die generelle Maßgeblichkeit der lex rei sitae wird angeführt, entscheidendes Merkmal des trust sei ein Wechsel von Eigentumsrechten[638], und der trustbegründende Veräußerungsakt sei "eine Art dinglicher Vertrag zugunsten eines Dritten"[639].

Gegen die ausschließliche dingliche Einordnung des living trust bestehen erhebliche Bedenken. Sie widerspricht in erster Linie einer funktionsorientierten Qualifikation, die sich maßgeblich an dem funktionalen deutschen Spiegelbild des living trust, der fiduziarischen Verwaltungstreuhand, ausrichtet. Die Qualifikation des dem deutschen Recht unbekannten living trust erfolgt - wie oben ausgeführt - grundsätzlich an Hand der (deutschen) lex fori. Zur Erleichterung der Zuordnung zu den Systembegriffen des deutschen Kollisionsrechts wird mittels eines funktionellen Vergleichs die hypothetische Stellung des unbekannten living trust im Gefüge des deutschen Sachrechts gesucht; die kollisionsrechtliche Einordnung des so gefundenen Spiegelbildes des living trust im deutschen Recht, hier also der Verwaltungstreuhand, indiziert dann die Qualifikation des trust selbst.

Die von der Rechtsprechung entwickelte fiduziarische Treuhand ist nun aber nach deutschem Recht kein ausschließlich oder vorwiegend sachenrechtliches Institut. Die Begründung einer Treuhandverwaltung stellt sich vielmehr als eine Art "Doppeltatbestand" dar, bestehend aus einer dinglichen Rechtsübertragung vom Treugeber auf den Treuhänder und einer

---

638) Goldstein 103: "It is the very function of the trust to effect a change in property relations".

639) Knauer, RabelsZ 25 (1960) 318, 335.

schuldrechtlichen Treuhandabrede, in der die einzelnen Rechte und Pflichten der Beteiligten geregelt werden und die den Rechtsgrund für den Eigentumsübergang bildet. Die einseitige Betonung der dinglichen Seite der Treuhand - Errichtung und infolgedessen die allein sachenrechtliche Beurteilung dieses Tatbestandes widersprechen dem dem deutschen Recht eigentümlichen Abstraktionsprinzip[640]. Die deutschen Rechtsvorstellungen über das Wesen einer Treuhand-Begründung müssen bei der kollisionsrechtlichen Einordnung Beachtung finden. Die Schaffung einer treuhänderischen Vermögensverwaltung vereinigt aus deutscher Sicht dingliche und schuldrechtliche Elemente. Eine allein dingliche Qualifikation der Treuhand-Errichtung und damit entsprechend auch des living trust wird dem Charakter dieser Rechtsinstitute aus deutscher Sicht nicht gerecht[641].

Ebenso wie die Begründung der Treuhand stellt sich auch ihr weiterer Bestand als eine Kombination dinglicher und schuldrechtlicher Elemente dar[642]. Die obligatorischen Verpflichtungen des Treuhänders bestimmen sich weiterhin nach der (schuldrechtlichen) Treuhandabrede, während die dinglichen Rechtsbeziehungen der Beteiligten zu dem Treuhandvermögen und ihre daraus fließenden Befugnisse dem Sachenrecht unterstehen. Auch insoweit ist daher eine nur dingliche Qualifikation der Treuhand bzw. des trust nicht sachgerecht.
Neben diesen konstruktiven Bedenken sprechen auch praktische Erwägungen gegen ein einseitiges Abstellen auf die lex rei sitae. Besonders deutlich wird dies, wenn das trust-Vermögen in verschiedenen Staaten belegen ist. Würde man hier nicht

---

640) Fischer-Dieskau 127.

641) Insoweit ebenso Fischer-Dieskau 127. Die Überlegungen Goldsteins zur Qualifikation des living trust beruhen denn auch eher auf amerikanischen Rechtsvorstellungen als auf deutschen.

642) Vgl. Staudinger (-Stoll) Rz.97 nach Art.12 EGBGB.

nur die dingliche Rechtslage, sondern auch die im Zusammenhang mit der treuhänderischen Vermögensverwaltung auftretenden Fragen, wie insbesondere den genauen Umfang der Pflichten des trustee, den jeweiligen Belegenheitsrechten unterstellen, würde eine einheitlich geführte Verwaltung übermäßig erschwert, wenn nicht gar unmöglich gemacht[643]. Eine allein dingliche Qualifikation ist daher auch aus diesem Grunde abzulehnen.

f) Schuldrechtliche Anknüpfung

Die vorstehenden Überlegungen haben anhand der Betrachtung des funktionalen Spiegelbildes des living trust, der fiduziarischen Treuhand, gezeigt, daß sich der living trust aus deutscher Sicht als eine Kombination dinglicher und schuldrechtlicher Elemente darstellt. Eine nur schuldrechtliche Einordnung des trust inter vivos scheidet daher ebenso aus wie eine ausschließlich sachenrechtliche.

g) Ergebnis

Da sich nach den vorstehenden Ausführungen keine einheitliche kollisionsrechtliche Einordnung aller durch einen living trust aufgeworfenen Rechtsfragen erreichen läßt, ist es unumgänglich, den living trust getrennt nach den ihm aus deutscher Sicht zugrundeliegenden Rechtsbeziehungen anzu-

643) Deshalb will auch Knauer, RabelsZ 25 (1960) 318, 335 Fn.80 Fragen der "Verwaltung" des trust nach dem am "Ort der Verwaltung" geltenden Recht beurteilen, ohne dabei deutlich zu machen, auf welcher kollisionsrechtlichen Einordnung die Maßgeblichkeit dieser Rechtsordnung beruhen soll; Goldstein 100f unterstellt in Abkehr von seiner grundsätzlich dinglichen Qualifikation einen "multi-state trust" insgesamt dem "Sitzrecht" am Verwaltungsort, wobei er zur Begründung allein Zweckmäßigkeitserwägungen anführt.

knüpfen[644].

Eine Qualifikation der einzelnen Rechtsbeziehungen innerhalb eines trust erübrigt auch die dem amerikanischen Kollisionsrecht (zumindest theoretisch) zugrundeliegende Unterscheidung zwischen Fragen der Errichtung des trust und seiner Verwaltung[645]; diese unterschiedlichen Bereiche finden genügenden Ausdruck in den verschiedenen Rechtsbeziehungen, die im folgenden untersucht werden[646].

2. Verhältnis settlor-trustee

a) Anknüpfung

Die Rechtsbeziehungen zwischen dem Errichter eines living trust und dem trustee werden aus der für die Qualifikation maßgeblichen deutschen Sicht - wie das funktionale Spiegelbild der fiduziarischen Verwaltungstreuhand zeigt - durch das trust-settlement (im deutschen Recht den Treuhandvertrag) geprägt[647]. Das trust-settlement bestimmt den Charakter des konkreten living trust, es regelt den Umfang des in trust zu haltenden Vermögens und es bestimmt im einzelnen, welche Grundsätze der trustee bei der Anlage des trust-Vermögens zu beachten hat und welche Sorgfaltspflichten ihn hierbei treffen. Art und Umfang der Vermögensverwaltung, also

---

644) So auch Winkler 247f; Söldner 54; Lepaulle, Traité 424. Vgl. ferner Dreyer 109.

645) Siehe unten 3.Hauptteil 2.Kapitel A.

646) Vgl. hierzu aus italienischer Sicht Bernardi 150-157. Zu der Entbehrlichkeit der Unterscheidung zwischen Errichtung und Verwaltung und der Trennung in trusts an beweglichem und solchen an unbeweglichem Vermögen siehe im übrigen oben 2.Hauptteil 4.Kapitel A.I.

647) Ebenso Coing, ZfRV 1974,81, 84f(zur Treuhand).

der zentralen Funktion eines living trust, werden allein durch die trust-Urkunde geregelt. Die zur Begründung eines trust gleichfalls notwendige Rechtsübertragung vom settlor auf den trustee, also das dingliche Moment der Errichtung, spielt demgegenüber eine untergeordnete Rolle; ihre Bedeutung liegt aus deutscher Sicht allein darin, die rechtlichen Voraussetzungen für die ins Auge gefaßte Verwaltungstätigkeit des trustee zu schaffen, sie ist damit eher "Mittel zum Zweck" als eigenständiges Element des trust[648]. Für die kollisionsrechtliche Beurteilung der Rechtsbeziehungen zwischen settlor und trustee ist somit allein die den Pflichtenumfang des trustee regelnde trust-Erklärung des settlor entscheidend, nicht die dingliche Rechtsübertragung[649]. Ein Vergleich mit der funktionell (und auch strukturell) verwandten deutschen Treuhand zeigt, daß diese den trust ins Leben rufende Erklärung des settlor und die hierdurch begründeten Verwaltungspflichten des trustee aus deutscher Sicht schuldrechtlicher Natur sind. Die durch die trust-Erklärung zwischen dem Errichter und dem trustee geschaffenen Rechtsbeziehungen sind damit auch in kollisionsrechtlicher Hinsicht schuldrechtlich einzuordnen und den hierfür im deutschen IPR entwickelten Regeln, die auf alle Rechtsverhältnisse Anwendung finden, die nach deutschen Rechtsvorstellungen obligatorische Verpflichtungen zwischen den Beteiligten begründen,

---

648) Vgl. Assfalg, Die Behandlung von Treugut im Konkurse des Treuhänders (1960) 126f.

649) A.A. Goldstein 100 ; zu der von ihm vertretenen dinglichen Qualifikation siehe oben 2.Hauptteil 6.Kapitel B.I.1.e.

zu unterstellen[650]. Unerheblich ist hierbei, daß die Verpflichtungen des trustee zur Vermögensverwaltung im amerikanischen Recht - anders als im deutschen - nicht durch einen Vertrag ("contract" im Sinne des common law) begründet werden, sondern auf der einseitigen trust-Erklärung und dem Recht der equity beruhen[651]; die hier vorgenommene funktionale Qualifikation, deren Aufgabe es nicht ist, die "wahre" Rechtsnatur des trust zu klären, sondern die sich darauf beschränkt festzustellen, wie das fremde Institut des trust,

---

650) Im Ergebnis ebenso - aber ohne zeitliche Trennung - Heymann, FS Brunner (1910) 473, 506f; Winkler 249; Coing, ZfRV 1974,81, 85 (zur Treuhand); MünchKomm (-Martiny) RdNr.76 vor Art.12 EGBGB; Töndury, Die Treuhand in rechtsvergleichender Darstellung (Diss. Neuenburg 1912) 51; Dyer/van Loon, Report 160-170; zum niederländischen Recht Uniken Venema, In Nederland gelegen goederen, toebehorende aan Anglo-Amerikaanse trusts, 14 Ned.T.Int.R.(1967) 33, 68f; zum schweizerischen Recht SchweizBG 29.1.1970, BGE 96 II 79, 88 = Sch.Jb.Int.R. 1971,223; zum österreichischen Recht Schwind, Handbuch des österreichischen Internationalen Privatrechts (1975) 273; zum französischen Recht Oppetit, Le "trust" dans le droit du commerce international, Rev.crit.dr. int.pr.1973, 1,10; Cour d'appel de Paris 10.1.1970, Rev.crit.dr.int.pr.1971,518,522 mit Anm.Droz = Clunet 1973, 207 mit Anm. Loussouarn; Oberster Gerichtshof Rumäniens 2.2.1974, Clunet 1977,894, 895; zum italienischen Recht Bernardi 138.
Die schuldrechtliche Qualifikation mit ihrer flexiblen Anknüpfung erscheint auch dann sachgerecht, wenn der living trust zwischen Ehegatten errichtet wird; eine güterrechtliche oder eventuell scheidungsfolgenrechtliche Qualifikation ist hier abzulehnen; Zweck des trust ist auch in solchen Fällen die Schaffung einer treuhänderisch gebundenen Vermögensverwaltung; das Motiv für diese Verwaltung tritt bei der Qualifikation in den Hintergrund; vgl. z.B. Sundquist v. Sundquist, 639 P.2d 181 (Utah 1981). Ähnlich - auch zu den in England verbreiteten "marriage settlements" - Dreyer 119, 132-136; a.A. aus italienischer Sicht Verwilghen 1123,1165. Entsprechendes gilt für Fälle, in denen ein trust im Einzelfall einmal vormundschaftsähnlichen Zwecken dient.

651) Restatement, Second, Trusts § 169 com.c., § 197 com.b; Bogert 556.

bestünde es im deutschen Recht, in die deutschen Systembegriffe einzustufen wäre, beeinflußt dies nicht[652].

b) Schuldstatut

Die schuldrechtliche Anknüpfung der trust-Erklärung hat zur Folge, daß der settlor die Rechtsbeziehungen zu dem trustee, also insbesondere dessen Pflichtenumfang bei der Verwaltungstätigkeit, einer Rechtsordnung eigener Wahl unterstellen kann (Grundsatz der Parteiautonomie)[653]. Macht der settlor von dieser ihm im deutschen internationalen Schuldrecht verliehenen Rechtswahlbefugnis Gebrauch, wird dies in aller Regel zur Maßgeblichkeit amerikanischen Rechts führen, da allein dieses die Rechtsfigur des living trust kennt und deshalb im Zweifel vom Errichter zur Ergänzung seiner eigenen Anordnungen gewählt werden wird. Hat der settlor die anwendbare Rechtsordnung weder ausdrücklich noch konkludent selbst bestimmt, ist im Zuge einer objektiven Interessenab-

---

652) Der im Rechtskreis des civil law weiter gefaßte Begriff des "Vertrages" erlaubt es zudem, zum Zwecke der Qualifikation die einseitige trust-Erklärung und die Einverständnis-Erklärung des trustee als Vertrag im Sinne des civil law aufzufassen; siehe hierzu Uniken Venema, Van Common Law en Civil Law (1971) 188-192; Dyer/van Loon, Report 162; Hijmans van den Bergh, FS Kollewijn und Offerhaus (1962) 254, 259f; Bernardi 137 f; a.A. offenbar Graue, FS Ferid (1978) 151, 177.

653) Vgl. Coing, Treuhand 209 (zur Treuhand); ebenso zum trust, aber ohne Begründung Kötz, Zur Anknüpfung des unter Lebenden errichteten trust, Anm.zu BGH 13.6.1984, IPRax 1985, 205, 206.
Von der Wahl des anzuwendenden Rechts durch den Errichter ist im übrigen die Möglichkeit zu unterscheiden, durch eine sog. materiellrechtliche Verweisung Vorschriften eines anderen Rechts für anwendbar zu erklären; ob und gegebenenfalls in welchem Umfang dies zulässig ist, entscheidet die nach deutschem Kollisionsrecht maßgebliche Rechtsordnung; allgemein hierzu Kegel, IPR 290f; zum trust Heymann, FS Brunner (1910) 473, 507.

wägung der "Schwerpunkt" des Rechtsverhältnisses zu ermitteln (sog. hypothetischer Parteiwille), ein Vorgehen, das eine flexible und auf den Einzelfall abgestellte Einordnung des konkreten trust gestattet[654]. Bei einem living trust dürfte der Schwerpunkt regelmäßig an demjenigen Ort liegen, von dem aus der trust verwaltet wird[655]. Fallen - wie zumeist - Wohn- bzw. Geschäftssitz des trustee und Belegenheit des trust-Gutes zusammen, so macht die Anknüpfung keine Schwierigkeiten. Weisen beide Anknüpfungsmomente ausnahmsweise einmal nicht auf dieselbe Rechtsordnung, ist im Interesse eines einheitlichen Verwaltungsstatuts und im Interesse des trustee an der Maßgeblichkeit eines ihm vertrauten Rechts dem am Sitz des trustee geltenden Recht der Vorzug zu

---

654) Allgemein hierzu Soergel (-Kegel) Rz.347-354 vor Art.7 EGBGB; BGH 13.6.1984, IPRax 1985,221, 223.

655) Vgl. zur Treuhand Coing, ZfRV 1974,81, 85f, der daneben unter Umständen auch eine allen Beteiligten gemeinsame Staatsangehörigkeit für beachtlich erklären will); MünchKomm (-Martiny) RdNr.76 vor Art.12 EGBGB ("Recht des Schuldners"); vgl. ferner Knauer, RabelsZ 25 (1960) 318, 335 Fn.80; Kötz, IPRax 1985,205, 206; Meier 150f. Die Anknüpfung an den tatsächlichen Verwaltungsort wird im Ergebnis regelmäßig derjenigen bei einer gesellschaftsrechtlichen Qualifikation des living trust entsprechen; dennoch bestehen zwischen beiden Qualifikationsmöglichkeiten in den Rechtsfolgen gewichtige Unterschiede, z.B. hinsichtlich der Zulässigkeit einer Parteiwahl oder der Frage einer möglichen Rückverweisung.

geben[656].

c) Umfang des Schuldstatuts

Das so gewonnene Schuldstatut bestimmt zum einen die Voraussetzungen einer wirksamen Errichtung des trust; es legt insbesondere fest, ob hierfür eine dingliche Rechtsübertragung erforderlich ist, und ob irgendwelche Wirksamkeitshindernisse[657] entgegenstehen[658]. Des weiteren regelt es, welche Gegenstände oder Vermögenswerte in den trust fallen sollen, also den Umfang des trust-Gutes. Es bestimmt ferner den genauen Zweck des trust und gegebenenfalls die beteiligten und begünstigten Personen. Zuletzt ist das "trust-Statut" maßgebend für die Grundsätze, die der trustee bei

---

656) Anders die einseitige Kollisionsnorm des Art.930 I des liechtensteinischen Personen- und Gesellschaftsrechts, die alternativ den Wohnort des trustee oder die Belegenheit des trust-Gutes im Inland für die Maßgeblichkeit liechtensteinischen Rechts genügen läßt. Zu dem Fall, daß gleichzeitig mehrere trustees bestellt sind, siehe Dreyer 127.
Sofern kein gegenteiliger Wille des Errichters angenommen werden kann, ist das durch objektive Schwerpunktermittlung gewonnene Schuldstatut unwandelbar; Veränderungen in den maßgeblichen Anknüpfungskriterien, also insbesondere ein Wechsel des Domizils des trustee oder der Belegenheit des trust-Gutes, bewirken somit grundsätzlich keine Änderung des Schuldstatuts; siehe hierzu allgemein BGH 10.1.1958, IPRspr.1958/59 Nr.37; KG 16.8.1956, RabelsZ 23 (1958)280, 283 = NJW 1957,347; MünchKomm (-Martiny) RdNr.79 vor Art.12 EGBGB; zum trust Bernardi 148f; zum amerikanischen Kollisionsrecht siehe unten bei Fn.801, 802, 832, 833. A.A. Dreyer 127f für das schweizerische Recht.

657) Im amerikanischen Recht sind hier insbesondere die "rule against perpetuities" und das Verbot gesetz- oder sittenwidriger trust-Zwecke zu nennen.

658) Vgl. Graue, FS Ferid (1978) 151, 172; Staudinger (-Stoll) Rz.100 nach Art.12 EGBGB.

der ihm anvertrauten Vermögensverwaltung zu beachten hat, für seine (obligatorischen) Befugnisse[659], seine Pflichten und seine Haftung, also für diejenigen Rechtsfragen, die die "Verwaltung" des wirksam begründeten trust berühren[660].

3. Verhältnis beneficiary - trustee

Hat sich der Errichter des trust selbst als Begünstigten der von ihm veranlaßten Vermögensverwaltung eingesetzt, so bestimmen sich seine Rechte und Pflichten, die er als beneficiary gegenüber dem trustee hat, nach den in der trust-Erklärung getroffenen Bestimmungen. Da diese - wie vorstehend festgestellt - aus deutscher Sicht schuldrechtlich zu qualifizieren sind, sind auch die Rechtsbeziehungen zwischen dem beneficiary-settlor und dem trustee dem oben gefundenen trust-Statut zu unterstellen.

Das gleiche gilt, wenn Begünstigter des trust eine dritte, vom Errichter verschiedene Person ist. Ihre Rechtsstellung als beneficiary, insbesondere ihre obligatorischen Ansprüche gegen den trustee, aber auch mögliche Mitwirkungspflichten, sind allein auf das den trust ins Leben rufende Rechtsgeschäft, also auf die trust-Erklärung, gegründet. Besonders deutlich wird dies, wenn man den (funktionellen) Vergleich zum deutschen Recht zieht. Die Rechtsposition eines Drittbegünstigten bei der fiduziarischen Verwaltungstreuhand leitet sich einzig von der zwischen Treugeber und Treuhänder zustandegekommenen Treuhandabrede ab, die dann als Vertrag zugunsten Dritter gemäß §§ 328 ff BGB ausgestaltet ist. Von

---

659) Zu den Befugnissen des trustee, die sich aus seinem Eigentumsrecht ergeben, siehe unten bei Fn.672,673.

660) Vgl. zum Ganzen Coing, ZfRV 1974,81, 84 (zur Treuhand); vgl. ferner auch Staudinger (-Stoll) Rz.100 nach Art.12 EGBGB.

diesem Treuhandvertrag losgelöste schuldrechtliche Ansprüche gegen den Treuhänder hat der Dritte nicht[661]. Die Rechte und Pflichten des Drittbegünstigten gegenüber dem trustee eines living trust sind daher kollisionsrechtlich derselben Rechtsordnung zu unterstellen, die auch die trust-Erklärung des settlor beherrscht. Maßgebend ist damit auch insoweit das (schuldrechtliche) trust-Statut[662].

4. Verhältnis settlor - beneficiary

Bei der kollisionsrechtlichen Behandlung von living trust wird meist übersehen, daß aus deutscher Sicht zwischen dem Errichter des trust und den durch ihn eingesetzten Begünstigten besondere Rechtsbeziehungen bestehen, die nicht auf der trust-Erklärung beruhen und die daher einer gesonderten kollisionsrechtlichen Einordnung bedürfen[663]. Diese Rechtsbeziehungen, die man als "Valutaverhältnis" bezeichnen könnte,

---

661) Vgl. oben bei Fn.483-487.

662) Coing, ZfRV 1974,81, 85 (zur Treuhand); MünchKomm (-Martiny) RdNr.76 vor Art.12 EGBGB; wohl auch Söldner 59,60; im Ergebnis ebenso Heymann, FS Brunner (1910) 473, 506f; zum schweizerischen Recht SchwBG 29.1.1970, BGE 96 II 79, 88f = Schw.Jb.Int.R.1971,223.
Etwas anderes gilt nur für mögliche deliktische Schadensersatzansprüche des beneficiary gegen den trustee; diese richten sich nach dem jeweiligen Deliktsstatut; hierzu Coing, Treuhand 212.

663) Zu Recht differenzierend Winkler 247f; Bernardi 136 f; Vischer, Schw.Jb.Int.R.1971,237, 241. SchweizBG 29.1.1970, BGE 96 II 79, 88f qualifiziert zwar einen living trust als gemischten schuldrechtlichen Vertrag (aus Elementen des Auftrages, der Vereinbarung über eine fiduziarischen Eigentumsübertragung, der Schenkung und des Vertrages zugunsten Dritter), unterstellt ihn dann aber einheitlich dem Recht des Landes, in dem "der Schuldner der den Vertrag kennzeichnenden Leistung wohnt oder seinen Geschäftssitz hat", ohne hierbei zwischen dem Schuldner des Treuhandvertrages (dem trustee) und dem des Schenkungsvertrages (dem settlor) zu unterscheiden.

stellen sich nach deutschen Rechtsvorstellungen meist als Schenkung dar, da der beneficiary gewöhnlich keine Gegenleistungen für die ihm gewährten Vermögensvorteile zu erbringen hat. Die kollisionsrechtliche Einordnung dieser Schenkung, die aus deutscher Sicht schuldrechtlicher Natur ist, hat nach den hierfür im deutschen IPR entwickelten Grundsätzen zu erfolgen. Maßgebend für alle schenkungsrechtlichen Fragen (zum Beispiel eine mögliche Rückforderung wegen Verarmung oder groben Undankes) ist damit bei Fehlen einer vorrangigen Rechtswahlbestimmung nach der heute herrschenden Meinung grundsätzlich dasjenige Recht, das am Orte des gewöhnlichen Aufenthaltes des Schenkers (settlor) bzw. - bei Grundstükken - am Lageort gilt[664]. Beim living trust stellt sich allerdings im Grundsatz das gleiche Problem wie bei der oben behandelten Sonderform des Totten trust, nämlich die Abgrenzung zwischen zu Lebzeiten vollzogenen Schenkungen, die dem Schenkungsstatut unterstehen, und solchen von Todes wegen, die erbrechtlich qualifiziert werden. Die insoweit beim Totten trust bestehenden Abgrenzungsschwierigkeiten treten jedoch beim living trust nach der hier vertretenen Qualifikationsmethode nicht auf. Erhält der beneficiary nämlich bereits zu Lebzeiten des settlor vermögenswerte Leistungen aus dem trust, liegt keinesfalls eine auf den Tod des settlor

---

664) Palandt (-Heldrich) Vorbem.6 a dd vor Art.12 EGBGB; MünchKomm (-Martiny) RdNr.162 vor Art.12 EGBGB; ebenso zum schweizerischen Recht Vischer, Schw.Jb.Int.R.1971, 237, 241; zum italienischen Recht Verwilghen 1123,1165. Zu erwägen ist jedoch, ob nicht im vorliegenden Fall eine "akzessorische" Anknüpfung des Valutaverhältnisses an das Deckungsverhältnis, also das trust-Statut, sachgerechter wäre, da die Zuwendung an den Begünstigten weitgehend von dem Deckungsverhältnis bestimmt wird (so Winkler 252 zum Vertrag zugunsten Dritter auf den Todesfall; vgl. hierzu auch Dreyer 128f); dogmatisch ließe sich eine solche Anknüpfung mit einer entsprechenden stillschweigenden Rechtswahl des settlor (Schenkers) begründen. Folgt man dieser Ansicht, so läßt sich auch die in der vorstehenden Fn. angeführte Entscheidung des SchweizBG rechtfertigen.

gestellte Schenkung vor, die als Schenkung von Todes wegen den letztwilligen Verfügungen gleichzustellen wäre; hier bleibt es daher bei der schenkungsrechtlichen Qualifikation[665]. Anders mag möglicherweise das "Valutaverhältnis" beurteilt werden, wenn ein beneficiary nach den Anordnungen des settlor erst mit dem Tode des settlor in den Genuß der Erträge oder des Kapitals des trust kommen soll; hier kann aus deutscher Sicht die Annahme einer Schenkung von Todes wegen in Betracht kommen, die dann dem Erbstatut unterstünde. Ob diese Annahme tatsächlich zutrifft, kann an dieser Stelle aber offen bleiben. Rechtsstreitigkeiten hierüber ergeben sich in aller Regel erst nach dem Tode des settlor. Da die kollisionsrechtliche Behandlung des living trust ab diesem Zeitpunkt wegen der hier vorgeschlagenen zeitlichen Aufspaltung bei der Qualifikation anderen Grundsätzen unterliegt als zu Lebzeiten des Errichters, kann insoweit auf die dortigen Ausführungen verwiesen werden. Zu Lebzeiten des settlor ist ein eventuelles Valutaverhältnis jedenfalls immer schenkungsrechtlich zu qualifizieren.

5. Dingliche Rechtslage

a) Anknüpfung

Die dingliche Rechtslage für das trust-Gut ist aus deutscher Sicht deutlich von den zugrundeliegenden schuldrechtlichen Beziehungen zwischen den Beteiligten zu unterscheiden. Daß das Institut des (living) trust nach deutschen Rechtsvorstellungen sowohl schuldrechtliche wie auch sachenrechtliche Elemente in sich vereinigt, und daß daher eine einheitliche kollisionsrechtliche Einordnung des living trust im deutschen IPR nicht sachgerecht ist, wurde bereits festgestellt.

---

665) Vgl. Winkler 248.

Ebenso wie die obligatorische ist deshalb auch die dingliche Seite des living trust gesondert anzuknüpfen[666]. Maßgebend hierfür ist nach deutschem Kollisionsrecht immer das jeweilige Belegenheitsrecht, die lex rei sitae[667]; dies gilt sowohl für bewegliches wie für unbewegliches Vermögen[668]. Werden unkörperliche Gegenstände wie beispielsweise Forderungen in trust gehalten, so ist insoweit für die "dingliche" Rechtslage das jeweilige die Forderung selbst beherrschende (Zessions-) Statut maßgebend[669].

b) Regelungsbereich des Sachstatuts

Die lex rei sitae bestimmt zunächst einmal über die Rechtsgeschäfte, durch die der trustee die Rechtsmacht an dem trust-Gut erhält. Ob im Rahmen der Begründung eines trust eine dingliche Rechtsübertragung von dem settlor auf den trustee zu erfolgen hat, bestimmt zwar das jeweilige trust-Statut; wie ein hiernach erforderliches Übertragungsgeschäft wirksam zustandekommt, also dessen Voraussetzungen und mögliche Wirksamkeitshindernisse, regelt dann aber die jeweilige lex rei sitae, in deren Gebiet der betroffene Vermögensgegenstand

---

666) Vgl. Winkler 247; Coing, ZfRV 1974,81, 85; Bernardi 129; Reymond, Le trust et le droit suisse, Verhandlungen des Schweizerischen Juristenvereins 1954, ZSR 1954, 119a, 165a.

667) Zum trust siehe von Caemmerer, Zum internationalen Sachenrecht, Festschrift Zepos II (1973) 25, 34; Soergel (-Kegel) Rz.557 vor Art.7 EGBGB Fn.4; Graue, FS Ferid (1978) 151, 172; Dyer/van Loon, Report 176; zum schweizerischen Recht Dreyer 150f; Meier 152; zum italienischen Recht Venturini, Diritto Internazionale Privato, Diritti Reali ed Obbligazioni (1956) 21f; Vitta, Diritto Internazionale Privato III (1975) 33f; zum belgischen Recht van Hecke, American-Belgian Private International Law (1968) 67f; zum niederländischen Recht Dyer/van Loon, Trusts en het Nederlandse recht, 72-76.

668) Allgemein Soergel (-Kegel) Rz.553 vor Art.7 EGBGB.

669) Heymann, FS Brunnner (1910) 473, 515; Knauer, RabelsZ 25 (1960) 318, 335; Coing, Treuhand 212; Töndury 52.

belegen ist[670].
Neben den eben erwähnten sachenrechtlichen Vollzugsakten bei der trust-Errichtung regelt die lex rei sitae auch die dingliche Rechtszuständigkeit an dem trust-Gut, also insbesondere die Frage, wer als Eigentümer (Forderungsinhaber) der in trust gehaltenen Vermögenswerte anzusehen ist[671].
Die lex rei sitae bestimmt ferner, welche Befugnisse der trustee, der sowohl nach deutschem Treuhandrecht wie auch nach amerikanischem trust-Recht Inhaber des vollen (Eigentums-) Rechts ist, im Außenverhältnis hat, also über sein "Können" im Gegensatz zu dem sich aus den trust-Anordnungen ergebenden (obligatorischen) "Dürfen"[672]. Der lex rei sitae

---

670) Coing, ZfRV 1974,81, 87 (zur Treuhand); MünchKomm (-Kreuzer) RdNR.27 nach Art.12 EGBGB; Knauer, RabelsZ 25 (1960) 318, 335; Staudinger (-Stoll) Rz.102 nach Art.12 EGBGB; Verwilghen 203; zum schweizerischen Recht Schnitzer, Trust und Stiftung, SJZ 1965, 197, 214; Schnitzer, Handbuch des internationalen Privatrechts[4] II (1958) 571; zum niederländischen Recht Uniken Venema, 14 Ned.T.Int.R.(1967) 33, 69; zum französischen Recht Woodworth, Int.Lawyer 16 (1982) 704, 707.
Gesondert anzuknüpfen sind Fragen der Geschäftsfähigkeit von settlor und trustee, die dem jeweiligen Heimatrecht unterstehen (MünchKomm (-Kreuzer) RdNr.29 nach Art.12 EGBGB; Kötz, IPRax 1985,205, 206), sowie mögliche besondere Verfügungsbeschränkungen des settlor, z.B. güterrechtlicher Art; hierzu Lepaulle, 15 J.Comp. Leg.(1933) 18, 33; Palandt (-Heldrich) Art.15 Anm.4b.

671) Söldner 58; vgl. auch Soergel (-Kegel) Rz.557 vor Art.7 EGBGB unter Hinweis auf BGH 28.11.1973, IPRspr.1973 Nr.114 = WM 1974,11; zum französischen Recht Oppetit, Rev.crit.dr.int.pr.1973, 1, 7.

672) Coing, ZfRV 1974,81, 87f; Winkler 249; ebenso Serick, FS Nipperdey II (1965) 653, 663 (für einen testamentary trust). Siehe ferner Kötz, IPRax 1985,205, 206f, der zu Recht auch bei Forderungen dem (deutschen) Forderungsstatut Vorrang gegenüber einem ausländischen trust-Statut einräumen will, sofern dieses im deutschen Recht wegen § 137 BGB unzulässige Verfügungsbeschränkungen kennt.

unterfallen damit die Bestimmung derjenigen Rechte, die dem trustee als Eigentümer bzw. Forderungsinhaber zukommen, und insbesondere die praktisch wichtige Frage, ob und gegebenenfalls wieweit treuwidrige Verfügungen des trustee Rechtswirksamkeit erlangen oder unwirksam sind, eine Entscheidung, die von der dinglichen Rechtsstellung des trustee abhängt[673].

c) Rechtsstellung des beneficiary

Schwierigkeiten bereitet im deutschen Kollisionsrecht die richtige Einordnung der Rechtsstellung des beneficiary zu dem trust-Gut. Soweit sich das deutsche Schrifttum bisher mit dieser Frage befaßt hat, findet sich der Hinweis, das equitable (beneficial) interest des beneficiary sei aus deutscher Sicht als dingliches Recht zu qualifizieren und somit der (jeweiligen) lex rei sitae zu unterstellen[674]. Begründet wird der sachenrechtliche Charakter des beneficial interest zumeist mit dem dem beneficiary bei treuwidrigen Verfügungen zustehenden "Verfolgungsrecht" und dem allgemein im amerikanischen trust-Recht anerkannten Surrogationsprinzip[675]. Die daraus hergeleitete einheitlich dingliche Qualifikation der Rechtsbeziehungen des beneficiary zu dem trust-Gut begegnet Bedenken und bedarf daher näherer Betrachtung.

---

673) Vgl. Coing, Treuhand 212; zum niederländischen Recht Uniken Venema, 14 Ned.T.Int.R.(1967) 33, 71.

674) Vgl. Zimmermann, 21,35; Heymann, FS Brunner (1910) 473,499-503,510,515; Söldner 59f; Bloch, SJZ 1950,65, 66; David 3; Staudinger (-Stoll) Rz.102 nach Art.12 EGBGB; unklar Winkler 248; ausführlich und kritisch zu den Versuchen einer Einordnung in die Begriffe des deutschen Rechts Assfalg, Treugut 11-14. Vgl. ferner Kötz 36f; Siebert 97f; Haemmerle, Empfiehlt sich eine gesetzliche Regelung des Treuhänderverhältnisses ?, Verhandlungen des 36. Deutschen Juristentages (1930) 632, 652f.

675) Siehe z.B. Heymann, FS Brunner (1910) 473, 501; Söldner 59f.

Nach deutschem Kollisionsrecht unterstehen der lex rei sitae alle dinglichen Rechte an einer Sache und die daraus abgeleiteten Ansprüche gegen Dritte[676]. Was als "dingliches Recht" im Sinne dieser Kollisionsnorm anzusehen ist, bestimmt, da die Auslegung einer deutschen (Kollisions-) Norm betroffen ist, die deutsche lex fori, nicht etwa das jeweilige Belegenheitsrecht[677]. Ob die dem deutschen Sachrecht fremde Rechtsstellung des beneficiary eines amerikanischen trust, sein beneficial interest, aus deutscher Sicht sachenrechtlicher Natur ist und mithin der lex rei sitae unterfällt, ist nach der hier vertretenen Qualifikationsmethode nicht allein durch eine Betrachtung der Rechtsstruktur des equitable interest zu entscheiden, sondern durch einen funktionalen Vergleich mit verwandten deutschen Rechtsfiguren[678]. Legt man diesen Maßstab einer funktionellen Betrachtung an, so stellt man fest, daß sich das equitable interest des beneficiary nur schwer einheitlich einordnen läßt. Die Rechtsstellung des beneficiary zu dem trust-Gut ist durch eine Vielzahl verschiedener Rechte und Ansprüche gekennzeichnet. Zu nennen sind hier der allgemeine Surrogationsgrundsatz, das Verfolgungsrecht des beneficiary ("tracing the trust property") sowie seine Ansprüche bei Konkurs des trustee oder bei Zwangsvollstreckungsmaßnahmen gegen diesen. Während die beiden erstgenannten Rechte bei einem Vergleich mit verwandten deutschen Instituten (Surrogation, dingliche Herausgabeansprüche) aus deutscher Sicht eher sachenrechtlicher Natur sind[679], ist dies bei den letzterwähnten Ansprüchen wohl

---

676) Ausführlich MünchKomm (-Kreuzer) RdNr.23-32 nach Art.12 EGBGB.

677) MünchKomm (-Kreuzer) RdNr.16 nach Art.12 EGBGB mit weiteren Nachweisen; a.A. Soergel (-Kegel) Rz.557 vor Art.7 EGBGB.

678) Vgl. MünchKomm (-Kreuzer) RdNr.16 nach Art.12 EGBGB.

679) Zur Surrogation siehe MünchKomm (-Kreuzer) RdNr.32 nach Art.12 EGBGB; zum Folgerecht Gottheiner, Zur Anwendung englischen Erbrechts auf Nachlässe in Deutschland, RabelsZ 21 (1956) 36, 52f.

nicht der Fall; das Aussonderungsrecht des Treugebers bzw. des Begünstigten einer Treuhand nach § 43 KO und sein Drittwiderspruchsrecht nach § 771 ZPO, die im deutschen Recht funktional vergleichbar sind, werden im deutschen Sachrecht als schuldrechtliche Ansprüche eingestuft, wobei nicht verkannt wird, daß sie im Ergebnis zu einer "Verdinglichung" der Rechtsstellung des Begünstigten führen[680].
Bereits diese knappe Betrachtung der einzelnen Ansprüche, die das Bild der Rechtsposition des beneficiary prägen, zeigt, daß diese aus deutscher Sicht nicht allein sachenrechtlicher Natur sind, und daß daher eine einheitlich dingliche Qualifikation des equitable interest nicht sachgerecht wäre. Auf der anderen Seite widerspricht es dem Ziel klarer und einfacher Anknüpfungsregeln, die Rechtsstellung des trust-Begünstigten zu dem in trust gehaltenen Vermögen in eine Vielzahl einzelner Rechte aufzugliedern und diese dann jeweils gesondert anzuknüpfen. Eine Lösung weist hier erneut die funktionelle Qualifikation. Betrachtet man als Indiz für die kollisionsrechtliche Einordnung der dem deutschen Recht unbekannten Rechtsstellung des beneficiary nicht die einzelnen funktionsverwandten Ausprägungen, die diese Rechtsstellung kennzeichnen, sondern das Grundgeschäft, dem der Begünstigte seine Rechtsstellung zu verdanken hat, hier also das Institut der fiduziarischen Verwaltungstreuhand, so ergibt sich die Möglichkeit einer einheitlichen kollisionsrechtlichen Behandlung.
Im deutschen Treuhandrecht beruht die Rechtsstellung des (Dritt-) Begünstigten allein auf der zwischen dem Treugeber und dem Treuhänder zustandegekommenen Treuhandabrede (in Verbindung mit einem Vertrag zugunsten Dritter), nicht auf irgendwelchen dinglichen Rechtsübertragungen. Dies gilt auch für mögliche Rechte des Begünstigten an dem Treugut und daraus abgeleitete Ansprüche gegen Dritte; diese Rechte stellen sich vom Standpunkt des deutschen Rechts als bloße Ver-

---

680) Vgl. Siebert 96; Kötz 128; Palandt (-Bassenge) Einf.7 B b aa vor § 929 BGB.

stärkung der schuldrechtlichen Rechtsstellung des Begünstigten dar, nicht als eigenständige, dem Begünstigten durch bestimmte Übertragungsakte verliehene dingliche Rechte[681]. Diese Sicht der funktionsäquivalenten Treuhand sollte auch die kollisionsrechtliche Einordnung der Rechtsstellung des beneficiary eines amerikanischen living trust bestimmen, und zwar nicht nur, soweit Ansprüche gegen den trustee in Frage stehen[682], sondern auch, soweit Rechte des beneficiary an dem trust-Gut und daraus fließende Ansprüche gegen Dritte betroffen sind. Die insoweit schuldrechtliche Qualifikation der funktionsverwandten deutschen Treuhand[683] spricht hier für eine ebensolche Einordnung des amerikanischen living trust. Die gesamte Rechtsstellung des beneficiary, also das equitable interest in allen seinen Ausprägungen, sollte damit im deutschen Kollisionsrecht nicht dinglich, sondern schuldrechtlich qualifiziert und mithin ebenfalls dem oben gewonnenen trust-Statut unterstellt werden[684].

Dieses über einen funktionalen Vergleich gefundene Ergebnis erscheint auch sachgerecht. Die Frage, welche einzelnen Rechte dem beneficiary eines living trust zukommen, ist untrennbar mit dem Rechtsgeschäft, durch das der trust ins

---

681) Vgl. Coing, ZfRV 1974,81, 89. Einen dinglichen Vertrag zugunsten Dritter kennt das deutsche Recht nicht; Palandt (-Heinrichs) Einf.5 b vor § 328 BGB.

682) Hierzu bereits oben bei Fn.661, 662.

683) Coing, ZfRV 1974,81, 89.

684) Vgl. Kötz 36; Siebert 97f; Bernardi 147.
An dieser Stelle sei nochmals betont, daß diese Qualifikation auf deutschen Rechtsvorstellungen und einer funktionalen Betrachtung des trust beruht; die Qualifikation soll nicht die "wahre" Rechtsnatur des equitable interest nach amerikanischem Recht klären, sondern nur die Einordnung des dem deutschen Recht fremden trust in die Systembegriffe des deutschen IPR ermöglichen; daß das equitable interest von der wohl herrschenden Meinung in Amerika als "right in rem" eingestuft wird, ist daher für dessen Qualifikation aus deutscher Sicht unerheblich.

Leben gerufen wird, verbunden. Es wäre daher sinnwidrig, primär die einzelnen Belegenheitsrechte darüber bestimmen zu lassen, welche genaue Rechtsstellung die Errichtung eines living trust dem Begünstigten verleiht. Deutlich wird dies insbesondere dann, wenn ein Belegenheitsrecht, wie zum Beispiel das deutsche, das Institut des trust überhaupt nicht kennt und deshalb auch gar keine Regeln für die genaue Ausgestaltung der Stellung des beneficiary bereithält. Hier können der Umfang der Rechtsstellung des beneficiary, also auch seine Rechte an dem trust-Gut und die daraus abgeleiteten Ansprüche gegen Dritte, sinnvoll nur durch das trust-Statut bestimmt werden, das regelmäßig eine amerikanische Rechtsordnung sein wird.

An dieser Stelle ist allerdings eine praktisch wichtige Einschränkung zu machen. Zwar soll nach der eben entwickelten Auffassung das (schuldrechtliche) trust-Statut auch darüber entscheiden, welche Rechte dem beneficiary aus der trust-Errichtung erwachsen; ob diese vom trust-Statut verliehenen Rechte dann allerdings im Einzelfall, nämlich dann, wenn sie in ihrer konkreten Ausprägung als dingliches Recht anzusehen sind, anerkannt werden, entscheidet das jeweilige Belegenheitsrecht, von dem grundsätzlich nicht erwartet werden kann, seiner eigenen Sachenrechtsordnung fremde dingliche Rechte im eigenen Herrschaftsgebiet durchzusetzen[685]. Ist also beispielsweise Vermögen eines ansonsten in den Vereinigten Staaten beheimateten trust in Deutschland belegen, so verbleibt die endgültige Entscheidung darüber, ob ein konkretes aus dem trust-Verhältnis fließendes Recht oder ein konkreter Anspruch, der aus deutscher Sicht dinglicher

---

685) Vgl. MünchKomm (-Kreuzer) RdNr.26 nach Art.12 EGBGB; KG 7.10.1976, DNotZ 1977,749, 750 = OLGZ 1977,457 (Treuhandeigentum nach spanischem Recht).

Natur ist[686], in Deutschland anerkannt wird, dem deutschen Forum-Recht als der lex rei sitae[687]. Erkennt das deutsche Recht den konkreten Anspruch wegen Verstoßes gegen zwingende Normen seines Sachenrechts nicht an, so ist eine Lösung im Wege der Umdeutung zu suchen[688]. Nur so verstanden ist die Aussage, daß sich die dinglichen Befugnisse des beneficiary nach der jeweiligen lex rei sitae richteten[689], zutreffend.

6. Erbrechtliche Schutznormen

Unabhängig von der Einordnung des trust richtet sich die Beerbung des Errichters eines living trust nach den allgemeinen Regeln der Art. 24, 25 EGBGB. Dem Erbstatut unterfallen dabei auch solche Normen, die zum Schutze bestimmter Personengruppen eine allzu große Schmälerung des Nachlasses durch lebzeitige Rechtsgeschäfte des Erblassers verhindern sollen. Aus deutscher Sicht sind hier insbesondere Regelungen zugunsten der Pflichtteilsberechtigten zu nennen (Pflichtteilsergänzungsanspruch), aber auch Vorschriften über die Ausgleichungspflicht unter Miterben und die Anrechnung auf den

---

686) Hier muß jetzt - anders als zuvor, wo die Interessenlage eine einheitliche Einordnung des equitable interest erforderte - die Rechtsstellung des beneficiary in ihren einzelnen Ausprägungen betrachtet werden.

687) Vgl. Coing, ZfRV 1974,81, 89; ausführlich Staudinger (-Stoll) Rz.102 nach Art.12 EGBGB; siehe ferner Goldstein 80f.

688) Hierzu unten 4.Hauptteil.

689) So z.B. Winkler 249.

Pflichtteil[690]. Diese vom für alle Fragen der Erbfolge maßgeblichen Erbstatut bereitgestellten Schutznormen beanspruchen auch dann Geltung, wenn der Erblasser zu Lebzeiten schenkweise einen living trust errichtet hat, der dann beim Erbfall zu einer Benachteiligung der Pflichtteilserben oder sonstiger am Umfang des Nachlasses interessierter Personen führt[691]. Ist Erbstatut das deutsche Recht, so ist daher zu prüfen, ob die Tatbestände der erwähnten Schutznormen durch die Begründung und lebzeitige Ausführung des living trust, der als solcher auch einer anderen Rechtsordnung als der deutschen unterstehen kann, erfüllt sind. Der living trust ist hier "Datum" im Rahmen der maßgeblichen Erbrechtsnormen, denen die Entscheidung zukommt, ob ihre Eingriffsvoraussetzungen auch durch einen im Ausland verwirklichten und unter der Herrschaft eines fremden Rechts stehenden Sachverhalt erfüllt werden können[692]. Sieht der deutsche Richter den Tatbestand der zum Schutz der Pflichtteilsberechtigten aufgestellten Normen als erfüllt an, so kann dies bei unzureichendem Nachlaß zu einer teilweisen Unwirksamkeit (Kürzung) oder sogar völligen Nichtigkeit des living trust führen[693].

---

690) Siehe §§ 2050 III, 2315, 2325, 2287 BGB. Zu ähnlichen Schutzrechten im amerikanischen Recht, durch die aber meist nur der überlebende Ehegatte, nicht die Verwandten des Erblassers begünstigt werden, siehe Rheinstein/Glendon 87-99; Fratcher, Protection of the Family Against Disinheritance in American Law, 14 Int.Comp. L.Q.(1965) 293-302. Zur erbrechtlichen Qualifikation dieser Schutzrechte siehe die Nachweise oben in Fn.563.

691) Vgl. Bloch, SJZ 1950,65, 69f; Goldstein 94f (der dies als ein Problem des ordre public ansieht); vgl. ferner Dyer/van Loon, Report 180f; SchweizBG 29.1.1970, BGE 96 II 79, 90f = Schw.Jb.Int.R.1971,223.

692) Ausführlich hierzu oben 2.Hauptteil 5.Kapitel B.IV.2.

693) Vgl. ausführlich Bloch, SJZ 1950,65, 69f; Goldstein 94f; Lepaulle, 15 J.Comp.Leg.(1933) 18, 31f (auch zur Frage des Wechsels des maßgeblichen Erbstatuts und zu den Pflichten des trustee bei unzureichendem Nachlaß).

Durch Errichtung eines living trust können also die zwingenden Schutznormen des Erbstatuts des settlor nicht umgangen werden[694].

7. Form

Fragen der Formwirksamkeit eines living trust sind im deutschen Kollisionsrecht gesondert anzuknüpfen. Wie schon bei den materiellrechtlichen Fragen sind auch hier die einzelnen Elemente des trust zu unterscheiden.

a) Trust-Erklärung

Die Formgültigkeit der trust-Erklärung selbst (des trust-settlement) richtet sich nach Art. 11 I EGBGB. Maßgebend ist danach in erster Linie das Wirkungsstatut, hier also das trust-Statut, das alle aus deutscher Sicht schuldrechtlichen Fragen des trust beherrscht. Hilfsweise genügt zur formwirksamen Errichtung die Einhaltung der Ortsform (Art. 11 I 2 EGBGB).

---

694) Zu dem ähnlich gelagerten Problem des Schutzes von Gläubigern des settlor und der Möglichkeit einer Gläubigeranfechtung der trust-Errichtung (siehe im deutschen Recht § 3 AnfG, §§ 29 ff KO) vgl.Dyer/van Loon, Report 178f; Cour d'appel de Paris 18.4.1929, Rev. crit. 1935,149; allgemein Schmidt-Räntsch, Die Anknüpfung der Gläubigeranfechtung außerhalb des Konkursverfahrens (1984) 123-135 (die Anfechtung von Rechtshandlungen eines Schuldners untersteht demjenigen Recht, das die jeweils anzufechtende Rechtshandlung beherrscht); Fragistas, Das Anfechtungsrecht der Gläubiger im internationalen Privatrecht, RabelsZ 12 (1938/39) 452-464 (Koppelung des Rechts, das die Forderung des Gläubigers beherrscht, mit dem Recht der anzufechtenden Rechtshandlung); Winkler 158-160 (bei Schenkungen alleinige Maßgeblichkeit des Rechts der Gläubiger-Forderung); gegen eine Sonderanknüpfung bei Rechtshandlungen zwischen Ehegatten Schmidt-Räntsch 138-141; a.A.Reithmann (-Hausmann) RdNr.770 (maßgebend Art. 14 EGBGB).

b) Schenkungsversprechen

Die Form des in der trust-Erklärung mitenthaltenen Schenkungsversprechens an den beneficiary beurteilt sich gleichfalls nach Art. 11 I EGBGB. Das Haager Abkommen über das auf die Form letztwilliger Verfügungen anzuwendende Recht vom 5.10.1961 findet auf die zu Lebzeiten des settlor an den Begünstigten bewirkten Leistungen keine Anwendung. Maßgebend sind damit das jeweilige Schenkungsstatut[695] und hilfsweise das Ortsrecht. Dem Formstatut unterstehen auch Fragen der Heilung eines möglichen Formverstoßes, insbesondere durch Vollzug eines formnichtigen Schenkungsversprechens[696].

c) Sachenrechtliche Vollzugsakte

Die Formwirksamkeit der zur trust-Begründung erforderlichen dinglichen Übertragungsakte, insbesondere der Eigentumsübertragung vom settlor auf den trustee, beurteilt sich nach Art. 11 II EGBGB. Maßgebend ist damit allein das Sachstatut, dessen von der Gesamtverweisung des Art. 11 II EGBGB mitumfaßte Kollisionsnormen allerdings (zusätzlich) die Einhaltung der Ortsform (lex loci actus) ausreichen lassen können[697].

8. Einfluß des Art. 28 EGBGB

Bei der hier vertretenen schuldrechtlichen Qualifikation des living trust zu Lebzeiten des settlor ist Art. 28 EGBGB für die kollisionsrechtliche Behandlung des trust ohne Bedeutung. Der living trust ist nicht Teil einer zusammengehöri-

---

695) Zu dessen Ermittlung siehe oben bei Fn.664.

696) Vgl.§ 518 II BGB; MünchKomm (-Spellenberg) Art.11 EGBGB RdNr.13.

697) MünchKomm (-Kreuzer) RdNr.27 nach Art.12 EGBGB; Soergel (-Kegel) Rz.563 vor Art.7 EGBGB.

gen Vermögensmasse und untersteht keinem Gesamtstatut, das durch ein Einzelstatut der lex rei sitae verdrängt werden könnte[698].

9. Auslegung

Anders als im amerikanischen Kollisionsrecht werden im deutschen internationalen Privatrecht Fragen der Auslegung von Parteierklärungen nicht gesondert angeknüpft. Sie unterstehen vielmehr immer derjenigen Rechtsordnung, die auch das fragliche Rechtsgeschäft selbst beherrscht (Geschäftsstatut)[699]. Das Geschäftsstatut entscheidet dann auch darüber, ob und gegebenenfalls wie es bei der Auslegung Erklärungen berücksichtigt, die unter dem Einfluß einer anderen Rechtsordnung abgegeben wurden (Problem des Handelns unter falschem Recht)[700].

II. Living trust nach dem Tode des Errichters

1. Anknüpfung

Mit der Errichtung eines living trust verfolgt der settlor für die Zeit nach seinem Tode das Ziel, Vorsorge für eine nach seinem Willen geordnete Weiterleitung seines Vermögens an von ihm bestimmte Personen zu treffen. Im amerikanischen

---

698) Vgl. Palandt (-Heldrich) Art.28 EGBGB Anm.1,2; Staudinger (-Graue) Art.28 EGBGB Rz.1.

699) Ausführlich hierzu MünchKomm (-Spellenberg) RdNr.74, 75 vor Art.11 EGBGB.

700) Vgl. MünchKomm (-Spellenberg) RdNr.81, 93, 94 vor Art.11 EGBGB.

Recht ist der living trust daher ein häufig verwendetes Instrument der "Nachlaßplanung" (estate planning)[701]. Dieser Zweck des living trust ist aus deutscher Sicht erbrechtlicher Natur[702]. Bestätigt wird diese Einordnung durch diejenigen Rechtsinstitute, die für den genannten Zeitraum im deutschen Recht die Funktion des living trust erfüllen. Hier handelt es sich, wie oben dargelegt, nicht um lebzeitige Rechtsgeschäfte, sondern allein um letztwillige Verfügungen (Anordnungen einer Testamentsvollstreckung, Nacherbeneinsetzung, Teilungsanordnungen etc.). Soweit die Zeit nach dem Erbfall in Frage steht, legen daher der Zweck des living trust und die funktionsverwandten deutschen Rechtseinrichtungen eine erbrechtliche Qualifikation des living trust nahe. Der living trust ist damit, soweit er seine Rechtswirkungen[703] erst mit oder nach dem Tode des Errichters entfaltet, dem Regelungsbereich der Art. 24, 25 EGBGB zu unterstellen, der grundsätzlich alle Fragen der Rechtsnachfolge in das von einer Person hinterlassene Vermögen umfaßt[704].

---

701) Ausführlich Tetiwa 51-70.

702) Vgl. oben 2.Hauptteil 4.Kapitel C.I.

703) Maßgebend sind die Rechtswirkungen, nicht etwa der Zeitpunkt eines möglichen Rechtsstreites.

704) Für eine erbrechtliche Qualifikation (nur) des revocable living trust aus niederländischer Sicht auch Henriquez, 12 Ned.T.Int.R.(1965) 251, 278 (ohne zeitliche Aufspaltung bei der Qualifikation); zum italienischen Recht vgl. Verwilghen 1123, 1165.
Im deutschen IPR ist, wie die funktionsverwandten deutschen Institute zeigen, kein Unterschied zwischen widerruflichen und unwiderruflichen trusts zu machen; der revocable living trust entspricht für die Zeit nach dem Tode des Errichters in seinen wesentlichen Wirkungen einem deutschen Testament, aber auch die mit einem irrevocable living trust verfolgten Ziele werden für den hier fraglichen Zeitraum im deutschen Recht nur durch erbrechtliche Institute verwirklicht; vgl. oben Fn.615.

Die aus einer funktionalen Betrachtung des living trust nach dem Tode des Errichters abgeleitete erbrechtliche Qualifikation bietet mehrere Vorteile. Sie ermöglicht zum einen die Unterstellung unter eine einzige Rechtsordnung, nämlich das Erbstatut, das als Gesamtstatut grundsätzlich Vorrang vor dem Sach- oder Schuldstatut besitzt[705]. Ferner ist die Gefahr einer möglichen Umgehung erbrechtlicher Schutznormen durch den Errichter des living trust bei einer erbrechtlichen Qualifikation, die zu einer unmittelbaren Berücksichtigung dieser Normen führt, von vorneherein gebannt[706]. Die erbrechtliche Einordnung des postmortalen living trust macht zudem die Abgrenzung im Valutaverhältnis zwischen einer lebzeitigen Schenkung und einer den letztwilligen Verfügungen gleichzustellenden Schenkung von Todes wegen, die beim Totten trust Schwierigkeiten bereitet hat, entbehrlich. Infolge der ohnehin einheitlich erbrechtlichen Qualifikation kann die aus deutscher Sicht auftretende Frage, ob ein bei trust-Errichtung abgegebenes und auf den Tod gestelltes Schenkungsversprechen des settlor durch die lebzeitige Eigentumsübertragung auf den trustee vollzogen und damit eine mögliche Formnichtigkeit geheilt wurde, unbeantwortet bleiben[707]. An der Qualifikation, die allein auf einem funktionalen Vergleich des postmortalen living trust mit letztwilligen Verfügungen beruht, ändert die Antwort nichts.

---

705) Vgl. Grundmann 91.

706) Diejenigen, die den living trust auch hinsichtlich der Rechtswirkungen nach dem Tode des Errichters schuldrechtlich qualifizieren (siehe oben Fn. 650), sehen sich regelmäßig veranlaßt, auf ihren nationalen ordre public zurückzugreifen, um eine unerwünschte Ausschaltung insbesondere der Regelungen zugunsten von Pflichtteilsberechtigten zu verhindern; siehe z.B. Cour d'appel de Paris 10.1.1970, Rev.crit.dr.int.pr.1971, 518, 523; Oberster Gerichtshof Rumäniens 2.2.1974, Clunet 1977, 894, 895f.

707) Hierzu aus schweizerischer Sicht SchweizBG 29.1.1970, BGE 96 II 79, 96f = Schw.Jb.Int.R.1971, 223.

Gegen die hier vorgeschlagene erbrechtliche Einordnung des living trust nach dem Tode des settlor ließe sich einwenden, daß eine solche Qualifikation einen Wechsel der für den konkreten living trust maßgeblichen Rechtsordnung mit sich bringen könne, wenn die schuldrechtliche Anknüpfung des living trust zu Lebzeiten des Errichters zu einer anderen Rechtsordnung führt als die erbrechtliche Anknüpfung, und daß ein solcher Rechtswechsel vor allem im Interesse einer einheitlichen und kontinuierlichen Verwaltung des trust nicht wünschenswert sei. Dieser im Grundsatz richtige Einwand kann allerdings die zeitabhängige Qualifikation nicht entscheidend in Frage stellen. Er ist zum einen überhaupt nur bei deutschen Errichtern von praktischer Bedeutung. Bei einem amerikanischen settlor verbleibt es nämlich auch bei einer aus deutscher Sicht erbrechtlichen Qualifikation des postmortalen living trust infolge der (abweichenden) Qualifikation durch das amerikanische Kollisionsrecht, das von der (Gesamt-) Verweisung der Art. 24, 25 EGBGB mitumfaßt ist, im Ergebnis regelmäßig bei der Maßgeblichkeit derjenigen Rechtsordnung, die auch den living trust zu Lebzeiten des settlor beherrscht[708]. Ist der Errichter des trust dagegen Deutscher, und untersteht der living trust dann nach dem Tode des settlor deutschem Recht als Erbstatut, so kann ein Wechsel der maßgeblichen Rechtsordnung eintreten, wenn der trust zuvor seinen im Rahmen der schuldrechtlichen Anknüpfung festzustellenden Schwerpunkt im Gebiet einer amerikanischen Rechtsordnung hatte. Ein solcher Wechsel widerspricht jedoch nicht der internationalprivatrechtlichen Interessenlage. Dem deutschen Recht als Erbstatut unterfallen nämlich alle Rechtsfragen, die sich auf die Beerbung eines deutschen Staatsangehörigen beziehen. Das deutsche Recht kann daher mit Recht auch dann Geltung beanspruchen, wenn ein deutscher Staatsangehöriger durch lebzeitiges Rechtsgeschäft, das

---

708) Vgl. unten 3.Hauptteil 2.Kapitel B.III. und C.

einen (wesentlichen) Teil seiner Rechtswirkungen erst mit dem Erbfall entfaltet, Vorsorge für eine Verwaltung und Verteilung seines Vermögens nach dem Tode trifft, da auch hier die Rechtsnachfolge in das Vermögen des Erblassers und damit aus deutscher Sicht erbrechtliche Fragen betroffen sind. Auch der Erblasser selbst kann in einem solchen Fall nicht darauf vertrauen, daß sein Vorgehen einem anderen Recht als seinem (deutschen) Heimatrecht untersteht[709]. Die Maßgeblichkeit des Erbstatuts für den postmortalen living trust und ein daraus folgender Wechsel der anwendbaren Rechtsordnung mögen somit zwar - insbesondere bei Fragen der Verwaltung - zu Umstellungen führen, sie sind aber notwendige Folge einer funktionsorientierten Betrachtung und entsprechen der kollisionsrechtlichen Interessenlage. An der erbrechtlichen Qualifikation des living trust nach dem Tode des settlor ist daher festzuhalten. Dies gilt umso mehr, als sich die die trust-Verwaltung betreffenden Anordnungen des settlor regelmäßig auch im Rahmen des deutschen (Testamentsvollstreckungs-) Rechts verwirklichen lassen, so daß die Verwaltung und Verteilung des Vermögens trotz eines möglichen Rechtswechsels auf im wesentlichen gleichbleibender Grundlage erfolgen können[710].

2. Artikel 28 EGBGB

Infolge der erbrechtlichen Qualifikation postmortaler living trusts kann hier - anders als bei living trusts vor dem Tode des Errichters - Art. 28 EGBGB Bedeutung erlangen. Im Grundsatz gilt das Gleiche wie beim testamentary trust, so daß auf die dortigen Ausführungen verwiesen werden kann[711].

---

709) Zu der Anknüpfungsmaxime der Voraussehbarkeit siehe allgemein Neuhaus 162f.

710) Vgl. z.B. §§ 2203, 2209, 2216 II 1 BGB.

711) Siehe oben 2.Hauptteil 4.Kapitel D.

Living trusts, die von einem deutschen Staatsangehörigen an Grundvermögen in den Vereinigten Staaten bestellt werden, unterstehen damit, soweit das amerikanische Grundstück betroffen ist, nach dem Tode des Errichters dem amerikanischen Belegenheitsrecht, das über Art. 28 EGBGB das deutsche Erbstatut (teilweise) verdrängt.

3. Einfluß der lex rei sitae

Das auf den living trust nach dem Tode des Errichters anzuwendende Erbstatut kann als Vermögensstatut nicht (Eigentums-) Rechte schaffen, die der Sachenrechtsordnung der lex rei sitae fremd sind. Soweit daher aus deutscher Sicht als dinglich einzustufende Rechte an dem trust-Gut in Frage stehen, wird das grundsätzlich maßgebliche Erbstatut von der lex rei sitae verdrängt[712].

4. Form

Die aus deutscher Sicht erbrechtliche Einordnung des living trust nach dem Tode des Errichters führt zu Schwierigkeiten in der Frage der erforderlichen Form für dieses Rechtsgeschäft. Das deutsche Recht fordert nämlich für erbrechtlich eingestufte Rechtsgeschäfte die Einhaltung der erbrechtlichen Formen. Maßgebend für die Formgültigkeit des postmortalen living trust ist damit nach deutschem Kollisionsrecht grundsätzlich das Haager Abkommen über das auf die Form letztwilliger Verfügungen anzuwendende Recht vom 5.10.1961[713]. Dies gilt unabhängig davon, daß der postmortale living trust nur aus der Sicht des deutschen Rechts den (funktionalen) Charakter einer letztwilligen Verfügung hat,

---

712) Die Rechtslage ist hier die gleiche wie beim testamentary trust; vgl. oben 2.Hauptteil 4.Kapitel E.

713) BGBl.1965 II 1145; in deutscher Übersetzung abgedruckt bei Jayme/Hausmann 97-101; ferner - mit Erläuterungen - bei Palandt (-Heldrich) Anhang zu Art.24-26 EGBGB.

während er im amerikanischen Recht als lebzeitiges Rechtsgeschäft angesehen wird; sein erbrechtlicher Zweck erfordert die Anwendung des Haager Testamentsabkommens, das die Formgültigkeit erbrechtlicher Anordnungen regeln will. Im übrigen wären auch dann, wenn man dieser Ansicht nicht folgen und statt der staatsvertraglichen Sondervorschriften des Haager Testamentsabkommens das autonome deutsche Kollisionsrecht anwenden wollte, häufig dieselben beiden Rechtsordnungen (Geschäfts- und Ortsstatut) maßgebend wie bei einer Anknüpfung nach dem Testamentsabkommen[714].
Ist sowohl Geschäftsstatut als auch Ortsstatut das deutsche Recht, ist der living trust also - was in der Praxis allerdings nicht vorkommen dürfte - von einem deutschen Staatsangehörigen in Deutschland errichtet worden, so ergeben sich bei der Beurteilung der Formgültigkeit keine Schwierigkeiten; der living trust ist dann, soweit Rechtswirkungen nach dem Tode des Errichters in Frage stehen, formunwirksam, wenn nicht bei seiner Errichtung die deutschen erbrechtlichen Formvorschriften eingehalten wurden. Anders ist die Rechtslage dagegen, wenn die Verweisung des Haager Testamentsabkommens (oder die des Art. 11 I EGBGB) zum Recht eines amerikanischen Bundesstaates führt[715]. Schwierigkeiten treten hier deshalb auf, weil das amerikanische Recht den living trust als Rechtsgeschäft unter Lebenden nicht den erbrechtlichen Formvorschriften unterstellt, sondern weniger strenge Formen genügen läßt[716]. Würde man daher die Verweisung des deut-

---

714) Vgl. Art. lit.a - e des Übereinkommens.
Art.11 II EGBGB ist unanwendbar, da die Anordnungen des settlor in der trust-Urkunde für die Zeit nach dem Erbfall aus der Sicht des deutschen Rechts letztwillige Verfügungen im Sinne des Erbrechts sind, nicht sachenrechtliche Verfügungen im Sinne von Art.11 II EGBGB.

715) Zur erforderlichen Unteranknüpfung bei einer Verweisung auf "amerikanisches" Recht siehe Art.1 II des Haager Testamentsabkommens und allgemein Palandt (-Heldrich) Vorbem.12 vor Art.7 EGBGB.

716) Hierzu oben 1.Hauptteil 3.Kapitel A.III.3

schen Kollisionsrechts so verstehen, daß nur die amerikanischen erbrechtlichen Formvorschriften berufen werden, würde dies dazu führen, daß der living trust nach den Vorschriften über die Testamentsform beurteilt werden müßte, obwohl das amerikanische Recht, an dem sich der trust orientiert, ihn anders qualifiziert und folglich andere Formerfordernisse aufstellt. In den typischen deutsch-amerikanischen trust-Fällen wäre dann der living trust - zumindest für die Zeit nach dem Erbfall - aus deutscher Sicht formunwirksam, da er die amerikanische Testamentsform regelmäßig nicht erfüllt[717]. Dieses Ergebnis, das seine Ursache darin hat, daß das deutsche Recht das Institut des trust nicht kennt und deshalb hierfür auch keine entsprechenden Formvorschriften bereithält, sondern sich allein an den funktionsverwandten deutschen Instituten orientiert, kann nicht befriedigen. Sinnvoll erscheint daher nur folgende Auslegung des Haager Testamentsabkommens (bzw. - im Falle seiner Unanwendbarkeit - des Art. 11 I EGBGB): Das deutsche Kollisionsrecht beruft nicht konkret die amerikanischen Testamentsvorschriften, sondern überläßt es allgemein dem amerikanischen Recht, darüber zu bestimmen, ob es das fragliche Rechtsgeschäft, hier also den living trust, als formgültig ansehen will oder nicht, auch wenn es dabei im Einzelfall andere als die Testamentsvorschriften anwendet. Es handelt sich um einen Fall der "Qualifikationsverweisung"[718]; deutsches IPR beruft nicht nur das amerikanische Recht als maßgebliches Formstatut, sondern überläßt ihm auch die Qualifizierung des trust. Es erkennt folgerichtig die Formgültigkeit des living trust auch dann an, wenn sie auf einer anderen Qualifikation und damit der Anwendung nicht erbrechtlicher Formvorschrif-

---

717) Ausführlich zur Testamentsform nach amerikanischem Recht Prentice-Hall I para.265-312; Atkinson 291-378.

718) Hierzu allgemein Jayme, Zur Qualifikationsverweisung im internationalen Privatrecht, ZfRV 1976, 93-108.

ten beruht[719]. Ein in den Vereinigten Staaten errichteter living trust ist damit auch für die Zeit nach dem Tode des settlor aus deutscher Sicht formgültig, wenn er den amerikanischen Formvorschriften, die häufig Schriftform verlangen, entspricht.

C. Zusammenfassung

Im Verlaufe des Bestehens eines living trust wechseln die Aufgaben, die er im amerikanischen Recht zu erfüllen hat. Zu Lebzeiten des Errichters steht der Gesichtspunkt einer fachkundigen Vermögensverwaltung im Vordergrund; der living trust gleicht hier in funktionaler Hinsicht der im deutschen Recht entwickelten Verwaltungstreuhand, in Sonderfällen auch der (rechtsfähigen) Stiftung (so der charitable trust) oder besonders ausgestalteten Kapital- oder Personengesellschaften (so der business trust). Nach dem Tode des Errichters verlagert sich die Aufgabe des living trust dahin, Vorsorge für eine dem Willen des settlor entsprechende Weitergabe seines Vermögens zu treffen; im deutschen Recht wird dieser Zweck durch erbrechtliche Institute erreicht. Der zeitliche Wechsel in den Funktionen bedingt auch einen Wechsel in der Qualifikation des living trust, die daher getrennt für die Zeit vor und nach dem Tode des Errichters durchzuführen ist. Vor dem Erbfall entzieht sich der living trust einer einheitlichen Einordnung. Insbesondere ist der living trust aus deutscher Sicht kein derart verselbständigtes Sondervermögen, daß eine Anknüpfung an sein "Personalstatut" analog der gesellschaftsrechtlichen Anknüpfung gerechtfertigt wäre. Der

---

719) Im Ergebnis ebenso zum schweizerischen Recht SchweizBG 29.1.1970, BGE 96 II 79, 98f = Schw.Jb.Int.R.1971,223; hierzu Vischer, Schw.Jb.Int.R.1971, 237, 245f.

living trust stellt sich vielmehr nach deutschen Rechtsvorstellungen - wie sein deutsches Funktionsäquivalent, die Treuhand, zeigt - als eine Kombination dinglicher und schuldrechtlicher Elemente dar. Dieser Doppelcharakter des trust verlangt eine getrennte Anknüpfung der einzelnen Elemente. Hierbei sind die Rechtsbeziehungen zwischen dem Errichter des living trust und dem trustee aus deutscher Sicht schuldrechtlich einzuordnen und entsprechend auch im Kollisionsrecht zu qualifizieren. Als "trust-Statut" maßgeblich ist damit in erster Linie die vom Errichter selbst gewählte Rechtsordnung, hilfsweise das Recht des Ortes, an dem der trust seinen Schwerpunkt hat (hypothetischer Parteiwille). Neben den Rechtsbeziehungen zwischen settlor und trustee unterfallen dem trust-Statut auch die Beziehungen zwischen dem Begünstigten und dem trustee sowie der Umfang der Rechtsstellung des beneficiary gegenüber Dritten, da sich beides von der trust-Erklärung ableitet. Die Rechtsbeziehungen zwischen Errichter und Begünstigtem sind schenkungsrechtlich zu qualifizieren. Die aus deutscher Sicht dingliche Seite des living trust, insbesondere die Wirksamkeit der zur trust-Begründung erforderlichen Eigentumsübertragung vom settlor auf den trustee, beurteilt sich nach der jeweiligen lex rei sitae. Dieser steht zudem die Entscheidung darüber zu, ob sie bestimmte, als dinglich zu qualifizierende Rechte, die das trust-Statut dem beneficiary verleiht, in ihrem Herrschaftsgebiet anerkennt oder nicht. Die Errichtung eines living trust kann nicht zu einer Ausschaltung zwingender erbrechtlicher Schutznormen, zum Beispiel zugunsten von Pflichtteilsberechtigten, führen. Der Umfang solcher Schutznormen richtet sich nach dem jeweiligen Erbstatut des settlor; der living trust wird im Rahmen der anwendbaren Erbrechtsnormen als "Datum" berücksichtigt. Die Form des living trust bestimmt sich nach Art. 11 I EGBGB (für die schuldrechtliche Seite des trust) bzw. nach Art. 11 II EGBGB (für die dingliche Seite der trust-Errichtung).

Nach dem Tode des Errichters dient der living trust - wie die insoweit funktionsverwandten deutschen Rechtsinstitute zeigen - erbrechtlichen Zwecken und ist dementsprechend auch im deutschen Kollisionsrecht wie eine erbrechtliche Rechtsfigur zu behandeln. Soweit der living trust seine Rechtswirkungen erst mit oder nach dem Tode des Errichters entfaltet, untersteht er damit dem Regelungsbereich der Art. 24, 25 EGBGB. Art. 28 EGBGB und der Vorrang der lex rei sitae für dingliche Berechtigungen an dem trust-Gut sind allerdings zu beachten. Formwirksam ist der living trust aus deutscher Sicht regelmäßig auch dann, wenn er die für seine Errichtung aufgestellten Formerfordernisse des amerikanischen Rechts erfüllt.

3. Hauptteil: Rückverweisung

1. Kapitel: Grundsatz

Mit der Einordnung des trust in das Gefüge der deutschen Kollisionsnormen (Qualifikation) ist die internationalprivatrechtliche Kernfrage nach dem auf einen bestimmten Lebenssachverhalt anwendbaren Recht noch nicht endgültig beantwortet. Verweist nämlich eine deutsche Kollisionsnorm, nach der im Einzelfall die Beurteilung eines trust erfolgt, nicht auf deutsches, sondern auf ein fremdes Recht, so wird diese Verweisung im deutschen Kollisionsrecht in der Regel als sog. Gesamtverweisung verstanden; Bezug genommen wird nicht nur auf das fremde sachliche Recht, sondern auch auf das Kollisionsrecht der ausländischen Rechtsordnung, das vorrangig zu betrachten ist[720]. Zur Bestimmung des anzuwendenden Rechts ist es daher - als zweiter Schritt nach der (deutschen) Qualifikation - erforderlich zu prüfen, ob das Kollisionsrecht derjenigen Rechtsordnung, zu der die Verweisung des deutschen internationalen Privatrechts geführt hat, selbst wiederum auf deutsches oder auf ein drittes Recht verweist. Eine solche Rück- oder Weiterverweisung des in erster Linie maßgeblichen ausländischen Kollisionsrechts wäre in Deutschland zu beachten[721].

In deutsch-amerikanischen Erbfällen verweisen die deutschen Kollisionsnormen, wie oben gezeigt, häufig auf amerikanisches Recht, d.h. auf das Recht eines amerikanischen Bundes-

---

720) Ausführlich hierzu Neuhaus 268-271; Palandt (-Heldrich) Art.27 EGBGB Anm.2, 3.

721) Firsching, IPR 57; Coester, JA 1979, 351, 352.

staates[722]. Aus diesem Grunde sollen im folgenden die für die Rechtsfigur des trust im amerikanischen Recht entwickelten Kollisionsregeln in ihren Grundzügen dargestellt werden. Zu beachten ist dabei, daß es in den Vereinigten Staaten nach herrschender Rechtsprechung kein bundeseinheitliches Kollisionsrecht gibt[723]. Jeder Einzelstaat hat vielmehr sein eigenes Kollisionsrecht, das sich jedoch aufgrund des gemeinsamen Ursprungs im common law oft nur unwesentlich von dem der anderen Bundesstaaten unterscheidet. Gerade auf dem Gebiet des trust-Rechts können sich allerdings - wie noch zu zeigen sein wird - im Einzelfall doch größere Abweichungen ergeben, so daß es unerläßlich ist, die jeweils maßgebliche amerikanische Teilrechtsordnung zu bestimmen[724].
Die einzelstaatlichen Kollisionsregeln gelten zwar primär nur im Verhältnis zu den anderen Bundesstaaten, sie finden jedoch entsprechend auch im internationalen Bereich Anwendung[725].

---

722) Zur sog. Unteranknüpfung siehe ausführlicher BayObLG 27.5.1974; BayObLGZ 1974,223; BayObLG 21.2.1975, BayObLGZ 1975,86; Kegel, IPR 182; Palandt (-Heldrich) Vorbem.12 vor Art.7 EGBGB.

723) Siehe Erie R.R.Co. v. Tompkins, 304 U.S.64 (1938); Klaxon v. Stentor Electric Mfg.Co., 313 U.S.487 (1941); hierzu ausführlich und zum Teil kritisch Rheinstein, Das Kollisionsrecht im System des Verfassungsrechts der Vereinigten Staaten von Amerika, Festschrift Rabel I (1954) 539-589; Nussbaum, Grundzüge des internationalen Privatrechts unter besonderer Berücksichtigung des amerikanischen Rechts (1952) 56.

724) So auch Scott V 377of; Land, Trusts in the Conflict of Laws (1940) 5f.

725) Hay, International Versus Interstate Conflicts Law in the United States, RabelsZ 35 (1971) 429, 471ff; Restatement, Second, Conflict of Laws (1971) § 10; Parker 2.

Eine Ausnahme von dem erwähnten Grundsatz der Gesamtverweisung macht das deutsche Kollisionsrecht dann, wenn ein Lebenssachverhalt aus deutscher Sicht als schuldrechtlich qualifiziert wird. Führt in einem solchen Falle der vorrangige Parteiwille oder die mangels eines solchen angestellte Schwerpunktbetrachtung zur Maßgeblichkeit eines fremden Rechts, so verbleibt es bei der Anwendbarkeit der privatrechtlichen Sachnormen dieser Rechtsordnung. Eine Verweisung auch auf das fremde Kollisionsrecht und damit die Möglichkeit einer Rück- oder Weiterverweisung werden hier von der herrschenden Meinung abgelehnt[726]. Soweit also Rechtsfragen, die in Zusammenhang mit einem trust auftreten, aus deutscher Sicht als schuldrechtlich eingestuft und dem Recht eines amerikanischen Bundesstaates unterstellt werden, haben die Kollisionsregeln dieses Staates außer Betracht zu bleiben. Es ist dann unmittelbar dessen internes Sachrecht anzuwenden.

2. Kapitel: Amerikanisches Kollisionsrecht des trust

A. Allgemeines

Die in den Vereinigten Staaten für die rechtliche Beurteilung eines trust entwickelten Kollisionsnormen lehnen sich an das materielle trust-Recht an. Wie das Sachrecht so unterscheidet auch das Kollisionsrecht zwischen mehreren Fragen-

---

726) Ausführlich hierzu BGH 15.4.1959, RabelsZ 25 (1960) 313, 316 = NJW 1959,1317 (für einen Totten trust); BAG 10.4.1975, RIW 1975,521, 523; LG München 15.7.1975, IPRspr. 1977 Nr.31; Neuhaus 277; MünchKomm (-Martiny) RdNr.84 vor Art.12 EGBGB; Palandt (-Heldrich) Vorbem.2 c vor Art.12 EGBGB. Für die Beachtlichkeit einer Rück- oder Weiterverweisung bei einer (objektiven) Anknüpfung an den sog. hypothetischen Parteiwillen aber Soergel (-Kegel) Rz.388 vor Art.7 EGBGB; Staudinger (-Graue) Art.27 EGBGB Rz.50.

komplexen, die internationalprivatrechtlich verschieden behandelt werden. Sobald sich im Zusammenhang mit einem trust die Frage nach dem anzuwendenden Recht stellt, trennt das amerikanische Kollisionsrecht zwischen den Problemkreisen der (formellen und materiellen) Gültigkeit des trust, seiner Verwaltung und der Auslegung der trust-Urkunde[727]. Alle diese Bereiche werden selbständig angeknüpft, selbst wenn im Ergebnis häufig ein und dasselbe Recht für alle Fragen maßgebend ist. Eine genaue Einordnung (Qualifikation) der jeweils zu beantwortenden Rechtsfrage ist daher unerläßlich[728]. Ebenfalls in Anlehnung an die unterschiedliche materiellrechtliche Behandlung unterscheidet das Kollisionsrecht weiter zwischen lebzeitig und zwischen testamentarisch angeordneten trusts, die grundsätzlich eigenen Regeln folgen. Eine letzte Unterscheidung bei der internationalprivatrechtlichen Behandlung eines trust trifft das amerikanische Recht nach der Art des Vermögensgegenstandes, an dem der fragliche trust besteht. Getrennt werden hier trusts an beweglichem und solche an unbeweglichem Vermögen, eine Unterscheidung, die im amerikanischen Kollisionsrecht häufig anzutreffen ist[729]. Die Auslegung der Begriffe "beweglich-unbeweglich" ("movables-immovables") erfolgt dabei nach amerikanischem Recht, da die in einer Kollisionsnorm enthaltenen Anknüpfungspunkte sich nach dem Recht bestimmen, dem die Kollisionsnorm angehört[730]. Nach einer im amerikanischen Recht allgemein anerkannten Hilfsnorm obliegt nun die Bestimmung

---

727) Powell IV para.534.

728) Die Qualifikation erfolgt hier anhand des amerikanischen Rechts, da dessen Kollisionsnormen und insbesondere ihr Regelungsbereich in Frage stehen; siehe hierzu Böhmer/Siehr, Familienrecht II 1.6.1.2.; Jayme, Begriffe und Instrumente 423; Firsching, IPR 54f; vgl. ferner Grundmann 43f.

729) Vgl. hierzu Powell IV para.534; Scott V 3771f.

730) Firsching, IPR 54f; Soergel (-Kegel) Rz.75 vor Art.7 EGBGB.

Bestimmung des Vermögenscharakters in der Regel dem Recht des Belegenheitsortes ("situs")[731]. Befindet sich trust-Vermögen in der Bundesrepublik Deutschland, so hat demnach grundsätzlich das deutsche Recht über dessen Qualifizierung zu entscheiden (sog. Qualifikationsverweisung)[732]. Wenn der Vermögensgegenstand in den Vereinigten Staaten belegen ist, befindet das Recht eines US-Bundesstaates über die Einteilung; Zweifelsfragen können sich hier insbesondere bei Miet- und Pachtrechten ("leasehold interests") und Grundpfandrechten ("mortgages") ergeben[733].

---

731) Siehe z.B. für das Recht von New York EPTL § 3-5.1 (i); In re Piazza's Estate, 130 N.Y.S.2d 244 (Sur.Ct.1954).

732) Hierzu und zu möglichen Ausnahmen ausführlich Jayme, ZfRV 1976,93-108; Hering, Die gesetzlichen Rechte des überlebenden Ehegatten in deutsch-kanadischen Erbfällen (1984) 92-147, insbesondere 123-134 für deutsch-kanadische Erbfälle; Coester, JA 1979,351, 352.

733) Vgl. Restatement, Second, Conflict of Laws § 278 com.e. Hinzuweisen ist außerdem auf die Doktrin der "equitable conversion"; hat der Errichter eines trust an unbeweglichem Vermögen angeordnet, daß der trustee das Grundvermögen veräußern und den erzielten Erlös in trust halten solle, so werden die Rechte der beneficiaries (materiellrechtlich) als bewegliches Vermögen (personal property) angesehen, selbst wenn der Grundbesitz noch nicht veräußert worden ist; vgl. hierzu Leflar, American Conflicts Law[3] (1977) 344ff; ob eine equitable conversion vorliegt und welche Rechtsfolgen daran zu knüpfen sind, entscheidet das Recht des Belegenheitsstaates; In re Chapman's Estate, 110 N.Y.S.2d 26, 29 (Sur.Ct.1951); In re Morris' Will, 97 N.Y.S.2d 740, 745 (Sup.Ct.1949); Pond v. Porter, 141 Conn.56, 104 A.2d 228 (1954). Zur kollisionsrechtlichen Behandlung einer equitable conversion siehe ausführlich Restatement, Second, Conflict of Laws § 278 com.e; In re Norton's Estate, 155 N.Y.S.2d 838 (Sur.Ct.1956); Annotation, 43 A.L.R.2d 569.

B. Materielle Wirksamkeit (validity)

I. Qualifikation

Der Bereich der materiellen Wirksamkeit (intrinsic oder substantive validity) umfaßt alle diejenigen Rechtsfragen, die mit der Entstehung eines trust zusammenhängen. Hierher gehören beispielsweise Fragen der Geschäftsfähigkeit der beteiligten Personen, des notwendigen Eigentumsübergangs vom settlor auf den trustee, der Einhaltung der zwingenden rule against perpetuities, des "aktiven" oder "passiven" Charakters des trust, der Zulässigkeit des konkreten trust-Zwekkes, der erforderlichen Bestimmtheit der Begünstigten sowie der Berücksichtigung der Vermögensinteressen bestimmter Dritter, zum Beispiel eines überlebenden Ehegatten oder eines Kindes[734]. Maßgebend ist immer das Recht, das zur Zeit der Begründung des trust in Kraft ist; als Begründungszeitpunkt gilt der Augenblick, in dem der (erste) Begünstigte die Berechtigung an dem ihm zugedachten Vermögen erlangt[735].

---

734) Vgl. Restatement, Second, Conflict of Laws § 269 com.d.; Powell IV para.534. Fragen der erforderlichen Form der Errichtung beurteilen sich bei living trusts alternativ nach dem für die materielle Wirksamkeit maßgeblichen Recht oder dem Recht am Vornahmeort; Scoles/Hay, Conflict of Laws (1984) 803; Cal.Civil Code § 1189; für testamentary trusts siehe unten bei Fn.737. Häufig enthält die trust-Urkunde Bestimmungen, die einzelnen beneficiaries die Befugnis zur Benennung von Rechtsnachfolgern verleihen; die Wirksamkeit solcher vom settlor begründeten "powers of appointment" wird grundsätzlich selbständig angeknüpft; nach herkömmlicher Ansicht folgt ihre kollisionsrechtliche Behandlung jedoch für gewöhnlich den Regeln, die allgemein für den trust gelten (sog. "relation back doctrine"); hierzu und zur (abweichenden) neueren Entwicklung in dieser Frage ausführlich Restatement, Second, Conflict of Laws §§ 274, 277, 281; Scoles/Hay 812ff; Goldstein 44-59; New York EPTL § 3-5.1 (g).Allgemein zu den powers of appointment Casner, Estate Planning - Powers of Appointment, 64 Harv.L.Rev.(1950/51)185-210.

735) In re Hyatt's Will, 81 N.Y.S.2d 911, 914 (Sur.Ct.1948).

Die Zuordnung einer Rechtsfrage zu dem Bereich der (materiellen) Wirksamkeit oder dem der Verwaltung (administration) eines trust (sog. qualification, characterization oder classification) kann im Einzelfall zweifelhaft sein. Als Richtschnur mag der Satz dienen, daß alle Fragen, die sich nach wirksamer Entstehung eines trust stellen, unter den Begriff der "administration" fallen und damit dem hierauf anwendbaren Recht unterstehen[736].

II. Testamentary trust

1. Grundsatz

Die für die kollisionsrechtliche Beurteilung eines testamentary trust entwickelten Regeln lehnen sich eng an die erbrechtlichen Kollisionsnormen an. Testamentarisch angeordnete trusts werden in den Vereinigten Staaten - ohne daß dies immer ausdrücklich gesagt würde - erbrechtlich qualifiziert und infolgedessen im Grundsatz den Kollisionsnormen über die Erbfolge unterstellt. Die Kollisionsregeln des testamentary trust weisen jedoch - wie anschließend zu zeigen sein wird - gegenüber den allgemeinen erbrechtlichen einige Besonderheiten auf, die eine getrennte Behandlung der beiden Bereiche erfordern.
Die nachfolgenden Kollisionsnormen des testamentary trust befassen sich im übrigen ausschließlich mit der Frage der Wirksamkeit eines testamentarischen trust als trust, nicht aber mit der Frage seiner - ebenfalls erforderlichen - Gültigkeit als letztwillige Verfügung; letztere beantwortet sich nach den allgemeinen kollisionsrechtlichen Grundsätzen über die (formelle und materielle) Wirksamkeit eines Testa-

---

736) Beale, Living Trusts of Movables in the Conflict of Laws, 45 Harv.L.Rev.(1932) 969, 977.

mentes[737].

2. Unbewegliches Vermögen

Die Wirksamkeit eines testamentary trust an unbeweglichem Vermögen bestimmt sich im common law seit alters her nach dem Recht desjenigen Ortes, an dem das unbewegliche Vermögen belegen ist (lex rei sitae)[738]. Die Anwendung der situs-Regel wird damit begründet, daß der Belegenheitsstaat ein beherrschendes Interesse an einer effektiven Kontrolle des in seinem Gebiet befindlichen Grundbesitzes habe, und daß eine andere Rechtsordnung nicht Rechte an Grundvermögen verleihen könne, die der Belegenheitsstaat nicht anerkenne[739]. Die Maßgeblichkeit des situs-Rechts wird von den amerikanischen Gerichten streng beachtet. Eine abweichende Rechtswahl

---

737) Restatement, Second, Conflict of Laws § 269 com.a; Scott V 3872; Dicey/Morris II 675; Committee on Pre-Death Planning-General, Probate and Trust Division, Legal Problems in Controlling Devolution of Property under Multi-State Trusts and Relevant Varying Situs Rules of Multiple Jurisdictions, Report, in: 18 Real Property, Probate and Trust Journal (1983) 331, 339, 346.

738) Campbell-Kawannanakoa v. Campbell, 92 P.184 (Cal.1907); In re Wuppermann's Estate, 164 Misc.900, 300 N.Y.S.344 (Sur.Ct.1937); In re Morris' Will, 197 Misc.322, 97 N.Y.S.2d 740 (Sup.Ct.1949); In re Estate of Quin, 354 N.Y.S.2d 561 (Sur.Ct.1974); Estate of Klinkner, 85 Cal. App.3d 942, 151 Cal.Rptr.20 (1978). Vgl. ferner New York EPTL § 3-5.1 (b)(1); Land 26.

739) In re Estate of Strauss, 75 Misc.2d 454, 347 N.Y.S.2d 840, 844 (Sur.Ct.1973).

durch den Erblasser ist grundsätzlich nicht zulässig[740)]. Die Verweisung auf das Recht des Belegenheitsortes wird allerdings so verstanden, daß das Gericht der lex fori jeweils dasjenige Recht anzuwenden habe, welches auch das situs-Gericht anwenden würde, wenn es mit dem Fall befaßt wäre; die Verweisung umfaßt also sowohl das innerstaatliche Recht des Belegenheitsortes als auch dessen Kollisionsrecht[741)]. Innerhalb der Vereinigten Staaten folgen nun zwar alle Einzelstaaten in ihrem Kollisionsrecht dem Grundsatz der Maßgeblichkeit des situs-Rechts, so daß sich aus der Tatsache der "Gesamtverweisung" in der Regel keine Abweichung von der Anwendung des Belegenheitsrechts ergibt. Ausnahmen sind jedoch, insbesondere infolge der - einzelstaatlich unterschiedlich ausgeprägten - "doctrine of equitable conversion", durchaus möglich[742]; in einem solchen Falle kann dann die Frage nach der Wirksamkeit eines testamentari-

---

740) In re Healy's Will, 125 N.Y.S.2d 486, 488 (Sur.Ct.1953). Anders ist die Rechtslage in den (derzeit 11) Bundesstaaten, die § 2-602 UPC in ihr Recht übernommen haben; diese Vorschrift, deren Ziel es unter anderem ist, eine gleiche Behandlung von lebzeitigen und letztwilligen Verfügungen zu erreichen, erlaubt eine freie Rechtswahl, sofern hierdurch der ordre public des Forum-Staates nicht verletzt wird; hierzu Averill 98; Committee on Pre-Death Planning, Report, 18 Real Property, Probate and Trust J. (1983) 331, 340.

741) Restatement, Second, Conflict of Laws § 278; Leflar 383; Scoles/Hay 801; für das englische Recht Dicey/Morris II 677; vgl. ferner In re Estate of Strauss, 75 Misc.2d 454, 347 N.Y.S.2d 840, 844 (Sur.Ct.1973). Hierin liegt eine Ausnahme von dem ansonsten im amerikanischen Recht geltenden Grundsatz, daß kollisionsrechtliche Verweisungen immer nur auf das Sachrecht einer fremden Rechtsordnung gerichtet sind, so daß eine mögliche Rück- oder Weiterverweisung unbeachtlich ist; vgl. Restatement, Second, Conflict of Laws § 8; Hay 138f; vgl. ferner Nussbaum, Grundzüge des IPR 93f.

742) Siehe hierzu oben Fn.733. Weintraub, Commentary on the Conflict of Laws[2] (1980) 418-421; Scott V 4117-4120; Land 33f; Leflar 383; Scoles/Hay 802; Restatement, Second, Conflict of Laws § 278 com.e; vgl. ferner Campbell-Kawannanakoa v. Campbell, 92 P.184, 185 (Cal.1907).

schen trust an unbeweglichem Vermögen auch einem anderen Recht als dem Belegenheitsrecht unterstehen[743].
Zu demselben Ergebnis gelangen in neuester Zeit amerikanische Autoren bisweilen auch dann, wenn ein testamentary trust an unbeweglichem Vermögen nach dem Recht des Belegenheitsortes nichtig ist (zum Beispiel wegen Verstoßes gegen die rule against perpetuities), nicht aber nach dem Domizilrecht des Errichters und der Begünstigten; hier wird vorgeschlagen, der Belegenheitsstaat solle zugunsten der Aufrechterhaltung des trust auf die strikte Einhaltung seines innerstaatlichen Rechts verzichten und den trust nach dem günstigeren Domizilrecht beurteilen, sofern dies nicht grundlegenden Wertvorstellungen des Belegenheitsrechts widerspreche[744]. Diese Auffassung, die eine Abkehr von der strengen situs-Regel zugunsten einer flexibleren Anknüpfung befürwortet, hat sich in der amerikanischen Rechtsprechung bisher allerdings - soweit ersichtlich - nicht durchgesetzt[745].

---

743) Vgl. z.B. Moore v. Livingston, 265 N.E.2d 251, 255 (Ind. App.1970); In re Norton's Estate, 7 Misc.2d 342, 155 N.Y.S.2d 838, 839 (Sur.Ct.1956); Committee on Pre-Death Planning, Report, 18 Real Property, Probate and Trust J.(1983)331, 346f.

744) Siehe z.B. Weintraub 421ff, 426; Scoles/Hay 802. Der Gedanke einer weitestmöglichen Aufrechterhaltung des trust beherrscht das Kollisionsrecht des trust an beweglichem Vermögen.

745) Siehe aber Rudow v.Fogel, 426 N.E.2d 155 (Mass.App. 1981) für einen trust inter vivos an unbeweglichem Vermögen; In re Estate of Janney, 498 Pa.398, 446 A.2d 1265 (1982) bezüglich der Erbfolge in ein Grundstück. Vgl. ferner Hancock, "In the Parish of St.Mary le Bow, in the Ward of Cheap", 16 Stanford L.Rev.(1964)561, 574-596.

3. Bewegliches Vermögen

Klassische Regel des alten common law war es, daß sich die wirksame Entstehung eines testamentary trust an beweglichem Vermögen - in Anlehnung an die allgemeinen erbrechtlichen Kollisionsnormen - nach dem Recht desjenigen Ortes beurteile, an dem der Erblasser im Zeitpunkt seines Todes sein Domizil ("domicile") hatte[746]. Wo sich die einzelnen Vermögensgegenstände befanden, spielte keine Rolle[747]. Begründet wurde diese Regel mit dem Wunsch, einen trust an beweglichem Vermögen möglichst nur einem einzigen Recht zu unterstellen, um so eine Rechtszersplitterung zu vermeiden, die bei einer Anknüpfung an die einzelnen Belegenheitsorte leicht eintreten könnte, eine Überlegung, die auch heute noch Gültigkeit hat.

Inzwischen ist das Domizilrecht des Testators nur noch bedingt maßgebend. Das neuere amerikanische Kollisionsrecht ist von dem Bestreben geprägt, einen testamentarischen trust an beweglichem Vermögen, wenn irgend möglich, wirksam sein zu lassen. Starre Anknüpfungen, die im Einzelfall zur Unwirksamkeit eines solchen trust führen, werden daher abge-

---

746) In re Rogers' Will, 234 N.Y.S.2d 851 (Sup.Ct.1962); Schaffner v. Chemical Bank, 339 F.Supp.329 (S.D.N.Y.1972); In re Kober Trust Fund, 26 Cal.App.3d 265, 103 Cal.Rptr.1 (1972); Whitney v.Dodge, 38 P.636 (Cal.1894); Wilmington Trust Co. v. Wilmington Trust Co., 24 A.2d 309 (Del.1942); Estate of Stober, 108 Cal.App.3d 591, 166 Cal.Rptr.628 (1980). Maßgebend ist regelmäßig das Domizilrecht zur Zeit des Todes des Erblassers, nicht dasjenige zur Zeit der Errichtung des Testaments; In re Taylor's Estate, 200 N.Y.S.2d 105 (Sur.Ct.1960); a.A. Applegate v. Brown, 344 S.W.2d 13, 16f (Mo.1961). Zum Begriff des "domicile" ausführlich Restatement, Second, Conflict of Laws §§ 11-23.

747) Restatement, Second, Conflict of Laws § 269 com. e.

lehnt[748]. Im Vordergrund steht das Bemühen, dem erkennbaren Willen des Erblassers zur Geltung zu verhelfen ("rule of validation")[749]. Dieses Bestreben "in favorem trust" hat im Kollisionsrecht zur Entwicklung einer Reihe alternativer Anknüpfungen geführt.[750] Als Ausgangspunkt mag weiterhin die

---

748) Die Abkehr von der überkommenen Domizilregel läßt sich auch im allgemeinen Erbrecht erkennen; charakteristisch ist die New Yorker Entscheidung Estate of Renard, 108 Misc.2d 31, 437 N.Y.S.2d 860 (Sur.Ct.1981), affirmed 85 A.D.2d 501, 447 N.Y.S.2d 573 (1981), affirmed 56 N.Y.2d 973, 439 N.E.2d 341, 453 N.Y.S.2d 625 (1982): "The traditional choice of law rule would presumably apply the law of the domicile but as the court pointed out in Crichton traditional conflict of laws rules often fail to take cognizance of the policies of other jurisdictions, and of the interests which those jurisdictions have in the application of their laws. Both Crichton and Clark make it clear that the Court of Appeals has moved away from mechanical choice of law rules to a balancing approach which requires the identification of the underlying policies in the conflicting laws of the relevant jurisdictions, and the examination of the contacts of those jurisdictions to see which has a superior connection with the occurrence and thus a superior interest in having its policy or law followed".

749) Weintraub 448; Scott V 3892-3897; Leflar 386; Scoles/Hay 800; Lafer/Siegel, Trusts of Movables in the Conflicts of Laws, 36 N.Y.U.L.Rev.(1961)713, 720. Vgl. z.B. Ministers & Mission.Ben.Bd.of A.B.C. v. McKay, 315 N.Y.S.2d 549 (Sup.Ct.1970):"Validity of bequest in trust to New York corporation by testatrix domiciled at time of execution of will and at time of her death in New Jersey would be tested under laws of state which would look most favorably upon the disposition intended to be made by testatrix". Ähnlich zum englischen Recht Dicey/Morris II 675.

750) Grenze ist aber ein möglicher Verstoß gegen den ordre public des Forum-Staates; ein solcher wird allerdings nur selten bejaht, wobei es entscheidend auf den inneren Gehalt der in Betracht kommenden Nichtigkeitsnorm des Forum ankommt; vgl. näher Whitney v. Dodge, 38 P.636 (Cal.1894); Hutchison v. Ross, 262 N.Y.381, 187 N.E.65, 70 (1933); In re Agnew's Estate, 174 N.Y.S.2d 1008 (Sur.Ct.1957); Wilson v.Smith, 373 S.W.2d 514 (Tex.Civ.App.1963).

herkömmliche Domizil-Regel dienen, die allerdings eine wichtige Änderung erfahren hat. Sie gilt heute nicht mehr als starre und einzige Anknüpfung, sondern nur noch in der Formulierung, daß ein testamentarischer trust an beweglichem Vermögen jedenfalls beinahe ausnahmslos dann nach dem Domizilrecht des Erblassers im Todeszeitpunkt beurteilt wird, wenn dieses Recht zur Wirksamkeit des trust führt[751]. Nur mit dieser Einschränkung wird die Domizilregel heute noch angewendet. Hätte dagegen die Heranziehung des Domizilrechts die Nichtigkeit des trust zur Folge, so stellt das amerikanische Kollisionsrecht mehrere andere Anknüpfungsmöglichkeiten zur Verfügung, um auf diese Weise unter Umständen zur Wirksamkeit des trust zu gelangen. Zunächst wird dem Errichter die Möglichkeit eingeräumt, unter bestimmten Voraussetzungen selbst diejenige Rechtsordnung zu bestimmen, der der von ihm beabsichtigte trust unterstehen soll[752]. Eine solche Wahl des anwendbaren (innerstaatlichen) Rechts kann der Erblasser ausdrücklich in der letztwilligen Verfügung erklären, sie kann sich aber auch konkludent aus den Umständen der trust-Errichtung ergeben[753]. Amerikanische Gerichte begründen die Annahme einer konkludenten Rechtswahl vielfach mit der Erwägung, daß es dem vermuteten Willen des Erblassers entspreche, den von ihm gewollten trust einer Rechtsordnung zu

---

751) Leflar 386; Goldstein 5; Ministers & Mission.Ben.Bd. of A.B.C. v. McKay, 64 Misc.2d 231, 315 N.Y.S.2d 549, 586 (Sup.Ct.1970).

752) Vgl. New York EPTL § 7-1.10; UPC § 2-602; In re Grant's Will, 101 N.Y.S.2d 423 (Sur.Ct.1950); In re Healy's Will, 125 N.Y.S.2d 486 (Sur.Ct.1953); First National Bank of Chicago v. Ettlinger, 465 F.2d 343 (7th Cir.1972); In re Tabbagh's Estate, 167 Misc.156, 3 N.Y.S.2d 542 (Sur.Ct.1938); Scoles/Hay 802; Scott V 3887f. Anders das englische Recht, siehe Dicey/Morris II 675.

753) Siehe z.B. Ministers & Mission.Ben.Bd.of A.B.C. v. McKay, 64 Misc.2d 231, 315 N.Y.S.2d 549, 558 (Sup.Ct. 1970); In re Farnsworth's Estate, 241 A.2d 205 (N.H. 1968).

unterstellen, die diesen als wirksam ansieht[754]. Eine Rechtswahl, die in begrenztem Umfang auch das allgemeine Erbrecht kennt[755], ist allerdings nicht unbeschränkt zulässig. Sie findet ihre Grenze zum einen in einem Verstoß gegen den strengen ordre public (strong public policy) des Domizilstaates, der aber nur selten verletzt sein wird[756]. Zum anderen wird die getroffene Rechtswahl regelmäßig nur dann anerkannt, wenn die vom Errichter gewählte Rechtsordnung zu dem trust einen hinreichenden Bezug ("substantial relation") aufweist; ein solcher besteht beispielsweise dann, wenn der vorgesehene trustee oder die beneficiaries in dem betreffenden Staat domiziliert sind oder der trust dort verwaltet werden soll[757]. Zuletzt ist darauf hinzuweisen, daß die Zulässigkeit einer Rechtswahl durch den Errichter diesem grundsätzlich nicht die Möglichkeit verschafft, Pflichtteilsrechte ("forced shares") seines Ehegatten oder seiner Kinder sowie sonstige zwingende Beschränkungen seiner Testierfreiheit nach dem Recht seines Domizilortes zu umgehen[758]; Fragen der Testierfreiheit unterstehen - zumindest soweit bewegliches Vermögen betroffen ist - allein dem (Sach- und Kollisions-) Recht des Domizilstaates zur Zeit des

---

754) In re Chappell's Estate, 213 P.684, 686 (Wash.1923); Scoles/Hay 802; Goldstein 8.

755) Vgl. New York EPTL § 3-5.1 (h); In re Cook's Estate, 204 Misc.704, 123 N.Y.S.2d 568 (Sur.Ct.1953), affirmed 283 A.D.1047, 131 N.Y.S.2d 882.

756) Vgl. Restatement, Second, Conflict of Laws § 269 com.i; UPC § 2-602.

757) Restatement, Second, Conflict of Laws § 269 com.f.

758) Zu den verschiedenen Arten möglicher (Pflichtteils-) Rechte eines überlebenden Ehegatten siehe Averill 50f; Atkinson 104-109. Abkömmlinge des Erblassers sind im amerikanischen Recht - anders als im deutschen - grundsätzlich nicht pflichtteilsberechtigt; Atkinson 138-146; zur Rechtsstellung unbeabsichtigt übergangener Kinder ("pretermitted heirs") siehe aber Committee on Pre-Death Planning, Report, 18 Real Property, Probate and Trust J.(1983)331, 382-387.

Todes[759].

Hat der Errichter das auf den testamentary trust anzuwendende Recht in der trust-Urkunde weder ausdrücklich noch konkludent bestimmt, und ist der trust nach dem dann heranzuziehenden Domizilrecht des Errichters nichtig, so halten die amerikanischen Gerichte den trust dennoch aufrecht, wenn dieser nach dem am Orte der trust-Verwaltung geltenden Recht wirksam ist[760]. Bei Fehlen einer vorrangigen Rechtswahl ist ein

---

759) Ausführlich Restatement, Second, Conflict of Laws § 269 com.c; New York EPTL § 5-1.1 (d)(7); UPC § 2-201 (b); Matter of Clark, 21 N.Y.2d 478, 288 N.Y.S.2d 993, 236 N.E.2d 152 (1968); diese Entscheidung des New Yorker Court of Appeals, die einem außerhalb New Yorks domizilierten Erblasser die Möglichkeit versagte, durch Wahl des New Yorker Rechts nach Domizilrecht bestehende Pflichtteilsansprüche seiner Ehefrau auszuschalten, hat allerdings Widerspruch gefunden; amerikanische Gerichte neigen in jüngster Zeit dazu, aufgrund einer "Interessenanalyse" ("paramount interest test") auch insoweit ihr eigenes Recht anzuwenden; vgl. ausführlich Estate of Renard (oben Fn.748) (die Entscheidung betraf allerdings nicht Pflichtteilsansprüche eines überlebenden Ehegatten, sondern eines Kindes des Erblassers); ausführlich zu diesen Fallgestaltungen und der insoweit bestehenden Rechtslage in den verschiedenen amerikanischen Bundesstaaten siehe Hendrickson, Choice-of-Law Directions for Disposing of Assets Situated Elsewhere Than the Domicile of their Owner - The Refractions of Renard, 18 Real Property, Probate and Trust J.(1983) 407-425. Siehe ferner unten Fn.796.

760) Hierzu unten 3.Hauptteil 2.Kapitel C. In re Grant's Will, 101 N.Y.S.2d 423, 426 (Sur.Ct.1950); Farmers and Merchants Bank v. Woolf, 86 N.M.320, 523 P.2d 1346 (1974); Scoles/Hay 802. Insbesondere in älteren Entscheidungen findet sich bisweilen die Kollisionsregel, daß ein testamentary trust immer dann wirksam sei, wenn er dem vom Belegenheitsort für anwendbar erklärten Recht entspreche; In re Estate of Clark, 21 N.Y.2d 478, 288 N.Y.S.2d 993, 998 (1968); In re Taylor's Estate, 200 N.Y.S.2d 105, 108 (Sur.Ct.1960); Leflar 386; in der Praxis fallen aber zumeist Belegenheits- und Verwaltungsort zusammen, so daß sich hieraus keine Abweichungen gegenüber der oben angeführten Maßgeblichkeit des Verwaltungsrechts ergeben; zu den verbleibenden Fällen siehe Goldstein 8f.

testamentarischer trust an beweglichem Vermögen damit nach amerikanischem Kollisionsrecht dann wirksam, wenn er entweder nach dem Domizilrecht des Errichters zur Zeit des Todes oder nach dem Recht der trust-Verwaltung wirksam ist[761]; in der (amerikanischen) Praxis bedeutsam sind hier insbesondere die Fälle, in denen zwischen den einzelnen Rechtsordnungen Unterschiede in der Ausgestaltung der zwingenden rule against perpetuities bestehen[762].

Den gegenwärtigen Rechtszustand faßt das Restatement, Second, Conflict of Laws in § 269 wie folgt zusammen[763]:

> "The validity of a trust of interests in movables created by will is determined
>
> (a) as to matters that affect the validity of the will as a testamentary disposition, by the law that would be applied by the courts of the state of the testator's domicile at death, and
>
> (b) as to matters that affect only the validity of the trust provisions, except when the provision is invalid under the strong public policy of the state of the testator's domicile at death,
>
> > (i) by the local law of the state designated by the testator to govern the validity of the trust, provided that this state has a substantial relation to the trust, or
> >
> > (ii) if there is no such effective designation, by the local law of the state of the testator's domicile at death, except that the local law of the state where the trust is to be administered will be applied if application of this law is necessary to sustain the validity of the trust".

---

761) So ausdrücklich Estate of Klinkner, 85 Cal.App.3d 942, 151 Cal.Rptr.20, 23 (1978).

762) Vgl. Whitney v. Dodge, 38 P.636 (1894).

763) Hierzu Lowenfeld, "Tempora mutantur"- Wills and Trusts in the Conflicts Restatement, 72 Col.L.Rev.(1972)382ff.

III. Trust inter vivos

1. Unbewegliches Vermögen

Die Begründung eines trust inter vivos an "immovables" wird im amerikanischen Kollisionsrecht wie jede andere (Eigentums-) Übertragung behandelt. Maßgebend ist daher allein das Recht des Belegenheitsortes[764]. "The creation of a trust inter vivos is essentially a transfer of interests in property whether the assets are movable or immovable. In the case of land, the conveyance is viewed generally as any other gratuitous conveyance of land and validity is measured by the whole law of the situs"[765]. Der Herrschaft der lex situs unterstehen dabei nicht nur die Fragen nach der Wirksamkeit des beabsichtigten trust als trust, sondern auch Fragen der Geschäftsfähigkeit (capacity) des Errichters sowie der (formellen und materiellen) Wirksamkeitsvoraussetzungen des erforderlichen Eigentumsüberganges vom settlor auf den trustee[766]. Die Verweisung auf das situs-Recht ist eine Verweisung sowohl auf das Sach- wie auch auf das Kollisionsrecht des Belegenheitsortes[767]; an der beinahe ausnahmslosen Anwendung des innerstaatlichen Rechts des Belegenheitsortes ändert dies in inneramerikanischen Fällen al-

---

764) In re Kellogg's Trust, 36 Misc.2d 1064, 234 N.Y.S.2d 668 (Sup.Ct.1962); In re Piazza's Estate, 130 N.Y.S.2d 244 (Sur.Ct.1954); Wilmington Trust Co.v.Wilmington Trust Co.,15 A.2d 153 (Del.Ch.1940); Laughlin v.March, 145 P.2d 549 (Wash.1944); Herman v. Edington, 118 N.E.2d 865 (Mass.1954); Boyle v. Kempkin, 243 Wis.86, 9 N.W.2d 589 (1943); Land 26.

765) Scoles/Hay 803; ähnlich Leflar 383.

766) Restatement, Second, Conflict of Laws § 278 com.c.; vgl. IPG 1971 Nr.12 (München) zum Abschluß eines "Treuhandvertrages" über ein in Kanada belegenes Grundstück.

767) Restatement, Second, Conflict of Laws § 278; Leflar 383; siehe im übrigen oben Fn.741.

lerdings nichts[768].

Die Anknüpfung an das situs-Recht kann bei Grundbesitz, der in verschiedenen Staaten belegen ist, zur Anwendung mehrerer unterschiedlicher Rechtsordnungen führen. Dieses unerwünschte Ergebnis wird mit Hinweis auf das beherrschende Interesse des Belegenheitsstaates an der rechtlichen Behandlung der in seinem Gebiet befindlichen Grundstücke und der fehlenden Einflußmöglichkeit anderer Jurisdiktionen gerechtfertigt[769].

2. Bewegliches Vermögen

a) Frühes common law

Trusts inter vivos an beweglichem Vermögen werden in den Vereinigten Staaten erst seit verhältnismäßig kurzer Zeit als Mittel der Nachlaßplanung verwendet; bis zu Beginn unseres Jahrhunderts waren sie kaum gebräuchlich[770]. Eigenständige und allgemein anerkannte Regeln für ihre kollisionsrechtliche Behandlung haben sich daher erst in den letzten Jahrzehnten herausgebildet.

Ursprünglich wurde zwischen testamentarischen und lebzeitigen trusts an beweglichem Vermögen nicht unterschieden.

---

768) Zu möglichen Ausnahmen vgl. oben Fn.742, 743; Restatement, Second, Conflict of Laws § 278 com.d; Scoles/Hay 803. Charakteristisch für die neueste Entwicklung im amerikanischen Kollisionsrecht ist die Entscheidung Rudow v.Fogel, 426 N.E.2d 155 (Mass.App.1981), in der aufgrund einer umfassenden Interessenanalyse die Anwendung des (eigenen) situs-Rechts verneint wird. Für eine Auflockerung der strengen situs-Regel auch Dicey/Morris II 681f für das englische Recht. Zur möglichen Bedeutung einer Rechtswahlklausel siehe Committee on Pre-Death Planning, Report, 18 Real Property, Probate and Trust J.(1983), 331, 347f.

769) Vgl. oben Fn.739.

770) Siehe in Re Griswold's Trust, 99 N.Y.S.2d 420, 429 (Sup.Ct.1950); Hutchison v. Ross, 262 N.Y.381, 187 N.E.65, 69 (1933).

Beide trust-Formen wurden kollisionsrechtlich gleich behandelt; maßgebend war allein das am Domizil des Errichters geltende Recht[771]. Die Begründung eines living trust wurde zwar auch damals schon im Kern als normale Eigentumsübertragung (conveyance) angesehen und daher meist sachenrechtlich qualifiziert[772]. Dies führte jedoch nicht zu einer Anwendung des (jeweiligen) Belegenheitsrechts; in Befolgung der Maxime "mobilia sequuntur personam" wurde die sachenrechtliche Komponente vielmehr zugunsten der Maßgeblichkeit des Domizilrechts zurückgedrängt, da man auf diese Weise den trust einem einzigen Recht unterstellen konnte[773].

Eine erstmalige Abkehr von der starren Domizilregel und damit den Beginn einer kollisionsrechtlich eigenständigen Behandlung von living trusts an beweglichem Vermögen brachte die New Yorker Entscheidung Hutchison v. Ross aus dem Jahre 1933[774]. Der Entscheidung lag zugrunde ein Streit um die Wirksamkeit eines trust inter vivos, der nach dem Domizilrecht des Errichters nichtig, nach dem New Yorker Belegenheitsrecht dagegen gültig war. Der New Yorker Court of Appeals führte aus[775]:

> "The situs of personal property in a jurisdiction other than that where the owner of the property is domiciled has given rise to many difficulties and perplexities. The maxim "mobilia sequuntur personam" cannot always be carried to its logical conclusion. Practical considerations often stand in the way. Physical presence in one jurisdiction is a fact; the maxim is only a juristic formula which cannot destroy the fact. ...

---

771) Townsend v. Allen, 13 N.Y.S.73 (Sup.Ct.1891); Curtis v. Curtis, 185 A.D.391, 173 N.Y.S.103 (1918); Swetland v. Swetland, 149 A.50 (N.J.Ch.1930).

772) Leflar 384; Scoles/Hay 803; amerikanische Gerichte vermeiden zumeist die Erörterung von Qualifikationsfragen, sondern befassen sich unmittelbar mit der Frage des anzuwendenden Rechts.

773) Leflar 384.

774) 262 N.Y.381, 187 N.E.65 (1933).

775) 187 N.E.65, 68.

> When the owner of personal property authorizes its removal from his domicile or acquires property elsewhere, he must be deemed to know that his property comes under the protection of, and subject to, the laws of the jurisdiction to which is has been removed, and that appeal may be made to the courts of that jurisdiction for the determination of conflicting rights in such property."

Der Gerichtshof kommt zu folgendem Ergebnis[776)]:

> "It follows that the validity of a trust of personal property must be determined by the law of this state, when the property is situated here and the parties intended that it should be administered here in accordance with the laws of this state".

Die hier eingeleitete Rechtsprechung fand ihre Fortsetzung in der vier Jahre später ergangenen Entscheidung Shannon v. Irving Trust Co., wo der Court of Appeals ausführte[777)]:

> "Much confusion has existed concerning the law that controls the validity and administration of inter vivos trust of intangible personal property where the domicile of the settlor is in one state and the situs and place of administration is in another. No invariable rule can be formulated for all cases involving varying facts. The domicile of the settlor is no longer the absolute and controlling consideration. Where the domicile of the owner of the res and the actual and business situs of the trust do not coincide, the law applicable to the interpretation, construction, and validity of the trust and the legal obligations arising out of it and to taxation depend upon facts involved in and circumstances surrounding the particular case. In such a situation, the express or clearly implied intent of the settlor may control".

Damit war der Weg frei für eine neue, am Einzelfall orientierte Behandlung von trusts inter vivos an beweglichem Vermögen. In der Folgezeit betonten die Gerichte bald diesen, bald jenen Umstand als entscheidend für die kollisionsrechtliche Einordnung. Abgestellt wurde auf den Belegenheitsort des Vermögens, den Ort der trust-Verwaltung, den

---

776) 187 N.E.65, 71.

777) 275 N.Y.95, 9 N.E.2d 792, 793f (1937).

Ort der Errichtung der trust-Urkunde oder auf das Domizil des Errichters oder das der beneficiaries[778]. Ein einheitliches Bild ließ sich aus diesen Entscheidungen nicht erstellen, zumal sich häufig alle wichtigen Anknüpfungspunkte in einem einzigen Staat befanden, so daß nicht zu erkennen war, auf welches Element entscheidend abgestellt wurde. In den letzten Jahrzehnten ist es den amerikanischen Gerichten allerdings gelungen, einige allgemein anerkannte Grundsätze zur kollisionsrechtlichen Beurteilung von trusts inter vivos an beweglichem Vermögen aufzustellen. Gemeinsam ist diesen Grundsätzen das im gesamten Kollisionsrecht des trust zu beobachtende Bestreben, einen trust nach Möglichkeit aufrechtzuerhalten und ihn daher nicht einem Recht zu unterstellen, das ihn als unwirksam ansehen würde ("rule of validation")[779]. Die Regeln, die den heutigen Rechtszustand widerspiegeln, werden im folgenden dargestellt.

b) Rechtswahl

Dem Errichter eines living trust an beweglichem Vermögen ist es gestattet, selbst in der trust-Urkunde zu bestimmen, welchem Recht der von ihm geschaffene trust unterstehen soll; die so getroffene Wahl eines "validating law" geht allen anderen Anknüpfungen vor[780].

Die Bestimmung des anzuwendenden Rechts kann ausdrücklich

---

778) Powell IV para.534.

779) Ehrenzweig, A Treatise on the Conflict of Laws (1962)642f.

780) Schaffner v. Chemical Bank, 339 F.Supp.329 (S.D.N.Y.1972); Wheat v. First National City Bank, 41 Misc.2d 723, 246 N.Y.S.2d 536 (Sup.Ct.1963); In re Bliss' Trust, 208 N.Y.S.2d 725 (Sup.Ct.1960); In re Ash's Trust, 111 N.Y.S.2d 115 (Sup.Ct.1952); Application of New York Trust Co., 87 N.Y.S.2d 787 (Sup.Ct.1949); Cavers, Trusts inter vivos and the Conflict of Laws, 44 Harv.L.Rev.(1930)161, 195; Scoles/Hay 804.

erfolgen, sie kann sich aber auch konkludent aus den Umständen der Errichtung, insbesondere dem Wortlaut der trust-Urkunde, ergeben[781]. Hat der settlor den trust (ausdrücklich oder konkludent) dem Recht eines bestimmten Staates unterstellt, so ist dessen innerstaatliches, nicht (auch) dessen Kollisionsrecht gemeint[782].

Eine Rechtswahl ist allerdings - wie schon beim testamentarischen trust an beweglichem Vermögen - nicht unbeschränkt zulässig. Gefordert wird zum einen, daß die gewählte Rechtsordnung eine "substantial relation" zu dem trust aufweist, um willkürliche Rechtswahlbestimmungen zu verhindern[783]. Darüberhinaus darf die Wahl des anzuwendenden Rechts nicht gegen den strengen ordre public ("strong public policy") des situs- oder des forum-Staates verstoßen[784]. Diese Einschränkung ist insbesondere dann zu beachten, wenn die Wahlmöglichkeit vom Errichter dazu benutzt wird, nach Domizilrecht bestehende Pflichtteilsrechte von Familienangehörigen aus-

---

781) Hutchison v. Ross, 262 N.Y.381, 187 N.E.65, 71 (1933); Shannon v. Irving Trust Co., 275 N.Y.95, 9 N.E.2d 792 (1937); Wilmington Trust Co. v. Wilmington Trust Co., 24 A.2d 309 (Del.1942); Cavers, 44 Harv.L.Rev.(1930) 161, 195.

782) Ehrenzweig, Private International Law, General Part (1967) 151.

783) Wilmington Trust Co. v. Wilmington Trust Co., 24 A.2d 309 (Del.1942); In re Griswold's Trust, 99 N.Y.S.2d 420 (Sup.Ct.1950); Kitchen v. New York Trust Co., 292 Ky.706, 168 S.W.2d 5 (1943); Scott V 3915-3919.

784) City Bank Farmers Trust Co. v. Cheek, 110 N.Y.S.2d 434 (Sup.Ct.1952); Hutchison v. Ross, 262 N.Y.381, 187 N.E.65 (1933); Shannon v. Irving Trust Co., 275 N.Y.95, 9 N.E.2d 792 (1937); Goldstein 29f; siehe ferner Paulsen/Sovern, "Public Policy" in the Conflict of Laws, 56 Col.L.Rev. (1956)969-1016.

zuschließen[785].

c) Recht der engsten Beziehung

Fehlt eine ausdrückliche oder konkludente Bestimmung des anzuwendenden Rechts, so ist das Recht desjenigen Staates maßgebend, zu dem der fragliche trust die engste Beziehung ("most significant relationship") aufweist[786]. Diese Kollisionsregel formuliert das Restatement, Second, Conflict of Laws folgendermaßen:

§ 270:

> "An inter vivos trust of interests in movables is valid if valid
> (a) under the local law of the state designated by the settlor to govern the validity of the trust, provided that this state has a substantial relation to the trust and that the application of its law does not violate a strong public policy of the state with which, as to the matter at issue, the trust has its most significant relationship under the principles stated in § 6, or
> (b) if there is no such effective designation, under the local law of the state with which, as to the matter at issue, the trust has its most significant relationship under the principles stated in § 6."

Anstelle der Bezeichnung "most significant relationship" verwenden die Gerichte häufig andere Begriffe, zum Beispiel "center of gravity", "most points of contact" oder "seat of

---

785) Restatement, Second, Conflict of Laws § 270 com.b; Cavers, 44 Harv.L.Rev.(1930)161, 198f; In re Estate of Clark, 21 N.Y.S.2d 478, 288 N.Y.S.2d 993 (1968); Estate of Brunner, 72 Misc.2d 826, 339 N.Y.S.2d 506, 510 (Sur.Ct.1973); Matter of Estate of Renard, 453 N.Y.S.2d 625, 439 N.E.2d 341, 56 N.Y.2d 973 (1982); vgl. ferner New York EPTL § 5-1.1 (d)(6).

786) In re Griswold's Trust, 99 N.Y.S.2d 420 (Sup.Ct.1950); ähnlich für das englische Recht Dicey/Morris II 678f ("closest and most real connection").

the trust"[787]. Daneben wird die Suche nach dem Recht der engsten Beziehung bisweilen gleichgesetzt mit der Feststellung des vermuteten Willens ("implied intent") des Errichters[788]. Trotz der terminologischen Unterschiede stimmen alle diese Ansätze inhaltlich im wesentlichen überein.
Die im Restatement, Second, Conflict of Laws formulierte Kollisionsregel ist die Konsequenz aus der Fülle divergierender Gerichtsentscheidungen, in denen keine andere Anknüpfung eindeutig vorherrscht. Das anzuwendende Recht wird danach durch eine Abwägung aller erheblichen Umstände des Einzelfalles gefunden[789]. Von Bedeutung sind hier insbesondere der Belegenheitsort des trust-Vermögens, das Domizil von settlor, trustee und beneficiaries, der Errichtungsort der trust-Urkunde sowie der beabsichtigte Verwaltungsort[790]. Auch öffentliche Interessen spielen - wenn auch in weit geringerem Maße als die privaten - eine Rolle[791].
Zwischen den einzelnen Anknüpfungspunkten besteht im Grundsatz keine Rangfolge. Dennoch herrscht weitgehende Einigkeit

---

787) Rubin v. Irving Trust Co., 305 N.Y.288, 113 N.E.2d 424, 425 (1953); Murphy v. Murphy, 56 Misc.2d 946, 290 N.Y.S.2d 816, 819 (Sup.Ct.1968); Wilmington Trust Co. v. Wilmington Trust Co., 24 A.2d 309 (Del.1942).

788) Vgl. In re Griswold's Trust, 99 N.Y.S.2d 420, 428 (Sup.Ct.1950). Der vermutete Wille in diesem Sinne ist zu unterscheiden von einer konkludenten Rechtswahl durch den Errichter; es handelt sich um eine objektivierte Interessenbetrachtung, die vergleichbar ist mit der Feststellung des sog. "hypothetischen" Parteiwillens im deutschen internationalen Schuldrecht.

789) Beispielhaft In re Griswold's Trust, 99 N.Y.S.2d 420 (Sup.Ct.1950).

790) Kitchen v. New York Trust Co., 292 Ky.706, 168 S.W.2d 5 (1943); Wilmington Trust Co. v. Wilmington Trust Co., 24 A.2d 309 (Del.1942); In re Waterbury's Trust, 35 Misc.2d 723, 231 N.Y.S.2d 208, 211 (Sup.Ct.1962); Rose v. St.Louis Union Trust Company, 43 Ill.2d 312, 253 N.E.2d 417 (1969); Johnson v. La Grange State Bank, 73 Ill.2d 342, 383 N.E.2d 185, 190 (1978).

791) Goldstein 26; vgl. auch Restatement, Second, Conflict of Laws § 6.

darüber, daß ein living trust an beweglichem Vermögen immer dann nach dem am Ort der Verwaltung geltenden Recht beurteilt wird, wenn dieses Recht zur Wirksamkeit des trust führt[792]. Das Domizil des trustee und die Belegenheit der trust-Gegenstände, die zusammen in der Regel den Verwaltungsort bestimmen[793], sind also die wichtigsten Anknüpfungsmerkmale[794].

Zu beachten ist bei der Feststellung des anwendbaren Rechts noch, daß sich zwar alle Fragen der (formellen und materiellen) Wirksamkeitsvoraussetzungen eines living trust nach dem Recht der engsten Beziehung richten, daß sich aber nicht alle Fragen notwendig nach ein und demselben Recht beurteilen müssen; das Recht der engsten Beziehung kann vielmehr - je nach der zu beantwortenden Rechtsfrage - einmal dieses, einmal ein anderes sein[795]. Es ist daher notwendig, für jede einzelne Rechtsfrage - unter Berücksichtigung der beteiligten Interessen - das jeweils maßgebliche Recht zu ermitteln. Von Bedeutung ist dies insbesondere bei möglicherweise

---

792) Restatement, Second, Conflict of Laws § 270 com.c.

793) Vgl. unten 3.Hauptteil 2.Kapitel C.III.

794) Vgl. National Shawmut Bank of Boston v. Cumming, 91 N.E.2d 337 (Mass.1950); In re Devine's Trust, 228 N.Y.S.2d 872 (Sup.Ct.1962); Shannon v. Irving Trust Co., 275 N.Y.95, 9 N.E.2d 792 (1937); Lewis v. Hanson, 128 A.2d 819, 826 (Del.1957); Boston Safe Deposit and Trust Co. v. Paris, 15 Mass.App.686, 447 N.E.2d 1268, 1271 (1983).

795) Restatement, Second, Conflict of Laws § 270 com.e: "What state has the most significant relationship with the trust may depend upon the particular ground of invalidity"; Scott V 3926-3931; ebenso für das englische Recht Dicey/Morris II 680.

bestehenden Pflichtteilsrechten von Familienangehörigen[796]. Die von den amerikanischen Gerichten zur Ermittlung des auf einen trust inter vivos an beweglichem Vermögen anzuwendenden Rechts verwendete Methode hat zwar den Vorteil großer Flexibilität; sie führt jedoch - vor allem in Grenzfällen - zu weitgehender Unvorhersehbarkeit der Ergebnisse[797].

d) Rule of validation

Diese Rechtsunsicherheit wird noch verstärkt durch Modifikationen, die die "rule of the most significant relationship" durch das schon wiederholt erwähnte Bestreben zu Wirksamerhaltung eines trust erfährt. Die kollisionsrechtliche Behandlung von trusts inter vivos an beweglichem Vermögen ist weniger von dogmatischen Überlegungen als vielmehr von dem Wunsch beherrscht, die Anwendung eines Rechts zu vermeiden, nach dem der beabsichtigte trust unwirksam wäre. Die Befolgung dieses Leitgedankens ("rule of validation") hat in der gerichtlichen Praxis dazu geführt, daß ein living trust an movables immer dann als wirksam anerkannt wird, wenn er nach dem Recht irgendeines Staates, zu dem er eine "reasonable relationship" aufweist, wirksam ist[798]. Begründet wird dieses Ergebnis mit der Erwägung, daß bei der Feststellung des anzuwendenden Rechts neben den objektiven Umständen auch der Wille des Errichters zu berücksichtigen sei; dieser

---

796) Die amerikanische Rechtsprechung zu living trust lehnt sich insoweit eng an die zu testamentary trusts ergangenen Entscheidungen an; ausführlich hierzu Hendrickson, 18 Real Property, Probate and Trust J.(1983)407, 413-415. Maßgebend wird hier daher häufig das Domizilrecht des settlor sein; Rose v. St.Louis Union Trust Company, 43 Ill.2d 312, 253 N.E.2d 417 (1969); Restatement, Second, Conflict of Laws § 270 com.e; Committee on Pre-Death Planning, Report, 18 Real Property, Probate and Trust J.(1983)331, 375-381. Vgl. ferner oben Fn.759.

797) Kritisch z.B. Ehrenzweig, Conflict of Laws 643; Goldstein 32f.

798) In re Griswold's Trust, 99 N.Y.S.2d 420, 421 (Sup.Ct.1950); Scoles/Hay 804; Leflar 385; Ehrenzweig, Conflict of Laws 643.

Wille sei aber - auch wenn er nicht ausdrücklich erklärt werde - immer darauf gerichtet, einen wirksamen trust zu begründen[799].
Als Rechtsordnungen, mit den ein living trust engere Berührung hat, kommen praktisch nur diejenigen des Domizils des Errichters oder des trustee sowie des Belegenheitsortes des trust-Vermögens in Betracht. Ist der trust nach einer dieser Rechtsordnungen wirksam, wird er von den Gerichten anerkannt, unabhängig davon, in welchem Staat sich das Forum befindet[800].

Eine weitere Folge der "rule of validation" ist die mögliche Anerkennung eines sogenannten "shifting of trust factors". Gemeint ist damit die (räumliche) Veränderung eines Anknüpfungsmerkmals, nämlich der Belegenheit des trust-Vermögens. Werden Gegenstände eines trust, der nach dem Belegenheitsrecht nichtig ist, in den Bereich einer Rechtsordnung verbracht, in der der trust wirksam wäre, wechselt mit der Verbringung auch das anwendbare Recht und der trust wird jetzt - durch Neuentstehung - als wirksam angesehen[801]. Diese Wirkung kann eine Ortsveränderung des Vermögens allerdings nur dann haben, wenn der Errichter sich selbst oder einem Dritten in der trust-Urkunde die Befugnis zur Ernennung eines Nachfolger-trustee vorbehalten hat, der nach seiner Ernennung - domiziliert in einem anderen Staat als

---

799) Reese, American Choice of Law, 30 Anm.J.Comp.L.(1982) 135, 144f; vgl. Kitchen v. New York Trust Co., 292 Ky.706, 168 S.W.2d 5, 7 (1943); Restatement, Second, Conflict of Laws § 270 com.d; kritisch zu diesem Argument Goldstein 32f.

800) Grenze ist wiederum nur der ordre public; vgl. oben bei Fn.785.

801) Wilmington Trust Co. v. Wilmington Trust Co., 15 A.2d 153 (Del.Ch.1940); Application of New York Trust Co., 87 N.Y.S.2d 787 (Sup.Ct.1949); amerikanische Gerichte dürften ein "shifting of trust factors" wohl nur dann bejahen, wenn dies zur Wirksamkeit eines ansonsten unwirksamen trust führt; vgl. In re Griswold's Trust, 99 N.Y.S.2d 420 (Sup.Ct.1950).

sein Vorgänger - das Vermögen an sich nimmt; sonstige Belegenheitsveränderungen bewirken keinen Wechsel des anwendbaren Rechts[802].

e) Insbesondere Totten trust

Ein trust an Bankguthaben (saving account trusts, Totten trust)[803] wird in der amerikanischen Rechtsprechung und Literatur - trotz einiger Bedenken - meist als gewöhnlicher trust inter vivos angesehen, nicht als letztwillige Verfügung oder als Schenkung von Todes wegen, was angesichts der rechtlichen Ausgestaltung des Totten trust ebenfalls möglich wäre[804]. Internationalprivatrechtlich wird der Totten trust daher wie jeder andere living trust behandelt. Maßgebend ist grundsätzlich das Recht der engsten Beziehung. Bei einem savings account trust ist dies nach Ansicht der amerikanischen Gerichte regelmäßig das am Sitz der Bank oder Sparkasse geltende Recht, da sich hier der situs des trust-Guthabens befinde bzw. die trust-Begründung erfolgt sei[805].
Dieser Grundsatz gilt jedoch - wie schon beim gewöhnlichen

---

802) Wilmington Trust Co. v. Wilmington Trust Co., 24 A.2d 309 (Del.1942); In re Smart's Trust, 181 N.Y.S.2d 647 (Sup.Ct.1958); MacMillan v. Branch Banking & Trust Co., 221 N.C.352, 20 S.E.2d 276 (1942); Ehrenzweig, Conflict of Laws 647; Goldstein 30f.

803) Hierzu oben 1.Hauptteil 4.Kapitel B.IV.

804) Siehe oben Fn. 321. Zu den verschiedenen Qualifikationsmöglichkeiten siehe Cramton/Currie/Kay, Conflict of Laws - Cases, Comments, Questions[3] (1981) 94-96.

805) Kitchen v. New York Trust Co., 292 Ky.706, 168 S.W.2d 5 (1943); Hutchison v. Ross, 262 N.Y.381, 187 N.E.65 (1933); Boyle v.Kempkin, 243 Wis.86, 9 N.W.2d 589, 592 (1943); Matter of Chemical Bank, 395 N.Y.S.2d 917 (Sup.Ct.1977); Hensley v. Ball, 380 S.W.2d 279 (Ky.1964); Conry v. Maloney, 5 N.J.590, 76 A.2d 899 (1950); Howard Sav.Inst. v. Baronych, 8 N.J.Super.599, 73 A.2d 853 (1950); United States v. Williams, 160 F.Supp.761 (D.N.J.1958); Beale, 45 Harv.L.Rev.(1932) 969, 970f.

living trust - nicht ausnahmslos. Ist ein Totten trust nämlich nach dem vorrangig heranzuziehenden Sitzrecht unwirksam, so halten ihn amerikanische Gerichte in Anwendung der "rule of validation" dennoch aufrecht, wenn er nach dem am Domizilort des Errichters geltenden Recht wirksam ist[806]. In inneramerikanischen Fällen hat diese Rechtsprechung zwar stark an Bedeutung verloren, seit beinahe alle Bundesstaaten Totten trusts generell als zulässige trusts inter vivos anerkannt und damit auf das Erfordernis der Einhaltung der für letztwillige Verfügungen geltenden Formvorschriften bei der Begründung eines Totten trust verzichtet haben. Im internationalen Bereich kann die alternative Anknüpfung, die der Aufrechterhaltung eines beabsichtigten savings account trust dienen soll, aber durchaus Bedeutung erlangen[807].

C. Verwaltung (administration)

I. Qualifikation

Die "administration" umfaßt alle diejenigen Rechtsfragen, die nach wirksamer Entstehung eines trust auftreten und sich auf die Durchführung ("management") des trust beziehen[808]. Hierzu gehören insbesondere Fragen des Umfanges der Rechte und Pflichten des trustee, der Art und Weise seiner Ge-

---

806) Restatement, Second, Conflict of Laws § 270 com.d; einige ältere Entscheidungen sprechen sich von vorneherein für die Anwendung des Domizilrechts aus; In re Weinstein's Estate, 176 Misc.592, 28 N.Y.S.2d 137 (Sur.Ct.1941); In re Campbell's Will, 147 N.Y.S.2d 377 (Sur.Ct.1955).

807) Dies ist allerdings nicht unstreitig; siehe Rabel IV 453, der die rule of validation für "unfit for international use" hält; hierzu auch Ehrenzweig, Conflict of Laws 644f; anders aber Scott V 3897 zum Fall eines testamentary trust.

808) Beale, 45 Harv.L.Rev.(1932)969, 972; Bank of New York v. Shillito, 14 N.Y.S.2d 458, 462 (Sup.Ct.1939).

schäftsführung, seiner Haftung gegenüber den beneficiaries wegen "breach of trust", der Vergütungs- und Aufwendungsersatzansprüche des trustee, des Wegfalls eines trustee und der Ernennung eines Nachfolgers sowie der Beendigung eines trust[809].

II. Unbewegliches Vermögen

Nach einem allgemeinen, aber wenig aussagekräftigen Grundsatz beurteilen sich Fragen der Verwaltung (administration) nach dem Recht desjenigen Ortes, an dem der trust verwaltet wird ("place of administration")[810]. Bei einem trust an unbeweglichem Vermögen besteht Einigkeit darüber, daß dessen Verwaltung am Ort der Belegenheit des Grundvermögens erfolgt[811]. Maßgebend ist daher immer das situs-Recht, wobei sich die Verweisung sowohl auf dessen innerstaatliches wie auch auf dessen Kollisionsrecht bezieht. Fragen der administration unterstehen damit dem jeweils vom Belegenheitsrecht für anwendbar erklärten Recht[812]. Dies wird in der Regel das Sachrecht des Belegenheitsstaates sein; Ausnahmen sind

---

809) Ausführlich Restatement, Second, Conflict of Laws § 271 com.a; Scoles/Hay 809; Leflar 390-392; Powell IV § 534. Auch die Frage, ob bei einem spendthrift trust das Recht des beneficiary übertragbar oder durch Gläubiger pfändbar ist, fällt wohl in den Bereich der administration; siehe näher Scott, Spendthrift Trusts and the Conflict of Laws, 77 Harv.L.Rev.(1963/64)845-872. Zur Zuordnung von Einnahmen und Ausgaben zum "income" oder "principal" des trust siehe Lacovara, 45 N.Y.U.L.Rev. (1970)210, 255f.

810) Leflar 390; Scoles/Hay 809; für das englische Recht Dicey/Morris II 684.

811) Für testamentary trusts: In re Turner's Will, 195 Misc.331, 90 N.Y.S.2d 481 (Sup.Ct.1949); In re Morris' Will, 197 Misc.322, 97 N.Y.S.2d 740 (Sup.Ct.1949); Beardsley v. Hall, 197 N.E.35 (Mass.1935). Für living trusts: McLoughlin v. Shaw, 111 A.62 (Conn.1920); Greenough v. Osgood, 235 Mass.235, 126 N.E.461 (1920); Leflar 390.

812) Restatement, Second, Conflict of Laws § 279; Land 200f.

jedoch - insbesondere aufgrund eines ausdrücklich erklärten anderslautenden Willens des Errichters - möglich[813]. Zwischen testamentarisch und lebzeitig angeordneten trusts an unbeweglichem Vermögen werden hinsichtlich des für Fragen der administration maßgebenden Rechts keine Unterschiede gemacht[814].

III. Bewegliches Vermögen

Der für trusts an beweglichem Vermögen maßgebliche Verwaltungsort ist im amerikanischen Recht nicht deutlich bestimmt. Im einzelnen herrscht deshalb Unsicherheit; die vertretenen Ansichten lehnen sich weitgehend an die oben für Fragen der Wirksamkeit (validity) eines trust behandelten Grundsätze an[815].

Den Vorrang hat - hierin besteht Übereinstimmung - eine vom Errichter getroffene Rechtswahl. Hat der settlor in der trust-Urkunde dasjenige Recht bestimmt, dem die Verwaltung des trust unterstehen solle, so wird diese Wahl anerkannt[816]. Dem Errichter steht es nämlich im Rahmen der Privatautonomie frei, die meisten Fragen der Verwaltung seines trust (wie beispielsweise den Umfang der Befugnisse und Pflichten des trustee oder dessen Vergütung) ausdrück-

---

813) Vgl. ausführlich - auch zum Fall einer Veräußerung des Grundvermögens - Restatement, Second, Conflict of Laws § 279 com.b.

814) Vgl. die oben Fn.811 angeführte Rechtsprechung.

815) Die rule of validation spielt bei der Feststellung des für Verwaltungsfragen maßgebenden Rechts allerdings keine Rolle; siehe Ehrenzweig, Conflict of Laws 645.

816) Für testamentary trusts: In re Farnsworth's Estate, 241 A.2d 204 (N.H.1968); Rousseau v.United States Trust Co.of New York, 422 F.Supp.447 (S.D.N.Y.1976); Scott V 3936-3939. Für living trusts: Wilmington Trust Co. v. Wilmington Trust Co., 15 A.2d 153 (Del.Ch.1940); Kitchen v. New York Trust Co., 292 Ky.706, 168 S.W.2d 5 (1943). Restatement, Second, Conflict of Laws §§ 271 com.c, 272 com.c; Scoles/Hay 809f; Leflar 391.

lich selbst in der Urkunde zu regeln[817]. Stattdessen kann er aber auch anordnen, daß sich die nähere Durchführung des trust nach dem (grundsätzlich disponiblen) innerstaatlichen Recht eines bestimmten Staates richten solle, eine Möglichkeit, die den Errichter von der Aufgabe einer umfassenden eigenen Regelung enthebt. Der Inhalt der gewählten Rechtsvorschriften wird dann - soweit die Einbeziehung reicht[818] - Bestandteil der trust-Anordnung[819]. Einen besonderen Bezug zu dem trust muß die gewählte Rechtsordnung nicht aufweisen[820].

Die Wahl des maßgebenden Rechts kann ausdrücklich oder konkludent erfolgen. Eine konkludente Rechtswahl wird insbesondere dann angenommen, wenn der settlor eine trust company als trustee eingesetzt hat; hierin sehen amerikanische Gerichte häufig die Anwendbarerklärung der am Sitz dieses "corporate trustee" für die Verwaltung eines trust geltenden

---

817) In re Jones' Will, 22 N.W.2d 633, 634 (Minn.1946); Restatement, Second, Conflict of Laws §§ 271 com.c, 272 com.c. Zu Verwaltungsfragen, die nicht der Regelungsbefugnis des settlor unterstehen, sondern zwingendes Recht darstellen, siehe Restatement, Second, Conflict of Laws §§ 271 com.h, 272 com.f.

818) Der settlor kann auch nur einige Fragen selbst regeln und hinsichtlich der übrigen Verwaltungsvorschriften auf ein bestimmtes Recht verweisen.

819) Vgl. Restatement, Second, Conflict of Laws §§ 271 com.c, 272 com.c.

820) Swabenland, The Conflict of Laws in Administration of Express Trusts of Personal Property, 45 Yale L.J.(1936) 438, 450; Lacovara, 45 N.Y.U.L.Rev.(1970)210, 255; Restatement, Second, Conflict of Laws §§ 271 com.c, 272 com.c; anders für trusts inter vivos aber Kitchen v. New York Trust Co., 292 Ky.706,168 S.W.2d 5 (1943); Wilmington Trust Co. v. Wilmington Trust Co., 24 A.2d 309 (Del.1942).

Rechtsvorschriften[821].

Unklar ist die Rechtslage dagegen, wenn der Errichter das anzuwendende Recht nicht selbst - ausdrücklich oder wenigstens konkludent - bestimmt hat. Bei testamentarischen trusts an beweglichem Vermögen gilt dann nach herkömmlicher Ansicht der Grundsatz, daß sich die Verwaltung eines solchen trust nach dem am Domizil des Errichters im Zeitpunkt des Todes geltenden Recht beurteile[822]. Betrachtet man allerdings die amerikanischen Gerichtsentscheidungen, die das Domizilrecht für anwendbar erklären, so stellt man fest, daß in allen Fällen neben dem Domizil des Errichters noch andere tatsächliche Umstände, wie beispielsweise die Belegenheit des trust-Vermögens oder das Domizil des trustee, auf diese Rechtsordnung hinweisen[823]. Fälle, in denen allein das Domizil des settlor die Anwendung des dort geltenden Rechts begründete, finden sich nicht[824]. Der oben erwähnte Grund-

---

821) Siehe z.B. In re Vanneck's Will, 286 N.Y.S.489 (Sur.Ct.1936); Campbell v. Albers, 313 Ill.App.152, 39 N.E.2d 672 (1942); In re Shipman's Will, 179 Misc.303, 40 N.Y.S.2d 373 (Sur.Ct.1942); Erdheim v. Mabee, 305 N.Y.307, 113 N.E.2d 433 (1953); In re Estate of Dow, 81 Misc.2d 506, 366 N.Y.S.2d 831,, 835 (Sur.Ct.1975); Restatement, Second, Conflict of Laws § 267 com.c; Leflar 391.

822) Rousseau v. United States Trust Co.of New York, 422 F.Supp.447 (S.D.N.Y.1976); In re Bate's Will, 168 Misc.526, 5 N.Y.S.2d 628 (Sup.Ct.1938); In re Johnston's Estate, 127 N.J.Eq.576, 14 A.2d 469 (Prerog.Ct. 1940); United States Trust Co. of New York v. Boshkoff, 90 A.2d 713 (Me.1952); Restatement, Second, Conflict of Laws § 271; Scott V 3936. Vgl. ferner Leflar 391.

823) Vgl. z.B. In re Devoe's Estate, 118 N.Y.S.2d 432 (Sur.Ct.1952); People v. First National Bank of Chicago, 364 Ill.262, 4 N.E.2d 378 (1936). Scoles/Hay 809 begründen die Domizilregel daher auch mit der Erwägung, daß sich am Domizil des Errichters für gewöhnlich auch dessen (bewegliches) Vermögen befinde.

824) Ausdrücklich gegen die Maßgeblichkeit des Domizilrechts in einem solchen Fall Lanius v. Fletcher, 100 Texas 550, 101 S.W.1076 (1907). Vgl. Swabenland, 45 Yale L.J.(1936)438, 448f.

satz der Maßgeblichkeit des Domizilrechts des settlor entspricht daher nicht (mehr) der Rechtswirklichkeit. In der Praxis neigen die Gerichte bei der Feststellung des anwendbaren Rechts eher zu einer Zusammenschau und Abwägung aller Einzelumstände, wie sie den bereits geschilderten Theorien des "presumed intent" beziehungsweise der "most significant relationship" zugrundeliegt[825]. Entscheidende Bedeutung wird dabei in der Regel nicht dem Domizil des settlor, sondern vielmehr dem des trustee und der Belegenheit der trust-Gegenstände beigemessen[826].

Bei living trusts an beweglichem Vermögen richtet sich die Verwaltung nach dem am "Sitz" ("situs", "seat") des trust geltenden Recht[827]. Sitz des trust ist diejenige Rechtsordnung, mit der seine Verwaltung am engsten verbunden ("most substantially related") ist[828]. Die Bestimmung des anzuwendenden Rechts erfordert also eine - qualitative, nicht quantitative - Bewertung aller erheblichen Umstände des konkre-

---

825) So ausdrücklich In re Edey's Will, 197 N.Y.S.2d 320, 325 (Sur.Ct.1960); Erdheim v. Mabee, 305 N.Y.307, 113 N.E.2d 433, 436 (1953); vgl. ferner In re Risher's Will, 277 N.W.160 (Wis.1938); Swabenland, 45 Yale L.J.(1936)438, 442; Goldstein 34.

826) Vgl. Rasmuson v. Walker Bank & Trust Co., 102 Idaho 95, 625 P.2d 1098, 1102 (1981); Israel v. National Board of Y.M.C.A., 369 A.2d 646 (R.I.1977); In re Turner's Will, 195 Misc.331, 90 N.Y.S.2d 481 (Sup.Ct.1949); Bank of New York v. Shillito, 14 N.Y.S.2d 458 (Sup.Ct.1939); Norton v. Bridges, 712 F.2d 1156 (7th Cir.1983). Siehe ferner UPC § 7-101.

827) Central Standard Life Insurance Co. v. Gardner, 17 Ill.2d 220, 161 N.E.2d 278, 289 (1959); Hardy v. Hardy, 330 P.2d 278, 280 (Cal.Dist.Ct.App.1958); Wilmington Trust Co. v. Wilmington Trust Co., 24 A.2d 309, 312 (Del.1942).

828) Restatement, Second, Conflict of Laws § 272; Scoles/Hay 810; Leflar 391; vgl. auch UPC § 7-101, der eine Registrierungspflicht für trusts am dort näher definierten "principal place of administration" vorsieht.

ten Falles[829]. Zu welchem Abwägungsergebnis ein amerikanisches Gericht hier im Einzelfall gelangt, ist nicht leicht vorhersehbar. Die Gerichtsentscheidungen zeigen jedoch - neben der allgemeinen Tendenz zur Anwendung der lex fori[830]-, daß immer dann, wenn sich Domizil oder Geschäftssitz des trustee und das trust-Vermögen in ein- und demselben Staat befinden, das Recht dieses Staates als für alle Fragen der administration maßgebend angesehen wird. Die übrigen Faktoren, wie das Domizil des Errichters oder das der beneficiaries, spielen dann eine nur untergeordnete Rolle[831].

Wechselt der Sitz des trust, so kann auch das für Fragen der administration maßgebende Recht wechseln. Eine Verlagerung des trust-Schwerpunktes (shifting of factors) tritt vor allem durch die Ablösung des bisherigen trustee und die Verbringung des trust-Vermögens an den Domizilort bzw. Geschäftssitz des neuernannten trustee ein[832]. Voraussetzung für einen gleichzeitigen Wechsel des anwendbaren Rechts ist allerdings, daß die Sitzverlegung auf dem (ausdrücklich oder

---

829) Beispielhaft In re Estate of Agostini, 457 A.2d 861, 871 (Pa.Super.1983) im Rahmen einer "government interest analysis"; vgl. ferner Cocke v. Duke University, 260 N.C.1, 131 S.E.2d 909, 913 (1963); Haberland v. Haberland, 303 F.2d 345 (3d Cir.1962); Doerr v. Warner, 76 N.W.2d 505, 513 (Minn.1956).

830) Ehrenzweig, Conflict of Laws 646.

831) In re Lowman's Trust, 92 N.Y.S.2d 238 (Sup.Ct.1949); Norton v. Bridges, 712 F.2d 1156, 1161 (7th Cir.1983); Wilmington Trust Co. v. Wilmington Trust Co., 24 A.2d 309, 312 (Del.1942); In re Waterbury's Trust, 35 Misc.2d 723, 231 N.Y.S.2d 208 (Sup.Ct.1962); vgl. ferner Kitchen v. New York Trust Co., 292 Ky.706, 168 S.W.2d 5 (1943); Swabenland, 45 Yale L.J.(1936)438, 449.

832) Application of New York Trust Co., 87 N.Y.S.2d 787, 794 (Sup.Ct.1949); Scoles/Hay 811; Restatement, Second, Conflict of Laws § 272 com.e; bei testamentarischen trusts ist für den Wechsel des trustee eine gerichtliche Zustimmung erforderlich; Restatement, Second, Conflict of Laws § 271 com.g; UPC § 7-305.

konkludent erklärten) Willen des Errichters beruht, daß also insbesondere der Errichter selbst in der trust-Urkunde die Möglichkeit der Ernennung eines Nachfolger-trustee in einem anderen Bundesstaat als dem bisherigen Verwaltungsort geschaffen hat; Sitzverlagerungen durch den trustee allein bewirken keinen Wechsel des maßgebenden Rechts[833)].

D. Auslegung

I. Qualifikation

Der Errichter eines trust ist häufig nicht in der Lage, alle Rechtsfragen, die im Zusammenhang mit dem von ihm geschaffenen trust auftreten, erschöpfend zu regeln. Beantwortet eine trust-Urkunde eine rechtlich erhebliche Frage nicht oder nur unvollständig, so ist die zutagegetretene Lücke durch Auslegung zu schließen.
Bei der Auslegung einer trust-Urkunde unterscheidet das amerikanische Recht zwischen den Rechtsfiguren der "interpretation" und der "construction"[834)]. "Interpretation" bezeichnet die Auslegung im engeren Sinne, d.h. die Feststellung des Sinngehalts der vom Errichter verwendeten Begriffe anhand des erkennbaren Willens des settlor. Herangezogen werden hierfür vor allem die gewöhnliche Bedeutung der in der trust-Urkunde gebrauchten Sprache, der systematische Zusammenhang im Urkundentext, sowie der Ort und die Umstände

---

833) In re Estate of Benedito, 370 N.Y.S.2d 478 (Sur.Ct.1975) für einen testamentary trust; Wilmington Trust Co. v. Wilmington Trust Co., 24 A.2d 309 (Del.1942) für einen living trust; Goldstein 38; Scoles/ Hay 811f; Leflar 391; Restatement, Second, Conflict of Laws § 272 com.e.

834) Diese Unterscheidung wird allerdings nicht immer streng eingehalten; vgl. Leflar 392; New York EPTL § 3-5.1 (a)(6).

der Urkunden-Errichtung[835]. Eine "interpretation" des unklaren Errichterwillens ist nur dann möglich, wenn der Wille des settlor in irgendeiner Form in der Urkunde Anklang gefunden hat[836]. Die "interpretation" ist als Problem im Tatsächlichen, nicht im Rechtlichen angesiedelt[837].

Der Anwendungsbereich der "construction" ist demgegenüber (erst) dann eröffnet, wenn jeder tatsächliche Anhaltspunkt in der Urkunde fehlt, aufgrund dessen ermittelt werden könnte, welchen Inhalt der Errichter einem von ihm verwendeten Begriff geben wollte oder welche Vorstellungen der Errichter hinsichtlich eines bestimmten strittigen Punktes hatte[838]. In einem solchen Falle, in dem nicht (mehr) auf einen unklaren, aber dennoch feststellbaren Willen der Partei zurückgegriffen werden kann, ist die entstandene Lücke in der trust-Urkunde durch eine hypothetische Überlegung zu schließen. Zu fragen ist, welche Regelung der settlor in der offenen Frage getroffen hätte, wenn er an sie bei der Begründung des trust gedacht hätte. Zu ermitteln ist also der vermutete Wille des Errichters[839]. Dieser Vorgang, der im rechtlichen Bereich angesiedelt ist, heißt "construc-

---

835) In re Estate of Quin, 354 N.Y.S.2d 561, 564 (Sur.Ct. 1974).

836) Second Bank-State Street Trust Company v. Weston, 174 N.E.2d 763, 766 (Mass.1961).

837) In re Estate of Quin, 354 N.Y.S.2d 561, 564 (Sur.Ct.1974); Ehrenzweig, Conflict of Laws 645; ausführlich zum Ganzen Restatement, Second, Conflict of Laws § 268 com.a.

838) Estate of Mittleman v. C.I.R., 522 F.2d 132, 137 (D.C.Cir.1975); Second Bank-State Street Trust Company v. Weston, 174 N.E.2d 763, 766 (Mass.1961); Weintraub 447.

839) Vgl. Robinson v. United States, 632 F.2d 822, 825 (9th Cir.1980).

tion"[840]. Nur letztere ist Gegenstand der nachfolgenden Ausführungen. Die "interpretation" einer trust-Urkunde richtet sich kollisionsrechtlich immer nach den hierfür geltenden Auslegungsgrundsätzen und Beweisregeln des Forum[841].

Regeln der "construction" eines trust beziehen sich sowohl auf Fragen der administration des trust[842] als auch auf solche der Übertragung und Verteilung ("disposition") des trust-Vermögens[843]. Zu letzteren gehören insbesondere die Feststellung des Personenkreises der Begünstigten eines bestimmten trust (beispielsweise die Auslegung der Begriffe "heirs at law", "issue", "descendants", "next of kin" des Testators oder eines beneficiary einschließlich der Bestimmung des für diese Eigenschaft maßgebenden Zeitpunkts), die Vererbung (Erbfolge nach Köpfen oder nach Stämmen) und der Umfang der trust-Berechtigung (vested oder contingent interest) und - bei trusts inter vivos - die Widerruflichkeit des

---

840) Restatement, Second, Conflict of Laws § 268 com.a; Committee on Pre-Death Planning, Report, 18 Real Property, Probate and Trust J.(1983)331, 364; In re Estate of Quin, 354 N.Y.S.2d 561, 564 (Sur.Ct.1974). Die "construction" ist vergleichbar mit der ergänzenden Auslegung des deutschen Rechts; vgl. hierzu Palandt (-Heinrichs) § 157 BGB Anm.2; Palandt (-Edenhofer) § 2084 BGB Anm.4d.

841) Vgl. Ford v. Newman, 77 Ill.2d 335, 396 N.E.2d 539 (1979); Estate of Mittleman v. C.I.R., 522 F.2d 132, 137 (D.C.Cir.1975); In re Estate of Quin, 354 N.Y.S.2d 561, 564 (Sur.Ct.1974); Restatement, Second, Conflict of Laws §§ 268 com.a, 224 com.c; vgl. ferner Hutchison v. Hutchison, 119 P.2d 214, 217 (Cal.Dist.Ct.App.1941) zur "parol evidence rule".

842) Hierzu oben bei Fn.808, 809.

843) Matter of Pratt, 1 Misc.2d 428, 145 N.Y.S.2d 407 (Sur.Ct.1955); Bank of New York v. Shillito, 14 N.Y.S.2d 458, 462f (Sup.Ct.1939) zur Auslegung der Begriffe "net income" und "principal"; hierzu Lacovara, 45 N.Y.U.L.Rev.(1970)210, 255f.

trust[844]. Die gesetzlichen (Auslegungs-) Regeln, die die einzelnen amerikanischen Rechtsordnungen hier bei Fehlen eines feststellbaren Errichterwillens zur Verfügung stellen, unterscheiden sich von Bundesstaat zu Bundesstaat teilweise erheblich[845], so daß eine genaue kollisionsrechtliche Einordnung unerläßlich ist.

II. Unbewegliches Vermögen

Anders als bei Fragen der materiellen Wirksamkeit wird hinsichtlich der Auslegung(construction) eines trust an unbeweglichem Vermögen dem Errichter im amerikanischen Recht die Möglichkeit eingeräumt, selbst dasjenige Recht zu bestimmen, dem die Auslegung der von ihm errichteten Urkunde unterstehen soll. Eine Wahl des anwendbaren Rechts durch den Errichter geht allen anderen Anknüpfungen vor[846].
Enthält die trust-Urkunde keine ausdrückliche oder konkludente Rechtswahlklausel, so beurteilt sich die Auslegung der in ihr gebrauchten Begriffe grundsätzlich nach dem am Belegenheitsort des Grundvermögens geltenden Recht[847]. Maßgebli-

---

844) Siehe ausführlich Restatement, Second, Conflict of Laws §§ 268 com.e, 271 com.a; Committee on Pre-Death Planning, Report, 18 Real Property, Probate and Trust J.(1983)331, 365-370.

845) Zum Beispiel in der Frage, ob Adoptivkinder oder überlebende Ehegatten unter die Bezeichnung "heirs at law" fallen oder nicht. Eine Vereinheitlichung der Auslegungsregeln streben UPC §§ 2-603 bis 2-612 an. Zu ähnlichen Normen im deutschen (Erb-)Recht siehe §§ 2066-2076 BGB.

846) Restatement, Second, Conflict of Laws § 277(1); Leflar 394; für England Dicey/Morris II 678; vgl. auch New York EPTL § 3-5.1 (h); gegen die Zulässigkeit einer Rechtswahl aber In re Healy's Will, 125 N.Y.S.2d 486, 488 (Sur.Ct.1953).

847) New York EPTL § 3-5.1 (b)(1); United States Trust Co. of New York v. Boshkoff, 90 A.2d 713, 717 (Me.1952); In re Good's Will, 304 N.Y.110, 106 N.E.2d 36 (1952); vgl. auch In re Tutules' Estate, 204 Cal.App.2d 481, 22 Cal.Rptr.427 (1962).

cher Zeitpunkt ist dabei die Abfassung der trust-Urkunde, sofern der Errichter nichts anderes bestimmt hat[848]. Die Verweisung auf das situs-Recht stellt wiederum eine Bezugnahme sowohl auf dessen innerstaatliches wie auch auf dessen Kollisionsrecht dar; maßgebend ist daher das vom Belegenheitsstaat für anwendbar erklärte Recht[849]. In der Mehrzahl der Fälle wird dies das Sachrecht des situs-Staates sein. Dies gilt vor allem dann, wenn Fragen der "administration" des trust in Streit stehen; solche Fragen sollten nach amerikanischer Ansicht zweckmäßigerweise nach dem auch für die administration selbst maßgebenden Recht gelöst werden[850]. Anders ist die Rechtslage dagegen unter Umständen dann, wenn die Auslegung nicht Probleme der Verwaltung des trust klären soll, sondern beispielsweise die Frage, welche Personen beneficiaries eines trust geworden sind, oder welchen Umfang ihre Berechtigungen haben. Insbesondere bei testamentarischen trusts greifen hier die Gerichte häufig auf das Domizilrecht des settlor zur Zeit der Errichtung der Urkunde zurück und unterstellen Fragen der Auslegung diesem Recht[851]. Begründet wird dies mit der Erwägung, daß der Errichter für gewöhnlich mit seinem Heimatrecht am vertrautesten sei und daher im Zweifel einem von ihm in seinem Testament verwendeten Begriff die Bedeutung beimessen will, die diesem nach

---

848) National City Bank of Cleveland v. Ford, 36 Ohio Misc.60, 299 N.E.2d 310, 314 (C.P.1973) für einen living trust; ebenso In re Kellogg's Trust, 36 Misc.2d 1064, 234 N.Y.S.2d 668, 670 (Sup.Ct.1962).

849) Siehe z.B. New York EPTL § 3-5.1 (b)(1), der auf das "law" des situs-Staates, nicht auf dessen "local law" verweist (vgl. EPTL § 3-5.1 (a)(7)). Restatement, Second, Conflict of Laws § 277 (2); vgl. Ford v. Newman, 64 Ill.App.3d 528, 381 N.E.2d 392, 395 (1978), affirmed 396 N.E.2d 539 (1979).

850) Restatement, Second, Conflict of Laws § 277 com.c.

851) Applegate v. Brown, 344 S.W.2d 13, 16 (Mo.1961); Greenwood v. Page, 138 F.2d 921, 923f (D.C.Cir.1943); Martin v. Eslick, 90 So.2d 635, 641 (Miss.1956); für das englische Recht Dicey/Morris II 678.

dem Heimatrecht des Errichters zukommt. Da es Aufgabe der Auslegung sei, dem Willen des settlor zur Verwirklichung zu verhelfen, müsse daher dem Domizilrecht und nicht dem (möglicherweise dem settlor gänzlich fremden) Belegenheitsrecht der Vorzug gegeben werden[852].
Bei trusts inter vivos, bei denen im Gegensatz zu testamentarisch angeordneten trusts in der Regel allein das Grundvermögen Gegenstand des trust ist, verbleibt es dagegen eher bei der Maßgeblichkeit des innerstaatlichen situs-Rechts[853].

In neuester Zeit wenden die amerikanischen Gerichte auch für Fragen der Auslegung eines trust an unbeweglichem Vermögen als Kollisionsregel bisweilen die Theorie der "engsten Beziehung" ("most significant relationship" der "contacts") an; maßgebend ist danach immer das Recht, zu dem das jeweilige Auslegungsproblem die engste Verbindung aufweist. Die praktischen Ergebnisse unterscheiden sich allerdings meist nicht wesentlich von denen, die mit Hilfe der herkömmlichen Kollisionsnormen gefunden werden[854].

---

852) Santoli v. Louisville Trust Co., 550 S.W.2d 182, 183 (Ky.App.1977); Restatement, Second, Conflict of Laws § 277 com.c.

853) Restatement, Second, Conflict of Laws § 277 com.c; vgl. In re Piazza's Estate, 130 N.Y.S.2d 244 (Sur.Ct.1954); für die Anwendung des Rechts des Errichtungsortes bei einem vertraglich begründeten living trust dagegen Hutchison v. Hutchison, 119 P.2d 214, 217 (Cal.Dist.Ct. App.1941); für das Domizilrecht von settlor und beneficiaries Cary v. Carman, 190 N.Y.S.193, 197 (Sup.Ct.1921).

854) Vgl. z.B. Ford v. Newman, 64 Ill.App.3d 528, 381 N.E.2d 392 (1978), wo die praktische Problematik des neuen Ansatzes in dem abweichenden Votum eines Richters aufgezeigt wird. Zu beachten ist ferner, daß die Gerichte zum Teil dann besondere Grundsätze für die Bestimmung des maßgeblichen Rechts anwenden, wenn Auslegungsfragen in Zusammenhang mit steuerrechtlichen Streitigkeiten auftreten; hier besteht eine Tendenz zur Anwendung des Forum-Rechts; hierzu Committee on Pre-Death Planning, Report, 18 Real Property, Probate and Trust J.(1983) 331, 361f, 366.

III. Bewegliches Vermögen

Das auf die Auslegung der Bestimmungen eines trust an beweglichem Vermögen anzuwendende Recht kann der Errichter frei bestimmen. Eine Rechtswahl, die hier Ausdruck der dem settlor bei der inhaltlichen Ausgestaltung seines trust zugestandenen Privatautonomie ist, wird grundsätzlich anerkannt[855)]. Einen besonderen Bezug zu der gewählten Rechtsordnung muß der trust nach herrschender Ansicht nicht aufweisen[856)].
Hat der Errichter das anwendbare Recht nicht selbst bestimmt, unterscheiden die amerikanischen Gerichte regelmäßig zwischen zwei Fragenkomplexen. Auslegungsprobleme im Rahmen der administration eines trust werden nach demjenigen Recht gelöst, das auch die Verwaltung selbst beherrscht; dies gilt für testamentarische wie für lebzeitige trusts[857)]. Ist dagegen der Inhalt sonstiger trust-Anordnungen auszulegen, insbesondere hinsichtlich des Personenkreises der Begünstigten und des Umfangs ihrer Berechtigungen, so ist in der Frage des maßgeblichen Rechts zwischen testamentary und living

---

855) New York EPTL § 3-5.1 (h); Boston Safe Deposit and Trust Company v. Fleming, 279 N.E.2d 342, 344 (Mass.1972); In re Estate of King, 52 Misc.2d 1021, 277 N.Y.S.2d 281 (Sur.Ct.1967); Second Bank-State Street Trust Company v. Weston, 174 N.E.2d 763, 767 (Mass.1961) für testamentary trusts. In re Nicol's Trust, 39 Misc.2d 674, 241 N.Y.S.2d 775 (Sup.Ct.1963); Application of City Bank Farmers Trust Company, 166 N.Y.S.2d 772, 775 (Sup.Ct.1957) für living trusts. Restatement, Second, Conflict of Laws § 268 (1); Leflar 394.

856) Restatement, Second, Conflict of Laws § 268 com.b.

857) Vgl. In re Waterbury's Trust, 35 Misc.2d 723, 231 N.Y.S.2d 208 (Sup.Ct.1962); Geier v. Mercantile-Safe Deposit & Trust Company, 273 Md.102, 328 A.2d 311, 318 (1974); Second Bank-State Street Trust Company v. Weston, 174 N.E.2d 763, 767 (Mass.1961); Application of Eyre, 133 N.Y.S.2d 511, 514 (Sup.Ct.1954); vgl. ferner In re Edey's Will, 197 N.Y.S.2d 320 (Sur.Ct.1960), wo bei einem testamentary trust das Domizilrecht auch das Recht der Verwaltung war; Restatement, Second, Conflict of Laws § 268 (2)(a).

trusts zu unterscheiden. Bei einem testamentary trust greifen die Gerichte meist auf das Domizilrecht des Erblassers als das ihm vermutlich vertrauteste Recht zurück, auch wenn die Verwaltung des trust in einem anderen Staat erfolgt[858]; maßgeblich ist regelmäßig das Recht des Domizils, das der Erblasser im Zeitpunkt der trust-Errichtung (Testamentsabfassung) besaß[859]. Bei trusts inter vivos ist das Domizil des settlor von geringerer Bedeutung. Die Gerichte schwanken hier zwischen der Anwendung des Domizilrechts zur Zeit der Errichtung[860] und der Heranziehung des für Fragen der administration maßgeblichen Rechts, also regelmäßig des Rechts der "engsten Beziehung"[861]. Leitlinie ist, daß nach Möglichkeit dasjenige Recht angewendet werden sollte, das auch der

---

858) In re Gridley's Estate, 234 N.Y.S.2d 764 (Sur.Ct.1962); In re Roger's Will, 234 N.Y.S.2d 851 (Sup.Ct.1962); Will of Dow, 55 A.D.2d 323, 390 N.Y.S.2d 721 (1977); In re Hirschmann's Estate, 124 N.Y.S.2d 801 (Sur.Ct.1953); First Nat.Bank v. Shawmut Bank of Boston, 389 N.E.2d 1002, 1007 (Mass.1979); Santoli v. Louisville Trust Co., 550 S.W.2d 182 (Ky.App. 1977); In re Johnson's Estate, 233 Cal.App.2d 785, 43 Cal.Rptr.913, 918 (1965); Will of Brown, 120 Misc.2d 799, 466 N.Y.S.2d 988, 991 (Sur.Ct.1983).

859) In re Hirschmann's Estate, 124 N.Y.S.2d 801 (Sur.Ct.1953); In re West's Estate, 157 N.Y.S.2d 768 (Sur.Ct.1956); New York EPTL § 3-5.1 (e); Restatement, Second, Conflict of Laws § 268 com.f; Weintraub 447. Auf den Todeszeitpunkt stellt dagegen ab In re Gridley's Estate, 234 N.Y.S.2d 764 (Sur.Ct.1962).

860) Town of Lee v. Town of Lincoln, 351 A.2d 554, 556 (Me.1976) im Rahmen einer Interessenanalyse; vgl. ferner Johnson County National Bank and Trust Co. v. Bach, 189 Kan.291, 369 P.2d 231 (1962); zum maßgeblichen Zeitpunkt siehe Central Trust Co. v. Bovey, 25 Ohio St.2d 187, 267 N.E.2d 427, 429 (1971).

861) Robinson v. United States, 632 F.2d 822, 825 (9th Cir.1980); Matter of Chemical Bank, 395 N.Y.S.2d 917 (Sup.Ct.1977); Cleveland Trust Co. v. Shuman, 39 Ohio Misc.136, 317 N.E.2d 256, 259 (C.P.1974); In re Davis' Trust, 133 N.Y.S.2d 525 (Sup.Ct.1954); Guaranty Trust Co.of New York v. Brunton, 74 N.Y.S.2d 254 (Sup.Ct.1947); vgl. ferner Application of Eyre, 133 N.Y.S.2d 511, 514 (Sup.Ct.1954); In re Strobel's Trust, 188 N.Y.S.2d 273, 277 (Sup.Ct.1959).

settlor gewählt hätte, wenn er sich der Lücke in seinen Anordnungen bewußt gewesen wäre[862]. Bezeichnend für die gegenwärtige Unsicherheit der Rechtslage ist eine Äußerung des Supreme Judicial Court of Massachusetts in der Entscheidung First Nat. Bank v. Shawmut Bank of Boston[863]:

> "In construing a trust instrument and rights and obligations under it, the law of the situs of the trust would often be given recognition, particularly when, as here, the trust expressly so directs... In particular circumstances, there may be reason to look to the law of that jurisdiction with which the testator-settlor had the greatest contact at significant times (such as her domicil at the time of execution of the trust and will), or perhaps one would look to the law of that jurisdiction which the testator-settlor had reason to believe would be applicable".

Die Entscheidung zeigt, daß die amerikanischen Gerichte auch in Fragen der Auslegung eines trust inzwischen dazu neigen, das anwendbare Recht im Wege einer Interessenanalyse zu ermitteln, bei der die "Kontakte" ("contacts") des konkreten Falles zu den einzelnen in Betracht kommenden Rechtsordnungen festgestellt und abgewogen werden[864].

---

862) Restatement, Second, Conflict of Laws § 268 (2)(b).

863) 389 N.E.2d 1002, 1008 (Mas.1979).

864) Vgl. z.B. Hamilton National Bank of Chattanooga v. Hutcheson, 357 F.Supp.114, 117 (E.D.Tenn.1973); Committee on Pre-Death Planning, Report, 18 Real Property, Probate and Trust J.(1983) 331, 370-372.

E. Zusammenfassung

Die vorstehenden Ausführungen haben gezeigt, daß das amerikanische Kollisionsrecht eine Vielzahl von Regeln für die internationalprivatrechtliche Behandlung von trusts bereithält. Bereits diese Vielzahl mit ihren ebenso zahlreichen Ausnahmen macht es dem deutschen Beobachter schwer vorherzusagen, zu welchem Ergebnis ein amerikanisches Gericht in einem konkreten Fall kommen wird. Zusätzliche Unsicherheit entsteht - zumindest aus deutscher Sicht- durch die im gesamten amerikanischen Kollisionsrecht seit einigen Jahren zu beobachtende Entwicklung, sich von starren Kollisionsregeln loszusagen und stattdessen Kollisionen zwischen mehreren beteiligten Rechtsordnungen nur mehr im Wege einer auf den Einzelfall abgestellten Interessenabwägung zu lösen und auf diese Weise das jeweils anwendbare Recht zu bestimmen[865)]. Dieser neue kollisionsrechtliche Ansatz, der seinen Ausgangspunkt im internationalen Delikts- und Vertragsrecht hat, beherrscht zunehmend auch das trust-Recht. Er findet hier - wenn auch häufig unausgesprochen - inzwischen Anwendung auf die meisten Rechtsfragen, die in Zusammenhang mit einem trust auftreten können. Die herkömmlicherweise gemachten Unterscheidungen nach den Problemkreisen der materiellen Gültigkeit, der Verwaltung und der Auslegung, nach den verschiedenen Formen eines trust (testamentary trust oder living trust) sowie nach dem Charakter des betroffenen Vermögens (beweglich-unbeweglich) verlieren damit ihre eigenständige Bedeutung. Von Belang sind sie nur noch als Bewertungsmaßstäbe bei der Betrachtung der einzelnen "Kontaktpunkte" ("points of contact") im Rahmen der vorzunehmenden Schwer-

---

865) Sehr ausführlich und kritisch zu den einzelnen Theorien Juenger, Conflict of Laws: A Critique of Interest Analysis, 32 Am.J.Comp.L.(1984) 1-50; Korn, The Choice-of-Law Revolution: A Critique, 83 Col.L.Rev.(1983) 772-973; Kegel, Vaterhaus und Traumhaus - Herkömmliches internationales Privatrecht und Hauptthesen der amerikanischen Reformer, Festschrift Beitzke (1979) 551-573.

punktermittlung; insoweit dürften die herkömmlichen Regeln allerdings auch weiterhin besondere Beachtung finden, etwa als eine Art "Regeltatbestand" für die Anwendung eines bestimmten Rechts, der nur durch überwiegende und gewichtigere Anknüpfungspunkte in einem anderen Staat ausgeschlossen werden kann.
Der neue theoretische Ansatz im amerikanischen Kollisionsrecht bietet zwar den Vorteil großer Flexibilität und ermöglicht eine dem Einzelfall angemessene kollisionsrechtliche Einordnung der zu beantwortenden Rechtsfragen. Kehrseite der so gewonnenen Flexibilität ist aber eine gewisse Unvorhersehbarkeit der Ergebnisse. Dennoch lassen sich - grob zusammengefaßt - folgende Leitlinien herausstellen: Eine ausdrückliche oder konkludente Wahl des anwendbaren Rechts durch den Errichter des trust wird in den meisten Fällen anerkannt. Ist ein trust an unbeweglichem Vermögen bestellt, so beherrscht bei Fehlen einer Rechtswahl grundsätzlich das (jeweilige) Belegenheitsrecht alle Fragen der Wirksamkeit, Verwaltung und Auslegung des trust[866]; die Heranziehung auch des Domizilrechts des Errichters ist aber in bestimmten Fällen möglich[867]. Trusts an beweglichem Vermögen werden regelmäßig entweder dem Recht des Domizils des settlor oder dem am "Sitz" des trust geltenden Recht unterstellt; weichen diese Rechtsordnungen in der rechtlichen Beurteilung der Gültigkeit des trust voneinander ab, so wird grundsätzlich dasjenige Recht angewendet, nach dem der trust wirksam ist ("rule of validation"). In deutsch-amerikanischen Erbrechtsfällen dürfte dies häufig zur Anwendbarerklärung amerikanischen Rechts führen.

---

866) In re Estate of Strauss, 75 Misc.2d 454, 347 N.Y.S.2d 840 (Sur.Ct.1973) für den Fall eines testamentary trust an einem deutschen Grundstück.

867) Vgl. z.B. In re Estate of Janney, 446 A.2d 1265 (Pa.1982); Rudow v. Fogel, 426 N.E.2d 155 (Mass.App. 1981).

4. Hauptteil: Anpassung und Umdeutung

1. Kapitel: Allgemeines

Mit der Ermittlung des auf einen bestimmten trust anwendbaren Rechts ist zwar die eigentliche Aufgabe des IPR, bei Kollisionen zwischen mehreren beteiligten Rechtsordnungen die jeweils zuständige festzulegen, erfüllt, der konkrete Fall bzw. die einzelne Rechtsfrage aber noch nicht gelöst. Die tatsächliche Anwendung der mit Hilfe der Qualifikation gefundenen Rechtsordnung bringt vielfach weitere Schwierigkeiten, die hier der Vollständigkeit halber noch kurz aufgezeigt werden sollen[868]. Aus deutscher Sicht sind sie deshalb besonders groß, weil mit dem trust ein dem deutschen Recht unbekanntes Institut im Mittelpunkt steht. Theoretisch sind hier zwei Ausgangslagen zu unterscheiden. Untersteht das fremde Institut in seiner Gesamtheit oder in einem Teilaspekt einer Rechtsordnung, die diese Einrichtung kennt, untersteht also im vorliegenden Fall der trust angloamerikanischem Recht, so ist er als rechtliches Gebilde in Deutschland grundsätzlich anzuerkennen. Die bloße Tatsache, daß der trust in seiner Rechtsstruktur dem deutschen Recht fremd ist, begründet für sich allein noch keinen Verstoß gegen den deutschen ordre public (Art.30 EGBGB)[869]. Die Anerkennung könnte dem trust allenfalls dann versagt werden, wenn die

---

868) Für ausführliche Erörterungen sei auf die in den folgenden Fußnoten angeführte Literatur und Rechtsprechung verwiesen.

869) Serick, FS Nipperdey II (1965)653, 664; Bloch, SJZ 1950, 65, 67f; Schnitzer, Gedächtnisschrift Marxer (1963)53, 90; Goldstein 79, 84f; Dyer/van Loon, Report 182; Bates, 40 Yale L.J.(1930/31)34, 45; Nussbaum, 38 Col.L.Rev. (1938)408, 425; vgl. ferner Serick, Zur Anerkennung der Liechtensteinischen Treuunternehmen in Deutschland, RabelsZ 23 (1958)624, 635-639.

mit seiner Hilfe unter der Herrschaft eines ausländischen Rechts erreichten Rechtsgestaltungen im Einzelfall gegen grundlegende Gerechtigkeitsvorstellungen des inländischen Rechts verstießen[870]. Ein solcher Verstoß dürfte aber nach der hier vertretenen Qualifikation des trust nur kaum einmal zu bejahen sein. Die Bereiche, in denen die Rechtsfigur des trust am ehesten mit den deutschen Rechtsvorstellungen kollidieren kann, nämlich diejenigen der dinglichen Rechtszuständigkeit am trust-Gut und der erbrechtlichen Schutznormen, werden nach der hier vorgeschlagenen Qualifikation des trust kollisionsrechtlich eigenständig behandelt und unabhängig von dem einzelnen trust nach den allgemeinen Regeln angeknüpft. Dieses Vorgehen führt häufig zur Anwendbarkeit deutschen Rechts. So unterstehen beispielsweise Art und Umfang der dinglichen Berechtigungen am trust-Gut, das in Deutschland belegen ist, allein dem deutschen Recht[871]. Die pflichtteilsberechtigten Angehörigen eines deutschen Erblassers werden allein durch das deutsche (Erb-) Recht geschützt, unabhängig davon, welchem Recht der trust selbst untersteht[872]. Diese kollisionsrechtliche Aufspaltung des trust gewährleistet eine interessengerechte Einordnung aller auftretenden Rechtsfragen; ein Rückgriff auf den Notbehelf des ordre public wird weitgehend entbehrlich[873]. Soll ein

---

870) Vgl. BGH 17.9.1968, BGHZ 50,370, 376; BGH 20.6.1979, BGHZ 75,32, 43.

871) Siehe oben 2.Hauptteil 4.Kapitel E., 6.Kapitel B.I.5., II.3.

872) Siehe oben 2.Hauptteil 5.Kapitel B.IV., 6.Kapitel B.I.6.

873) Vgl. oben Fn.706. Ausführlich zum Ganzen Dreyer 149-152. Eine - in ihrer Zulässigkeit umstrittene - Ausdehnung des ordre public über den Umweg einer Sonderanknüpfung zwingender Rechtssätze liegt hierin nicht; vgl. insoweit die Fallgestaltungen bei Mann, Sonderanknüpfung und zwingendes Recht im internationalen Privatrecht, Festschrift Beitzke (1979) 607-624.

fremdem Recht unterstehender trust in Deutschland Rechtswirkungen entfalten, ist er allerdings - damit diese Wirkungen auch nach deutschem Recht eintreten können - in die Begriffe des deutschen Rechts zu "übersetzen", er ist dem deutschen Recht anzupassen[874]. Leitgedanke der Anpassung muß es sein, sich möglichst im Rahmen des fremden Rechts zu halten und das unbekannte Institut derart zu transformieren, daß es im Einzelfall intern die gleiche Bedeutung und Auswirkung behält, die ihm in der fremden Rechtsordnung zukommen[875]. Untersteht der trust dagegen ganz oder teilweise (zum Beispiel nur hinsichtlich der aus deutscher Sicht dinglichen Seite) dem deutschen Recht, hat der Errichter also unter der Herrschaft eines "falschen" Rechts gehandelt, stellt sich als erstes die Frage, ob ein solches Gebilde im deutschen Recht überhaupt zulässig ist oder ob es nicht vielmehr wegen Verstoßes gegen grundlegende Prinzipien des deutschen Rechts als nichtig angesehen werden muß. Die Frage, ob ein angloamerikanischer trust de lege lata wirksam in einer Rechtsordnung des civil law begründet werden kann, ist - anders als die kollisionsrechtliche Einordnung eines trust- Gegenstand zahlreicher Erörterungen. Regelmäßig kommen diese Untersuchungen zu dem Ergebnis, daß sich der trust nicht mit den hergebrachten Grundsätzen des civil law vereinbaren

---

874) MünchKomm (-Sonnenberger) Einl. RdNr.350, 354, 372; Dyer/van Loon, Report 186 ("adaption"). Die Terminologie ist uneinheitlich, statt von Anpassung wird häufig von Angleichung gesprochen; vgl. Neuhaus 353f; Schröder, Die Anpassung von Kollisions- und Sachnormen (1961) 36f.

875) RG 19.12.1922, RGZ 106,82, 86; Firsching, IPR 53. Die Anpassung ist also im Grunde kein Problem des IPR, sondern eines der Rechtsvergleichung; Wolff 87 Fn.8; Schröder 103.

lasse[876]. Insbesondere das den trust kennzeichnende "gespaltene" Eigentum, also die Tatsache, daß gleichzeitig mehrere Personen Eigentumsrechte an ein und demselben Gegenstand besitzen, verstoße gegen den Grundsatz der geschlossenen Zahl der dinglichen Rechte (numerus clausus), der das Sachenrecht des civil law beherrscht[877]. Zudem widerspreche die nach amerikanischem Recht dinglich wirkende Verfügungsbe-

---

876) A.A. nur Schnitzer, Gedächtnisschrift Marxer (1963) 53, 73-79; Bolgár, Why No Trusts in the Civil Law ?, 2 Am.J.Comp.L.(1953)204-219. Zweifelnd auch Allen 25-37; Mayda, "Trusts" and "Living Law" in Europe, 103 U.of Pa.L.Rev. (1955)1041-1055; Newman, Trusts, Civil Law Concepts and Legal Realism, 3 Inter-Am.L.Rev.(1961)379, 383-387.

877) Ausführlich Weiser 7f, 31; Amos, Common and Civil Law in British Nations, 50 Harv.L.Rev.(1937)1249, 1264; Nussbaum, 38 Col.L.Rev.(1938)408, 420; Note, Common Law Trusts in Civil Law Courts, 67 Harv.L.Rev.(1954)1030, 1036; Alfaro, The Trust and the Civil Law with Special Reference to Panama, 33 J.Comp.Leg.(1951) III, IV 25, 29; zum deutschen Recht Ferid 102; Frankenstein, Internationales Privatrecht I (1926) 455; Huber, FS Rechtsvergleichung und Rechtsvereinheitlichung (1967)399, 419; Söldner 61; Würdinger, 33 J.Comp.Leg.(1951) III, IV 31, 32; Rheinstein, 43 Yale L.J.(1934)1049, 1052; Heymann, FS Brunner (1910)473, 509; Coing, Treuhand 213; BGB-RGRK (-Wengler)Anm.136 zu S.696; Allen 49-53; Nickel-Schweizer, Rechtsvergleichender Beitrag zum fiduziarischen Eigentum in Deutschland und in der Schweiz (1977) 4; zum schweizerischen Recht Gubler, Besteht in der Schweiz ein Bedürfnis nach Einführung des Instituts der angelsächsischen Treuhand (trust) ?, Verhandlungen des Schweizerischen Juristenvereins 1954, ZSR 1954, 215a, 361a; Reymond, ZSR 1954, 119a, 202a - 205a; Meyer, Trusts and Swiss Law, 1 Int.Comp.L.Q.(1952)378, 380f; zum französischen Recht Bates, 40 Yale L.J.(1930/31)34, 39f; zum spanischen Recht Garrigues, Law of Trusts, 2 Am.J.Comp.L.(1953)25, 33; zum italienischen Recht Trib.di Oristano 15.3.1956, For.it.1956 I 1019, 1021; Buonincontro, Riv.dir.civ.1959 I 680, 681f; vgl. auch Merryman, 48 Tul.L.Rev.(1973/74)916-945, der die Nichtexistenz des trust in Italien auf das unterschiedliche Pflichtteilsrecht in den USA und in Italien zurückführt.

schränkung des trustee als des formellen Eigentümers dem in § 137 BGB festgeschriebenen Grundsatz, daß die Verfügungsfreiheit des Rechtsinhabers nicht durch schuldrechtliche Abreden der Parteien mit Außenwirkung begrenzt werden kann[878]. Ferner sei der trust mit dem im Sachenrecht geltenden Publizitätsprinzip und dem auf ihm beruhenden Schutz des guten Glaubens unvereinbar[879]. Schließlich sei eine dingliche Surrogation zugunsten der beneficiaries, wie sie dem trust-Recht zu eigen ist, nur in den gesetzlich vorgesehenen Fällen zulässig, wozu der trust nicht gehört[880]. Ohne im einzelnen auf die Berechtigung der genannten Einwände einzugehen, läßt sich doch zusammenfassend feststellen, daß ein trust unter der Herrschaft des geltenden deutschen Rechts nicht wirksam begründet werden kann, daß seine Begründung vielmehr wegen Verstoßes gegen tragende Grundsätze des deutschen Rechts, insbesondere wegen Verstoßes gegen das Prinzip

---

878) Coing, ZfVR 1974,81, 90; Serick, FS Nipperdey II (1965) 653, 659; Nussbaum, 38 Col.L.Rev.(1938)408, 420f; Fratcher, Trusts, in: Int.Enc.Comp.L. VI : Property and Trust (1973) Kap.11 S.88f; Allen 38-42, 54-56; zum schweizerischen Recht Gubler, ZSR 1954, 215a, 353a. Eine Ausnahme gilt bei Forderungen (siehe § 399 BGB).

879) Meyer, 1 Int.Comp.L.Q.(1952)378, 379; Weiser 8; Gubler, ZSR 1954, 215a, 363a - 378a; vgl. auch Allen 44-48; Patton, Future of Trust Legislation in Latin America, 20 Tul.L.Rev.(1946)542, 548f. A.A.Newman, 3 Inter-Am.L.Rev.(1961)379, 387-389.

880) Ausführlich Gubler, ZSR 1954, 215a, 378a - 387a.

des numerus clausus der Sachenrechte, nichtig ist[881]. Fraglich ist nun aber, welche Folgen diese Nichtigkeit aus deutscher Sicht haben soll. Zum einen bestünde die Möglichkeit, den trust gänzlich zu ignorieren und ihm jede rechtliche Wirkung zu versagen[882]. Es liegt auf der Hand, daß ein solches Vorgehen, das die Absichten und Vorstellungen der Parteien unberücksichtigt ließe, nicht befriedigen kann[883]. Einzig sachgerechte Lösung ist es daher, das nach deutschem Recht nichtige Rechtsgeschäft des trust in ein zulässiges Geschäft umzudeuten (§ 140 BGB)[884]. Hierzu ist es erforderlich, durch Auslegung der Parteierklärungen (§ 133 BGB) den

---

881) So auch BGH 13.6.1984, IPRax 1985,221, 223. Ebenso aus italienischer Sicht Bernardi 93; zum französischen Recht Motulsky, De l'impossibilité juridique de constituer un "Trust" anglosaxon sous l'empire de la loi francaise, Rev.crit.dr.int.pr.1948, 450-468; Battifol/Lagarde, Droit international privé II (1983)175; zum schweizerischen Recht Dreyer 42f.
Ein Widerspruch zu der oben zum ordre public getroffenen Feststellung liegt hierin nicht. Die Nichtigkeit eines trust nach materiellem deutschen Recht ändert nichts daran, daß der trust, sofern er einem ausländischen Recht untersteht, in Deutschland grundsätzlich anzuerkennen ist; die Eigenheiten des trust, die seine Unvereinbarkeit mit dem geltenden deutschen Recht begründen (insbesondere die Verteilung der dinglichen Rechtszuständigkeit am trust-Gut), sind eher "technischer" als "ethischer" Natur und verstoßen daher nicht derart gegen grundlegende deutsche Gerechtigkeitsvorstellungen, daß eine Nichtanerkennung aufgrund der Vorbehaltsklausel des Art.30 EGBGB in Betracht käme.

882) Beispielsweise würden dann trotz Anordnung eines testamentary trust die Regeln über die gesetzliche Erbfolge Anwendung finden.

883) Ferid 102; Bresch, Anm. zu Trib. di Oristano 15.3.1956, 6 Int.Comp.L.Q.(1957)172,173.

884) BGH 13.6.1984, IPRax 1985,221, 224; Goldstein 76,81; Rabel IV 343; MünchKomm (-Sonnenberger) Einl.RdNr.358,372; BGB-RGRK (-Wengler) S.696; Graue, FS Ferid (1978)151, 174; Dyer/van Loon, Report 174,188 ("transposition", "conversion"); ebenso van Hecke 68. Auch hier wird bisweilen von "Angleichung" gesprochen; vgl. Raape/Sturm, Internationales Privatrecht I (1977) 259f.

funktionalen Gehalt des trust festzustellen und nach deutschen Instituten zu suchen, mit denen die jeweiligen Zwecke des trust im deutschen Recht erreicht werden[885]. Der bei der Umdeutung anzustellende Gedankengang entspricht damit in der Praxis demjenigen bei der Anpassung[886]. Der trust ist jeweils nach funktionalen Gesichtspunkten in die Begriffe und Einrichtungen des deutschen Rechts zu "übersetzen". Das Ergebnis dieser (funktionalen) Übersetzung ist durch die in Zusammenhang mit der Qualifikation des trust angestellte Suche nach funktionsverwandten deutschen Rechtsinstituten bereits im groben vorweggenommen. Während aber zum Zweck der Qualifikation eine generalisierende Funktionsbetrachtung ausreichte, ist dies bei der Anpassung oder Umdeutung eines bestimmten trust in einem konkreten Rechtsstreit nicht mehr der Fall. Hier ist immer zu untersuchen, wie die Zwecke des einzelnen trust nach dem Willen des Begründers am besten im deutschen Recht verwirklicht werden können. Diese Prüfung ist Sache des Einzelfalles[887]; die Leitlinien, die hierbei zu beachten sind, seien im folgenden noch einmal kurz zusammengestellt.

---

885) Vgl. BGH 21.3.1977, BGHZ 68,204, 206.

886) Firsching, Erbfälle 147f; ähnlich Dreyer 156 zum schweizerischen Recht. Zum dogmatischen Unterschied zwischen Anpassung und Umdeutung siehe Schröder 55-58.

887) So auch van Hecke 68; Vischer, Schw.Jb.Int.R.1971,237, 243.

2. Kapitel: Living trust zu Lebzeiten des settlor

A. Grundsatz

Untersteht die aus deutscher Sicht schuldrechtliche Seite eines living trust zu Lebzeiten des settlor amerikanischem Recht, ist also amerikanisches Recht trust-Statut, so sind die vom settlor angeordneten oder gesetzlich niedergelegten Grundsätze, die der trustee bei der Verwaltung des trust-Vermögens zu beachten hat, den deutschen Rechtsbegriffen anzupassen, sofern hierüber vor einem deutschen Gericht gestritten werden sollte. Besondere Umsetzungsschwierigkeiten entstehen dabei dank des flexiblen deutschen Schuldrechts nicht. Umfaßt der trust auch Vermögen, das in Deutschland belegen ist, so richten sich Art und Umfang der aus deutscher Sicht dinglichen Berechtigungen an dem trust-Gut nach deutschem Belegenheitsrecht. Die den Parteien nach amerikanischem Recht an dem trust-Vermögen zustehenden Eigentumsrechte sind dann unter funktionalen Gesichtspunkten in nach deutschem Recht zulässige Rechtspositionen umzudeuten. Das gleiche gilt, wenn der living trust in seiner Gesamtheit deutschem Recht untersteht; hier ist dann auch die aus deutscher Sicht schuldrechtliche Seite des trust in die funktional ähnlichsten deutschen Rechtsinstitute umzudeuten[888]. Nach dem oben Gesagten ist dies - abgesehen von den Sonderfällen des charitable und des business trust - die uneigennützige Verwaltungstreuhand, unter Umständen verbunden mit einem Vertrag zugunsten Dritter und einer Schenkung[889]. Die

888) Ebenso zum schweizerischen Recht SchweizBG 29.1.1970, BGE 96 II 79, 92f = Schw.Jb.Int.R.1971,223.

889) Vgl. BGH 13.6.1984, IPRax 1985,221, 224; Coing, Treuhand 213; Goldstein 87f; Graue, FS Ferid (1978)151, 174; MünchKomm (-Sonnenberger) Einl.RdNr.358.

rechtliche Struktur dieses deutschen Instituts entscheidet dann auch über die Umdeutung der dinglichen Seite des living trust. Nach deutschem Treuhandrecht ist nur der Treuhänder Eigentümer des Treuhandvermögens, während dem durch die Verwaltung Begünstigten keine Eigentumsrechte an dem Vermögen zukommen. An dieser Struktur der funktionsäquivalenten Treuhand hat sich die Umdeutung des living trust zu orientieren. Das Eigentumsrecht des beneficiary nach amerikanischem Recht, sein equitable title, ist daher bei der Umsetzung in nach deutschem Recht zulässige Formen unberücksichtigt zu lassen[890]. Für den deutschen Rechtsverkehr kann allein der trustee als Vollrechtsinhaber angesehen werden, der aufgrund seines Volleigentums zu Verfügungen über das trust-Vermögen befugt ist, bei Rechtsstreitigkeiten aktiv- und passivlegitimiert ist, und mit dem die das trust-Gut betreffenden

---

890) Dem beneficiary stehen dann aber alle diejenigen "quasi-dinglichen" Rechte zu, die das deutsche Recht dem Begünstigten einer Treuhandverwaltung verleiht (Aussonderungsrecht im Konkurs, Drittwiderspruchsklage); Coing, Treuhand 215; Heymann, FS Brunner (1910)473, 532-534. A.A. möglicherweise Dölle, Internationales Privatrecht[2] (1972) 84, der trusts an deutschen Grundstükken derart anpassen will, daß der beneficiary als Eigentümer mit Verfügungsbeschränkung ins Grundbuch eingetragen werden soll; unklar bleibt hier aber, welcher Art die Verfügungsbeschränkung sein soll, und ob diese Lösung sowohl bei living wie auch bei testamentary trusts oder nur bei letzteren gelten soll.
Eine andere Betrachtung mag dann gerechtfertigt sein, wenn nicht - wie im Rahmen dieser Arbeit - zivilrechtliche Fragen in Streit stehen, sondern solche steuerrechtlicher Natur; hier ist weniger auf das Element der Verfügungsbefugnis als vielmehr auf den wirtschaftlichen Gehalt des trust abzustellen, was zu abweichenden Ergebnissen, zum Beispiel bei der Feststellung des "Eigentümers" des trust-Gutes, führen kann.

Rechtsgeschäfte abzuschließen sind[891]. Den beneficiary des living trust als alleinigen Eigentümer anzusehen, würde dem Grundgedanken des deutschen Treuhandrechts widersprechen und, um dem trustee trotz fehlenden Eigentums dennoch die erforderliche Verfügungsmacht zu verschaffen, zu Folgekonstruktionen nötigen, die im deutschen Recht nicht gebräuchlich sind.

---

891) BGH 13.6.1984, IPRax 1985,221, 224; Heymann, FS Brunner (1910) 473, 504; Huber, FS Rechtsvergleichung und Rechtsvereinheitlichung (1967) 399, 419; Staudinger (-Stoll) Rz.102 nach Art.12 EBGBG; Dyer/van Loon, Report 176f; Dreyer 157f; Hijmans van den Bergh, FS Kollewijn und Offerhaus (1962) 254, 267; ebenso die Lösung des liechtensteinischen Treuhandrechts (Art.897ff Personen- und Gesellschaftsrecht), das die bisher einzige Rezeption des trust in einem kontinentaleuropäischen Recht darstellt; siehe hierzu Biedermann, Der Trust des Common Law und dessen Rezeption in Liechtenstein durch Art.897ff des Personen- und Gesellschaftsrechts (PGR), LJZ 1981,9ff; Güggi, Treuhänderschaft und Treuunternehmen (Trust) im liechtensteinischen Recht[2] (1959)7; vgl. ferner Rabel IV 467; Weisl 77.A.A. Fischer-Dieskau 117 (trust als juristische Person Eigentümer des trust-Guts, trustee als Organ des trust); ebenso Hefti, 5 Am.J.Comp.L.(1956) 553, 575. Zu den Lösungen, die in den übrigen Ländern des civil law, die den trust rezipiert haben, entwickelt wurden, siehe ausführlich Ryan, 10 Int.Comp.L.Q.(1961)265-283; Hornsey, Report on Possible Uses of Certain Priniciples of the Trust in Civil Law Countries, in: Unidroit, Unification of Law, Yearbook 1957, 45, 83-95; Pasquel, La proprieté dans le Trust (Mexico 1951) 29-47; Goldschmidt, The Trust in the Countries of Latin America, 3 Inter-Am.L.Rev.(1961) 29, 50; Alfaro, 33 J.Comp.Leg.(1951) III, IV 25, 29; Dainow, The Introduction of the Trust in Louisiana, 39 Can.Bar Rev.(1961) 396-407; Wisdom, A Trust Code in the Civil Law, Based on the Restatement and Uniform Acts: The Louisiana Trust Estates Act, 13 Tul.L.Rev.(1938) 70-98; Vilella, The Problems of Trust Legislation in Civil Law Jurisdictions: The Law of Trusts in Puerto Rico, 19 Tul.L.Rev.(1945) 374-397; Patton, Trust Systems in the Western Hemisphere, 19 Tul.L.Rev.(1945) 398-435.

B. Schutz des beneficiary

Läßt man bei der Transformation des living trust die equitable ownership des beneficiary außer Betracht, muß man in Kauf nehmen, daß die Rechtsstellung des beneficiary im Rahmen des deutschen (Treuhand-)Rechts grundsätzlich schwächer ausgestaltet ist als nach amerikanischem trust-Recht. Der genaue Umfang der Rechte des beneficiary hängt dann davon ab, welche Auffassung man zur Rechtsstellung des Treuhandbegünstigten nach deutschem Recht vertritt. Für die Einzel-Umsetzung des living trust ist daher entscheidend, ob man im Rahmen des deutschen Treuhandrechts die Stellung des Begünstigten in Weiterführung der Rechtsprechung des Reichsgerichts und des Bundesgerichtshofes zu den Rechten im Konkurs des Treuhänders und bei Zwangsvollstreckungsmaßnahmen gegen diesen stärker "verdinglichen" will, oder ob man dem Begünstigten weiterhin grundsätzlich nur obligatorische Ansprüche gegen den Treuhänder zubilligt[892]. Die Entscheidung dieser in der Lehre umstrittenen Frage ist nicht Aufgabe der vorliegenden Arbeit. Gleichwohl sei aber darauf hingewiesen, daß sich bisweilen auch im geltenden deutschen Treuhandrecht Möglichkeiten finden lassen, den beneficiary eines amerikanischen living trust ausreichend vor treuwidrigen Verfügungen

---

892) Für einen Ausbau und eine Weiterentwicklung des deutschen Treuhandrechts in Richtung auf einen dinglich wirkenden Schutz des Begünstigten sprechen sich - mit unterschiedlichen Vorschlägen - aus Kötz 129-144, 167-171; Goldstein 92f; Weiser 30; Allen 154-157; Roth 297-304; Hans Schlosser, Außenwirkung verfügungshindernder Abreden bei der rechtsgeschäftlichen Treuhand, NJW 1970, 681-687; Thomas, Die rechtsgeschäftliche Begründung von Treuhandverhältnissen, NJW 1968, 1705-1709; ebenso aus italienischer Sicht Grassetti, Trust anglosassone, proprietà fiduciaria e negozio fiduciario, Riv.dir.com.1936 I 548, 549; vgl. ferner Huber, FS Rechtsvergleichung und Rechtsvereinheitlichung (1967) 399, 420f.

des trustee zu schützen. Bei beweglichem Vermögen läßt sich in Einzelfällen durch Annahme auflösender oder aufschiebender Bedingungen bei der Vollrechtsübertragung und eines dadurch entstandenen Anwartschaftsrechtes ein Ergebnis erreichen, das der Rechtslage nach amerikanischem trust-Recht nahekommt[893)]. Bei Forderungen besteht zusätzlich die Möglichkeit, einen Ausschluß der Abtretung nach § 399 BGB anzunehmen[894)]. Bei in Deutschland belegenem Grundvermögen kann ein dinglich wirkender Schutz des Begünstigten unter Umständen durch Eintragung einer Vormerkung zur Sicherung eines bedingten Rückauflassungsanspruches oder zur Sicherung eines Anspruches auf Übertragung des Eigentums nach Beendigung der trust-Verwaltung oder für den Fall eines Treubruches in das Grundbuch erreicht werden[895)]. Schematische Lösungen verbieten sich allerdings. Für eine angemessene Umsetzung des living trust bleibt es unerläßlich, den einzelnen trust eingehend auf seine Funktionen und Rechtswirkungen zu untersuchen und ihn dann in die funktional ähnlichsten deutschen Institute zu übersetzen.

---

893) Ausführlich hierzu Heymann, FS Brunner (1910) 473, 512-514, 516-518; Siebert 214-232; Schlosser, NJW 1970, 681, 684-687; Liebich/Mathews 164-166; Palandt (-Bassenge) Einf. 7 C a vor § 929 BGB; Tändury 51f; Würdinger, 33 J.Comp.Leg.(1951) III, IV 31, 38; Hornsey 79; zu dem eingeschränkten Anwendungsbereich dieser Möglichkeit siehe aber Allen 70-72, Nickel-Schweizer 67-70; kritisch auch Roth 292; Friedmann, Empfiehlt sich eine gesetzliche Regelung des Treuhänderverhältnisses ?, Verhandlungen des 36. Deutschen Juristentages (1931) 805, 1015.

894) Heymann, FS Brunner (1910) 473, 516.

895) Heymann, FS Brunner (1910) 473, 510f; Frankenstein IV 492; Töndury 51; Söldner 77; Würdinger, 33 J.Comp.Leg. (1951) III, IV 31, 39; Liebich/Mathews 166f; Hornsey 79; Nickel-Schweizer 70; vgl. § 883 I 2 BGB und hierzu BayObLG 16.11.1977, NJW 1979, 700, 701; OLG Zweibrücken 30.12.1980, OLGZ 1981, 167; OLG Düsseldorf 3.8.1983, OLGZ 1984, 90.

3. Kapitel: Living trust nach dem Tode des Errichters, testamentary trust

Nach dem Tode des Errichters erfüllen ein zu Lebzeiten geschaffener trust mit über den Erbfall hinausreichender Wirkung und ein testamentarisch angeordneter trust die gleichen Funktionen. Beide trust-Formen werden daher nach hier vorgeschlagener Ansicht kollisionsrechtlich gleich behandelt und einheitlich dem Erbstatut des settlor unterstellt. Auch Anpassung und Umdeutung erfolgen bei beiden Instituten in derselben Weise. Gelangen ein postmortaler living trust oder ein testamentary trust vor deutsche Gerichte, so stellen sich üblicherweise zwei Fragen. Zum einen ist zu klären, wer unter den am trust beteiligten Personen als "Erbe" im Sinne deutscher Rechtsvorstellungen anzusehen ist. Die Feststellung des "Erben" ist vor allem dann von Bedeutung, wenn in Deutschland ein Erbschein nach dem settlor oder - bei Grundvermögen - eine Umschreibung des Grundbuches beantragt werden. Unabhängig davon, ob deutsches oder amerikanisches Recht Erbstatut ist, beantwortet sich die Frage, wer im Sinne des strengen Erbscheins- oder Grundbuchrechts als Rechtsnachfolger des Erblassers zu betrachten ist, in der Praxis nach ähnlichen Grundsätzen[896]. Neben der Bestimmung des Rechtsnachfolgers wird im deutschen Recht häufig die Frage erheblich, wer im Rechtsverkehr zu Verfügungen über das trust-Gut befugt ist; Verfügungsbefugnis und Eigentum (nach deutschen Rechtsvorstellungen) müssen sich dabei nicht decken.

---

896) Vgl. Scheck, Der Testamentsvollstrecker im internationalen Privatrecht unter besonderer Berücksichtigung des US-amerikanischen Rechts (Diss. Mainz 1976) 85 Fn.19; ferner oben bei Fn.886.

Die Bestimmung des "Erben" und des Verfügungsbefugten im Sinne deutscher Rechtsvorstellungen erfolgt durch Anpassung bzw. Umdeutung des trust-Rechts. Maßstab hierfür ist wiederum eine funktionale rechtsvergleichende Betrachtung. Die insoweit oben zur Qualifikation angestellten Überlegungen zeigen, daß die Zwecke des postmortalen living trust und des testamentary trust im deutschen Recht allein durch erbrechtliche Institute verwirklicht werden. Nach der üblichen Ausgestaltung eines (testamentary) trust kommt allein dem beneficiary ein Nutznießungsrecht an dem trust-Gut zu, während der trustee nur die Aufgabe hat, das trust-Vermögen zugunsten Dritter zu verwalten, ohne dabei selbst in den Genuß des Vermögens zu gelangen. Das dem trustee zum Zwecke der Verwaltung nach amerikanischem Recht verliehene Eigentumsrecht (der legal title) dient ausschließlich dazu, dem trustee die Verfügungsbefugnis über das ihm anvertraute Vermögen zu verschaffen und hat mithin bei der Bestimmung des "Erben" des settlor als bloßes regelungstechnisches Hilfsmittel aus deutscher Sicht keine eigenständige Bedeutung. Die dinglich wirkenden Schutzrechte, die dem beneficiary nach amerikanischem Recht zukommen, ermöglichen es diesem zudem, in gewissem Umfange nach außen hin als "Erbe" aufzutreten. Bei wirtschaftlicher Betrachtung ist daher allein der beneficiary als Erbe im Sinne des deutschen Rechts anzusehen[897)]. Hat

---

897) Ausführlich, auch zu den dogmatischen Grundlagen dieser Anpassung auf der materiellrechtlichen Ebene, Scheck 105f; Ferid/Firsching, USA Grundzüge Rdz.62 h, d; Schwenn, Die Anwendung der §§ 2369 und 2368 BGB auf Erbfälle mit englischem oder amerikanischem Erbstatut, NJW 1952, 1113-1115; Graue, FS Ferid (1978) 151, 176; Neuhaus 357, 359; ebenso zum italienischen Recht Trib. di Oristano 15.3.1956, For.it.1956 I 1019, 1022f. Zur Behandlung des testamentary trust im deutschen Steuerrecht siehe Hebing, Neue Aspekte deutsch-US-amerikanischer Nachlaßplanung, RIW 1981, 237, 244; Walter, Steuerprobleme bei deutsch-amerikanischen Erbfällen, RIW 1975, 205, 207f.

der settlor in zeitlicher Abfolge mehrere beneficiaries eingesetzt, so wird dies aus deutscher Sicht regelmäßig als Anordnung einer Vor- und Nacherbschaft zu verstehen sein[898]. Der mit der trust-Verwaltung beauftragte trustee ist dann als (Dauer-) Testamentsvollstrecker im Sinne von § 2209 BGB zu behandeln[899]. Verfügungsbefugt ist nach dieser Einordnung nicht der beneficiary, sondern allein der trustee[900].

Diese eben aufgeführten Grundsätze entsprechen der in Deutschland herrschenden Praxis bei der Behandlung testamentarischer trusts[901]. Die Ansicht, auch nach dem Tode des Errichters eines trust sei der von ihm eingesetzte trustee im deutschen Recht als (Verwaltungs-) Treuhänder und nicht als Testamentsvollstrecker zu behandeln, hat sich nicht

---

898) Vgl. Firsching, Erbfälle 137-139; Ferid/Firsching, USA Grundzüge Rdz.62d, e (auch zur Abgrenzung vom Nießbrauchs- oder Nutznießungsvermächtnis); Wolff 87; Ferid 102; ebenso zum schweizerischen Recht Vischer/von Planta, Internationales Privatrecht^2 (1982) 149.

899) Scheck 85, 99-103; Firsching, Erbfälle 139-144; Firsching, Testamentsvollstrecker - executor - trustee, DNotZ 1959, 354, 372; Mueller, RabelsZ 7(1933) 808, 844; Breslauer, The Private International Law of Succession in England, America and Germany (1937) 148; Goldstein 77f; Wolff 87; zum französischen Recht siehe Batiffol/
Lagarde II 423.

900) Vgl. Frankenstein IV 492; Tribunal de grande instance de Bayonne 28.4.1975, Rev.crit.1976, 330 mit Anm.Nekker; Palliccia, Riv.it.dir.priv. proc.2 (1932) 347, 357f.

901) Siehe ausführlich Wengler, Gutachten zum internationalen und ausländischen Familien- und Erbrecht II (1971) Nr.104; IPG 1979 Nr.32 (Berlin); IPG 1979 Nr. 33 (Köln); IPG 1967/68 Nr. 74 (Köln); IPG 1967/68 Nr. 67 (Hamburg); IPG 1976 Nr. 42 (München); BGH 19.6.67, IPRspr.1966/67 Nr. 168 b; LG Nürnberg-Fürth 29.12.1962, IPRspr.1962/63 Nr.148; OLG Frankfurt 29.12.1962, IPRspr.1962/63 Nr. 146.

durchgesetzt[902]. Sie entspricht auch nicht einer an der tatsächlichen Rechtspraxis ausgerichteten funktionalen Vergleichung des trust mit ähnlichen deutschen Instituten[903]. Zudem würde die Anerkennung einer treuhänderisch gebundenen Sonderstellung des trustee zu praktischen Schwierigkeiten innerhalb des deutschen Erbscheinsrechts, das als Verfahrensrecht an die Begriffe des deutschen Rechts gebunden ist, führen und dem Zweck des Erbscheinsverfahrens, eine für den Rechtsverkehr verständliche Aussage über die Eigentumslage und die Verfügungsbefugnis zu treffen, nicht gerecht werden[904]. Schließlich würde eine Anpassung des postmortalen living trust und des testamentary trust an die Regeln der deutschen Verwaltungstreuhand den Begünstigten der trust-Verwaltung, den beneficiary, schlechter stellen, als dies bei einer (funktionalen) Gleichsetzung mit einer Kombination erbrechtlicher Institute, insbesondere der Anordnung einer Testamentsvollstreckung, der Fall wäre. Die Einrichtung der Testamentsvollstreckung entspricht nämlich dem (testamentary) trust nicht nur in den Funktionen, sondern auch in den entscheidenden Rechtswirkungen wesentlich besser als die Treuhand[905]. Im Gegensatz zur Rechtslage bei der fiduziarischen Verwaltungstreuhand genießt der Erbe im Rahmen der Testamentsvollstreckung einen starken Schutz gegen treuwidrige Verfügungen des Verwalters. Besonderen Schutz bietet vor allem der von der deutschen Rechtsprechung entwickelte

---

902) So aber Gottheiner, RabelsZ 21 (1956) 36, 49f, 56ff; Marx, Die Fassung von Erbscheinen bei Vorhandensein eines Trust nach angelsächsischem Recht, RzW 1958, 86, 87; Coing, Treuhand 213; Serick, FS Nipperdey II (1965) 653, 663.

903) Siehe oben 2. Hauptteil 4.Kapitel B. und 6.Kapitel A.III.

904) Ausführlich hierzu Firsching, Erbfälle 143f; Ferid/Firsching, USA Grundzüge Rdz.63b.

905) Siehe Nussbaum, AcP 151 (1951) 193, 201.

Grundsatz, daß ein Dritter aus einem vom Testamentsvollstrekker unter Mißbrauch seiner Befugnisse abgeschlossenen Rechtsgeschäft dann keine Rechte geltend machen kann, wenn er diesen Mißbrauch hätte erkennen müssen[906]. Damit ist im deutschen Testamentsvollstreckungsrecht praktisch ein Ergebnis erreicht, das demjenigen des amerikanischen trust-Rechts entspricht. Eine Übertragung der Rechtswirkungen des postmortalen living trust in die Begriffe des deutschen Testamentsvollstreckungsrechts kommt damit den Vorstellungen und Anordnungen des settlor näher als eine Einordnung als Fall der Verwaltungstreuhandschaft.

Mit dem bisher Gesagten ist allerdings nur die grobe Richtung angegeben, an der sich Anpassung und Umdeutung auszurichten haben. Die genaue Übersetzung des trust in deutsche Rechtsbegriffe verbleibt als ein Auslegungsproblem immer eine Sache des Einzelfalles. Je nach Ausgestaltung des konkreten trust sind hierfür die unterschiedlichsten deutschen erbrechtlichen Institute und Anordnungen in Betracht zu ziehen. Regelmäßig wird nur eine Kombination mehrerer Rechtsfiguren ein dem trust vergleichbares Ergebnis herbeiführen. Schematische Lösungen verbieten sich. Zwar wird der eingesetzte trustee im deutschen Recht regelmäßig als Testamentsvollstrecker nach § 2209 BGB anzusehen sein[907], nicht alle beneficiaries sind aber notwendig "Erben" im Sinne des deutschen (Erbscheins-)Rechts. Sind in der trust-Urkunde mehrere Begünstigte benannt, so entsprechen sie bei wirtschaftlicher

---

906) RG 10.12.1913, RGZ 83, 348; RG 20.10.1930, RGZ 130, 131; Eisenmenger 137; Kötz 100.

907) Etwas anderes gilt unter Umständen dann, wenn der trustee gleichzeitig auch beneficiary ist; in einem solchen Fall ist er möglicherweise als Vorerbe anzusehen; vgl. Breslauer 147; ferner unten 5.Hauptteil Fall 1. Zum aus deutscher Sicht wegen § 2065 II BGB problematischen Fall eines discretionary trust ausführlich Ferid/Firsching, USA Grundzüge Rdz. 62 f; Scheck 93-97.

Betrachtung einmal den deutschen Erben, ein andermal bloßen Vermächtnisnehmern[908]. Die Transformation des trust im Einzelfall erfordert ein gutes Verständnis des amerikanischen trust-Rechts und eine umfängliche rechtsvergleichende Betrachtung. Dieser Einzelvergleich ist nicht Aufgabe der vorliegenden Untersuchung. Er muß dem Geschick (und der Phantasie) des einzelnen Rechtsanwenders überlassen bleiben.

5. Hauptteil: Beispielsfälle

Die zu Beginn des Abschnitts über die Qualifikation des trust angeführten Beispielsfälle sollen nun abschließend einer Lösung zugeführt werden. Beabsichtigt ist hierbei nicht eine umfassende, auf alle auftretenden Rechtsfragen eingehende gutachtenmäßige Durcharbeitung dieser Fälle. Zweck der folgenden Darstellung ist es vielmehr allein, überblickartig die praktische Bedeutung der sich aus den vorstehenden Ausführungen ergebenden Richtlinien für die kollisionsrechtliche Behandlung von trusts aufzuzeigen.

Fall 1[909]:

Die Formwirksamkeit der letztwilligen Verfügung des im Jahre 1943 verstorbenen Erblassers und damit auch die des darin errichteten trust beurteilt sich aus deutscher Sicht nach

---

908) Ausführlich zum Ganzen Ferid/Firsching, USA Grundzüge Rdz. 62 d,f,h; Breslauer 145; Scheck 98,105f; Firsching, Erbfälle 123,142.

909) Zum Sachverhalt siehe oben bei Fn.340.

Art.11 I EGBGB[910]. Da das Testament hier in einer der Ortsform genügenden Weise abgefaßt ist, ist der testamentarische trust formgültig errichtet (Art. 11 I 2 EGBGB).
Die Erbfolge in den Nachlaß des Verstorbenen richtet sich nach den Art.24, 25 EGBGB. Dasselbe gilt für die (materiellen) Gültigkeitsvoraussetzungen und Rechtswirkungen des wegen seiner Funktionen im deutschen Recht erbrechtlich zu qualifizierenden trust[911]. Die vom Erblasser aufgenommene Klausel, auf die Bestimmungen seines Testamentes solle das Recht von New York zur Anwendung kommen, ist im geltenden deutschen internationalen Erbrecht, das eine Rechtswahl durch den Erblasser nicht zuläßt, unbeachtlich, kann aber unter Umständen bei der Prüfung einer möglichen Rück- oder Weiterverweisung Bedeutung erlangen. Maßgebend für die Beerbung des Verstorbenen und die Wirkungen des von ihm errichteten trust ist damit in erster Linie sein französisches Heimatrecht. Das von der (Gesamt-)Verweisung der Art.24, 25 EGBGB umfaßte französische Kollisionsrecht spaltet den Nachlaß in bewegliches und unbewegliches Vermögen. Die (gesetzliche und testamentarische) Erbfolge in den beweglichen Nachlaß wird dabei dem Recht des Ortes unterstellt, an dem der Erblasser seinen letzten Wohnsitz hatte[912]. Dasselbe gilt für einen testamentarisch angeordneten trust[913]. Die im vorliegenden Falle aus deutscher Sicht allein interessierenden Entschädigungsforderungen des Erblassers sind nach französischem (wie auch nach deutschem) Recht als bewegliches Vermögen anzusehen. Das französische Recht verweist damit

---

910) Das Haager Übereinkommen über das auf die Form letztwilliger Verfügungen anzuwendende Recht vom 5.10.1961 ist nach seinem Art.8 nicht anwendbar.

911) Siehe oben 2.Hauptteil 4.Kapitel C.

912) Batiffol/Lagarde II 387-397.

913) Siehe oben Fn.461 a.E.

hinsichtlich der Entschädigungsansprüche auf New Yorker Recht weiter. Diese Weiterverweisung wird vom New Yorker Kollisionsrecht angenommen, das bei testamentary trusts an beweglichem Vermögen eine vom Testator getroffene Rechtswahl anerkennt[914], und im übrigen auch ohne eine vorrangige Rechtswahl testamentary trusts an "movables" regelmäßig dem Domizilrecht des settlor unterstellt[915].

Nach dem danach für den trust maßgebenden New Yorker Recht ist der trust materiell wirksam errichtet. Die gleichzeitige Einsetzung der Ehefrau als beneficiary und trustee ist unschädlich, da die Ehefrau nicht alleiniger beneficiary und einziger trustee ist[916]. Da der trust nur solange bestehen soll, wie die Ehefrau und die Geschwister den Erblasser überleben, hält sich der angeordnete trust zudem innerhalb der durch die rule against perpetuities gezogenen zeitlichen Grenzen[917].

Die Ausstellung eines deutschen Erbscheins nach dem Verstorbenen macht eine Anpassung der durch den trust an den Entschädigungsforderungen geschaffenen Berechtigungen an die Begriffe des deutschen Erbrechts erforderlich. Eine rechtsvergleichende Betrachtung führt hier zu folgendem Ergebnis: Der vom Erblasser als co-trustee eingesetzte Freund ist, damit er auch im Bereich des deutschen Rechts die ihm zugewiesenen Verwaltungsaufgaben erfüllen kann, als Dauertestamentsvollstrecker nach § 2209 BGB anzusehen, dem auf Antrag ein

---

914) Dies gilt insbesondere dann, wenn die Rechtswahl zum eigenen Recht führt; vgl. New York EPTL §§ 3-5.1 (h), 7-1.1o.

915) Siehe oben 3.Hauptteil 2.Kapitel. B.II.3.

916) Vgl. oben 1.Hauptteil 3.Kapitel A.II.3. und 4.

917) Siehe oben 1.Hauptteil 3.Kapitel A.II.7. Zum New Yorker Recht siehe EPTL § 9-1.1.

Testamentsvollstreckerzeugnis nach §§ 2368 III, 2369 BGB auszustellen ist. Der Ehefrau des Verstorbenen wurde durch die letztwillige Verfügung und die trust-Anordnung ein lebenslanges Nutznießungsrecht am trust-Gut (equitable life estate) eingeräumt. Dieser materiellen Berechtigung am Nachlaß würde es nicht gerecht, die Ehefrau als bloße Mit-Testamentsvollstreckerin anzusehen. Wegen ihrer zeitlich begrenzten Berechtigung kann sie andererseits aber auch nicht als Vollerbin im Sinne des deutschen Erbrechts betrachtet werden. Allein sachgerecht ist es daher, die Ehefrau als befreite Vorerbin auf Lebenszeit zu behandeln, die kraft der letztwilligen Anordnung des settlor mit einer gewissen Verfügungsmacht ausgestattet ist, die sie allerdings nur im Zusammenwirken mit dem eingesetzten co-trustee ausüben darf. Die Geschwister des Erblassers, denen gleichfalls (equitable) life estates zugewendet worden sind, sowie die Letztberechtigten, denen ein bloßes bedingtes Anwartschaftsrecht (contingent remainder) hinsichtlich des Kapitals des trust zukommt, sind dann als (aufschiebend bedingt eingesetzte) Nacherben bzw. Nach-Nacherben anzusehen. In den auszustellenden Fremdenrechtserbschein ist ein Hinweis darauf aufzunehmen, daß die Erbfolge in die inländischen Mobilien dem Recht von New York untersteht.

<u>Fall 2</u>[918]:

Die Ausstellung des beantragten Erbscheines erfordert die Feststellung des auf die Beerbung des Verstorbenen anwendbaren Rechts. Maßgebend für die Bestimmung des Erbstatuts sind mangels eines einschlägigen Staatsvertrages die Art.24, 25 EGBGB. In ihren Anwendungsbereich fällt auch die im Testa-

---

918) Zum Sachverhalt siehe oben bei Fn.341.

ment des Verstorbenen angeordnete Zuwendung des deutschen Grundstücks zu dem lebzeitig begründeten trust. Die hierdurch bewirkte Einbringung des Grundstücks in einen trust zum Zwecke der Verwaltung zugunsten der Kinder des Erblassers ist aus deutscher Sicht erbrechtlicher Natur. Hierbei ist es unerheblich, daß durch die testamentarische Zuwendung des Grundstücks nach amerikanischem Recht regelmäßig kein neuer, zusätzlicher (testamentary) trust allein an diesem Grundstück begründet, sondern vielmehr eine bloße Ergänzung des bereits zu Lebzeiten geschaffenen living trust herbeigeführt wird[919]. Aus deutscher Sicht sind nämlich auch die Zwecke eines lebzeitig errichteten trust, soweit Rechtswirkungen für die Zeit nach dem Tode des Errichters in Frage stehen, erbrechtlicher Natur. Die Rechtswirkungen des vorliegend an dem deutschen Grundstück begründeten trust beurteilen sich daher aus deutscher Sicht in jedem Falle nach dem Erbstatut des settlor[920].

Die (Gesamt-)Verweisung der Art.24, 25 EGBGB führt über die Staatsangehörigkeit des Verstorbenen zur Maßgeblichkeit amerikanischen Rechts, hier des Rechts des Bundesstaates Florida als des letzten Domizils des settlor. Das im Rahmen der Prüfung einer möglichen Rück- oder Weiterverweisung zu betrachtende Kollisionsrecht von Florida folgt im Erbrecht dem Grundsatz der Nachlaßspaltung, wie er sich im common law entwickelt hat. Bewegliches Vermögen (movables) vererbt sich nach dem Recht des Domizils des Erblassers zur Zeit seines Todes, während die (gesetzliche und testamentarische) Erbfolge in das unbewegliche Vermögen (immovables) grundsätzlich

---

919) Ausführlich hierzu Scott I 406-409; Wells Fargo Bank & Union Trust Co. v. Superior Court, 32 Cal.2d 1, 193 P.2d 721 (1948); St.Louis Union Trust Co. v. Blue, 353 S.W.2d 770 (Mo.1962); In re Estate of York, 95 N.H.435, 65 A.2d 282 (1949).

920) Vgl. oben 2.Hauptteil 6.Kapitel B.II.1.

von der lex rei sitae beherrscht wird[921]. Die allgemeine Erbfolge in das deutsche Grundstück untersteht damit kraft Rückverweisung des in erster Linie maßgebenden Rechts von Florida deutschem (Belegenheits-)Recht[922].
Die Einordnung eines trust folgt im amerikanischen Kollisionsrecht grundsätzlich eigenen Regeln. Wenn das Kollisionsrecht Floridas den hier vorliegenden trust - anders als das deutsche Recht - nicht erbrechtlich qualifiziert und infolgedessen anders anknüpft als das Erbstatut, kann sich bei der Rückverweisung das Statut des trust möglicherweise von dem Erbstatut trennen. Im amerikanischen Kollisionsrecht wird bei testamentarischen Klauseln wie der vorliegenden, in denen bestimmte Vermögenswerte einem vor dem Tode begründeten living trust mit der Maßgabe zugewendet werden, daß sie künftig in Übereinstimmung mit den dort niedergelegten Anordnungen zugunsten Dritter verwaltet werden sollen (sog. "pour over"-Klausel), zwischen zwei Problemkreisen unterschieden. Die Frage, ob diese testamentarische Bestimmung formell und materiell wirksam ist, das heißt, ob sie eine gültige Ergänzung des lebzeitigen trust und damit eine Unterstellung des Nachlaßvermögens unter diesen trust bewirken kann, wird regelmäßig nach dem am Domizil des Erblassers im Zeitpunkt

921) Vgl. Trotter v. van Pelt, 198 So.215 (Fla.1940); Kyle v. Kyle, 128 So.2d 427, 430 (Dist.Ct.App.Fla.1961); In re Binhow's Estate, 120 So.2d 15, 19 (Dist.Ct.App.Fla. 1960).

922) Vgl. BayObLG 27.10.1983, IPRax 1985, 355.

seines Todes geltenden Recht beantwortet[923]. Nach dem danach maßgebenden Recht von Florida bestehen keine Bedenken gegen die Zulässigkeit der vorliegenden pour over-Bestimmung[924].

Ist nach dem insoweit maßgebenden Domizilrecht eine wirksame Einbeziehung des deutschen Grundstücks in den living trust erfolgt, so werden die Rechtswirkungen dieser Einbeziehung sowie alle Fragen der künftigen Verwaltung nach demjenigen Recht beurteilt, das auch die Verwaltung des living trust vor dem Erbfall beherrscht hat[925]. Dies ist regelmäßig die lex rei sitae, hier also deutsches Recht[926]. Insoweit findet also eine Rückverweisung auf deutsches Belegenheitsrecht statt. Das deutsche Recht regelt somit sowohl die allgemeine Erbfolge in das in Deutschland belegene Grundstück als auch die Rechtswirkungen des daran bestehenden (living) trust.

Die Formwirksamkeit der letztwilligen Verfügung des Erblassers aus dem Jahre 1979 ergibt sich aus deutscher Sicht aus Art.1 I des insoweit anwendbaren Haager Übereinkommens über das auf die Form letztwilliger Verfügungen anwendbare Recht vom 5.10.1961. Zur (formellen) Wirksamkeit der trust-Bestellung an dem deutschen Grundstück ist neben der Formgültig-

---

923) Dies gilt wohl auch dann, wenn deutsches Grundvermögen betroffen ist. Vgl. Scott V 3800 f, 3948 f; Committee on Pre-Death Planning, Report, 18 Real Property, Probate and Trust J.(1983) 331, 341 f.

924) Siehe ausführlich Florida Statutes §§ 732.513, 736.17. Ferner Bogert 59-61; Restatement, Second, Trusts § 54 com.e-j; Ritchie/Alford/Effland 656f; UPC § 2-511; Averill 89-91.

925) Scott V 3800 f, 3948 f; Restatement, Second, Conflict of Laws § 269 com.b.

926) Vgl. oben 3.Hauptteil 2.Kapitel C.II.

keit der testamentarischen pour over-Klausel auch die Formwirksamkeit des bereits zu Lebzeiten des settlor errichteten living trust, der die Grundlage der trust-Verwaltung bildet, erforderlich. Nach den oben zum postmortalen living trust gemachten Ausführungen ist dessen Formgültigkeit trotz seiner aus deutscher Sicht erbrechtlichen Qualifikation dann zu bejahen, wenn die nach amerikanischem Recht für lebzeitige trusts maßgebliche Form eingehalten ist[927]. Für trusts inter vivos fordert das hier maßgebende Recht von Florida die Wahrung der Schriftform[928]. Damit ist der im Jahre 1979 vom Erblasser geschaffene trust formgültig errichtet. Dies gilt auch für den das Grundstück in Deutschland betreffenden und vor einem "notary public" unterzeichneten Nachtrag.

Die Erteilung des beantragten Erbscheines erfordert abschließend die Bestimmung der aus deutscher Sicht als "Erben" anzusehenden Personen. Da sich Art und Umfang der Rechtsnachfolge in das vom Erblasser hinterlassene Grundstück in Deutschland allein nach deutschem Recht beurteilen, die Anordnungen des Verstorbenen aber unter dem Einfluß amerikanischen Rechtsdenkens getroffen wurden (sog. Handeln unter falschem Recht), ist es nötig, die in der trust-Urkunde und in der letztwilligen Verfügung niedergelegten Bestimmungen des Erblassers derart in deutsche Begriffe umzusetzen, daß ihnen im deutschen Recht nach Möglichkeit die gleiche rechtliche Bedeutung zukommt wie nach amerikanischem Recht. Es handelt sich hier um ein Problem der Auslegung der (lebzeitigen und testamentarischen) Anordnungen des Verstorbenen. Die vorzunehmende Umdeutung führt hinsichtlich des deutschen Grundstücks zu folgendem Ergebnis: Nach dem Tode des settlor sind die bereits zu Lebzeiten als trustees

---

927) Siehe 2.Hauptteil 6.Kapitel B.II.4

928) Florida Statutes § 689.05; Prentice-Hall III para.3586f; zum New Yorker Recht siehe McKinney's General Obligations Law § 5-703.

eingesetzten Personen im deutschen Recht als Dauertestamentsvollstrecker im Sinne von § 2209 BGB zu behandeln, die mit der Verwaltung des ihnen lebzeitig und testamentarisch anvertrauten Vermögens zugunsten der beiden Kinder des Erblassers beauftragt sind. Die Gleichsetzung der trustees mit Testamentsvollstreckern im Sinne des deutschen Rechts bedingt zwingend, die Kinder des Erblassers, die als beneficiaries der trust-Verwaltung benannt wurden, als Erben im Sinne des deutschen Rechts anzusehen. Unerheblich ist hierbei, daß nach amerikanischem Recht nicht die Kinder, sondern die trustees Rechtsnachfolger des Verstorbenen geworden sind[929]. Die beiden Abkömmlinge des Erblassers sind grundsätzlich hälftige Miterben. Dem Antrag des Sohnes auf Erteilung eines Alleinerbscheines hinsichtlich des deutschen Grundstücks kann daher (noch) nicht entsprochen werden. Die in dem Nachtrag des Erblassers zu seinem im Jahre 1979 errichteten living trust getroffene Anordnung begründet für sich allein noch keine Alleinerbenstellung. Zum einen bezieht sich nämlich der dort geschaffene Zuweisungsanspruch nur auf das Grundstück in Deutschland und damit nur auf einen einzelnen Vermögensgegenstand; die Zuwendung einzelner Nachlaßwerte hat aber im deutschen Recht niemals unmittelbare Wirkung, da das deutsche Erbrecht dem Grundsatz der Universalsukzession zufolge die Einzelrechtsnachfolge in ein einzelnes Grundstück verbietet. Zum anderen kommt eine Alleinerbenstellung des Sohnes hinsichtlich des Grundstücks erst dann in Betracht, wenn die trustees dem Sohn auf sein Verlangen hin das Grundstück endgültig zugewiesen haben. Nach dem im Nachtrag zu dem living trust zum Ausdruck gekommenen Willen des settlor sollte der Sohn gerade nicht sofort mit dem Erbfall allein an dem Grundstück berechtigt sein, wie das eine Alleinerbeneinsetzung nach deutschem Recht, die auf dem in § 1922 I BGB niedergelegten Prinzip des erbrecht-

929) Siehe oben 4.Hauptteil 3.Kapitel.

lichen Vonselbsterwerbs beruht, voraussetzen würde. Der Nachtrag ist daher nicht als Erbeinsetzung im Sinne des deutschen Rechts zu verstehen, sondern als Teilungsanordnung nach § 2048 BGB, die selbst nicht unmittelbar dinglich wirkt, sondern nur die Verpflichtung begründet, den Nachlaß entsprechend dem Erblasserwillen auseinanderzusetzen. Vor einer endgültigen Zuweisung des deutschen Grundstücks ist der Sohn damit hinsichtlich dieses Nachlaßgegenstandes nur als hälftiger Miterbe anzusehen. Ihm ist auf Antrag ein entsprechender, gegenständlich beschränkter Eigenrechtserbschein nach § 2353 BGB zu erteilen, in dem die angeordnete Testamentsvollstreckung zu vermerken ist.

<u>Fall 3</u>[930]:

Das von der Nichte als Erbin gegen ihren Miterben gerichtete Zahlungsverlangen ist kein erbrechtlicher Anspruch im Sinne der §§ 2018ff BGB, da der Beklagte das umstrittene Bankguthaben nicht aufgrund eines angeblichen Erbrechts, sondern aufgrund eines lebzeitigen Rechtsgeschäfts, nämlich des Totten trust, für sich beansprucht. Die Forderung ist vielmehr primär bereicherungsrechtlicher Natur, dabei aber mit einem Erbauseinandersetzungsanspruch gekoppelt[931]. Letzterer ist, da er die Art und Weise der Erbfolge in das Vermögen der Erblasserin betrifft, erbrechtlich zu qualifizieren und unterfällt damit dem Regelungsbereich der Art. 24, 25 EGBGB. Insoweit maßgebend ist mithin in erster Linie das New Yorker

---

930) Zum Sachverhalt siehe oben bei Fn. 342.

931) So auch BGH 15.4.1959, RabelsZ 25 (1960) 313, 314 = NJW 1959, 1317. A.A. ist der griechische Areopag in der Entscheidung Nr. 1286/1977, Clunet 1981, 94f; der Areopag befürwortet aus der Sicht des griechischen Rechts eine deliktsrechtliche Einordnung des gegen den durch einen amerikanischen Totten trust Begünstigten gerichteten Anspruches, unterstellt den Anspruch amerikanischem Recht und umgeht damit das Problem einer Qualifikation des Totten trust selbst.

Recht als das Recht des (letzten) Domizils der Verstorbenen in den Vereinigten Staaten. Ob hinsichtlich des hier betroffenen Bankguthabens, das bewegliches Vermögen im Sinne der New Yorker erbrechtlichen Kollisionsnormen darstellt, eine Rückverweisung auf deutsches Recht erfolgt, hängt davon ab, ob die Erblasserin vor ihrem Tode in Deutschland ein Domizil im Sinne des New Yorker Rechts begründet hat. Hierzu läßt der mitgeteilte Sachverhalt keine abschließende Entscheidung zu[932].

Neben den Voraussetzungen des Erbauseinandersetzungsanspruches unterfällt dem durch weitere Sachaufklärung zu bestimmenden Erbstatut der Verstorbenen auch die Frage, ob die Klägerin als eine von drei Miterben überhaupt zur Geltendmachung des streitigen Zahlungsanspruches (prozeßführungs-) befugt ist. Auf diese den Totten trust nicht berührende Frage soll hier aber nicht näher eingegangen werden[933].

Ein Bereicherungsanspruch der Klägerin gegen den durch den Totten trust Begünstigten läßt sich materiellrechtlich mit zwei Erwägungen begründen. Zum einen kann die Klägerin geltend machen, das umstrittene Guthaben habe nicht dem Begünstigten zugestanden, sondern sei in den Nachlaß der Verstorbenen gefallen und stehe somit der Erbengemeinschaft zu. Zum zweiten kann die Nichte anführen, daß selbst dann, wenn der Beklagte beim Tode der Erblasserin einen Anspruch auf Auszahlung des Guthabensbetrages gehabt haben sollte, ein Rechtsgrund für diese Zuwendung durch die Verstorbene nicht bestanden habe, der Beklagte damit den Guthabensbetrag nicht be-

---

932) Diese Unklarheit hat auch im vorliegenden Falle zu einer Zurückverweisung durch den BGH an die Vorinstanz geführt.

933) Ausführlich hierzu Knauer, Rabels 25 (1960) 318, 319-327.

ten dürfe und ihn an die Erbengemeinschaft herausgeben müsse.
Ein auf erstere Erwägung gestützter Bereicherungsanspruch stellt sich aus deutscher Sicht als Anspruch nach § 816 II BGB dar; besaß nämlich der Beklagte im Zeitpunkt des Erbfalles kein wirksames Forderungsrecht gegenüber der Bank, so hätte diese bei der Auszahlung an einen Nichtberechtigten geleistet[934)]. Diese Sicht des geltendgemachten Bereicherungsanspruches nach deutschem Sachrecht beeinflußt dessen kollisionsrechtliche Anknüpfung, die auf der Grundlage der (deutschen) lex fori zu erfolgen hat[935)]. Obwohl der Anspruch aus § 816 II BGB einen Fall der Eingriffskondiktion bildet, handelt es sich im vorliegenden Fall, dem aus deutscher Sicht ein Vertrag zugunsten Dritter zugrundeliegt, nicht um eine von jeglichen Vertragsbeziehungen losgelöste isolierte Wertverschiebung, die kollisionsrechtlich im Wege einer räumlichen Anknüpfung nach dem Recht, das die Vermögensverschiebung beherrscht, also häufig nach der lex rei sitae, zu beurteilen wäre[936)]. Die Auszahlung des Guthabens an den Beklagten beruht aus deutscher Sicht allein auf dem

---

934) Diese Leistung hätten die Erben sowohl nach deutschem wie auch nach amerikanischem Recht gegen sich gelten lassen müssen; vgl. § 808 BGB bzw. oben Fn.311

935) Vgl. Werner Lorenz, Die Anknüpfung von Bereicherungsansprüchen bei fehlendem Einverständnis über den Rechtsgrund einer Vermögensbewegung, Anm. zu LG Hamburg 7.11.1984, IPRax 1985, 328; Knoch, Die Aufgliederung der Kondiktionen in der modernen Zivilrechtsdogmatik in ihren Auswirkungen auf das Internationale Privatrecht (Diss. Münster 1963) 51-53.

936) Vgl. hierzu Werner Lorenz, Der Bereicherungsausgleich im deutschen internationalen Privatrecht und in rechtsvergleichender Sicht, FS Zweigert (1981) 199, 227-230; Knauer, RabelsZ 25 (1960) 318, 329; MünchKomm (-Martiny) RdNr.306 vor Art.12 EGBGB.

zu seinen Gunsten zwischen der Erblasserin und der Bank abgeschlossenen Verwahrungsvertrag. Dieses sog. Deckungsverhältnis bestimmt Art und Umfang des Anspruches des Beklagten gegen die Bank, die bei Auszahlung des Guthabens an den ihr benannten Beklagten vorrangig einer ihr gegenüber der Erblasserin bestehenden Leistungsverpflichtung nachkommen wollte. Der Beklagte muß zudem damit rechnen, daß die an ihn schenkungsweise gelangte Zuwendung nur dann wirksam ist, wenn sie in Übereinstimmung mit dem ihm bekannten Deckungsverhältnis erfolgt. Diese Überlegungen lassen es gerechtfertigt erscheinen, die Voraussetzungen und den Umfang einer möglichen Rückabwicklung der durch Einschaltung der Bank erbrachten Leistung, die unter Hinweis auf einen angeblichen Mangel im Deckungsverhältnis verlangt wird, nach demjenigen Recht zu beurteilen, das auch das Deckungsverhältnis selbst beherrscht[937]. Das aus deutscher Sicht schuldrechtlich zu qualifizierende Deckungsverhältnis des Totten trust bestimmt sich im deutschen Kollisionsrecht kraft stillschweigender Rechtswahl oder objektiver Schwerpunktbetrachtung regelmäßig nach dem am Sitz des Geldinstituts geltenden Recht, hier also nach New Yorker Recht[938]. Bei Anknüpfung an den tatsächlichen Parteiwillen scheidet die Möglichkeit einer Rückverweisung aus[939]. Maßgebend für den primär geltend gemach-

---

937) Vgl. Lorenz, FS Zweigert (1981) 199, 219; Hay, Ungerechtfertigte Bereicherung im internationalen Privatrecht (1978) 34-36, 67f; ferner Knauer, RabelsZ 25 (1960) 318, 329f. A.A. möglicherweise Degner, Kollisionsrechtliche Anknüpfung der Geschäftsführung ohne Auftrag, des Bereicherungsrechts und der culpa in contrahendo, RIW 1983, 825, 830 (jede Partei darf nur nach dem Recht in Anspruch genommen werden, das auch im Verhältnis zum Vertragspartner gilt).

938) Siehe oben 2. Hauptteil 5.Kapitel B.II.

939) Ausführlich zur Rückverweisung bei Bereicherungsansprüchen Lorenz, FS Zweigert (1981) 199, 230-232; MünchKomm (-Martiny) RdNr.309 vor Art.12 EGBGB.

ten Bereicherungsanspruch ist daher New Yorker Recht[940]).Nach diesem Recht beurteilt sich auch die entscheidende Frage, ob der Beklagte mit dem Tode der Erblasserin ein eigenes Forderungsrecht gegenüber der Bank erworben hat, ob also das Bankguthaben in den Nachlaß der Verstorbenen gefallen ist oder ob es außerhalb des Erbrechts auf den Begünstigten übergegangen ist[941]). Soweit die Erblasserin die formwirksam erfolgte Begründung des Totten trust nicht durch nachfolgende Rechtsakte, etwa durch ein späteres Testament, widerrufen hat, erwirbt der Begünstigte nach New Yorker Recht im Augenblick des Todes des settlor kraft Gesetzes das zu dieser Zeit in trust gehaltene Sparguthaben, das damit nicht in den Nachlaß der Verstorbenen fällt[942]). Ein Bereicherungsanspruch der Miterbengemeinschaft, der damit begründet ist, der Beklagte habe kein Forderungsrecht an dem Guthaben erworben, ist somit nicht gegeben.

---

940) A.A. BGH 15.4.1959, RabelsZ 25 (1960) 313, 314 = NJW 1959, 1317; kritisch hierzu Lorenz, FS Zweigert (1981) 199, 204 Fn.13; Knauer, RabelsZ 25 (1960) 318, 331.

941) BGH 15.4.1959, RabelsZ 25 (1960) 313, 314 bezeichnet diese Frage als "Vorfrage", die dem Recht unterstehen solle, das "über die umstrittene rechtliche Beziehung bestimmt"; damit gelangt der BGH, soweit die Frage nach dem Nachlaßbestandteil im Rahmen eines Bereicherungsanspruches aufgeworfen wird, regelmäßig zur Maßgeblichkeit des Rechts der "Hauptfrage" nach dem Vorliegen eines Bereicherungsanspruches; die selbständige Anknüpfung der "Vorfrage" ist hier daher zumindest entbehrlich; kritisch zur Auffassung des BGH auch Lorenz, FS Zweigert (1981) 199, 204 bei Fn. 13; Knoch 30-32. Anders ist die Rechtslage aber bei erbrechtlichen Fallgestaltungen; hier bestimmen die erbrechtlichen Regeln zwar, wie der Nachlaß zu verteilen ist, sie entscheiden aber nicht selbst, was zum Nachlaß gehört; diese Frage beurteilt sich immer nach dem Statut des betroffenen Vermögenswertes; siehe hierzu oben bei Fn.523, 524

942) Siehe oben Fn.308-310. Gleiches gilt beim funktionsäquivalenten Vertrag zugunsten Dritter des deutschen Rechts.

Nach deutschen Rechtsvorstellungen könnte die Klägerin nun allerdings einwenden, der Beklagte habe zwar mit dem Erbfall das fragliche Guthaben erworben, er dürfe es aber nicht behalten, da hierfür ein wirksamer Rechtsgrund, insbesondere eine Schenkung des Guthabens durch die Erblasserin, fehle. Ein solcher Anspruch stellt sich aus deutscher Sicht als Fall des § 812 I 1 BGB dar. Kollisionsrechtlich ist er als Leistungskondiktion demjenigen Recht zu unterstellen, das auch die umstrittene rechtliche Beziehung, hier also das im Rahmen des Totten trust aus deutscher Sicht bestehende Valutaverhältnis, beherrscht[943]. Nach hier vertretener Ansicht entscheidet das Erbstatut der Verstorbenen, hier also entweder das amerikanische oder das deutsche Recht, darüber, ob das Valutaverhältnis zu dem Begünstigten als Schenkung unter Lebenden oder als solche von Todes wegen anzusehen ist[944]. Beide als Erbstatut in Betracht kommenden Rechtsordnungen ordnen das Valutaverhältnis des Totten trust als lebzeitige Schenkung ein[945]. Maßgebend hierfür und für einen möglichen Rückabwicklungsanspruch ist damit aus deutscher Sicht das mangels einer ausdrücklichen oder stillschweigenden Rechtswahl über den gewöhnlichen Aufenthalt der Erblasserin zu gewinnende Schenkungsstatut[946]. Nach dem insoweit unzureichenden Sachverhalt kommen als Schenkungsstatut nur das deutsche oder das amerikanische Recht in Betracht. Beide Rechte dürften zu dem Ergebnis gelangen, daß in einer Fallgestaltung wie der vorliegenden regelmäßig eine wirksame Schenkung

---

943) Lorenz, FS Zweigert (1981) 199, 218f; MünchKomm (-Martiny) RdNr.315 vor Art.12 EGBGB.

944) Siehe 2.Hauptteil 5.Kapitel B.III.2.a.

945) Vgl. 2.Hauptteil 5.Kapitel B.III.2.d.

946) Zu der Möglichkeitt einer "akzessorischen" Anknüpfung des Valutaverhältnisses siehe oben Fn.664 a.E.

des Guthabens an den Drittbegünstigten zu bejahen ist[947]. Damit hat der hier Beklagte das ihm von der New Yorker Bank überwiesene Sparguthaben mit Rechtsgrund erworben und ist der Erbengemeinschaft gegenüber nicht zur Herausgabe verpflichtet.

Nach Ablehnung bereicherungsrechtlicher Ansprüche ist abschließend zu erwägen, ob der Beklagte als einer von drei Erben seinen Miterben gegenüber zur Ausgleichung des ihm von der Erblasserin kraft des Totten trust zugewendeten Bankguthabens verpflichtet ist. Eine mögliche Ausgleichungspflicht ist aus deutscher Sicht erbrechtlich zu qualifizieren und mithin dem Erbstatut der Verstorbenen zu unterstellen, in dessen Rahmen dann der Totten trust unter Umständen als "Datum" Bedeutung erlangen kann[948]. Ist Erbstatut im vorliegenden Falle deutsches Recht, so scheidet ein Ausgleichungsanspruch der Klägerin allerdings bereits deshalb aus, weil das deutsche Recht einen solchen Anspruch nur unter Abkömmlingen des Erblassers, nicht aber unter sonstigen Verwandten kennt[949]. Da auch das New Yorker Recht im vorliegenden Fall keine Ausgleichungspflicht begründet[950], ist die Klage der Nichte in jedem Falle abzuweisen.

Fall 4[951]:

Die von der Ehefrau des Erblassers gegen den trustee ange-

---

947) Im amerikanischen Recht ist dies - solange kein Widerruf des Totten trust erfolgt ist - unbestritten. Zum deutschen Recht vgl. oben bei Fn.491 - 493.

948) Vgl. oben 2. Hauptteil 5.Kapitel IV.

949) Vgl. §§ 2050-2057a BGB. Siehe im übrigen zur Durchführung eines solchen Anspruches § 2055 BGB.

950) Vgl. New York EPTL § 2-1.5; Atkinson 716-725; Prentice-Hall I para.427.

951) Zum Sachverhalt siehe oben bei Fn.343.

strengte Klage hat dann Erfolg, wenn das Vorgehen des deutschen co-trustee nach dem insoweit anwendbaren Recht nicht zulässig ist. In Streit steht im vorliegenden Fall die Verwaltung eines testamentarisch angeordneten trust. Im deutschen Kollisionsrecht wird nach hier vertretener Ansicht kein Unterschied zwischen der Begründung und der darauffolgenden Durchführung (Verwaltung) eines (testamentarischen) trust gemacht. Wegen der mit seiner Hilfe verfolgen Zwecke ist der testamentary trust aus deutscher Sicht einheitlich erbrechtlich zu qualifizieren. Auch Fragen der Verwaltung eines wirksam entstandenen testamentary trust und Fragen der Auslegung der trust-Anordnungen unterstehen damit dem Regelungsbereich der Art.24, 25 EGBGB[952]. Die Verweisung der deutschen erbrechtlichen Kollisionsnormen führt über eine Unteranknüpfung an das letzte amerikanische Domizil des Verstorbenen zur Maßgeblichkeit des Rechts von New York. Das von der (Gesamt-) Verweisung vorrangig berufene Kollisionsrecht dieses Bundesstaates trennt - anders als das deutsche - im Grundsatz zwischen Fragen der wirksamen Errichtung (validity) und der Verwaltung (administration) eines testamentary trust, wobei zusätzlich trusts an beweglichem und solche an unbeweglichem Vermögen unterschieden werden. Dieser abweichenden Qualifikation folgt das deutsche Recht bei der Prüfung einer möglichen Rückverweisung. Im Zusammenhang mit der Abgrenzung zwischen beweglichem und unbeweglichem Vermögen kann im vorliegenden Fall die Frage einer möglichen Qualifikationsverweisung der New Yorker Kollisionsnormen auf das deutsche Belegenheitsrecht offen bleiben. Gesellschaftsanteile werden nämlich sowohl vom amerikanischen wie auch vom deutschen materiellen Recht als bewegliches Vermögen ("personal property") angesehen, selbst wenn

---

952) So auch BGH 2.6.1976, IPRspr.1976 Nr.114 = WM 1976, 811.

das Gesellschaftsvermögen Grundstücke umfaßt[953]. Diese sachrechtliche Einteilung bestimmt auch die kollisionsrechtliche Behandlung eines Gesellschaftsanteils als "movable".
Nach überkommener Ansicht beurteilen sich Fragen der Verwaltung eines testamentary trust an beweglichem Vermögen, wozu auch Umfang und Ausübung der Befugnisse eines eingesetzten trustee gehören, mangels einer ausdrücklichen oder stillschweigenden Rechtswahl nach dem am Domizil des Erblassers geltenden Recht. Diese Anknüpfung führt im vorliegenden Fall zur Maßgeblichkeit New Yorker Rechts. Zum gleichen Ergebnis gelangt man, wenn man der heute herrschenden Auffassung folgt und das anwendbare Recht im Zuge einer objektiven Schwerpunktbetrachtung ermittelt und dabei für Fragen der Verwaltung eines (testamentary) trust entscheidend auf den Wohn- oder Geschäftssitz des trustee abstellt[954]. Hier lag der Geschäftssitz des Haupt-trustee nach dem mitgeteilten Sachverhalt offenbar ebenfalls in New York. Das Recht dieses Bundesstaates bestimmt damit über Art und Weise der Verwaltung des hier zu beurteilenden testamentary trust. Die Belegenheit des Gesellschaftsanteils, der nur einen Teil des in den trust gegebenen Vermögens ausmacht, in Deutschland ändert an der alleinigen Maßgeblichkeit des New Yorker Rechts nichts. Das Abstellen auf den Sitz des trustee dient gerade dazu, auch bei verstreutem trust-Vermögen eine einheitlichen Rechtsgrundsätzen folgende Verwaltung zu ermöglichen. Eine ähnliche Erwägung liegt auch der (Kollisions-)

---

953) Siehe zum amerikanischen Recht Jennings/Buxbaum, Corporations - Cases and Materials[5] (1979) 17; Williams v. Dovell, 202 Md.351, 96 A.2d 484 (1953); zum deutschen Recht BGH 5.6.1957, BGHZ 24, 352; ausführlich zum Ganzen Jayme ZfRV 1976, 93ff, insbesondere 97f, 103f. Siehe ferner oben Fn.730-732.

954) Näher hierzu oben bei Fn.822-826.

Regel zugrunde, nach der bei mehreren eingesetzten trustees, die ihren Sitz in verschiedenen Staaten haben, vorrangig an das Domizil desjenigen trustee anzuknüpfen ist, der die tatsächliche Verwaltungsarbeit ausführt; der Geschäftssitz eines co-trustee, der nach den Anordnungen des settlor nur untergeordnete Tätigkeiten ausübt oder eine bloße Kontrollbefugnis besitzt, bleibt bei der Bestimmung der für die Verwaltung maßgebenden Rechtsordnung regelmäßig außer Betracht[955)].
Neben den allgemeinen Fragen der Verwaltung unterstehen nach dem von der Verweisung der Art.24, 25 EGBGB mitumfaßten Kollisionsrecht des Staates New York auch Fragen der Auslegung (construction) der trust-Anordnungen, die grundsätzlich selbständig angeknüpft werden, dem Domizilrecht des Erblassers bzw. - wenn der Bereich der "administration" betroffen ist - dem Verwaltungsstatut, hier also ebenfalls New Yorker Recht[956)]. Damit beurteilen sich die Befugnisse der vom Erblasser in seiner letztwilligen Verfügung benannten trustees, also auch die Zulässigkeit der hier umstrittenen Herabsetzungsanordnung, allein nach dem Recht von New York[957)]. Die Entscheidung über den Klageanspruch hängt mithin davon ab, welche Rechtsmacht der Erblasser unter Zugrundelegung des New Yorker trust-Rechts im einzelnen dem von ihm eingesetzten deutschen co-trustee verleihen wollte. Die Angaben im Sachverhalt des Ausgangsfalles lassen insoweit keine endgültige Aussage zu. Grundsätzlich ist es

---

955) Vgl. People v. First National Bank of Chicago, 364 Ill.262, 4 N.E.2d 378, 380f (1936); Campbell v. Albers, 313 Ill.App.152, 39 N.E.2d 672, 676f (1942); Curtis v. Curtis, 185 A.D.391, 173 N.Y.S.103 (1918); In re Risher's Will, 277 N.W.160, 164 (Wis.1938).

956) Siehe oben bei Fn.857.

957) So im Ergebnis auch BGH 2.6.1976, IPRspr.1976 Nr.114 = WM 1976, 811.

jedoch nach amerikanischem Recht zulässig, gleichzeitig mehrere trustees als Vermögensverwalter einzusetzen und ihnen unterschiedliche Aufgaben zuzuweisen, die sie dann unabhängig von den Mit-trustees oder auch in Zusammenarbeit mit diesen erfüllen sollen[958]. In der Verteilung der Zuständigkeiten zwischen den einzelnen trustees und ihren Befugnissen im Verhältnis untereinander ist der settlor grundsätzlich frei. Zulässig ist es daher auch, einem von mehreren trustees ein Vetorecht gegenüber Handlungen des anderen zu verleihen oder ihm die Befugnis zu geben, den anderen zur Ausführung bestimmter Handlungen anzuweisen[959]. Hat der settlor in der trust-Urkunde einem oder mehreren trustees ein Ermessen ("discretion") bezüglich der Ausübung einzelner Verwaltungshandlungen eingeräumt, so beschränkt sich eine gerichtliche Überprüfung des Verwaltungshandelns auf Fälle eines Mißbrauchs der Verwaltungsbefugnisse; im übrigen unterliegt der trustee, soweit seine "discretionary powers" betroffen sind, keiner gerichtlichen Kontrolle[960]. Diese Grundsätze des maßgebenden amerikanischen trust-Rechts werden im vorliegenden Falle bei der Feststellung des Erb-

---

958) Vgl. Restatement, Second, Trusts §§ 184, 194; Bogert 328; Cal.Civil Code § 2268; In re Foulke's Estate, 5 A.2d 179 (Pa.1939).

959) Vgl. Restatement, Second, Trusts § 185; In re Langdon's Will, 154 Misc.252, 277 N.Y.S.581 (Sur.Ct.1935); Matter of Freed, 71 N.Y.S.2d 304 (Sur.Ct.1947); In re Grennhouse's Estate, 12 A.2d 96 (Pa.1940).

960) Ausführlich hierzu Matter of McManus' Estate, 407 N.Y.S.2d 180, 62 A.D.2d 758 (1978), affirmed 417 N.Y.S.2d 55, 47 N.Y.2d 717, 390 N.E.2d 773, appeal after remand Matter of McManus, 440 N.Y.S.2d 954, 83 A.D.2d 556; Jennings v. Murdock, 553 P.2d 846, 220 Kan.182 (1976); Morgan v. Laborers Pension Trust Fund For Northern California, 433 F.Supp.518 (D.C.Cal.1977); Childs v. National Bank of Austin, 499 F.Supp.1096, affirmed in part, reversed in part 658 F.2d 487 (D.C.Ill.1980).

lasserwillens und der Entscheidung über den Klageantrag zu berücksichtigen sein.

Fall 5[961]:

a) Die Frage, welche Grundsätze der trustee bei der Anlage von trust-Vermögen zu beachten hat, berührt die Verwaltung des (living) trust. Ebenso wie beim testamentary trust sind auch beim living trust im deutschen Kollisionsrecht keine Unterschiede zwischen der Entstehung und der Durchführung des trust zu machen. Beide Bereiche werden vielmehr einheitlich angeknüpft. Die Durchführung eines living trust gründet sich vorwiegend auf die in der trust-Urkunde niedergelegten Anordnungen des settlor, die den eingesetzten trustee in seiner Tätigkeit binden. Dieses Deckungsverhältnis zwischen settlor und trustee, das die Grundlage für die Begünstigung des beneficiary bildet, ist aus deutscher Sicht schuldrechtlicher Natur und damit den im deutschen internationalen Privatrecht für Schuldverhältnisse entwickelten Kollisionsnormen zu unterstellen[962]. Das deutsche internationale Schuldrecht folgt dem Grundsatz der Parteiautonomie. Maßgebend für das Deckungsverhältnis eines living trust ist demnach in erster Linie die vom Errichter ausdrücklich gewählte Rechtsordnung. Im vorliegenden Fall führt diese Anknüpfung zum Recht des Bundesstaates New York, dessen Anwendbarkeit sich im übrigen auch im Wege einer Schwerpunktbetrachtung im Rahmen der Feststellung des sog. hypothetischen Parteiwillens ergeben würde[963].
Hat der Errichter des living trust die für die Durchführung des von ihm geschaffenen trust maßgebende Rechtsordnung

961) Zum Sachverhalt siehe oben bei Fn.344.

962) Siehe oben 2. Hauptteil 6.Kapitel B.I.2.a.

963) Entscheidend dürfte hier der Geschäftssitz der mit der Verwaltung betrauten trust company sein.

selbst bestimmt, so wird dies im deutschen internationalen Privatrecht als Verweisung (nur) auf das materielle Recht dieser Rechtsordnung verstanden; eine mögliche Rück- oder Weiterverweisung durch das Kollisionsrecht der verwiesenen Rechtsordnung ist nicht mehr zu prüfen[964]. Damit verbleibt es bei der Anwendbarkeit New Yorker Rechts. Die als trustee benannte trust-company hat sich mangels vorrangiger Anordnungen des settlor bei ihrer Verwaltungstätigkeit an die hierfür im New Yorker Recht entwickelten Grundsätze zu halten; die Vorschriften des kalifornischen Rechts über die Anlage von trust-Vermögen sind entgegen der Auffassung der beneficiaries nicht maßgebend.

b) Die Rechtsstellung der beneficiaries eines living trust und damit auch Art und Umfang möglicher Ansprüche gegen Dritte wegen einer treuwidrigen Veräußerung des trust-Gutes durch den trustee beurteilen sich nach dem gleichen Recht, das auch Fragen der Durchführung (Verwaltung) des trust beherrscht[965]. Maßgebend ist damit grundsätzlich das schuldrechtliche trust-Statut, hier also das New Yorker Recht als die vom settlor gewählte Rechtsordnung. Soweit allerdings das New Yorker Recht den beneficiaries Ansprüche gegen einen bösgläubigen Dritterwerber gewährt, die aus deutscher Sicht dinglicher Natur sind, können diese bei in Deutschland belegenem trust-Vermögen nur dann anerkannt werden, wenn sie mit der deutschen lex rei sitae in Einklang stehen[966]. Im vorliegenden Fall gründet sich das Herausgabeverlangen der beneficiaries gegen den Dritterwerber, ihr "tracing"-Anspruch, auf ein Eigentumsrecht der beneficiaries an dem trust-Gut,

---

964) Im übrigen unterstellt auch das New Yorker Kollisionsrecht Fragen der Verwaltung eines living trust regelmäßig dem am Geschäftssitz des corporate trustee geltenden Recht; siehe oben 3. Hauptteil 2.Kapitel C.III.

965) Vgl. oben bei Fn.645, 646.

966) Siehe oben 2.Hauptteil 6.Kapitel B.I.5.c.

nämlich auf ihren equitable title[967]. Der geltend gemachte tracing-Anspruch hat damit aus deutscher Sicht dinglichen Charakter. Seiner Anerkennung durch die deutsche lex rei sitae steht entgegen, daß das deutsche Recht eine "Aufteilung" des Eigentums an einem Gegenstand auf mehrere Personen nicht kennt, wie sie dem angloamerikanischen trust-Recht, nach dem sowohl dem trustee wie auch dem beneficiary Eigentumsrechte zukommen, zugrundeliegt. Nach dem geltenden deutschen Recht der Verwaltungstreuhand, in die der trust hinsichtlich der dinglichen Rechtslage an in Deutschland befindlichem trust-Gut umzudeuten ist, ist der Begünstigte nicht Inhaber eines Eigentumsrechts an dem Treugut. Dingliche Schutzansprüche gegen Dritterwerber (beispielsweise gegründet auf § 985 BGB) stehen ihm nicht zu. Treuwidrige Verfügungen des Treuhänders sind selbst dann wirksam, wenn der Erwerber hinsichtlich des Treubruchs bösgläubig war, da der Treuhänder nach deutschen Rechtsvorstellungen als alleiniger Eigentümer des Treugutes immer als Berechtigter verfügen kann. Dingliche Ansprüche der beneficiaries gegen den Dritterwerber auf Herausgabe der in Deutschland befindlichen Gemäldesammlung sind daher abzulehnen[968]. Zu beachten ist jedoch, daß auch das deutsche Recht in einem Falle wie dem vorliegenden einen Schutz des Begünstigten ermöglicht. Hat nämlich der Erwerber, wie hier geschehen, vorsätzlich an dem Treubruch durch den Treuhänder mitgewirkt, gibt das deutsche Recht dem Begünstigten der treuhänderischen Verwaltung die Möglichkeit, über die §§ 826, 249 oder 823 II BGB in Verbindung mit § 266 StGB Herausgabe des bösgläubig erlangten Treugutes zu verlangen[969]. Dieser Anspruch ist zwar als Schadensersatzanspruch schuldrechtlicher Natur und damit von dem hierfür eigentlich maßgeblichen New Yorker trust-Statut nicht umfaßt. Da letzteres aber keine schuldrechtlichen Her-

---

967) Vgl. oben Fn.235.

968) Vgl. Rabel IV 470.

969) Siehe Palandt (-Bassenge) Einf.7 B a vor § 929 BGB.

ausgabeansprüche gewährt, weil es zu diesem Zweck bereits den aus deutscher Sicht als dinglich zu qualifizierenden tracing-Anspruch bereitstellt, der wiederum vom deutschen Belegenheitsrecht nicht anerkannt wird, ist im vorliegenden Falle dem Begünstigten im Wege der Angleichung dann ein Herausgabeanspruch gegen den Dritterwerber zu gewähren, wenn die Voraussetzungen der §§ 826, 823 II BGB, 266 StGB erfüllt sind. Nur so kann vermieden werden, daß die Begünstigten infolge der abweichenden kollisionsrechtlichen Anknüpfung einen (Herausgabe-)Anspruch verlieren, der ihnen sowohl nach New Yorker wie auch nach deutschem Recht zustünde.

c) Vollstrecken Gläubiger des trustee in das trust-Vermögen, so gewährt das für die Rechte der beneficiaries im vorliegenden Fall maßgebliche Recht von New York den Begünstigten ein Widerspruchsrecht[970]. Dieses Einspruchsrecht entspricht dem deutschen Drittwiderspruchsrecht des § 771 ZPO. Ebenso wie letzteres ist es aus deutscher Sicht - trotz seiner "dinglichen" Wirkung - schuldrechtlicher Natur. Seiner Anerkennung in Deutschland im Rahmen einer Klage nach § 771 ZPO steht damit nichts entgegen.

---

970) Vgl. Restatement, Second, Trusts § 308.

STICHWORTVERZEICHNIS

(Die Ziffern bezeichnen die Seitenzahlen)

STUDIEN ZUM VERGLEICHENDEN UND INTERNATIONALEN RECHT

Band 1 Ferdinand Henke: Die Datenschutzkonvention des Europarates. 1986.

Band 2 Peter Czermak: Der express trust im internationalen Privatrecht. 1986.

